PETER SCHOLZ

LUCULLUS

Herrschen und Genießen
in der späten römischen Republik

KLETT-COTTA

*Meinem Vater
zum 90. Geburtstag*

Klett-Cotta
www.klett-cotta.de
© 2024 by J.G. Cotta'sche Buchhandlung Nachfolger GmbH,
gegr. 1659, Stuttgart
Alle Rechte inklusive der Nutzung des Werkes für Text und
Data Mining i.S.v. §44b UrhG vorbehalten
Cover: Rothfos & Gabler, Hamburg
unter Verwendung mehrerer Abbildungen von © Christie's Images /
Bridgeman Images; Luisa Ricciarini / Bridgeman Images und
© Quagga Media / Alamy Stock Foto
Gesetzt von Dörlemann Satz, Lemförde
Gedruckt und gebunden von GGP Media GmbH, Pößneck
ISBN 978-3-608-98778-2
E-Book ISBN 978-3-608-12258-9

Bibliografische Information der Deutschen Nationalbibliothek
Die Deutsche Nationalbibliothek verzeichnet diese Publikation in der
Deutschen Nationalbibliografie; detaillierte bibliografische Daten
sind im Internet über http://dnb.d-nb.de abrufbar.

INHALT

VORWORT 9

1 DIE REPUBLIK: EINE KURZE GESCHICHTE
VON AUFSTIEG UND SPALTUNG 15

Ciceros Tod und das Ende der Republik 15
»Vergessene« Aristokraten 18
Senat, Magistrate und Volk 23
Soziale und wirtschaftliche Schieflagen 34
Die Gracchen im Kampf gegen den Senat 42
Die Zeit der Geburt des Lucullus 48
Die späte Karriere des Marius 51
Kampf um den Siegerkranz 55

2 DIE DIFFAMIERUNG DER ARISTOKRATIE 61

Die Jugend der Lucullus-Brüder 61
Gewalt und Kultur im Bundesgenossenkrieg 71
Sullas Marsch auf Rom 78
Im Feldzug gegen Mithridates 87
Wohltäter der Griechen 90
Die »freundliche« Einnahme Athens 92
Lucullus zur See 104
Ein falscher Frieden 114
Karriere in Rom 119

3 DER ENTRISSENE SIEG IM OSTEN 127

Die Befreiung von Kyzikos 127
Mithridates: ein gerissener Feind 133
Wohltaten und Ehrungen in Asia 141
Tigranes: ein »König der Könige« 144
Der Marsch nach Artaxata 153
Widerstand und Meuterei 158
Der Feldherr muss gehen 163
Abgelöst vom »Mann der Stunde« 170
Ciceros rhetorischer Drahtseilakt 175

4 ZURÜCK IN ROM: POLITIK, TRIUMPH UND ERLESENE GENÜSSE 185

Ökonomie des Luxus 185
Angeklagt von Gaius Memmius 190
Die Prachtvilla auf dem Pincio 193
Gebratene Drosseln und Aristoteles 204
Die Kraterrandvilla bei Misenum 213
Sehnsuchtsort: die Villa auf Nesis 216
Fische, Aprikosen, Pfirsiche und Kirschen 217
Der ersehnte Triumph 220
Öffentliches Leiden: der *Hercules tunicatus* 229
Die letzten Jahre 234
Der Tod des Lucullus 251
Vom Siegesmonument zum Symbol des politischen Widerstands 255

5 WIE LUCULLUS ÜBERLEBTE –
   EINE NACHGESCHICHTE   263

Cicero und die Erinnerung an einen Musteraristokraten   263
Die Erfindung der Dekadenz   274
»Schwelgerei und Habgier«   279
Das nachantike Lucullus-Bild   282

VOM *VIR SUMMUS* ZUM SCHLEMMER   289

Anhang   295
Anmerkungen   307
Danksagung   357
Literatur   359
Bildnachweis   387
Register   389

VORWORT

Traditionen, Überzeugungen und Werte, Regeln und Gesetze sind für jegliches menschliche Zusammenleben unverzichtbar. Doch die Verbindlichkeit solcher sozialen, ideellen und institutionellen Ordnungs- und Orientierungsrahmen, die Geltung dieser normativen Grundlagen kann in Frage gestellt, allmählich aufgeweicht und schließlich völlig bestritten werden. Innerhalb kurzer Zeit können Werteordnungen verfallen und langbewahrte Traditionen von politischen oder sozialen Umwälzungen oder technologischen Neuerungen erfasst, nivelliert und verworfen werden – die römische Republik bietet hierzu ein Lehrstück, in ihrer Krise lassen sich auch die Verhältnisse der Moderne spiegeln.

Keine andere Epoche der Geschichte war so sehr geprägt vom Ethos und Wertekodex einer so erfolgsgewohnten und so stark professionalisierten Führungsschicht wie derjenigen der römischen Senatsaristokratie. Über große Zeiträume hinweg gelang es ihr, militärische und politische Krisen zu bewältigen, die Republik zu führen, eine weiträumige Herrschaft zu etablieren und den gesellschaftlichen Frieden zu bewahren.

Bekanntermaßen brachte das letzte Jahrhundert der Republik außerordentlich machtbewusste Gegner wie Verteidiger der traditionellen politischen Ordnung hervor. Marius, Sulla, Cicero, Pompeius, Caesar und zuletzt Augustus waren die den Gang der Politik bestimmenden Protagonisten dieser Zeit, die von der antiken Historiographie oder modernen Publizistik entweder zu Verlierern oder zu Siegern in der Geschichte erklärt wurden. Doch greift eine bloß auf die großen Akteure konzentrierte Erzählung vom Ende der Republik zu kurz. Sie verdeutlicht nur die Schwäche eines vom

Ende her gedachten Geschichtsbilds, das den historischen Erfolg absolut setzt und die Schärfe der vorangegangenen Debatten und Auseinandersetzungen ausblendet. Daher erscheint es notwendig, die Geschichte der Republik aus einer neuen Perspektive zu erzählen – aus der Sicht eines Aristokraten, der in einer Zeit gewaltiger Umbrüche und Veränderungen für den Fortbestand der Senatsherrschaft kämpfte und die große Tradition der bewährten republikanischen Ordnung fortführen wollte. Um einen Eindruck vom ausgeprägten Führungsanspruch und kultivierten Lebensstil der Senatsaristokratie in den letzten Jahrzehnten der Republik zu gewinnen, bietet es sich an, einen herausragenden Feldherrn und ebenso führenden Politiker wie Lucullus zu wählen und am Beispiel seiner Biographie die Lebens- und Gedankenwelt der Mitglieder der Senatsaristokratie nachzuzeichnen.

Eigentlich hätte der Lebensweg des Lucius Licinius Lucullus zu einer großen Heldenerzählung getaugt: wie er bereits im Krieg gegen die italischen Bündner aufgrund seiner ausgeprägten militärischen Begabung und enormen geistigen Talente und Interessen Sullas Aufmerksamkeit auf sich zog, wie er sich zum Freund und engsten Vertrauten des Feldherrn entwickelte, an dessen Seite er in Griechenland die Truppen des Mithridates bekämpfte, in dessen Auftrag die schwierige Aufgabe des Aufbaus einer schlagkräftigen römischen Flotte löste und sich im griechischen Osten nicht nur als militärischer Stratege, sondern auch als gewiefter Organisator und diplomatischer Vermittler bewährte, wie er nach Sullas Tod zum Konsul aufstieg, als Proconsul mit wenigen Legionen dem expansionsfreudigen Herrscher von Pontos wagemutig entgegentrat, die Provinz Asia neu ordnete, Mithridates und auch dessen machtpolitisch nicht weniger ehrgeizigen Schwiegersohn Tigranes mehrfach in der Schlacht besiegte und sogar bis tief ins Kernland des armenischen Königreiches vordrang. Sein Lebensweg, bis dahin mit solch glänzenden logistischen, militärischen und politischen Leistungen angefüllt, fand jedoch mit der schrittweise vollzogenen Degradierung des Kommandos ein unwürdiges Ende.

Als Lucullus aufgrund von Intrigen von seinem Oberbefehl entbunden wurde, war ihm damit die Möglichkeit genommen, den Feldzug und die Neuordnung der Provinz Asia in gewünschter Weise abzuschließen und seines großen Gegenspielers Mithridates habhaft zu werden. Der gleichfalls militärisch und strategisch hochbegabte Pompeius, der ihn ablöste, hatte ihn um Ruhm und Ehren gebracht und erntete die Früchte der Erfolge des Vorgängers. Wesentlicher Grund für die Ablösung dürfte gewesen sein – soweit sich dies noch nachweisen lässt –, dass Lucullus den finanziellen Interessen seiner Gegner aus der Ritter- und Senatorenschaft allzu sehr im Wege gestanden hatte: den Interessen der vermögenden und einflussreichen ritterlichen Finanziers ebenso wie den machtpolitischen Ambitionen des militärischen »Selfmademan« Pompeius, der im Verbund mit ihm ergebenen Volkstribunen das politische Geschehen in Rom kontrollierte.

Nach seiner Rückkehr aus dem Osten (66 v.Chr.) wurde der Licinier zwar zu einer der wichtigsten Personen des senatorischen Widerstands gegen die Interessen des Crassus, Pompeius und Caesar, dennoch stand er politisch weitgehend im Abseits.[1] Zunächst musste er die Anklagen des Pompeius-Anhängers Gaius Memmius – ein übliches Instrument der politischen Auseinandersetzungen der Zeit – überstehen und drei Jahre lang außerhalb des Pomeriums ausharren, um sein proconsularisches Imperium und seinen Anspruch auf einen Triumph nicht zu verlieren. Danach ist sein Auftreten im Senat zwar nur bei wenigen Gelegenheiten bezeugt, jedoch nahm er an den Sitzungen in der Curia offenbar regelmäßig teil und zählte in einigen wichtigen Debatten auf jeden Fall zu den Wortführern dieses Gremiums – so etwa im Zusammenhang mit dem *Bona Dea*-Skandal (Ende 62/Anfang 61 v.Chr.), dann als Gegner des Pompeius bei der Ablehnung mehrerer von dessen Anträgen im Senat (60 v.Chr.), schließlich als Unterstützer des Bibulus und vehementer Gegner der Triumvirn (59 v.Chr.), bevor er wegen der gewalttätigen Umtriebe des Clodius (58 v.Chr.) gezwungen wurde, sich vom politischen Geschehen in der Stadt fernzuhalten.

Wie kaum ein anderer verkörperte Lucullus – geradezu mustergültig – den Habitus, das Ethos und den verfeinerten Lebensstil der Senatsaristokratie der späten Republik. Sein Freiheits- und Unabhängigkeitswille – freilich nur in Bezug auf die Herrschaft der Senatsaristokratie – ließen ihn zu einem der Protagonisten des Widerstands gegen die autokratischen Bestrebungen machthungriger Heerführer werden. Sein unnachgiebiger Kampf um die politische Ordnung und Kultur einer vom Senat geführten Republik war der Grund dafür, dass Cicero in seinen Schriften mehrfach an ihn und seine Mitstreiter erinnerte – als Märtyrer, die bereit gewesen waren, die bewährte politische Ordnung bis zum Tod zu verteidigen und darin aus aristokratischer Sicht ihre besondere Vortrefflichkeit (*virtus*) unter Beweis zu stellen.

Im heutigen Bewusstsein jedoch ist Lucullus, wenn überhaupt, nur noch als Schlemmer und Genussmensch präsent. Sein Lebensweg – vom erfolgreichen Feldherrn zum resignierten, zurückgezogen lebenden Gourmet – wurde von der Antike bis in die Moderne immer wieder herangezogen, um den vermeintlich offensichtlichen persönlichen Verfall des Mannes zu belegen, in dem sich das längst überfällige Ende der römischen Republik spiegelte. Weil Lucullus so stark verzerrt und verkürzt in die historische Erinnerung eingegangen ist, hat die Beschäftigung mit seiner Biographie einen besonderen Reiz. Exemplarisch zeigt sie den beharrlichen Willen seiner Person und weiterer führender Vertreter der republikanischen Aristokratie, die lange Tradition der Senatsherrschaft fortzuführen. Die Darstellung der politischen Machtkämpfe in dieser Krisenzeit bringt eine Neubewertung mit sich, die zeigt, warum die Aristokraten so vehement die traditionelle Form der Republik gegen ihre ebenso skrupellos agierenden Gegner verteidigten und sich energisch dem – aus der Rückschau – scheinbar zwangsläufigen Ende der Republik in einer Diktatur entgegenstemmten.

Allerdings verblasste bereits im Urteil der Zeitgenossen der erbitterte Widerstand von Republikanern wie Lucullus gegen die autokratischen Bestrebungen des Pompeius und Caesars rasch und verkehrte sich in das Gegenteil. Auf die Gewalt und den Terror der innenpolitischen Auseinandersetzungen und die Alleinherrschaft Caesars folgten die publizistischen Deutungskämpfe: Sallust und andere Historiker deuteten in ihren Werken den Untergang der alten Republik als historische Notwendigkeit und machten dafür pauschalisierend das politische und moralische Versagen der Führungselite verantwortlich. So wurden aus den besiegten Senatoren gescheiterte, dekadent gewordene und uneinsichtige Verteidiger einer überholten Ordnung. Für die von der popularen Propaganda in die Welt gesetzte Vorstellung von einer genusssüchtigen, moralisch und politisch verkommenen Senatorenschaft waren der luxuriöse Lebensstil, die vermeintliche Bauwut und sonstigen exquisiten Ansprüche und Genüsse eines Lucullus die anschaulichsten Belege für die Richtigkeit ihrer Deutung. Dieses Zerrbild von Lucullus, von seinen politischen Weggefährten und vom Untergang der freien Republik wird von Historikern bis heute fortgeschrieben. Die historische Größe dieser republikanischen Politiker mit ihrer tiefen Bindung an die Tradition der Senatsaristokratie verschwand weitgehend hinter den so außerordentlich suggestiven Bildern des dekadenten Gourmets in luxuriöser Umgebung (Lucullus) oder des starrsinnigen Utopisten (der jüngere Cato).

Dieser kanonisch gewordenen Darstellung und Interpretation zufolge waren das Ende der jahrhundertealten Senatsherrschaft und der Weg in eine autokratische Herrschaft unausweichlich. Der politische Widerstand, der sich gegen Pompeius und Caesar formiert hatte, genährt vom aristokratischen Unabhängigkeitsstreben und Selbstbestimmungswillen, wurde als bedeutungslos deklariert und vergessen. Dieses liebgewonnene, propagandistische Zerrbild soll hier korrigiert und vor allem aufgezeigt werden, dass es auch durchaus andere politische Optionen und einen ernstzunehmenden Widerstand gab. Von einem der führenden Gegner der Alleinherrschaft handelt dieses Buch: von Lucius Licinius Lucullus.

1

DIE REPUBLIK:
EINE KURZE GESCHICHTE VON
AUFSTIEG UND SPALTUNG

Ciceros Tod und das Ende der Republik

Am 7. Dezember des Jahres 43 v. Chr. segelte ein kleines Schiff, von Norden kommend, in die Bucht von Gaeta ein und steuerte die Stadt Formiae (Formia) an, die in der späten römischen Republik zu einem beliebten Rückzugsort vermögender Römer geworden war. Vom kleinen Apollo-Tempel, der die Seefahrer vom nahegelegenen Hügel grüßte, erhob sich eine Gruppe von Raben und umkreiste den einfahrenden Segler, der auf dem letzten Stück zur Küste gerudert werden musste. Als das Ufer erreicht war, entstieg ein mit einer frischen weißen Toga bekleideter älterer Mann dem Schiff – mit wirrem Haar, unrasiert und sichtlich von Sorgen gezeichnet. Seine Sklaven mussten ihn stützen und hoben ihn rasch in eine Sänfte, um ihn einige Hundert Meter weit den sanft, aber stetig ansteigenden Hügel hinauf zu tragen. Die dort befindliche Villa bot von ihrer großen Terrasse einen prächtigen, weiten Blick auf die Bucht und das Meer. Vom quadratischen Plateau der Anlage aus, die, leicht nach Norden versetzt, oberhalb der kleinen Stadt lag, erstreckte sich in mehreren Terrassen ein sorgsam gepflegter Park- und Gartenbereich den Hang hinunter. Dieser war mit üppig blühenden Blumen und exotischen Bäumen angelegt. Darin führte ein dichtbewachsener, schattiger Laubengang hinab zur Küstenstraße, wo sich ein zweiter, kleinerer Zugang zum Anwesen befand, das mit einer niedrigen Mauer von den benachbarten Grundstücken und Gärten abgegrenzt war. Der ältere Mann, der Besitzer der Villa war und hier Station auf seiner Flucht machte, war Marcus Tullius Cicero, der berühmte Redner und leidenschaftliche Wortführer im Senat. Nachdem er und sein Bruder in ihrer Villa in Tusculum bei Rom erfahren hatten, dass sie für geächtet erklärt worden waren und straflos von jeder Person getötet werden konnten, planten sie, Italien auf dem Seeweg zu verlassen und nach Makedonien zu Brutus zu reisen, auch wenn es zu dieser Jahreszeit große Gefahren mit sich brachte. Die Brüder trennten sich, da Quintus sich noch nicht für die Abreise vorbereitet sah. Marcus begab sich umgehend in seine abgelegene, direkt am Meer gelegene Villa in Astura und segelte von dort aus weiter. Nach nur wenigen Seemeilen beschloss er jedoch, umzukehren und auf dem Landweg nach Rom zurückzureisen. Als er ungefähr 20 km in Richtung Rom bewältigt hatte, änderte er nochmals seine Pläne und kehrte wieder nach Astura zurück. Von dort segelte er – erneut am Capo Circeo und Gaeta vorbei – nach Formiae.

Weniger die Anstrengungen der Reise als vielmehr das Schwanken zwischen Flucht und Verbleib hatten Cicero ausgezehrt, die Müdigkeit übermannte ihn, so dass er kurz einschlief. Die Sklaven standen treu zu ihrem Herrn, der sie stets gut und respektvoll behandelt hatte. Da sie ahnten, dass ein Verbleib in Italien seinen sicheren und schnellen Tod bedeutet hätte, weckten sie ihn und drängten zum Aufbruch. Zwar sträubte sich Cicero, doch war er zu kraftlos, um sich ihnen zu widersetzen. So gelang es, ihn wieder in die Sänfte zu heben und mit ihm langsam durch das abfallende Gartengelände hinabzusteigen. Währenddessen hatte bereits eine Gruppe berittener Soldaten von der Küstenstraße auf dem nördlichen Zugangsweg das Haupttor der Villa erreicht und sich schnell und gewaltsam Einlass verschafft. Die Münder der Bediensteten waren stumm geblieben, jedoch offenbarte Philologus, ein junger, gebildeter Freigelassener, der noch von Cicero selbst in sämtliche damaligen Wissensgebiete eingeführt worden war, dem zornigen Militärtribun, der sich schon um sein Kopfgeld gebracht sah, dass der Gesuchte über den schmalen Gartenweg den Hafen erreichen wollte. Da er den abschüssigen Weg durch den Garten nicht zu Pferd benutzen konnte, kehrte der Militärtribun um und ritt über die Zugangsstraße zur Küste. Der Centurio Herennius und einige Soldaten hingegen, die ihn begleiteten, eilten im Laufschritt den Gartenweg hinunter. Als Cicero die Heranstürzenden bemerkte, ließ er die Sänfte absetzen und »blickte«, wie Plutarch in dessen Biographie schildert, »indem er seiner Gewohnheit gemäß die linke Hand ans Kinn legte, starr auf seine Mörder, [...] so dass die meisten sich verhüllten, als Herennius ihn abschlachtete. Er wurde erschlagen, als er den Hals aus der Sänfte vorstreckte, im 64. Lebensjahr. Dann schlugen sie ihm entsprechend dem Befehl des Antonius den Kopf und die Hände ab.«[1]

Der Tod dieses und anderer führender Protagonisten des senatorischen Widerstands gegen die autokratischen Bestrebungen mächtiger Einzelner markierte das Ende der traditionell von der Senatsaristokratie geführten und gelenkten Republik, oder, anders gesagt, den dunklen Schlussakkord eines furiosen Finales, das mit dem im Jahr 61 v. Chr. geschlossenen Triumvirat, einer privaten Übereinkunft zwischen drei Senatoren, eingeleitet worden war: dem Bündnis zwischen dem erfolgreichen Feldherrn Pompeius, dem über alle Maßen reichen Crassus und dem mit vielerlei Begabungen ausgestatteten Caesar. Später verwandelte sich der Dreimännerbund in einen tödlichen Zweikampf zwischen Pompeius und Caesar, der mit dessen Alleinherrschaft endete.

Von den Wortführern des Senats, der zuletzt notgedrungen ein Zweckbündnis mit Pompeius geschlossen hatte, überlebte allein Cicero die Herrschaft Caesars, wenn auch nur noch für kurze Zeit. Sein Schicksal wurde auf einer kleinen Flussinsel in der Nähe von Bononia (Bologna) entschieden. Dort trafen sich Ende Oktober 43 v. Chr. die drei führenden Caesar-Anhänger – Octavian, der junge

Großneffe und Adoptivsohn Caesars, Marcus Antonius, der engste Vertraute des Dictators, und Marcus Aemilius Lepidus, der militärische Stellvertreter Caesars –, um die Bedingungen für ein neuerliches Dreierbündnis auszuhandeln. Auch diese Übereinkunft, das sogenannte zweite Triumvirat, war im Kern ein privater Pakt zwischen drei Männern, mittels dessen sie die eigene Machtstellung sicherten und die Herrschaft über die *res publica* unter sich aufteilten – nun freilich mit offiziellen Amtsgewalten und Ermächtigungen ausgestattet. In langwierigen und zähen Verhandlungen besprachen die drei Männer, wie die von ihnen mobilisierten Truppen durch Geldzahlungen und Landzuweisungen zufriedengestellt werden konnten, stimmten sich über die Kriegsführung gegen die Caesarmörder ab, rangen um die Aufteilung der Provinzen[2] und waren lange darüber uneins, welche Personen auf die Liste der Geächteten, die straflos getötet werden konnten, gesetzt werden sollten.

Auf diese Proskriptionslisten wurde trotz anfänglichen Widerstands durch Octavian letztlich auch Cicero gesetzt: Er fiel dem persönlichen Hass des Marcus Antonius zum Opfer, der sich mit seiner Forderung nach Ächtung des ihm missliebigen Redners gegenüber Octavian durchzusetzen vermochte. Zusammen mit Cicero wurden etwa 300 weitere Senatoren und 2000 Ritter umgebracht. Damit waren die letzten prominenten Vertreter der Generation der zwischen 110 und 100 v.Chr. geborenen großen römischen Politiker ausgelöscht, die in ihrer Jugendzeit noch eine funktionierende Senatsherrschaft erlebt hatten.

»Vergessene« Aristokraten

Marius, Sulla, Cicero, Pompeius, Cato oder Caesar gelten im allgemeinen Geschichtsbewusstsein als bedeutend, weil sie in der geschichtlichen Überlieferung als Hauptdarsteller auf der Bühne des historischen Geschehens auftreten. Gemessen an diesem Maßstab

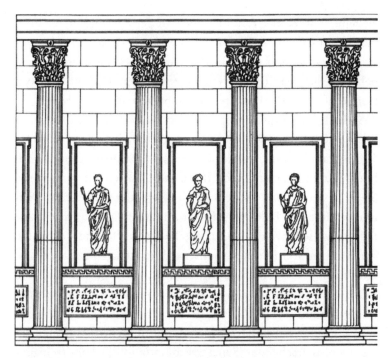

Abb. 1: Rekonstruktion der Darstellung der *summi viri* im Forum des Augustus (2 v.Chr.): In Nischen stehende Marmorstatuen zeigten ausgewählte Politiker und Militärs aus republikanischer Zeit, die sich um die *res publica* in herausragender Weise verdient gemacht hatten. Auf den Basen waren ihre bedeutsamsten Leistungen festgehalten.

zählte Lucullus sicherlich zu den Männern der »zweiten Reihe«, die zwar Ansehen und Geltung unter den Zeitgenossen besaßen, jedoch nach ihrem Tod aus verschiedenen Gründen schnell aus dem öffentlichen Gedächtnis verbannt wurden und an deren Leistungen man sich später nur sehr bedingt und ungern erinnerte. Der naheliegende Grund für dieses weitgehende Vergessen: Die Autokraten siegten über die Aristokraten – die Kaiser sorgten sich nicht um die Erinnerung an die Verteidiger aristokratischer Freiheit und Gleichheit. Caesar, Augustus und die nachfolgenden Kaiser waren weder an den vielfältigen Formen der Selbstdarstellung einzelner vornehmer Familien noch an der Bewahrung der Erinnerung an die große Tradition der Senatsherrschaft interessiert; sie monopolisierten vielmehr die Erinnerungskultur und vereinnahmten die Deutung der Geschichte der Republik, um die neue Herrschaftsform des Prinzipats zu etablieren und zu stützen.

So hatte Augustus für die Besucher des von ihm im Zentrum Roms neu erbauten Forums zwar noch einmal all die berühmten Politiker und Feldherren der Republik versammelt. Diese Standbilder waren aber nur noch bronzene Chiffren für vergangene Siege in steinernen Nischen. In nivellierender Gleichförmigkeit und ermüdender Reihung sollten ihre Bilder als kollektive Masse republikanischen Heldentums die Betrachter beeindrucken, die Tradition und Größe der römischen Herrschaft bezeugen und monumental zur Anschauung bringen, dass sie lediglich die lange, aber krisenhaft gewordene Vorgeschichte zu einer nicht weniger ruhmreichen Zukunft in der Gestalt des jungen Augustus bildeten. Demgemäß wurden die prominenten Vertreter der bis dahin herrschenden Senatsaristokratie in der Kaiserzeit umgedeutet: Cicero wurde zum geschwätzigen Selbstdarsteller stilisiert, der jüngere Cato zum sittenstrengen, starrköpfigen philosophischen Sonderling erklärt. Entsprechend verblasste auch rasch der militärische und politische Ruhm von Lucullus. Was von dem Konsul, dem erfolgreichem Politiker und Militär übrigblieb, war der Genussmensch und Schlemmer[3] – eine zur Karikatur geratene Vorstellung von der historischen Gestalt, die auf verschiedene Diffamierungskampagnen seiner politischen Gegner zurückging, die ihn bereits zu Lebzeiten begleiteten. Gehasst wurde er von Pompeius und Caesar, weil er sich zusammen mit einigen gleichgesinnten Senatoren immer wieder energisch gegen die politischen Machenschaften und ihre autokratischen Ambitionen stemmte, ferner von den im Schatten der Politiker agierenden Finanziers, weil er sich der rücksichtslosen Ausbeutung der Provinzen energisch entgegenstellte. Im Verbund mit den Volkstribunen und der Finanzelite hetzten Pompeius und Caesar im Volk gegen Lucullus, Cicero oder den jüngeren Cato, die als Männer von gestern diffamiert wurden. In der innenpolitischen und publizistischen Auseinandersetzung warfen die genannten, sich volksfreundlich inszenierenden, tatsächlich höchst selbstsüchtig agierenden Politiker und Literaten Lucullus und anderen Aristokraten vor, was sie selbst antrieb – persönliche Macht- und Profitgier sowie ein übersteigertes Bedürfnis nach Luxus. Es war vor allem der Geschichtsschreiber Sallust, der in seinen rhetorisch brillant geschriebenen, in den Jahren nach der Ermordung Caesars (44 v.Chr.) entstandenen Werken eine schlüssige, ungemein suggestive Erklärung für den vermeintlich unabänderlichen Untergang der Republik fand und darin die Entmachtung der Senatsaristokratie historiographisch legitimierte. Seither war deren Dekadenz und Verweichlichung in aller Munde, in der Gestalt des Lucullus sprichwörtlich bis heute. Dessen Lebensgang – vom erfolgreichen Militär, dem Sieger über den pontischen König Mithridates und den armenischen König Tigranes, zum resignierten, zurückgezogen lebenden Gourmet und Genussmenschen – wurde zum anschaulichsten Beleg für den Verfall und für die These vom längst überfälligen Ende der Republik und ihrer uneinsichtigen Verteidiger.

Es verwundert daher nicht, dass Lucullus und die ihm nahestehenden Senatoren bis heute keine angemessene und abgewogene kollektive Würdigung erfahren haben, welche die fragwürdige historiographische Grundlage der historischen Erinnerung an ihr politisches und militärisches Wirken kritisch durchleuchtet hätte.[4] Weder die Leistungen der nach Alter und Autorität führenden Männer im Senat (*principes senatus*) noch diejenigen anderer bedeutender Mitglieder der spätrepublikanischen Senatsaristokratie haben größere Spuren in der historiographischen Überlieferung und in der allgemeinen Erinnerung der Antike hinterlassen. Diese Aristokraten in ihrem besonderen Gepräge und Auftreten wie auch ihr Wirken wurden gerne unterschlagen, weil die nachfolgenden Generationen ein ureigenes Interesse daran hatten, die traditionelle personelle Fundierung der römischen Republik zu verdrängen und in Vergessenheit geraten zu lassen.

Um die Gründe für die teils gewollte, teils ungewollte, in jedem Fall stark ausgeprägte Amnesie zu erfassen, genügt es nicht, bloß die besser dokumentierten Lebensläufe in ihrer chronologischen Abfolge zu überprüfen und neu zu erörtern. Vielmehr muss die Überlieferungssituation selbst thematisiert und die Rekonstruktion der Biographien und der politischen Ereignisse mit einer Diskussion um Formen, Medien, Träger und Adressaten römischer Erinnerungskultur (*memoria*) verbunden werden.[5] Dabei führt die kritische Musterung der Quellengrundlage zu einer Neubewertung des Lucullus und anderer sogenannten Optimaten wie überhaupt der republikanischen Senatsaristokratie.

Bei dieser Wiedererinnerung an zumindest einige »vergessene Aristokraten der Republik« steht vornehmlich der Zeitraum zwischen 102 und 60 v. Chr. im Blickpunkt der Darstellung. Stellvertretend für andere vermeintliche »Verlierer« lässt sich die Biographie des älteren Quintus Lutatius Catulus anführen, der zu den 87 v. Chr. von den Anhängern des Marius ermordeten Aristokraten zählte, doch auch und vor allem der Lebensgang des Lucius Licinius Lucullus, der sich – zusammen mit dem jüngeren Lutatius Catulus, mit Cicero und mit dem jüngeren Cato – den politischen Ambitionen des Pompeius und Caesars und der sie unterstützenden Kräfte widersetzte. Die Reihe solcher Opponenten ließe sich leicht um weitere prominente Vertreter der Aristokratie ergänzen, etwa um Quintus Caecilius Metellus Numidicus, Rutilius Rufus oder Quintus Mucius Scaevola. Diese Männer werden üblicherweise mit dem in vielerlei Hinsicht problematischen Begriff der Optimaten (*optimates*) bezeichnet.[6] Der Begriff, der in der lateinischen Sprache dem griechischen *aristoi* (»die Besten, Vortrefflichsten«) entspricht, ist erstmals bei Cicero belegt. Nach allgemeinem Verständnis bezeichnet er in deutlicher Abgrenzung zur Volksmenge, zum *populus* oder zur *plebs*, eine exklusive, herausragende Gruppe, welche die politische Führungsschicht am sinnfälligsten repräsentiert.

Der Begriff ist vor allem eine Selbstbezeichnung, mit der sich ein Teil der Senatsaristokratie selbst belobigte und deutlich auf den absoluten Führungsanspruch hinwies: Nicht das Volk (*populus*), sondern die »guten, anständigen Männer« (*boni*), die Mitglieder der Senatsaristokratie, sind es, die Wertmaßstäbe setzen und pflegen und politische Entscheidungen treffen. Dabei wird der eigene politische Standpunkt, der Widerstand gegen demokratische und autokratische Tendenzen, als der in dieser Notlage einzig angemessene und richtige angesehen. Demzufolge sollten die Optimaten keinesfalls als eine geschlossene Gruppe aufgefasst werden; sie besaßen keine programmatische Grundlage, beriefen sich auf kein gemeinsames Manifest, sondern fühlten sich wesentlich durch die folgenden zentralen, von der Tradition empfangenen Grundüberzeugungen miteinander verbunden: dass die Exklusivität der Senatsaristokratie und die untereinander bestehende Gleichheit, die sich in dem grundsätzlichen Verhaltensmodus der »Freundschaft« (*amicitia*) widerspiegelt, bewahrt bleiben und die Vergabe von Ruhm und Ehre, von Ämtern und Kommanden nicht bloß nach Herkunft, sondern auch und vor allem nach Verdienst und stets mit möglichst großer Zustimmung der Standesgenossen und unter Beachtung der traditionellen Verfahrensregeln erfolgen sollte.[7]

Senat, Magistrate und Volk

Was für Cicero und seine politischen Wegbegleiter den unverzichtbaren Kern der Republik ausmachte, legte der Redner vielfach in seinen Briefen und theoretischen Abhandlungen zur Politik dar. Dabei hob er vor allem die große Bedeutung des Zusammenspiels des römischen Senats, der Magistrate und des Volkes hervor, das sich in einer langen politischen Tradition herausgebildet hatte.[8] Seiner Auffassung nach war das über viele Generationen hinweg bewährte Zusammenwirken der drei Grundelemente der politischen Ordnung der römischen Republik erst durch die Herrschaft

Caesars nachhaltig beschädigt und mit dem Zweiten Triumvirat endgültig zerstört worden.

Der Senat stellte zweifellos das zentrale politische Gremium der Republik dar und behielt diesen Status auch noch in der Kaiserzeit – wenn auch in eingeschränktem Maß. In den Vordergrund getreten war der Senat nach dem Ende der etruskischen Hegemonie, als auch in Rom das Königtum beseitigt und Tarquinius Superbus, so erzählte man es sich, 509 v. Chr. von Lucius Iunius Brutus vertrieben worden war. Seitdem herrschte eine Gruppe bevorrechteter Familienoberhäupter (*patricii*), die bereits zuvor als »Versammlung der Alten« den Königen als beratendes Gremium gedient hatte. Rein formal betrachtet, hatte der Senat – in seiner etablierten Form – nur geringe Befugnisse. Nach der Vertreibung der Könige war er zwar das politische Zentrum geworden, rechtlich jedoch war er nicht mehr als der beigeordnete Rat für die wenigen Beamtenstellen, den Magistraten, welche die Exekutive bildeten. Der Senat vermochte auch nicht von sich aus zusammenzutreten, sondern musste eigens durch einen hochrangigen Magistrat – entweder durch einen Konsul, Prätor oder (in späterer Zeit) Volkstribunen – einberufen werden. Unter Vorsitz der beiden Konsuln leitete der nach Alter und Rang älteste und angesehenste Senator die Aussprache in diesem aristokratischen Gremium ein. Lebensalter, bekleidete Ämter, Erfahrung und Autorität (*auctoritas*) entschieden über die Rangfolge, die festlegte, in welcher Abfolge die Senatoren von ihrem Rederecht Gebrauch machen konnten.[9]

Demgegenüber hatten die wenigen, jeweils auf ein Jahr gewählten Magistrate zwar prinzipiell unumschränkte Handlungs- und Initiativbefugnis, waren aber in doppelter Hinsicht fest an den Senat gebunden. Denn sowohl die ihnen in ihren Befugnissen gleichgestellten Amtskollegen als auch die Volkstribune – als gewählte Vertreter der Interessen der Volksmenge – konnten ein Veto einlegen und so die magistratische Entscheidung unterbinden. Aber schon durch den bloßen Umstand, dass sich der Senat aus den aktiven und ehemaligen Magistraten zusammensetzte, fühlten sich die Magistrate in der Regel an die grundsätzlichen Normen und die Stimmungslage bei der Mehrheit der Senatorenschaft gebunden; reihte sich doch jeder Magistrat nach Ablauf seines Amtsjahres wieder in das Gremium ein. Darüber hinaus verhinderte das Prinzip der Kollegialität – die doppelte oder mehrfache Besetzung der Ämter – für lange Zeit eigenmächtige Unternehmungen und Maßnahmen seitens einzelner Magistrate. Ebenso wurde durch das Verbot der Anhäufung und fortlaufenden Bekleidung von Ämtern die Konzentration magistratischer Amtsgewalt in der Hand eines Einzelnen verhindert. Dadurch war es weder möglich, gleichzeitig mehrere Ämter zu bekleiden, noch kontinuierlich ein Amt nach dem anderen innezuhaben. Immer wieder mussten die gewesenen Magistrate zur Wahrung der aristokratischen Gleichheit in die Reihen des Senats zurücktreten. Auch wenn das soziale Prestige verschiedener Amtsträger dasjenige der Masse ihrer senatorischen Kollegen bei weitem übertraf, sanken sie mit dem Ende ihrer Amtszeit, da sie keinerlei öffentlichen Befugnisse mehr besaßen, wieder auf den Status von amtslosen Bürgern, also Privatleuten (*privati*), herab. So ausgeprägt war der Widerwille gegen jede Form von Bevormundung durch einen einzelnen Standesgenossen in diesem exklusiven Gremium, dass jede Form monarchischer Herrschaft, autokratischer Ambition und Repräsentation verdammt wurde. Begriff und Herrschaftspraxis eines »Königs« (*rex*) wurden mit dem Auftreten eines griechischen Tyrannen (*tyrannos*) gleichgesetzt.

Das Volk schließlich, der *populus* als Gesamtheit, die stadtrömische *plebs* im Besonderen, war an der politischen Willensbildung insofern beteiligt, als es an den Abstimmungen in den Volksversammlungen teilnahm. In der späten Republik gab es drei Formen solcher Zusammenkünfte der Bürgerschaft, darunter waren zwei Versammlungen, die Tributkomitien und die Zenturiatskomitien, mit recht komplizierten Wahlprozeduren. Die ältere Form waren die Zenturiatskomitien, sie hatten ursprünglich die in Hundertschaften gegliederten Heeresversammlungen gebildet, in denen sich das Volk noch im Sinne des Gefolgschaftsprinzips nach Centurien aufstellte, die von den vornehmen Familien mit langer Tradition (*gentes*) angeführt wurden. Diese Versammlungsart wurde jährlich einberufen, um die höheren Ämter, die Prätoren und die Konsuln mit absoluter Befehlsgewalt (*imperium*), sowie alle fünf Jahre die Zensoren zu wählen. Demgegenüber wurden in den Tributkomitien die kurulischen Ädile, die Quästoren, Militärtribune, niedere Ämter wie die Münzmeister und alle außerordentlichen Magistrate gewählt. In den Tributkomitien versammelten sich die Bürger nach dem räumlichen Prinzip, geordnet nach den lokalen Bezirken (*tribus*), die später zu abstrakten Stimmeinheiten wurden, ohne dass sie noch einen Bezug zum tatsächlichen Wohn- und Herkunftsort der Bürger hatten.

Während an den beiden zuerst genannten Versammlungsarten Patrizier wie Plebeier gleichermaßen als wählende römische Bürger teilnahmen, waren die »Versammlungen der Plebs«, des Volkes (*concilia plebis*), ausschließlich Plebeiern vorbehalten.[10] Sie konnten spontan von den Volkstribunen und plebeischen Ädilen einberufen werden und waren nicht an die Empfehlungen des Senats gebunden, so dass in ihnen Beschlüsse eigenständig gefasst werden konnten. Von diesen Plebeierversammlungen waren die Tributkomitien, sofern sie einen Beschluss über einen Antrag fassen sollten, faktisch kaum zu unterscheiden. Anders jedoch als in den Comitien, die zum Zweck der Wahl von Magistraten stattfanden, wurden in den beschließenden Comitien – in der Regel auf der Grundlage eines empfehlenden Senatsbeschlusses – Gesetze oder Anträge zu aktuellen politischen Fragen, etwa der Abschluss von Bündnissen oder Kriegserklärungen, rechtskräftig verabschiedet.[11] Den Comitien gingen stets »Zusammenkünfte« (*contiones*) auf dem Forum voraus, in denen die Volkstribune oder andere Amtsträger wie die Konsuln oder Prätoren vor der jeweils mobilisierten Bürgerschaft für oder gegen einen Senatsbeschluss oder ein bestimmtes Vorhaben sprachen. Diese Reden waren spektakuläre performative Auftritte, in denen es für die Redner galt, das Volk zu bändigen und in ihrem Sinne zu lenken.[12] Gleichwohl war die Menge der versammelten Bürger ganz und gar abhängig von den Vorschlägen der Magistrate, welche die Comitien und *contiones* einberiefen und leiteten. In deren Hand lag es, den Willen des Volkes zu formulieren und ihn als Antrag einzubringen (eine sogenannte *rogatio*), nur sie konnten die Initiative ergreifen und die politische Willensbildung maßgeblich beeinflussen; kein amtsloser römischer Bürger konnte wie in den griechischen Volksversammlungen von sich aus das Wort ergreifen und einen beliebigen Antrag stellen. Die Menge der Bürger war zur Passivität verurteilt – die Konsuln, Prätoren oder auch Volkstribunen waren die uneingeschränkten Herren des Verfahrens: Sie formulierten die Anträge, präsentierten die Kandidaten, riefen weitere Redner auf und stellten die Vorlagen zur Abstimmung. Sie verkörperten ganz und gar den Willen des Volkes, sie waren die Steuermänner der *res publica*.

Die Versammlung der Bürgerschaft war die letztlich abstimmende und damit entscheidende Instanz, doch blieb ihre Rolle grundsätzlich darauf beschränkt, die führende Schicht an die Öffentlichkeit zurückzubinden. Politische Maßnahmen mussten vor dem mobilisierten Volk begründet und von ihm mitgetragen und verabschiedet werden. Vor der *plebs* mussten die Bewerber um die Ämter auftreten, bei ihr eingeführt und bekannt sein, um gewählt zu werden. Darauf war die politische Freiheit der römischen Bürger (*libertas*) beschränkt: dem *populus Romanus* anzugehören, innerhalb dessen die Senatsaristokratie eine sozial herausgehobene Schicht darstellte, deren Prominenz und Führungsrolle öffentlich anerkannt und damit legitim war.

Die Idee der politischen Freiheit war in Rom nie mit dem griechischen Modell der politischen Gleichheit sämtlicher Bürger und der daraus resultierenden politischen Herrschaft der Volksmenge verknüpft. Dadurch, dass zwischen dem Volk und der Führungsschicht vielfältige Bindungen und Verpflichtungen bestanden, war die Senatsaristokratie eine für das Volk allzeit sichtbare, ansprechbare, erreichbare Führungsschicht, die der Masse der Bürger Rechtsbeistand, sozialen Schutz sowie materielle Vergünstigungen gewährte und im Gegenzug dafür politische Unterstützung bei Abstimmungen, Prozessen und Wahlen seitens der Menge erhielt. Die gesamte römische Gesellschaft war von einem engen Netz von Klientelbeziehungen durchzogen, auf allen Ebenen gab es Herren (*patroni*) und Gefolgsleute (*clientes*). Je größer die Menge der Klienten auf jeder Ebene der Gesellschaft war, die man für sich mobilisieren konnte, umso größer waren das Ansehen und das Potential zur politischen Einflussnahme.[13] Die Autorität eines Senators beruhte wesentlich darauf, in welchem Maße er in der Lage war, die ihm verbundenen Personenkreise zu mobilisieren und so das akkumulierte soziale Kapital einzubringen.

Auch die Rekrutierung von Soldaten verdankte sich vor allem den über ganz Italien geknüpften, weitgespannten Klientelbeziehungen der Senatoren. Als große Herren (*patroni*) konnten sie die ihnen verpflichteten Vertrauensmänner in den italischen Gemeinden und Dörfern, die lokale Honoratiorenschicht, auffordern, die benötigten Aufgebote aus der örtlichen Bauernschaft aufzubringen. Diese Bauern standen ihrerseits wiederum in einem engen Klientelverhältnis zu ihren lokalen Herren.

Bis zum Ende der Republik blieb das römische Heer im Wesentlichen ein Milizheer, in dem die Bauern und Handwerker in ihrer Rolle als Bürger und Soldaten ihre Rüstung und Waffen selbst stellten und ihren Heeresdienst ableisteten. Der Waffendienst, die Teilnahme an Feldzügen, war ein gewichtiger Bestandteil des Bürger-Seins; er war eine Verpflichtung und zugleich eine Praxis, welche die Bürger als Notgemeinschaft vereinte und in der sich die große Bedeutung der Masse der freien Bauern manifestierte. Solange die Feldzüge auf die Sommermonate beschränkt blieben, waren die Belastungen durch den Heeresdienst erträglich; zum Problem wurde dieser, sobald die Kriege langwierig wurden und zu Feldzügen sogar in Übersee führten. Dann konnten Aussaat und Ernte nur noch eingeschränkt durchgeführt werden, so dass die Bauern darauf angewiesen waren, einen entsprechend weitaus höheren Sold zu erhalten und sowohl Anteile aus der beweglichen

Kriegsbeute als auch ein Stück neues Ackerland zugesprochen zu bekommen.

Im Zusammenwirken von Senat, Magistraten und versammeltem Volk sah der griechische Historiker Polybios den hauptsächlichen Grund für die großen Erfolge auf dem Schlachtfeld und für die lange innere Stabilität der *res publica*. Entsprechend stellte er in seinen Historien, die in 40 Büchern die Geschichte Roms vom Ersten Punischen Krieg bis zur Zerstörung Karthagos (146 v.Chr.) in seiner eigenen Zeit schildern, die Vorzüge der römischen Ordnung heraus, in der sich seiner Auffassung nach eine gemischte Verfassung ausgebildet hatte, die er als die beste, weil seiner Auffassung nach erfolgreichste aller Verfassungsformen anpries und seinem gebildeten griechischen Zuhörer- und Leserkreis als Vorbild vor Augen stellte.[14] Freilich überschätzte er in seiner Darstellung die Rolle des demokratischen Elements. Anders als in den theoretischen Konzeptionen griechischer Gelehrter von der idealen Mischverfassung kam dem Volk in der republikanischen Wirklichkeit nur bedingt eine größere Rolle zu. Aufgerufen von seinen Herren, versammelte es sich, trat zu Abstimmungsprozeduren zusammen, bildete das Publikum für die politische Bühne, auf der sich die Senatoren zeigten und debattierten, und verhielt sich dabei für gewöhnlich äußerst folgsam. Das große Thema war weniger der von den griechischen Autoren gern postulierte Gegensatz zwischen Demos und Oligarchie, zwischen der Herrschaft der »Vielen« und der »Wenigen«, als vielmehr zunächst der langwierige Kampf führender Familien aus dem Umland Roms um Aufnahme in den exklusiven Kreis der stadtrömischen Elite und der harte, seitdem herrschende unbarmherzige Konkurrenzkampf innerhalb der neu formierten Senatsaristokratie um Ämter und Ehren.

In den sogenannten Ständekämpfen zwischen Patriziern, den bereits in der Königszeit führenden Adelsgeschlechtern, und den Vertretern der führenden Familien plebeischer Herkunft, die von etwa 500 bis 300 v.Chr. andauerten, hatten sich die Nicht-Patrizier mit der Etablierung von Volkstribunen institutionelle Vertreter ihrer Interessen erkämpft. Diese waren wie nahezu alle römischen Magistrate Jahresbeamte und sollten die Plebeier vor dem Zugriff durch patrizische Magistrate schützen, indem sie interzedierten, also im Sinne des lateinischen Wortes »dazwischen-traten« und ihr Veto einlegten. Die Volkstribune waren ihrerseits durch die Menge der von ihnen versammelten Plebeier geschützt, da diese die Volkstribune in einem kollektiven Eid für sakrosankt, für unantastbar erklärten. Zudem wurde ab dem Jahr 287 v.Chr. durch die *lex Hortensia* die Macht der plebeischen Volkstribune erheblich aufgewertet: Die Beschlüsse der von den Volkstribunen einberufenen und geleiteten Zusammenkünfte des Volkes (*concilia plebis*) hatten von nun an für die gesamte römische Bürgerschaft verbindliche Geltung. Offenkundig vermochte man darin zu dieser Zeit noch keinen Ausgangspunkt für eine Gefährdung der Geschlossenheit der Führungsschicht zu sehen.

Neben der Einrichtung des Volkstribunats eröffnete das langwierige Ringen um Zugeständnisse den Plebeiern grundsätzlich den Zugang zum höchsten Amt der Republik, dem Konsulat: Seit 367 v.Chr. gab es erstmals jährlich drei oberste Beamte, zwei Konsuln sowie einen *praetor maximus*, von denen einer ein Plebeier sein durfte, aber nicht musste. In der weiteren historischen Entwicklung wurde aus diesem Dreigestirn eine Doppelspitze, da der Prätor die militärische Führung faktisch abtrat und nunmehr nahezu ausschließlich richterliche Funktionen ausübte, auch wenn er noch formal die oberste zivile und militärische Befehlsgewalt, ein *imperium*, behielt. Schritt für Schritt wurden die führenden Plebeier den Patriziern gleichgestellt: Sie erhielten Zugang zu den Priesterkollegien, durften Ämter bis zum Konsulat bekleiden, und schließlich wurde auch den plebeischen Magistraten das Recht zugestanden, die Vorzeichen zu deuten (*ius auspicii*). Dieser Schritt war insofern äußerst bedeutsam, als dadurch die religiöse Grundlage der höchsten militärisch-politischen Amtsgewalt nicht länger Privileg der Patrizier blieb.

Nicht minder bedeutsam war der Umstand, dass plebeische

Magistrate als gewesene Amtsinhaber nun auch in den Senat als »Beigeschriebene« (*conscripti*) aufgenommen wurden, so dass der Senat bis 80 v.Chr. statt zuvor nur 100 nun etwa 300 ehemalige Magistrate umfasste.¹⁵ Dies bedeutete für jede vornehme Familie, dass, sofern ein junger Mann die Quästur erreichte, damit zugleich die Aufnahme in das exklusive Gremium des Senats gelungen war. Dadurch wurde der ständisch-geschlossene Charakter des Senats aufgeweicht; es bildete sich eine neue, gleichermaßen aus Mitgliedern patrizischer wie plebeischer Geschlechtern stammende Verdienstaristokratie heraus. Aus ihr ragten wiederum die Familien heraus, die sogenannte Nobilität, welche die anderen an Ruhm und Ansehen übertrafen. Ihr wurden all diejenigen Familien zugerechnet, die einen Konsul unter ihren zeitlich näheren Ahnen vorweisen konnten. Ein »vornehmer Mann« (*nobilis*) zu sein war kein fester Titel und begründete rechtlich keinen Anspruch auf Ämter, jedoch bezeichnete der Begriff eine soziale Vorrangstellung, die allseits anerkannt war, weil es zumindest einem Mitglied der jeweiligen Familie gelungen war, bis zum höchsten Amt der Republik vorzudringen und seitdem dem Kreis der angesehensten Senatoren anzugehören. Mit dem Wirken als Konsul und Senator hatte sich ein solcher Mann herausragend um die Bürgerschaft verdient gemacht, so dass ihm und seiner Familie seitens der Öffentlichkeit eine besondere Hochachtung entgegengebracht wurde. Die Senatsaristokratie entwickelte sich zu einer Meritokratie, zu einer Verdienst-Aristokratie, die sich zwar langsam, aber doch fortlaufend immer wieder in Teilen erneuerte – zunächst nur durch die Integration neuer Männer aus den umliegenden Gemeinden und stadtrömischen Familien; seit der Mitte des 4.Jh.s weisen die Konsullisten aber auch Männer latinischer, sabinischer, kampanischer und etruskischer Herkunft auf.¹⁶

Während die Magistrate jährlich wechselten, für gewöhnlich in den Bahnen der traditionellen Normen und Prinzipien der politischen Praxis agierten und nicht darüber hinausgehen wollten und konnten, stellte der Senat eine institutionelle Konstante dar, die das politische Beratungs- und Entscheidungszentrum der *res publica* bildete. Nie gab es einen Regierungswechsel, ein kontinuierlicher Mitgliederaustausch erfolgte nur durch den Tod der Senatoren. Magistrat war man für ein Jahr, Senator blieb man auf Lebenszeit.

Mit dem Konsulat hatte ein Senator sein Karriereziel erreicht. Sofern er kein weiteres Konsulat oder das Amt eines Zensors anstrebte, musste er sich bis zum Lebensende – oft einer langen Periode von 15 bis 20 Jahren – keiner Wahl mehr durch das Volk stellen. Dies verschaffte den ehemaligen Konsuln, den sogenannten Konsularen im Senat, langfristigen Einfluss und großen Entscheidungsspielraum, ohne dass sie tagespolitischen Zwängen ausgesetzt waren.

Die Beschlüsse des Senats waren zwar rein rechtlich gesehen nicht bindend, besaßen aufgrund der Geschlossenheit und des einmütigen Zusammenstehens der Senatoren aber eine hohe moralische Geltung. So war es etwa unter den Senatoren unstrittig, dass das Ansehen (*auctoritas*) der ehemaligen Konsuln (*viri consulares*) ein höheres Gewicht haben musste als das der Prätoren und desjenige der Ädilen mehr als das der Quästoren, die in der streng gegliederten Hierarchie des Senats den untersten Rang einnahmen. Ebenso wurde vom Volk nie in Frage gestellt, dass der Senat die Leitlinien der Politik bestimmte.

Die *auctoritas* der Senatsherrschaft beruhte nicht auf einem geschriebenen Gesetz, sondern auf einer langen, gewachsenen Tradition, die den Konsens zwischen Volk und seinen *patroni* und zwischen den Senatoren bzw. den *nobiles* untereinander voraussetzte. In der frühen und mittleren Republik gab es eine nie propagierte, immer nur als selbstverständlich vorausgesetzte grundsätzliche Übereinstimmung in Zielen, Prinzipien und Wertvorstellungen, welche die römische Senatsaristokratie auszeichnete, besonders machte und ihre Vorrangstellung als römische Bürger legitimierte: Die Einheit des Senats basierte auf einem ideellen Band, auf einem von den Vorfahren empfangenen Grundkonsens, dem *mos maio-*

rum, darüber hinaus beruhte sie auf der persönlichen nachgewiesenen Leistungsfähigkeit (*virtus*) des Einzelnen, darauf, dass jemand bereit war, in verschiedenen Ämtern, in einer gewohnheitsmäßig festgelegten Abfolge von *honores*, seine Führungskraft, Wehrhaftigkeit und Krisenfestigkeit zugunsten der *res publica* unter Beweis zu stellen.

Das geschilderte politische Gefüge, der Dreiklang aus Senat, Magistraten und Volk, hatte sich lange Zeit als außerordentlich erfolgreich, widerstandsfähig und belastbar gezeigt, war aber, wie die Geschichte der beiden letzten Jahrhunderte der Republik belegt, nicht jeder Form von herausfordernder Veränderung gewachsen; denn der minimale Grundkonsens, vor allem darüber, wo die Grenzen des persönlichen Handelns liegen mussten, also das Bewusstsein, sich an die moralische Tradition der Ahnen und an den Senat als Organ der aristokratischen Kollegen gebunden, ja sich ihnen gegenüber verpflichtet zu fühlen, ging im Laufe der späten Republik verloren. Hierin bestand das grundsätzliche Dilemma der römischen Politik seit der Entwicklung vom Stadtstaat zur Großmacht: Die innere Stabilität hatte zu einem beispiellos stetigen, nicht geplanten machtpolitischen Aufstieg und zum allmählichen Ausgreifen Roms in den westlichen wie auch östlichen Mittelmeerraum geführt. Die enorme Ausdehnung der römischen Herrschaft brachte es mit sich, dass man nicht nur den Erwartungen der griechischen Städte nach militärischem Schutz gerecht werden musste, sondern sich aus dieser Rolle große Investitions- und Profitmöglichkeiten vielfältiger Art ergaben. Sklaven und die verschiedensten Importe strömten in bis dahin nie gekannter Vielfalt und Umfang nach Rom und Italien ein und führten zu massiven Veränderungen, die sich auf den Lebensstil ebenso auswirkten wie auf die politischen Verhältnisse.[17] Unter den gewandelten Rahmenbedingungen wurden die politischen Fliehkräfte weitaus stärker: Der bloße Verweis auf die Ahnen und die Macht des Senats genügte nun nicht mehr, um einzelne mächtige Senatoren mit großen persönlichen Ambitionen davon abzuhalten, ihre Ansprüche zurückzunehmen, das aristokratische Gleichheitsprinzip, traditionelle Verfahren, Entscheidungsweisen wie überhaupt die bis dahin gültigen Normen und Grundlagen der *res publica* in Frage zu stellen. Dass die Senatsaristokratie an Geschlossenheit verlor, dazu trug auch und gerade die Professionalisierung der Erlernung des rhetorischen und juristischen Handwerks bei, was wiederum zu einer stärkeren Differenzierung der Laufbahnen führte. Mit der kontinuierlichen Ausweitung des Herrschaftsraumes separierte sich häufig die zivile von der militärischen Expertise.[18] Zu dieser generellen Entwicklung, die man in dem Ausdruck »Desintegration der Führungsschicht« zusammengefasst hat, trug im 2.Jh.v.Chr. eine Vielzahl von Faktoren bei – eines der Krisensymptome waren die Gracchischen Reformen ab 133 v.Chr.

Soziale und wirtschaftliche Schieflagen

Der militärische und politische Aufstieg Roms zur führenden Macht im Mittelmeerraum führte zu einem tiefgreifenden Wandel der wirtschaftlichen und sozialen Verhältnisse, der vor allem die Kleinbauern traf. Bis zum Zweiten Punischen Krieg (218–201 v.Chr.) war die römische Agrarwirtschaft maßgeblich davon geprägt gewesen, dass in Italien neben der grundbesitzenden Aristokratie, die über sehr große Territorien verfügte, eine große Zahl freier Bauern mit kleinen Ackerlosen existierte.[19] Der Mehrheit dieser Kleinbauern stand nicht viel mehr als 2 ha Land zur Verfügung (etwa 2,5 Fußballfelder). Mit dieser geringen Ackerfläche war es ihnen zwar mit Mühe möglich, eine vier- bis sechsköpfige Familie zu ernähren, aber nur geringe Überschüsse erwirtschaften. Die meisten dieser Kleinbauern produzierten nur für den eigenen Bedarf. Traditionell zimmerten die Bauern nach Möglichkeit selbst Bett, Haus und Dach, fertigten Kleidung eigenhändig an, bezahlten durch den Verkauf von Vieh oder Naturalien sonstige für ihren Lebensunterhalt notwendige Gerätschaften und waren in Notzeiten auf zusätzliche Getreidelieferungen angewiesen. Die Lage der meisten Kleinbauern war fortwährend prekär, immer wieder drohte durch Missernte oder Dürre der wirtschaftliche Ruin, erst recht wenn ein Bauer länger als ein Jahr Kriegsdienst jenseits von Italien leistete. Daher waren viele gezwungen, zusätzliche Arbeiten zu übernehmen und sich etwa als Tagelöhner auf den Landgütern der Aristokraten zu verdingen oder zusätzliches Land zu bewirtschaften, das ihnen ihre Gemeinden als sogenanntes »Staatsland« (*ager publicus*) zur Verfügung stellten.

Die Schwierigkeiten der Kleinbauern verschärften sich im Laufe des 3. und 2. Jh. v. Chr., als sich die landwirtschaftlichen Großbetriebe von Rittern und Senatoren ausbreiteten. Diese römischen *villae* (Landgüter) betrieben überwiegend Viehzucht – mit großen Herden von Schafen und Rindern, die zwischen den Sommerweiden in den Höhenlagen und Winterweiden in den Tälern wechselten. Dabei eignete sich die Führungsschicht weite Teile des Staatslandes eigenmächtig an. Die durch Überschüsse und Kriegsgewinne schnell angewachsenen Vermögen wurden in weiteren Grund und Boden innerhalb Italiens und in Sklaven reinvestiert. Ritter und Senatoren besaßen in verschiedenen Landstrichen Italiens mehrere Villen mit jeweils mehr als 500 Joch (*iugera*: 126 ha),[20] vor allem in Latium und Kampanien.[21]

Bewirtschaftet wurden diese Landgüter von günstig erworbenen Sklaven, die seit 200 v. Chr. in großer Zahl nach Italien überführt wurden.[22] Die Grundbesitzer griffen gerne auf Sklaven zurück, weil diese ganzjährig als Arbeitskräfte zur Verfügung standen; im Gegensatz zu den Kleinbauern mussten jene keine eigenen Felder bestellen und konnten nicht zum Kriegsdienst herangezogen werden. Im 1. Jh. v. Chr. arbeiteten schätzungsweise drei Millionen Sklaven in Italien. Dieses Aufkommen zog es nach sich, dass die landwirtschaftlichen Großbetriebe ihre Erzeugnisse weitaus preisgünstiger anbieten konnten als kleinere Gutshöfe. Die geschilderte Investitionspraxis und Wirtschaftsweise stellten den Kern des wirtschaftlichen Dilemmas dar. Der Zugriff auf flexibel einsetzbare

Die Mittelmeerwelt um 133 v. Chr.

In Kleinasien ist der Territorialstand nach dem Ende des Aristonikos-Krieges (129 v. Chr.) dargestellt.

Die schwarzen Zahlen bezeichnen das Jahr der Errichtung der Provinzen.

- Römisches Reich
- Seleukidenreich
- Ptolemäerreich

0 200 400 600 800 1000 km

Karte 1

Soziale und wirtschaftliche Schieflagen 37

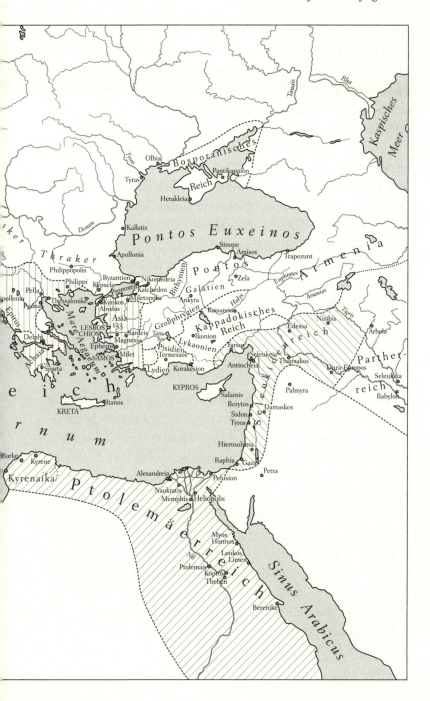

Arbeitskräfte und die stark angewachsene Größe der Landgüter ermöglichten einen rationaleren Wirtschaftsstil als zuvor. Die Ritter und Senatoren zogen sich zunehmend aus dem Getreideanbau zurück und spezialisierten sich auf den Anbau verschiedener arbeitsintensiver, aber renditeträchtiger Produkte wie Wein, Obst oder Oliven, aber auch auf die Viehzucht.

Zusätzlich wurde die Lage der italischen Kleinbauern dadurch erschwert, dass seit dem 2. Jh. v. Chr. immer größere Mengen landwirtschaftlicher Erzeugnisse – wie Getreide aus Sizilien – nach Rom importiert wurden und die Preise dafür sanken. Je weniger sich aufgrund dessen der Getreideanbau für die Kleinbauern rechnete, in desto größere Schwierigkeiten und Existenznöte gerieten sie.

Diese Entwicklungen trugen zur weiteren Verarmung der Kleinbauern bei, da diese nur noch in Ausnahmefällen zu Saisonarbeiten herangezogen wurden, so dass die Möglichkeiten zu Nebenverdiensten zunehmend geringer wurden. Eine immer größere Menge an Kleinbauern verarmte und bildete schließlich durch Abwanderung in die Hauptstadt den Grundstock des dort lebenden landlosen Proletariats.[23]

Die militärische Expansion und die daraus erwachsenen sozialen und wirtschaftlichen Veränderungen hatten aber auch erhebliche Auswirkungen auf die Art und Weise, wie republikanische Magistrate und Senatoren ihre alltäglichen politischen Geschäfte ausübten und mit der Bürgerschaft umgingen. Nur auf zwei konkrete Folgewirkungen sei hingewiesen: Seit 167 v. Chr. mussten die römischen Bürger keine Steuern mehr zahlen. Zudem rückten Versorgung und Unterhaltung der armen und arbeitslosen Bürger in Rom immer stärker in den Blickpunkt der magistratischen Tätigkeiten. Allen voran die Ädile bemühten sich darum, einander zu übertreffen und dem Volk immer prächtigere Spiele und großzügige Lebensmittelspenden zu bieten. Im 1. Jh. v. Chr. war es schließlich üblich geworden, dass Senatoren unentgeltliche Lebensmittelspenden als populäre Maßnahmen bei der Ämterwahl einsetzten.

Doch auch die Angehörigen der Führungsschicht, die Ritter und Senatoren, gingen aus den römischen Kriegserfolgen nicht unbeschadet hervor, sie wurden Opfer ihres Erfolgs: Obgleich die Großgrundbesitzer immer schon in historischer, ökonomischer und ideeller Hinsicht fest in der agrarisch geprägten Kultur verwurzelt und mit dem Landleben vertraut waren, ließ sie der ununterbrochene Expansionserfolg nach dem Zweiten Punischen Krieg sich immer stärker von diesen Wurzeln entfernen. Zum maßgeblichen Faktor für den politischen Erfolg und Rang eines Senators wurde dessen individuelle finanzielle Leistungsfähigkeit. Die Zugehörigkeit zu einer vornehmen Familie oder die persönliche Tatkraft und Bewährung in der Schlacht, im Senat oder vor Gericht konnten einen sicheren Aufstieg auf der Leiter der Ämterhierarchie zumindest nicht mehr garantieren. Den Mitteln und Wegen, zu einem gewaltigen Vermögen zu gelangen, waren kaum Grenzen gesetzt. Die annähernde wirtschaftliche Gleichheit der Senatsaristokratie hatte schon bald keinen Bestand mehr, die immens angewachsenen Investitions- und Gewinnmöglichkeiten ließen traditionelle Hierarchien und Rangfolgen zerbrechen. Von den militärischen Erfolgen profitierten vor allem die Feldherren und deren Familien, die im 2. Jh. v. Chr. im griechischen Osten agierten.[24] Durch die erbeuteten Schätze, durch den Verkauf von Sklaven und die Zahlung von Lösegeldern für Gefangene kamen Kriegshelden wie Gnaeus Manlius Vulso, der ältere Scipio oder Lucius Aemilius Paullus zu großen Vermögen.[25] Darüber hinaus gab es für solche römische Feldherren weitere Möglichkeiten, im hellenistischen Osten in einem bis dahin ungekannten Ausmaß Reichtümer zu sammeln, etwa durch Geschenke und Bestechungsgelder, die ihnen Gesandte der griechischen Städte zukommen ließen, um beispielsweise die Einquartierung römischer Soldaten in ihren Heimatstädten zu verhindern.[26] Zur weiteren Geldvermehrung trug die Beteiligung an zahlreichen Finanzgeschäften bei, an denen Senatoren zwar an und für sich persönlich nicht beteiligt sein durften;[27] faktisch waren jedoch die meisten mittels Strohmännern sehr häufig in derartige wirtschaftliche Aktivitäten involviert, insbesondere was die Verpachtung staatlicher Einkünfte anging.

Diese Pachtgeschäfte hatten die sogenannten *publicani*, Staats- oder Steuerpächter, zu einer eigenen Profession gemacht.[28] Sie traten in verschiedenen Gruppen bzw. Gesellschaften auf und übernahmen wirtschaftliche und finanzielle Großaufträge in den Provinzen. Sie waren römische Bürger, die allgemein gesprochen mit dem *publicum*, dem Gemeinwesen, ein Rechtsgeschäft eingingen, indem sie für einen festen Pauschalbetrag, der sich aus den von den Zensoren durchgeführten öffentlichen Versteigerungen ergab, das Recht erwarben, in privater Regie für die Dauer eines *lustrum*, also über fünf Jahre hinweg, in einer Provinz verschiedene Steuern oder Zölle einzutreiben. Die privat organisierte Eintreibung von Steuern wurde vor allem auf drei Gebieten praktiziert: erstens bei größeren logistischen und organisatorischen Unternehmungen wie etwa Heereslieferungen, bei der Errichtung von Neubauten oder der Instandhaltung öffentlicher Bauten; zweitens traten sie als Pächter von Staatsgütern auf, übernahmen beispielsweise Fischereien, Bauplätze, Bergwerke, Salinen, Staatsland und suchten daraus einen möglichst hohen wirtschaftlichen Ertrag abzuschöpfen; schließlich traten sie als Pächter staatlicher Einkünfte auf und trieben auf diese Weise als Privatmänner sämtliche Steuern und Abgaben im römischen Herrschaftsgebiet ein – angefangen bei den Hafenzöllen (*portoria*) über die den unterworfenen Völkern auferlegten Tributzahlungen (*tributa*) bis hin zu Naturalabgaben und später zu Steuern für die Nutzung von sämtlichen Formen von Staatsland, Acker-, Weideland und Waldstücken (*vectigalia*).

Die römische Expansion brachte es mit sich, dass viele Aufträge wegen des gewaltigen Finanzrahmens nicht mehr von einzelnen *publicani* übernommen werden konnten, so dass sich häufig mehrere vermögende Männer zusammenschlossen und ihr Kapital in einer Publikanengesellschaft zusammenführten. Anteilscheine (*partes*) dieser Publikanengesellschaften (*societates publicanorum*) konnten dann auf dem römischen Finanzmarkt von jedermann erworben werden.

Mit der Zeit bildete sich eine Gruppe reicher Ritter heraus, die sich auf vielen Geschäftsfeldern zu betätigen versuchten, aber keinerlei Ambitionen hatten, die Lasten einer politischen Karriere auf sich zu nehmen.[29] Dies markierte den Unterschied zur Gruppe der Senatoren; denn diese waren bereit, keine Kosten und Mühen zu scheuen, um eine politische Laufbahn einzuschlagen und die Leitung der öffentlichen Angelegenheiten zu ihrer Profession zu machen. So bildeten die Ritter und *publicani* zwar eine wirtschaftliche und soziale Elite, aber keine politische. Zudem waren sie kein abgeschlossener Stand und auch nur geringfügig korporativ organisiert; vielmehr bildeten sie die lokale Führungsschicht in den italischen Städten, die über großen Landbesitz und Vermögen verfügte und nicht oder noch nicht im Senat vertreten war: Da den meisten von ihnen aus verschiedenen Gründen eine senatorische Laufbahn zeitlebens verwehrt blieb, suchten sie sich andere Betätigungsfelder, auf denen sie sich auszeichnen konnten: Ohne Spezialisten zu sein, bildeten sie persönliche Schwerpunkte aus, nahmen ebenso administrative wie militärische Aufgaben wahr und traten als Bankiers, Offiziere oder Unternehmer auf.

Die Privatisierung staatlicher Aufgaben, der Rückgriff auf privatwirtschaftliche Vereinigungen bei der Bewältigung öffentlicher Aufgaben und damit der soziale Aufstieg der *publicani* und Ritter hatte hauptsächlich zwei Ursachen: Einerseits waren mit dem ins Riesige geweiteten Herrschaftsraum die damit verbundenen Verwaltungs- und Organisationsaufgaben derart stark angewachsen, dass die Senatsaristokratie diese allein nicht einmal ansatzweise hätte bewältigen können. Andererseits ließen die führenden Senatoren keinerlei Bestrebungen erkennen, eine kontinuierlich und selbständig agierende Administration einzurichten; dieses hätte den Senat seiner Autonomie und seiner führenden politischen Stellung beraubt – die Senatoren aus dem Kreis der Nobilität wuchsen nach wie vor im traditionellen Habitus auf und fühlten sich viel zu stark den Prinzipien des souveränen Herr-Seins verpflichtet, als dass sie dazu bereit gewesen wären, einen solchen Machtverzicht durch professionelles Dienen in einer sie einengenden Administration zu leisten. Mit der Etablierung einer umfassenden Wirtschafts- und Steuerverwaltung wären die Senatoren Gefahr gelaufen, das Heft zumindest zum Teil aus der Hand zu geben, und hätten danach – aus ihrer Sicht – nur noch in gleichsam »amputierter« Form Politik betreiben können: Die Senatsaristokratie duldete kein Organ neben und über sich, so dass sie den Rittern, die bis dahin kaum Einfluss auf das politische Geschehen genommen hatten, bereitwillig die wirtschaftlichen Betätigungsfelder überließ. Der Verzicht auf wirtschaftliche und unternehmerische Aktivitäten hatte den Vorteil, dass der Senat bis zum Ende der Republik die Politik in seinem Sinne zu bestimmen vermochte. Freilich hatte dies seinen Preis darin, dass die vielfältigen wirtschaftlichen Folgen der römischen Expansion in den Osten weitgehend ignoriert und auch die damit verbundenen sozialen Folgen für die römische Innenpolitik nicht erkannt wurden. Zudem verfestigte diese Grundhaltung nur die fortgesetzte Geringschätzung wirtschaftlicher und finanzieller Fachkenntnisse und Erfahrungen, obgleich gerade solche eigentlich für die Verwaltung des riesenhaft angewachsenen Herrschaftsbereichs erforderlich, ja sogar unabdingbar gewesen wären. In dieser zentralen Frage blieben die römischen Senatoren stark rückwärtsgewandt.

Die Gracchen im Kampf gegen den Senat

Die Probleme, die mit den militärischen Erfolgen und mit dem Aufstieg Roms zur ersten Macht im Mittelmeerraum verbunden waren, zeigten sich seit Beginn des 2. Jh. v. Chr. immer stärker. Im Zuge der Reformvorhaben der Brüder Tiberius und Gaius Gracchus traten sie schließlich offen zutage. Neuartig und wegweisend für die weiteren innenpolitischen Auseinandersetzungen in Rom war daran, dass sich ein Volkstribun erstmals offen gegen den Willen der Senatsaristokratie stellte. Darin unterschied sich Tiberius Sempronius Gracchus (162–133 v.Chr.) von seinen Vorgängern Laelius und Mucius Scaevola, die noch um Zustimmung bei der Mehrheit des Senats geworben hatten. Seit den Gracchen waren einzelne Volkstribune immer wieder bereit, ihre politischen Befugnisse auszureizen, die ihnen zwar nominell als Repräsentanten der *plebs* zu Gebote standen, aber lange Zeit ungenutzt geblieben waren. Erstmals machten sie von ihrem Recht Gebrauch, eigenmächtig das Volk zu mobilisieren und kalkuliert gegen den mehrheitlichen Willen der Senatorenschaft einzusetzen, um die eigenen politischen Interessen und vor allem diejenigen ihrer mächtigen finanziellen Unterstützer durchzusetzen.

Die Ursache für die mit den Gracchen zutage getretene innenpolitische Krise lag in der permanenten Ausweitung des militärischen Operationsbereichs, dem das bis dahin so erfolgreiche System des römischen Milizheeres auf Dauer nicht gewachsen war. Von jeher waren alle Angehörigen der fünf ersten Vermögensklassen zum Dienst verpflichtet, darunter auch diejenigen, die ein Vermögen aufwiesen, das sie in die Lage versetzte, sich Pferde zu halten und in der Reiterei zu dienen. Es war möglich, dass man als wehrfähiger Mann zwischen dem 17. und dem 46. Lebensjahr bis zu sechzehnmal und in Krisenzeiten sogar bis zu zwanzigmal zum Heeresdienst eingezogen wurde. Zeitweise befanden sich bis zu zehn Prozent der Gesamtbevölkerung, jährlich zwischen sechs und 13 Legionen auf Feldzügen. Bis zum Zweiten Punischen Krieg waren die militärischen Unternehmungen auf die Sommermonate beschränkt geblieben. Dies veränderte sich allerdings grundlegend durch die Kriege, die Rom gegen Karthago, gegen die makedonischen Könige Philipp V. und Perseus, gegen den Seleukidenherrscher Antiochos III. und in Spanien führte. Der nun immer häufiger gewordene, sogar mehrjährige Kriegseinsatz in Übersee – in Spanien befanden sich teilweise dauerhaft drei bis vier Legionen, wohl vier bis fünf Legionen waren für die Operationen in Norditalien gegen die Kelten und Ligurer erforderlich – machte den Rückgriff auf immer jüngere Rekruten unabdingbar.[30] Erschwerend kam hinzu, dass den Soldaten oftmals sowohl ein kurzfristiger Anreiz als auch eine langfristige Perspektive fehlte. Häufig standen ihnen weder ein stattlicher Beuteanteil noch eine Bauernstelle in Italien in Aussicht.

Auch die seit der Mitte des 2. Jh. v. Chr. einsetzenden politischen Kämpfe und Maßnahmen erbrachten keine befriedigenden Lösungen für das strukturelle Problem der fortgesetzten übermäßigen Beanspruchung des kleinbäuerlichen Milizsystems, das überproportional stark und schnell angewachsen war. Um zumindest einen Mangel zu beseitigen und der Masse der Soldaten zu einer bäuerlichen Existenz zu verhelfen, wurde bereits im Jahr 140 v. Chr. von Gaius Laelius, einem engen Vertrauten des Scipio Aemilianus, ein Gesetz eingebracht. Dieses sah vor, dass das Land, das jenseits der erlaubten Höchstgrenze von 500 Joch von den reichen Herren, Rittern und Senatoren gleichermaßen, okkupiert worden war, vom Staat eingezogen und an Kleinbauern verteilt werden sollte. Doch aufgrund des vehementen Widerstands der Großgrundbesitzer sah sich Laelius gezwungen, seinen Antrag wieder zurückzuziehen. Nur wenig später, im Jahre 133 v. Chr., nahm sich der Volkstribun Tiberius Sempronius Gracchus erneut dem Thema einer Agrarreform an. Der Zeitpunkt war insofern günstig, als in diesem Jahr Publius Mucius Scaevola, einer der angesehensten Rechtsgelehrten seiner Zeit und einer der Mitinitiatoren der Gesetzesvorschläge von 140 v. Chr., das Konsulat bekleidete.

Tiberius stammte aus einer alten, ruhmreichen Plebeier-Familie.[31] Unter dem Kommando seines Schwagers Scipio hatte er sich im Dritten Punischen Krieg bei der Einnahme von Karthago durch besonderen Mut ausgezeichnet und seinem hohen Rang gemäß die Tochter des Patriziers Appius Claudius Pulcher geheiratet. Dass er an der Umsetzung seiner Reformpläne unter Missachtung des fehlenden Konsenses bei seinen Standesgenossen strikt festhielt, erklärt sich aus der Karrieresackgasse, in die er damals unverschuldet geraten war.³² Er nutzte seine Wahl zum Volkstribunen, um für sein Agrarprogramm zu werben. Ausgestattet mit einem großen Redetalent und von griechischen Grammatikern unterrichtet, hielt er kompromisslos an seinem Vorhaben fest und wiegelte das Volk auf.³³ Zum folgenreichen Konflikt mit dem Senat kam es, als Tiberius in einer von ihm eigens einberufenen Volksversammlung (*concilium plebis*) den Volkstribunen Marcus Octavius, der ihm an und für sich nahestand, jedoch einen alternativen Vorschlag des Senats unterstützte, kurzerhand absetzen und seine eigenen Gesetzesvorschläge verabschieden ließ. Dass ein Magistrat mit Hilfe einer von ihm mobilisierten Volksmenge und gegen den Willen der Mehrheit des Senats seine Interessen durchsetzte, stellte einen bis dahin beispiellosen Tabubruch dar.

Kurz darauf brach Tiberius nochmals demonstrativ mit den ungeschriebenen Regeln und Prinzipien der auf Gleichheit und Beachtung des traditionellen Konsenses bedachten Senatorenschaft, indem er sich vom Volk den für die Umsetzung seiner Reform benötigten Zugriff auf das 133 v.Chr. Rom zugefallene Vermögen der pergamenischen Könige bewilligen ließ und eine erneute Kandidatur ankündigte. Die Beschlüsse des Volkes riefen heftige Tumulte hervor, in die der amtierende Konsul Mucius Scaevola nicht eingriff, jedoch war die Geduld der konservativen Kräfte im Senat aufgebraucht. Der hochangesehene Pontifex Maximus Publius Cornelius Scipio Nasica Serapio scharte eine große Zahl von Senatoren im Fides-Tempel auf dem Kapitol um sich, wo der Senat an diesem Tag seine Sitzung abhielt. Ohne ein offizielles Mandat zu besitzen, aber gestützt auf die breite Zustimmung innerhalb der Führungsschicht, ging er gewaltsam gegen Gracchus vor, der seinerseits bereits eine große Menge von Unterstützern auf dem Kapitol hatte versammeln lassen. Die Senatoren stürmten aus dem Tempel und schlugen mit Knüppeln auf das Volk (*plebs*) ein.³⁴ Im Handgemenge wurden der Volkstribun und zahlreiche seiner Anhänger erschlagen, und ein vom Senat kurz darauf eingerichteter Sondergerichtshof verhängte harte Strafen gegen die Unterstützer des Gracchus.

Der Einsatz, das überaus riskante und kompromisslose Vorgehen, stand letztlich in keinem Verhältnis zum Ertrag. Das Resultat der Bemühungen des Gracchus blieb dürftig.[35] Weitaus folgenreicher und verhängnisvoller für die *res publica* waren die revolutionären Mittel, die Tiberius Gracchus zur Durchsetzung seiner politischen Pläne angewandt hatte: Dass er mit der Volksversammlung und nicht mit dem Senat zusammengearbeitet, das Veto eines seiner neun Kollegen im Volkstribunat ignoriert, den Senat im Fall des pergamenischen Erbes hintergangen hatte, mit seiner beabsichtigten Wiederwahl zum Volkstribunen das Annuitätsprinzip verletzt hätte – all dies hatte die politischen und rechtlichen Verfahren der Republik grundlegend in Frage gestellt und die aristokratische Standesmoral aufs Ärgste verletzt. Der langfristige politische Schaden, den Tiberius Gracchus der *res publica* zugefügt hatte, ist kaum zu überschätzen: Spätestens mit dieser ungeheuerlichen Tat wurde der Senat gespalten. Gracchus hatte bewiesen, welch gefährliches Machtmittel das Volkstribunat in der Hand eines ehrgeizigen Mannes sein konnte, welche Kompetenzüberschreitungen möglich waren, sofern man bereit war, sich über die ungeschriebenen Verhaltensgesetze der Senatsaristokratie hinwegzusetzen.

Trotz des gewaltsamen Endes und der Verurteilungen der Anhänger des Reformprogramms – und vielleicht auch gerade deswegen – wurde die von Tiberius Gracchus eingeleitete Politik von seinem Bruder Gaius im Jahr 123/122 v.Chr. fortgeführt. Auch er nutzte sein Volkstribunat, um mit Hilfe der Volksversammlung – ohne Rücksprache und Abstimmung mit dem Senat – seine politischen Forderungen durchzusetzen. Die Neuauflage der Reformen wollte vor allem die Agrarproblematik wiederaufnehmen und dazu beitragen, die Anhängerschaft bei der reichen Ritterschaft zu verbreitern und die persönliche Sicherheit der Träger der Reform zu gewährleisten. Abermals entglitt dem Senat trotz der bis dahin gut funktionierenden Kontrollmechanismen kurzzeitig die Kontrolle über einen einzelnen Magistrat.

Dass es dem Senat damals noch einmal gelang, das Blatt durch gleichfalls demagogische Mittel zu wenden, lag vor allem darin begründet, dass Gaius Gracchus nach Ansicht vieler Senatoren, die den Gracchen durchaus gewogen waren, insbesondere in der Bundesgenossenfrage zu weit gegangen war. Einige seiner früheren Anhänger wie Gaius Fannius wechselten nun die Seiten. Als Konsul des Jahres 122 v.Chr. ließ Fannius die von Gracchus eigens in Rom versammelten italischen Bundesgenossen ausweisen; der Volkstribun Marcus Livius Drusus, der Ältere, brachte jedoch durch sein Veto das Gesetz zu Fall. Anschließend machte sich die Senatsmehrheit die gracchischen Vorhaben weitgehend zu eigen und verabschiedete nun ihrerseits ein umfassendes Kolonisationsprogramm – zwölf Kolonien mit jeweils 3000 Siedlern innerhalb Italiens, was den populären Bedürfnissen entgegenkam. Ebenso wurde eindringlich an alle Bürger appelliert, dass es in ihrem Interesse liegen müsse, das Bürgerrecht möglichst exklusiv zu halten und den Bundesgenossen das Stimmrecht zu verweigern.

Zur Beruhigung der innenpolitischen Turbulenzen trug der »Sieg« der Senatspartei allerdings nicht bei: Zu stark hatten sich die Fronten verhärtet, allzu sehr hatten sich die Reformbefürworter von den übrigen Senatsmitgliedern distanziert, zu stark waren sie politisch innerhalb der Führungsschicht diskreditiert und isoliert, so dass ihnen nur der Weg in die offene Agitation gegen den Senat und in den gewaltsamen Konflikt blieb: Während seiner zweiten Amtszeit als Volkstribun bewarb sich Gaius Gracchus, aus Nordafrika zurückgekehrt, wo er auf dem Boden des zerstörten Karthago römische Kolonisten anzusiedeln plante, für eine dritte Amtsperiode, obgleich er sich bereits mit der Kandidatur für eine zweite Amtszeit über das Iterationsverbot und das Annuitätsgebot hinweggesetzt hatte. Dieses Vorhaben misslang, er wurde nicht gewählt.

Als der Senat im Jahr 121 v.Chr. vermeintlich ungünstige Auspizien zum Anlass nahm, das von Gaius verabschiedete Gesetz zur Neubesiedlung Karthagos zurückzunehmen, kam es am Tag der Abstimmung zu heftigen Ausschreitungen. Auslöser war das provokante Verhalten eines Liktors des Konsuls Lucius Opimius, der die Menge so sehr gegen sich aufbrachte, dass sie ihn erschlug. Daraufhin wurde vom Senat erstmals der Staatsnotstand ausgerufen, der zur Folge hatte, dass dem amtierenden Konsul die Aufgabe zufiel, die Ordnung mit allen Mitteln wiederherzustellen. Daher forderte Opimius die Senatoren und Ritter auf, mit jeweils zwei bewaffneten Sklaven ins Zentrum Roms zu kommen. Gaius Gracchus und Marcus Fulvius Flaccus, die sich auf dem Aventin, dem Berg der *plebs* im Kampf gegen die Patrizier, verschanzt hatten, wurden zusammen mit 250 ihrer Anhänger erschlagen; ihnen folgten dann noch mehrere Tausend in den Tod. Der Kopf des Staatsfeindes Gaius wurde öffentlich ausgestellt, die Häuser der beiden Anführer niedergebrannt, jegliche Erinnerung an sie getilgt.

Die Zeit der Geburt des Lucullus

Durch die Gracchen hatte das den Patriziern in den Ständekämpfen abgerungene Volkstribunat eine immense politische Aufwertung erfahren. Seitdem kam dem Volk eine weitaus stärkere politische Funktion zu, allerdings nicht als demokratischer Akteur, sondern als neues Machtmittel und Spielball der miteinander im politischen Kampf liegenden Mitglieder der senatorischen Führungsschicht.[36] Die Geschlossenheit der Senatorenschaft war verloren gegangen. Nun stand auf der einen Seite die große Mehrheit der Senatoren, die an der althergebrachten Ordnung festhalten wollte, und auf der anderen eine Gruppe ambitionierter, jüngerer Senatoren, die mit Hilfe der Volksversammlung versuchte, politische Macht mit der Unterstützung der städtischen Menge zu gewinnen.

Den von den Gracchen entfachten Aufruhr mochte der Senat zwar abermals 121 v.Chr. erstickt, die Wortführer und einige Hundert ihrer Anhänger getötet und ihre Unterstützer vorerst eingeschüchtert haben, doch sahen sich die Optimaten nach wie vor mit mehreren schwelenden Problemlagen konfrontiert: Konflikte mit dem Ritterstand waren vorgegeben; die Bundesgenossen waren immer noch nicht zufriedenstellend eingebunden; die Landverteilung war nahezu gänzlich zum Erliegen gekommen, die Koloniegründungen blieben bloße Ankündigungen, und durch ein neues Ackergesetz, die *lex agraria* von 111 v.Chr., wurde nur der Status quo in den Besitzverhältnissen fortgeschrieben. Darüber hinaus kündete sich mit dem Wirken der Gracchen das große Thema an, das den weiteren Gang der römischen Republik für die Generation des Lucullus wesentlich bestimmte: Mit der Ermordung der Gracchen war die Front gebildet zwischen dem mehrheitlich optimatisch gestimmten Senat und mächtigen Einzelnen, die als erfolgreiche politische oder militärische Führer, als Magistrat und Imperiumsträger das Volk und das Heer als politische Waffe zur Durchsetzung ihrer persönlichen Interessen einsetzten, sooft sie sich vom Senat in ihren Leistungen nicht hinreichend gewürdigt und geehrt fühlten.

Die skizzierten inneren Problemlagen waren nur äußerlich zur Ruhe gekommen. Sie standen sogleich erneut auf der Tagesordnung, als die nächsten großen militärischen Herausforderungen Rom erschütterten – die Kriege gegen Iugurtha in Nordafrika (112–105 v.Chr.) und gegen die Kimbern und Teutonen im Pogebiet (113–101 v.Chr.).

In Nordafrika hatten sich die Numider im Zweiten Punischen Krieg unter der Königsherrschaft Massinisas der römischen Seite angeschlossen und waren nach der Zerstörung Karthagos unmittelbare Nachbarn der römischen Provinz geworden. Die Streitigkeiten um den numidischen Thron, die nach dem Tod des Königs Micipsa seit 118 v.Chr. aufkamen, hingen mit den engen Verbindungen der numidischen Oberschicht zu Rom zusammen; denn Iugurtha, ein Neffe des Micipsa, hatte in Spanien als Führer der numidischen Reiterei großen Eindruck auf Scipio Aemilianus gemacht. Die Hochachtung des römischen Feldherrn war so groß, dass er Micipsa dazu brachte, seinen begabten Neffen zu adoptieren und neben seinen Söhnen als Erben einzusetzen. Dank seiner außergewöhnlichen Führungsqualitäten, einer ausgeprägten Skrupellosigkeit und der guten Beziehungen zur römischen Führungsschicht gelang es Iugurtha, die Herrschaft über Numidien an sich zu reißen. Nachdem er nicht nur mehrere Konkurrenten, sondern auch seinen Bruder Adherbal hatte ermorden lassen und die Tötung von römischen und italischen Kaufleuten billigend in Kauf genommen hatte, griff Rom ein. Auf die rasche Kapitulation Iugurthas folgte zunächst die Anerkennung seiner Herrschaft.

Wie eng die außenpolitische Lage mit der innenpolitischen Entwicklung verwoben war, zeigt der Konflikt in Numidien anschaulich: Der schnelle und milde Friedensschluss war den popularen Kräften in Rom ein willkommener Anlass, um erneut politische Ansprüche anzumelden und beim Volk den Verdacht zu wecken, verschiedene Mitglieder der Nobilität seien im großen Stil bestochen worden und hätten gemeinsame Sache mit dem unterworfenen Feind gemacht.[37] Allerdings wurde diese wohl zunächst nur behauptete Anschuldigung durch die nachfolgenden Ereignisse vollauf bestätigt. Ein Verhör Iugurthas vor dem Volk wurde durch das Veto eines Volkstribunen verhindert und dem numidischen Fürsten die Flucht aus Italien ermöglicht. Doch die Lage entwickelte sich noch dramatischer. Der anschließende Feldzug in Numidien endete desaströs. Dass Rom abermals einen für sich schmählichen Frieden mit einem an und für sich bereits unterworfenen Gegner (*dediticius*) abschließen musste, rief die popularen Agitatoren auf den Plan. Dankbar nahmen sie das Fiasko als weiteren Beleg für das völlige Versagen der Führungsschicht. Die Empörung des Volkes und das Misstrauen gegen die Nobilität waren so stark ausgeprägt, dass die Volkstribunen ein Sondergericht erwirkten, das die Bestechungsfälle durch Iugurtha untersuchte und tatsächlich auch die Verbannung der hochrangigen Optimaten erreichte, die in den damaligen Jahren mit der Angelegenheit von Iugurtha und dem numidischen Königtum betraut worden waren: Lucius Opimius, der Gegner des Gaius Gracchus, Spurius

Postumius Albinus, Lucius Calpurnius Bestia, Gaius Sulpicius Galba und Gaius Porcius Cato. Dies war ein schwerer Schlag für die Senatsaristokratie und ein großer Erfolg der popularen Politiker.[38] Mit Hilfe des Volkstribunats war aufs Neue die Macht des Volkes deutlich hervorgetreten, sofern man die Menge zu mobilisieren verstand. Die Führungsschicht stand 108 v.Chr. unter dem Druck der Erwartungen des Volkes, das vom frisch gewählten Konsul Quintus Caecilius Metellus Numidicus einen raschen Erfolg in Nordafrika verlangte.

Die späte Karriere des Marius

Nicht zufällig gelang es in dieser Ausnahmesituation einem bereits fünfzigjährigen Neuling im Senat, das Konsulat zu erreichen. Die schweren Niederlagen, das damit verbundene, von manchem Volkstribunen geschürte Misstrauen und der allgemeine Ansehensverlust der Nobilität, das von den Popularen forcierte Drängen auf »schnelle Erfolge« und die daraus erwachsenen überhöhten Erwartungen beim Volk erleichterten Männern den politischen Aufstieg, die sich persönlich auf dem Schlachtfeld ausgezeichnet und beim Heer hohes Ansehen erworben hatten, deren Familien jedoch in der Hauptstadt noch unbekannt waren und über keinerlei soziales Ansehen verfügten. Dem aus dem Volskerstädtchen Arpinum (Arpino) stammenden Marius war auf diese Weise der unerwartete Aufstieg bis in die höchsten Ämter gelungen. 158 v.Chr. geboren, war er 134/133 v.Chr. zunächst Militärtribun bei der Belagerung der spanischen Stadt Numantia durch Scipio Aemilianus, gemeinsam mit Iugurtha und Gaius Gracchus, 119 v.Chr. wurde er Volkstribun. Erst im dritten Anlauf erlangte er das Ädilenamt,[39] 115 v.Chr. bekleidete er die Prätur, und im Anschluss daran war er die beiden folgenden Jahre Statthalter in Spanien. Da er militärisch außerordentlich befähigt war, wurde er von Quintus Caecilius Metellus, dem Konsul des Jahres 109 v.Chr., als Legat für den Feldzug in

Afrika gegen die Numider ausgewählt.[40] Das Heer und die Ritter, die sich von ihm günstigere Bedingungen für Investitionsmöglichkeiten versprachen, waren Marius treu ergeben und bildeten ein mächtiges Faustpfand im Kampf um das höchste Staatsamt, das Konsulat, das er im Folgejahr 107 v.Chr. erlangte. Gegen den erklärten Willen des Senats, der das Kommando des Metellus verlängern wollte, beantragte der Volkstribun Titus Manlius Mancinus vor dem Volk, Marius den Oberbefehl in die Hand zu geben. Ein weiteres Mal hatten ein Volkstribun im Verbund mit der stadtrömischen Menge ihre Macht demonstriert und dem Senat selbstbewusst die Stirn geboten.

Entgegen des lauthals propagierten Anspruchs seiner Anhänger vermochte jedoch auch der leutselige Marius, der erklärte Liebling des Volkes, keine Wunder zu vollbringen. Der Krieg gestaltete sich auch unter seiner Führung schwierig und langwierig, so dass er erst zwei Jahre später, im Jahr 105 v.Chr., beendet werden konnte. Hinzu kam, dass er den mühsam errungenen Kriegserfolg nicht einmal für sich selbst vollends reklamieren konnte, da der Sieg über Iugurtha vor allem dem von ihm persönlich ausgewählten Quästor zuzuschreiben war, dem aus einem verarmten Seitenzweig des großen vornehmen Geschlechts der Cornelier stammenden Lucius Cornelius Sulla. Dieser hatte Iugurtha nicht in der Schlacht besiegt, sondern dank seines diplomatischen Geschicks Verhandlungen mit Bocchus, dem König von Mauretanien, aufgenommen und anschließend durch eine List dessen Schwiegersohn Iugurtha in einen Hinterhalt gelockt und gefangen genommen.

Eine zweite und ruhmreichere Bewährungsprobe bot sich Marius in einem anderen Krieg, der Rom und Italien weitaus stärker als der Numidische bedrohte: Um 120 v.Chr. waren die aus dem Norden, aus Jütland und Schleswig-Holstein kommenden Kimbern aufgebrochen, um sich neue Siedlungsplätze zu suchen. Auf ihrer Wanderung nach Süden hatten sich ihnen andere Gruppen wie die Teutonen und Ambronen angeschlossen. Der Zug dieser nur lose verbundenen Gruppen war über Böhmen und Slowenien

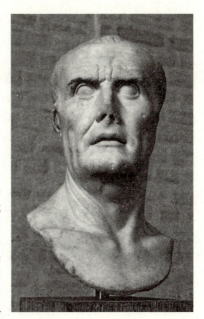

Abb. 2: Die Marmorbüste aus augusteischer Zeit wird häufig Gaius Marius (157–86 v.Chr.) zugeschrieben. Seine militärischen Erfolge begründeten seine Popularität bei Soldaten und Volk und verhalfen ihm zu insgesamt sieben Konsulaten.

bis nach Kroatien gewandert und dort von den Skordiskern zurückgeschlagen worden. Deshalb hatte er eine neue Marschrichtung eingeschlagen und war nach Kärnten eingefallen. Die dort siedelnden mit Rom verbündeten Taurisker riefen in dieser Not ihre Schutzmacht zur Hilfe. Bei Noreia wurden die Römer 113 v.Chr. (unter dem Oberbefehl des Gnaeus Papirius Carbo) geschlagen, vier Jahre später im Rhonetal ein weiteres Mal (unter dem Kommando des Marcus Iunius Silanus) und 107 v.Chr. bei Tolosa (Toulouse) schließlich ein drittes Mal so schwer, dass nach dem Tod des verantwortlichen Konsuls Lucius Cassius Longinus ein Kapitulationsfrieden in der Gallia Narbonensis geschlossen werden musste.

Im Jahr 105 v.Chr. stellten die Römer die wandernden Stämme bei Arausio, dem heutigen Orange, und erlitten eine weitere Niederlage, eine der schwersten in der römischen Geschichte. In dieser einen Schlacht fielen angeblich 80 000 römische Soldaten. Die

Ursache für diese verheerende Niederlage soll im übermäßigen Ehrgeiz des Proconsuls der Gallia Narbonensis, des stolzen Patriziers Quintus Servilius Caepio, gelegen haben, der nicht bereit gewesen sein soll, sein Heer mit dem des herbeigeeilten amtierenden Konsuls, des dadurch vom Rang her höher gestellten Emporkömmlings Gnaeus Mallius, zu vereinen. Eine Unterordnung unter das Kommando des Aufsteigers Mallius hätte Caepio von vornherein jede Aussicht auf einen Triumph und auf die mögliche Verleihung des selten vergebenen Titels »Vater des Vaterlandes« (*pater patriae*) genommen. Wie bei den vorangegangenen Niederlagen hatten die Römer es allein glücklichen Umständen zu verdanken, dass die siegreichen Stämme sich anschließend nicht weiter nach Süden, ins italische Kernland, begaben, sondern nach Westen und Norden weiterzogen. An und für sich hätte ihnen der Weg nach Italien offen gestanden.

Die Niederlage hatte zudem ein Nachspiel, das anzeigt, dass die bis dahin geltenden Regeln des politischen Handelns weitgehend zerbrochen waren; denn erstmals wurde einem amtierenden Magistrat im Zuge einer Abwahl durch das Volk (*abrogatio*) die absolute Befehlsgewalt (*imperium*) entzogen. Die optimatisch orientierten Volkstribune, die diesen aus ihrer Sicht ungeheuerlichen Vorgang zu verhindern suchten, wurden durch Gewaltandrohung eingeschüchtert und davon abgehalten.

Durch den Abzug der Kimbern nach Gallien erhielt Rom einen kurzen Zeitraum, um sich im Norden Italiens auf eine Rückkehr der wandernden Stämme vorzubereiten. Angesichts der gewaltigen Bedrohung wurde von Rutilius Rufus und Marius eine Reihe einschneidender Ad-hoc-Maßnahmen ergriffen, um das Problem des kontinuierlich sinkenden Wehrpotentials anzugehen. Das alte Milizsystem, das die Bauern in Notzeiten zu Soldaten gemacht hatte, wurde aufgeweicht. Verschiedene Neuerungen wurden schrittweise eingeführt, ohne dass eine umfassende Heeresreform stattgefunden hätte. So wurde etwa die Aushebung in Italien effizienter gestaltet, die Nahkampfausbildung durch Lehrmeister aus Gladiatorenschulen verbessert, die Bewaffnung durch Modifikationen am Wurfspeer (*pilum*) optimiert und den Soldaten zusätzliche Aufgaben zugewiesen (wie etwa den Transport des eigenen Gepäcks).[41] Die Krise hatte es zudem erforderlich gemacht, in größerer Zahl als bislang verarmte oder sogar besitzlos gewordene Kleinbauern in ländlichen Gebieten Italiens mehr oder weniger gewaltsam auszuheben und die dafür erforderlichen Kosten für die Ausrüstung der Wehrfähigen die Bürgerschaft tragen zu lassen.[42] Die stark erweiterte Zahl von verarmten und gepressten Soldaten hatte gewichtige soziale Konsequenzen. In der Folgezeit fühlten sich die Heeresverbände weitaus enger an ihre Feldherren als an die *res publica* gebunden, sofern sie über mehrere Jahre hinweg gemeinsam erfolgreiche Feldzüge bestritten hatten.[43] Diese Problematik trat in den Folgejahren zunehmend deutlicher zutage, als die Feldherren nicht nur gegen Kimbern und Teutonen kämpften, sondern bereits auf dem Schlachtfeld darüber stritten, wer von ihnen den militärischen Erfolg für sich reklamieren dürfe.

Kampf um den Siegerkranz

Wie heftig bereits zu Beginn des ersten vorchristlichen Jahrhunderts die führenden Männer auf dem Feld der literarischen und historiographischen Darstellung einander bekämpften, zeigt in seltener Deutlichkeit die Diskussion um den Anteil des Quintus Lutatius Catulus (ca. 150–87 v.Chr.) an der erfolgreichen Abwehr der Kimbern und Teutonen. Er entstammte einer alten vornehmen plebeischen Familie, die freilich erst durch ihn wieder zu hochrangigen Ämtern vordrang. Nach seiner Prätur hatte Catulus sich in den Jahren 106 bis 104 v.Chr. zunächst dreimal vergeblich um das Konsulat beworben, bevor er 102 v.Chr. endlich das höchste Amt der römischen Republik erlangte. Im Folgejahr siegte er als Proconsul gemeinsam mit dem damaligen Konsul Marius über die Kimbern bei Vercellae (Vercelli).[44] Über diese Taten verfasste er um das Jahr 100 v. Chr. eine kleine Schrift, die über seine Leistungen während des Konsulats und darüber hinaus berichtete (*de consulatu et de rebus gestis suis*).[45] Es unterstreicht die Bedeutsamkeit, welche die schriftliche Selbstdarstellung bei den führenden Männern Roms damals erreicht hatte, dass Catulus nicht nur mit beeindruckenden Bauten, mit einem noch in der Schlacht der Fortuna gelobten Tempel auf dem Marsfeld,[46] einem prächtigen Wohnhaus und einer öffentlichen Säulenhalle am Palatin die Erinnerung an den von ihm errungenen großen Sieg bei Vercellae verewigen wollte. Als vielfältig gebildeter Philhellene, der mit eigenen lateinischen Gedichten in hellenistischem Stil hervorgetreten war, lag es für ihn nahe, die eigenen Taten während seines Konsulats in gefälliger Weise zu erzählen und seine Sicht der Dinge zu verbreiten, nicht zuletzt um den zahllosen Gerüchten um die Umstände vor und im Verlauf der großen Schlacht entgegenzutreten. Denn offenkundig bestimmte zunächst die Anhängerschaft des Marius die öffentliche Meinung in Rom.

Dass Catulus sich mit der Veröffentlichung einer autobiographischen Schrift zur Wehr setzte, entsprach vollauf seiner exklusiven Bildung. Der Kontrast zum raubeinigen und wenig gebildeten militärischen Haudegen aus Arpinum hätte kaum größer sein können: Erzogen durch seine ebenso ehrgeizige wie belesene Mutter Popilia, die mit der berühmten Gracchenmutter Cornelia verglichen wurde, gehörte Catulus gewiss zu den gelehrtesten und kultiviertesten Männern seines Standes. Er war mit allen literarischen Gattungen vertraut und unterhielt vielfältige enge Verbindungen zu prominenten Künstlern und Literaten seiner Zeit.[47] Schauspieler wie der bekannte Roscius oder Literaten wie der römische Epiker Furius Antias oder der griechische Dichter Archias aus Antiocheia gingen bei ihm ein und aus. Dass er die autobiographische Schrift »Über das Konsulat und die dabei erbrachten Leistungen« Furius Antias widmete, mag ein Hinweis darauf sein, dass die Abfassung autobiographischer Schriften ein beliebtes Mittel der Gruppe der gebildeten konservativen *nobiles* war, um den Standesgenossen zu demonstrieren, dass Männern »vom Lande« wie etwa einem Marius diese Waffe persönlich nicht zu Gebote stand.

Im Rückblick auf sein Konsulatsjahr von 102 v. Chr. schilderte Catulus nicht nur die Siege über die aus dem nördlichen Europa stammenden wandernden Verbände. Er rechtfertigte darin auch die umstrittene, aber in der Notlage unumgängliche Entscheidung zum Rückzug seines Heeres hinter die Po-Linie, nachdem den Kimbern an der Etsch der entscheidende Durchbruch und der Eintritt nach Italien gelungen war. Nach dem Bericht Plutarchs gelang es Catulus in dieser katastrophalen Situation immerhin, sein Heer zu retten, das sich eigentlich bereits zur Flucht gewendet hatte. Daraufhin soll er sich dazu entschlossen haben, den Rückzug anzutreten, um das Schlimmste zu verhindern:[48]

> »In dieser Stunde bewies Catulus jene Feldherrngröße, die den eigenen Ruhm opfert, um die Ehre der Mitbürger zu retten. Denn als er sah, dass er seine Soldaten nicht zum Ausharren zu überreden vermochte, weil die Angst ihnen im Nacken saß und sie vorwärtstrieb, da ließ er den Adler aufnehmen, eilte an die Spitze der Zurückweichenden und zog ihnen voran. Die Schande sollte auf ihn, nicht auf das Vaterland fallen, und die Aufgabe der Stellung als ein vom Feldherrn befohlener Rückzug und nicht als Flucht erscheinen.«

Selbstverständlich warfen ihm die innenpolitischen Gegner um Marius vor, dass er den Barbaren aufgrund dieses schmählichen Rückzuges das gesamte oberitalische Territorium bis zum Po schutzlos ausgeliefert habe.[49] Die misslungene Abwehr der Kimbern spielte freilich bestens den innenpolitischen Interessen des Marius zu, war doch seine Popularität durch den kurz zuvor bei Aquae Sextiae (Aix-en-Provence) errungenen Sieg über die Teutonen und Ambronen (102 v.Chr.) erheblich angewachsen. Auch dass Rutilius Rufus, der nach der verheerenden Niederlage bei Arausio im Jahr 105 v.Chr. die Abwehrmaßnahmen umsichtig organisiert hatte, Anklage gegen ihn wegen Wahlbestechung erhob, vermochte die fünfte Wahl des Marius zum Konsul (für das Jahr 101 v.Chr.) nicht zu verhindern – die wiederholte Wahl war zwar ein grober Verstoß gegen die traditionellen Regeln, der jedoch durch die große Not der Kimbernkriege bedingt war. Sicherlich waren der vornehme, gebildete Catulus und der macht- und prestigehungrige Marius bereits zu dieser Zeit erbitterte innenpolitische Gegner. Darauf deuten die engen politischen Beziehungen, aber auch die literarischen und philosophischen Interessen hin, die Catulus mit Rutilius Rufus, doch auch mit Sulla verbanden. Nur widerstrebend dürfte er sein Heer mit dem des Marius vereinigt und damit im Hochsommer 101 v.Chr. am Sieg über die Kimbern bei Vercellae beteiligt haben.[50] Verschiedene junge Aristokraten machten damals im römischen Heer ihre ersten militärischen Erfahrungen. Einige zeigten sich allerdings dem Kampfgeschehen nicht gewachsen: So wurde der jüngere Marcus Aemilius Scaurus, nachdem er mit seiner Reiterabteilung 102 v.Chr. vor den Kimbern geflohen und so den Konsul Catulus im Stich gelassen hatte, von seinem gleichnamigen Vater (Konsul 115 v.Chr., Zensor 109 v.Chr.) wegen der mit der Flucht verbundenen Schande verstoßen. Der Sohn wusste um den nicht mehr gutzumachenden Ehrverlust und tötete sich daraufhin selbst.[51]

Der Sieg wurde nicht, wie die einseitige, mariusfreundliche Überlieferung suggerieren will, allein von Marius auf den Flügeln, sondern auch – oder sogar hauptsächlich – von Catulus herbeigeführt, der das Zentrum des römischen Heeres kommandierte und hier dem Hauptangriff des zahlenmäßig weit überlegenen kimbrischen Aufgebots standhielt. Plutarch hat uns eine knappe Wiedergabe der Schilderung vom Schlachtverlauf bewahrt, die Sulla in seinen Memoiren festgehalten hatte. Die erbitterte Gegnerschaft zu Marius ist in diesem Fragment bestens zu greifen:[52]

»Nach dem Beginn des Angriffs stieß, wie der Kreis um Sulla berichtet, dem Marius etwas zu, was als göttliche Strafe angesehen werden konnte. Eine gewaltige Staubwolke nämlich, wie man sich leicht vorstellen kann, habe sich entwickelt, und die beiden Heere seien so stark davon überzogen worden, dass Marius, als er zuerst mit seinem Heeresteil die Verfolgung aufnahm, die Feinde gänzlich verfehlte, an der Schlachtreihe (des Feindes) vorbeizog und eine Zeitlang in der Ebene umherirrte. Die Barbaren trafen freilich durch Zufall auf Catulus, und so wurde der Kampf hauptsächlich von dessen Soldaten ausgefochten. Unter ihnen befand sich auch Sulla, wie er selbst sagt.«

Interessant sind die differierenden Darstellungen des Geschehens in der Überlieferung: Während Sulla in seinen Memoiren die Staubwolke als göttliche Strafe deutete, nimmt der unter Hadrian schreibende Historiker Florus eine gänzlich andere Ausdeutung zugunsten des Marius vor.[53] Er spricht – gemäß seiner die republikanische Zeit glorifizierenden Kriegsgeschichte, die bis Augustus reichte – von einer List (*dolus*), die Marius angewandt habe, denn dieser habe den Nebel und Wind, der dem Feind den Staub (*pulvis*) in Augen und Mund getrieben habe, ausgenutzt, um den Gegner zu überraschen.[54]

Offenkundig wollte sich Marius ursprünglich den Sieg alleine zuschreiben, was am energischen Widerstand der von Catulus befehligten Heeresteile scheiterte. Diese verwiesen auf die 31 von ihnen erbeuteten Feldzeichen, wogegen die marianischen Truppen gerade zwei vorzuweisen vermochten. Bei Plutarch ist ein unter Umständen auf Catulus selbst zurückgehender Bericht überliefert, der nahelegt, dass der Streit, wem nun der für Rom so überaus wichtige Sieg zuzusprechen sei, bereits auf dem Schlachtfeld selbst ausgetragen wurde:[55]

»Die Wertgegenstände rafften Marius' Soldaten an sich. Ins Lager von Catulus wurden, wie die Berichte melden, die Waffen, Feldzeichen und Trompeten gebracht. Besonders auf dieses Indiz habe Catulus seine Behauptung gestützt, der Sieg sei ihm zu verdanken. Weil der Konkurrenzneid naheliegenderweise auch auf die Soldaten übergriff, wurden Gesandte aus Parma, die sich gerade im Lager aufhielten, zu Schiedsrichtern gewählt. Catulus' Leute führten sie durch die Leichen der Feinde herum und wiesen darauf hin, dass diese von ihren Wurfspießen durchbohrt waren. Diese waren nämlich durch Buchstaben kenntlich gemacht, da Catulus seinen Namen am Schaft hatte einbrennen lassen.«

Wie auch immer man die unterschiedlichen Darstellungen des Schlachtgeschehens bewerten mag: Sie belegen exemplarisch, wie unnachgiebig der Kampf um die Deutungshoheit und um die Verdienste der an der Schlacht Beteiligten nicht nur mit politischen Mitteln, sondern bereits seit 100 v.Chr. auch auf dem Feld von Literatur und Historiographie geführt wurde. Führende Aristokraten wie Quintus Lutatius Catulus, Rutilius Rufus und Aemilius Scaurus, Sulla oder auch Lucullus, die im Besitz einer umfassenden hellenistischen Bildung waren, bedienten sich der literarischen Gattungen der Autobiographie oder der Geschichte der eigenen Zeit, um den Standesgenossen ihre Sicht der »Wahrheit« mitzuteilen und die Erinnerung an ihre militärischen und politischen Verdienste um die *res publica* langfristig vor dem Vergessen zu bewahren. Aus diesem Grund ließ Catulus auch am heutigen Largo Argentina zum Dank an Fortuna, die an diesem Tag die Römer bei Vercellae unterstützt hatte (*fortuna huiusque diei*), einen Tempel errichten, in dem eine große Zahl an griechischen Kunstwerken ausgestellt wurde, sowie eine prächtige Säulenhalle (*porticus*) auf dem Palatin, die an das Haus des Catulus angrenzte und Beutestücke der Kimbernschlacht zeigte.[56] Die Bauten sollten in Rom die Erinnerung an den Schlachtenerfolg und an seinen Anteil daran möglichst lange bewahren.

2

DIE DIFFAMIERUNG
DER ARISTOKRATIE

Die Jugend der Lucullus-Brüder

Wie sehr unser heutiges Urteil auf einem stark verzerrten, bereits in der Antike begründeten und in der Neuzeit fortgeführten Blick auf die Persönlichkeit des Liciniers beruht, wie sehr die Erinnerung an die Taten des Lucullus und anderer Aristokraten bereits in der Antike mit Kalkül verblassen und vergessen werden sollte, erschließt sich erst, wenn man die Person des Lucullus in all ihren Facetten betrachtet, wenn man von seiner Familie und dem aristokratischen Milieu, in dem er aufwuchs, erzählt, von seiner Erziehung und seinem Aufwachsen, seinem weiteren Werdegang und Dienst unter Sulla, von dessen stolzer und spielerischer Art er in vielerlei Hinsicht lernte und geprägt wurde.

Die Luculli, ein Familienzweig des plebeischen Geschlechts der Licinier, führten sich auf einen illyrischen König Lucullus als Ahnherrn zurück, der einstmals eine Gruppe von Siedlern über die Adria nach Italien geführt und dort den mittelitalischen Stamm der Paeligner begründet haben soll.[1] Der mit dem großen Lucullus gleichnamige Großvater war 151 v.Chr. als erster der Linie der Luculli Konsul geworden.[2] Er hatte während dieser Amtszeit und seines Proconsulats rücksichtslose und grausame Kämpfe in Spanien geführt. Aus bloßer Beutegier – so heißt es in einer Quelle – habe er sich, da sein Amtsvorgänger mit den Keltiberern einen Frieden abgeschlossen hatte, gegen die benachbarten Vaccaer im Nordwesten der iberischen Halbinsel gewandt[3] und im Folgejahr gegen die noch weiter im Westen, auf dem Gebiet des heutigen Portugal lebenden Lusitaner, ohne dass diese bis dahin irgendeinen schwerwiegenden Anlass zu einer Intervention gegeben hätten. Jedenfalls agierte der Großvater des Lucullus außerordentlich verschlagen und brutal. Vor allem die schändliche Tötung aller männlichen Einwohner der Stadt Cauca (Coca), obgleich sich ihm die Stadt unterworfen hatte, blieb in schlechter Erinnerung und stand seinen weitergehenden politischen Ambitionen im Wege. Die Klagen über sein unbarmherziges Vorgehen veranlassten die Volkstribunen, ihn und seinen konsularischen Kollegen nach ihrer Rückkehr kurzzeitig festzusetzen. Jedoch agierte er raffiniert in der propagandistischen Ausmünzung seiner kriegerischen Erfolge in Spanien.

Gänzlich neuartig und sicherlich spektakulär war der Umstand, dass der Großvater des Lucullus nach seiner Rückkehr in Rom den Bau eines Tempels an die Göttin des glücklichen militärischen Erfolgs (*Felicitas*) veranlasste, den er der Göttin während der Kämpfe in Spanien aus Dankbarkeit für die ihm gegenüber erwiesene Gunst versprochen hatte – offenkundig angelehnt an die griechische Praxis der Verehrung der Tyche.[4] Wie der augusteische Historiker Livius berichtet,[5] bemaß sich das Ausmaß des göttlichen Beistands und Glücks, den bzw. das ein Feldherr erfahren hatte, an der Zahl der im Verlauf des Feldzugs getöteten Feinde. Mit der Weihung des Heiligtums an *Felicitas* im Jahr 142 v. Chr. schloss Lucullus selbstbewusst an ein anderes ehrgeiziges Bauprojekt im Zentrum Roms an. Vier Jahre zuvor (146 v. Chr.) hatte bereits Quintus Caecilius Metellus Macedonicus anlässlich seines Sieges und der Zerschlagung des makedonischen Königreiches eine große Säulenhalle erbaut (*porticus Metelli*). Beide Feldherren hatten damit ihre militärischen Erfolge sichtbar verewigt.[6]

Das *Felicitas*-Heiligtum des älteren Lucullus lag im sogenannten Velabrum-Viertel am Fuß des Kapitols, südlich des Jupiter-Tempels, durch das die Prozessionen bei den Spielen und Triumphzügen führten.[7] Der Tempel (*aedes*) des glücklichen Gelingens war vermutlich ein von Säulenhallen umstandener Rundtempel. Im Hof waren kostbare, aus verschiedenen griechischen Heiligtümern im Jahr 146 v.Chr. geraubte Statuen aufgestellt, darunter die berühmte Gruppe der neun Musen von Thespiai, die Lucius Mummius aus seiner Beute aus Griechenland dem alten Lucullus leihweise zur Verfügung gestellt hatte.[8] Trotz mehrmaliger Bitte verweigerte Lucullus die Rückgabe der Statuen. Dies begründete er damit, dass eine Rückgabe ausgeschlossen sei, da die Gruppe in einem kultischen Akt bereits der Gottheit übergeben worden war. Im Inneren des Tempels befanden sich eine Aphrodite-Statue des Praxiteles sowie ein Kultbild, das der Urenkel des alten Lucullus eigentlich durch eine neue Kultstatue der *Felicitas* hatte ersetzen wollen. Eine solche hatte der jüngere Lucullus bei dem griechischen Künstler Arkesilaos in Auftrag gegeben, aber sie war beim frühen Tod des Auftraggebers im Jahr 42 v.Chr. noch nicht fertiggestellt.[9] Die Geschichte belegt, dass das Heiligtum zumindest nahezu ein Jahrhundert lang aufs Engste mit der Familie der Luculli verbunden blieb.

Dem gleichnamigen Vater des Lucullus (um 144–nach 102 v.Chr.) gelang es nicht, mit seinem Vater gleichzuziehen und die politische Laufbahn mit dem Konsulat abzuschließen, obwohl er dies, wie seine Heirat in die damals führende Familie Roms – die Meteller – anzeigt, mutmaßlich angestrebt hatte. Denn offenkundig waren seine militärischen Fähigkeiten und politischen Talente in dieser prominenten Familie so geschätzt, dass der Konsular Metellus Calvus der Eheschließung mit seiner Tochter Caecilia Metella Calva zustimmte. Es ist davon auszugehen, dass nicht nur der Gatte, sondern auch die Meteller mit dieser Ehe große Hoffnungen verbanden und eine politische Laufbahn des Lucullus angemessen unterstützten. Aus dieser Verbindung gingen Lucius und Marcus Licinius Lucullus hervor, der eine 118 v.Chr., der andere sehr wahrscheinlich erst 116 v.Chr. geboren. Marcus wurde zu einem un-

STAMMBAUM DER FAMILIE DER LICINII LUCULLI

Die Luculli waren ein Familienzweig des plebeischen Geschlechts der Licinier, das sich auf einen mythischen illyrischen König namens Lucullus zurückführte. Seit etwa 200 v.Chr. waren sie in Tusculum ansässig.

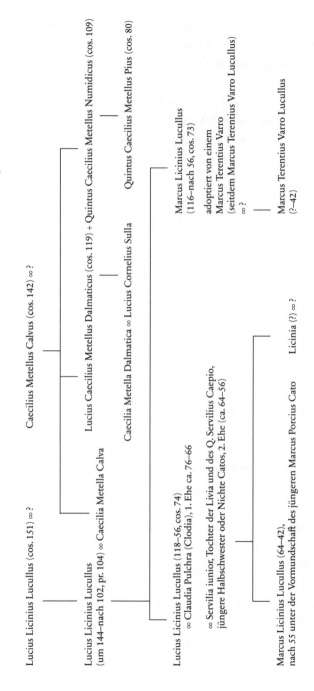

bestimmten Zeitpunkt von einem nicht näher bekannten Marcus Terentius Varro adoptiert und nannte sich infolgedessen mit vollem Namen Marcus Terentius Varro Lucullus (Konsul 73, gest. nach 56 v. Chr.).[10] In den antiken Quellenzeugnissen erscheint er häufig als Marcus Lucullus oder einfach als Lucullus.

Der ältere Onkel mütterlicherseits, Lucius Caecilius Metellus, Vater der Caecilia Metella Dalmatica, der vierten (und vorletzten) Ehefrau Sullas, war 119 v. Chr. Konsul und errang als Proconsul im Kampf gegen die Dalmater einen großen Sieg, der ihm Kriegsruhm, einen Triumphzug in Rom und den ehrenden Beinamen »Dalmaticus« eintrug. Aus der Beute dieses Krieges finanzierte er die Restaurierung des Castor-Tempels sowie des Tempels der Göttin des Getreidesegens (*Ops opifera*) auf dem Kapitol. Es ist unklar, ob er oder sein Verwandter Lucius Caecilius Metellus Diadematus zusammen mit Gnaeus Domitius Ahenobarbus das Zensorenpaar für die fünfjährige Amtsperiode von 115 bis 110 v. Chr. bildeten. Gesichert ist allerdings, dass er das Kollegium der Pontifices (als *pontifex maximus*) in den Jahren 114 bis 103 v. Chr. anführte.

Der jüngere Onkel Quintus Caecilius Metellus Numidicus war Konsul des Jahres 109 v. Chr. und zudem ein sehr gebildeter Redner, dessen Fähigkeiten Cicero außerordentlich schätzte. Er ist einer der ersten Römer, dessen intellektuelle Interessen vielfach bezeugt sind. Bereits sein Vater Lucius Caecilius Metellus Calvus scheint solche gepflegt zu haben, gehörte er doch zur römischen Gesandtschaft, die sich unter Führung des Scipio Aemilianus und in Begleitung des Stoikers Panaitios bemerkenswert lange, nämlich vom Frühjahr 140 bis zum Sommer 139 v. Chr., im östlichen Mittelmeerraum aufgehalten hatte. Sein Sohn, der spätere Numidicus, dem er 143/142 v. Chr. abverlangt hatte, das erste Jahr im Heer als

◄ Abb. 3: Stammbaum der Luculli: Die Licinii Luculli zählten nicht zu den herausragenden Familien der römischen Republik. Der Großvater des Lucullus hatte als Erster das Konsulat erreicht, der Vater die Prätur.

einfacher Soldat zu dienen,[11] bemühte sich um eine Wiederholung eines ähnlichen, wenn auch weitaus kürzeren Bildungserlebnisses; denn um 130 v. Chr. nahm sich nach dem Zeugnis Ciceros auch er wiederum als junger Mann (*adulescens*) »viele Tage« Zeit, um auf der Reise in die Provinz Asia den alten Karneades, den Vorsteher der platonischen Schule, in Athen zu hören.[12] Daran schloss sich eine glänzende politische und militärische Laufbahn an, die ihn als Proconsul nach Numidien und in den Kampf gegen den Numiderkönig Iugurtha führte (108 v. Chr.): Auf diesem Feldzug in Afrika nahm er den zwanzigjährigen Sohn in sein »Zeltgemeinschaft« (*contubernium*), also in sein persönliches Gefolge mit Familienangehörigen, Freunden ohne Offiziersfunktion und Sklaven, auf.[13] Sein Sohn, Quintus Caecilius Metellus Pius (128–64/63), der um einige Jahre ältere Cousin der Luculli, sollte an der Seite des Vaters an den Beratungen teilnehmen und dort Kriegsstrategien und Taktiken erlernen und sich mit den Erfordernissen des Soldatenlebens vertraut machen.

Mit der Übernahme des militärischen Kommandos im seit 111 v. Chr. andauernden Krieg gegen Iugurtha durch den älteren Metellus wendete sich das Kriegsglück in Nordafrika zugunsten Roms.[14] Nach seiner Rückkehr feierte er 106 v. Chr. einen Triumph für die bis dahin errungenen Siege in Numidien, was ihm seinen Ehrennamen Numidicus eintrug. Bereits 107 v. Chr. wurde ihm allerdings unerwartet und unvermittelt der Auftrag der militärischen Führung entzogen, so dass er den Feldzug nicht zu einem erfolgreichen Abschluss bringen konnte, obgleich ein solcher bereits zum Greifen nah war.[15] Statt seiner wurde dem neuen Konsul, dem bisherigen Legaten Gaius Marius, der Oberbefehl übertragen – aufgrund der energischen Initiative des Volkstribunen Titus Manlius Mancinus, der im Bündnis mit Volk und Ritterschaft gegen den ausdrücklichen Willen des Senats handelte. Empört musste Metellus sein Kommando abgeben.

Im Jahr 104 v. Chr. erlangte der ältere Lucullus (*pater*) die Prätur und hätte damit eigentlich seinen Aufgabenbereich in Rom gehabt. Allerdings wurde er zunächst nach Capua entsandt, um dort eine lokale Erhebung von 700 entlaufenen Sklaven niederzuschlagen, die ein verarmter Ritter namens Vettius dort angezettelt hatte. Weitaus größere Gefahr ging von dem unmittelbar darauffolgenden Aufstand des Sklavenkönigs Tryphon aus, die sich zu einer Erhebung von ähnlicher Größe und Tragweite wie der erste sizilische Sklavenaufstand auswuchs. Als Lucullus auf die Sklaven traf, flohen die Aufständischen angesichts des von Rom entsandten Heeres. Unklar ist, was nach der Niederschlagung der Erhebung auf sizilischem Boden geschah: Nachdem Lucullus erfahren hatte, dass er im Oberbefehl abgelöst werden sollte, soll er angeblich seine Truppen entlassen, das Lager und die Belagerungsgeräte in Brand gesetzt und vor allem der Bevölkerung aus dem Umland Geld abgepresst haben. Die Vorwürfe bildeten jedenfalls die Grundlage für die offenkundig aus politischem Ehrgeiz 101 v.Chr. betriebene Anklage, die Servilius Vatia wegen der Ausbeutung der Provinzialbevölkerung erhob (*res repetundae*), nachdem Lucullus nach Rom zurückgekehrt war. Im Dunkeln bleiben auch die Beweggründe, warum Metellus Numidicus, der ihm bis dahin eigentlich eng verbundene Schwager, es ablehnte, an seiner Verteidigung mitzuwirken.[16] Die Richterschaft, die sich seit der Zeit des Gaius Gracchus ebenso aus Rittern wie Senatoren zusammensetzte, entschied jedenfalls im Sinne der Anklage. Damit blieb ihm nur der Gang ins Exil, die politische Laufbahn des älteren Lucullus fand so ein abruptes Ende. Das gleiche Schicksal erlitt Gaius Servilius Glaucia, sein wenig glücklicher Nachfolger auf Sizilien. Auch er wurde nach seiner Rückkehr wegen schlechter Amtsführung angeklagt und verurteilt.[17] Der Zeitpunkt der Anklagen – insbesondere die scharfen innenpolitischen Auseinandersetzungen der Lutatii Catuli und Metelli mit den Marianern – lässt vermuten, dass beide Anklagen politisch motiviert waren; sie müssen im Zusammenhang mit den Bestrebungen des Marius und seiner Anhänger gesehen werden, in der Zeit zwischen 100 und 98 v.Chr. Metellus und seine Unterstützer zu bekämpfen und nachhaltig zu treffen, denn die schweren militärischen Niederlagen gegen die Kimbern und Teutonen zogen weitere Auseinandersetzungen in Rom nach sich, denen sich mehrere Prozesse zurechnen lassen. Im Zuge dessen wurden Senatoren wie der vornehme Quintus Servilius Caepio der Jüngere vor Gericht gebracht; ein Volkstribun hatte Anklage gegen ihn erhoben und trotz der Verteidigung durch den berühmten Redner Lucius Licinius Crassus auch eine Verurteilung erreicht.[18]

Metellus Numidicus versuchte seinerseits während seiner Amtszeit als Zensor (ab 102 v.Chr.), zumindest die Handlanger des Marius, den Volkstribunen Saturninus und den Prätor Gaius Servilius Glaucia, die beide offen gegen den Senat agitiert hatten, aus demselben auszuschließen. Die Soldaten und das stadtrömische Volk auf seiner Seite wissend, beantragte Saturninus im Jahr 100 v.Chr. vor dem Volk die Verbannung des Metellus, der sich der Verurteilung entzog, indem er sich zunächst nach Rhodos und später ins kleinasiatische Tralleis (Aydın) absetzte. Die beiden Aufenthaltsorte seines kaum einjährigen Exils nutzte er dem Anschein nach dazu, um auch die Bekanntschaft mit den damaligen Größen in Rhetorik und Philosophie zu suchen.[19] Nach dem Tod des Saturninus (99 v.Chr.) gelang es dem jungen Metellus, die Rückberufung seines im Exil weilenden Vaters zu erwirken.

Nach Rom zurückgekehrt, trat der alte Numidicus politisch zwar nicht mehr in Erscheinung, wachte jedoch in der Folgezeit sorgsam über die intellektuelle und politische Erziehung der beiden Lucullus-Brüder. Der langjährige, vermutlich nahezu tägliche Umgang mit verschiedenen Mitgliedern der Familie der Caecilii Metelli dürfte die geistigen und musischen Interessen der Brüder vertieft, aber sicherlich auch maßgeblich die Ausbildung eines besonders »feinen Geschmacks« in künstlerischen, kunsthandwerklichen und auch kulinarischen Dingen begründet haben.

Die außergewöhnlich guten Kenntnisse der griechischen Sprache, Literatur und Philosophie dürfte Lucullus nicht ausschließlich seinen griechischen Hauslehrern, sondern auch dem intensiven Austausch mit dem etwa gleichaltrigen Dichter Archias zu verdanken haben, der sich seit etwa 102 v.Chr. zunächst im Haus der Meteller aufhielt. Zudem dürften die Aufenthalte beim exilierten Vater im griechischsprachigen Süditalien dazu beigetragen haben, die bereits ausgezeichnete Beherrschung des Griechischen zu vervollkommnen.[20] Nach der Verbannung seines Vaters, der sich 101 v.Chr. ins süditalische Herakleia (Policoro) zurückgezogen hatte, war Lucius Licinius Lucullus als älterer Sohn in Rom zum Familienvorstand aufgestiegen. Der Ort des Exils sowie die familiäre Vergangenheit belegen mehrere Verbindungen der Familie der Luculli nach Süditalien und Sizilien.[21]

Im Gegensatz zu den dürftigen Nachrichten, die uns über die Bildungsbemühungen im Haus der Luculli vorliegen, sind wir, was die mit ihnen eng verbundene Familie der Metelli betrifft, weitaus besser durch die antike Überlieferung unterrichtet. Dies betrifft insbesondere die Zeit, als die Verleihung des römischen Bürgerrechts an den jungen »Dichterstar« Archias aus Antiocheia gerichtlich angefochten wurde. 93 v.Chr. hatte der griechische Poet die *civitas* durch die Luculli erhalten. 30 Jahre später trat der bildungsbeflissene Cicero als einer der Verteidiger des Dichters auf (62 v.Chr.). Ciceros Rede vermittelt zumindest einen kleinen Einblick in das Milieu der römischen Bildungshellenen. Ihr lässt sich entnehmen, dass auch der bereits erwähnte Sohn des Numidicus, Quintus Caecilius Metellus Pius (Konsul 80 v.Chr.), der ungefähr zehn Jahre älter als Lucullus war, regelmäßig eine Vielzahl von Literaten empfing und unter anderem nach einem Sänger seiner ruhmvollen Taten in Spanien Ausschau hielt (*de suis rebus scribi cuperet*).[22] Wer seine ästhetischen Erwartungen erfüllte, wurde reich belohnt.[23] Für die gastliche Aufnahme in kultivierter Umgebung bedankten sich die Dichter gewöhnlich mit Kostproben ihres literarischen Könnens. Zum exklusiven Kreis römischer Gastfreunde, bei denen Archias und andere Literaten und Gelehrte gastliche Aufnahme und ein Forum für Lesungen und Gespräche fanden, zählte neben dem bereits erwähnten Metellus Pius (als *familiarissimus*) auch der damals bereits betagte Marcus Aemilius

Scaurus (um 163–88 v.Chr.). Ähnlich wie später der ältere Catulus publizierte er seine Reden und fasste auch eine autobiographische Schrift ab, welche die Erinnerung an seine herausragenden politischen und militärischen Leistungen zugunsten der *res publica* wachhalten sollte.[24]

Sobald Lucius und Marcus Licinius Lucullus über eine standes- und zeitgemäße, umfassende hellenistische Bildung (*paideía*), zu der auch wesentlich die Rhetorik zählte, verfügten, erhoben sie – kurz nach Erhalt der Männertoga, vermutlich in den frühen 90er Jahren v.Chr., jedenfalls als noch »ganz junge Männer« – Anklage gegen Servilius Vatia, den Ankläger ihres Vaters. Sie sannen auf möglichst schnelle Rache – »wie Welpen, die wilde Tiere jagen«.[25] Unter dem unbewiesenen Vorwand, Servilius Vatia habe öffentlichen Besitz veruntreut, gewannen die wagemutigen Brüder den Prozess. Im Anschluss daran kam es zu Tumulten. Die Anhängerschaften der Kläger- und Verteidigerseite gerieten so stark aneinander, dass einige verletzt, andere erschlagen wurden. Die Verurteilung zog nach sich, dass die unter den Senatoren üblicherweise gepflegte politische Freundschaft (*amicitia*) in offene Feindschaft (*inimicitia*) zwischen den beiden Familien der Luculli und den Servilii umschlug. Die beiden jungen Luculli waren nunmehr stadtbekannt. Sie hatten nicht nur ihrem Vater im Sinne der Gebote der *pietas* Genugtuung verschafft, sondern auch ihre außergewöhnliche rednerische Begabung glänzend unter Beweis gestellt. Der spektakuläre Auftritt blieb auch Cicero in Erinnerung. Voller Anerkennung beklagte er sich in seiner Geschichte der römischen Redekunst zumindest rhetorisch darüber, es sei bedauerlich, dass Lucullus anstelle des Ruhms auf dem Forum den Ruhm auf dem Schlachtfeld gewählt habe.

Gewalt und Kultur im Bundesgenossenkrieg

Auf Sizilien, vermutlich seit 98 v.Chr., sammelte Lucullus seine ersten ernsthaften militärischen Erfahrungen, und zwar unter Lucius Domitius Ahenobarbus, dem späteren Konsul des Jahres 94 v.Chr.[26] Es ist kein Zufall, dass diesen wiederum eine enge persönliche Freundschaft mit Metellus Numidicus verband, der den Werdegang der beiden Lucullus-Brüder beaufsichtigte und förderte.[27] Da die Söhne von Rittern und Senatoren aus vermögenden Familien stammten und von Kindheit an das Reiten gewohnt waren, wurden sie als versierte Reiter in die entsprechenden Heeresabteilungen aufgenommen und durften, auch wenn sie eigentlich Neulinge im Heer (*tirones*) waren, sogleich im Rang von Dekurionen entweder eine 33 Pferde umfassende Reiterabteilung (*turma*) oder zumindest eine der drei Glieder derselben – zu jeweils elf Pferden – führen.[28] Trotz ihrer auf den Landgütern gewonnenen Erfahrung im regelmäßigen Umgang mit Pferden mussten die jungen Reiter während ihrer militärischen Ausbildungszeit verschiedene Fähigkeiten vertieft einüben.[29] So galt es beispielsweise, sich daran zu gewöhnen, mit Brustpanzer und Waffen zu reiten und dabei vor allem das Gewicht des über fünf Kilogramm schweren Schildes mit der Linken zu tragen. Die weitaus größere Herausforderung bestand allerdings darin, die eigenen Pferde in der Schlacht in die gewünschte Richtung zu führen: Die oft ruckartigen Bewegungen beim Gebrauch der Waffen störten das Gleichgewichtsempfinden der Tiere empfindlich. Daher musste das Reiten in Waffen so lange eingeübt werden, bis es in flüssig routinierte Bewegungsmuster übergegangen war und Pferd und Reiter eine Einheit bildeten. Dies war umso schwerer, da der Reiter die Zügel wegen der Primärwaffe wie Schwert, Wurfspeer oder Lanze in der Rechten wenn überhaupt – wegen des Schildes – nur mit der linken Hand, häufiger wohl nur mittels Gesäß- und Schenkeldruck führen und so leicht die Kontrolle über das Pferd verlieren konnte. Auch das Reiten in Formation musste nach Möglichkeit so lange trainiert werden, bis das Tier seinen Platz in der Linie – auch im Fall gegnerischer Angriffe – zu halten vermochte. Dies gelang nur, wenn Pferd und Reiter gut aufeinander eingespielt waren und der Reiter vor allem in der Lage war, es auch im schlimmsten Kampfgetümmel rasch zu beruhigen. Dies bedeutete, dass er bei sich selbst keine Angstgefühle aufkommen lassen durfte, damit diese nicht für das Pferd spürbar wurden und dasselbe in Panik und Flucht verfiel, und dass er zugleich die instinktiven Ängste des Tieres – angesichts des Blutgeruches, des Gedränges, der Rufe, Schreie, Einschläge auf Schild und Reiter vor und neben sich – niederhalten musste. Das Pferd sollte dem Reiter bedingungslos ergeben sein und gehorchen, um ihm im Kampf in jeder Situation zu unterstützen. Je besser er dieser das Pferd beherrschte, bis hin zu Drehungen mit erhobenen Vorderbeinen um 90 oder 180 Grad, desto höher war die Chance des Überlebens für Reiter und Pferd.

Auf Sizilien hatte Lucullus bereits Aufgaben und Härten einer Statthalterschaft kennengelernt. So erlebte er, mit welcher Strenge der befreundete Prätor Domitius Ahenobarbus die Provinz führte, nachdem Manius Aquillius den dortigen Sklavenaufstand niedergeschlagen hatte. Die erste militärische Bewährungsstation war das Militärtribunat,[30] das Lucullus während des Bundesgenossenkriegs im Kampf gegen die Marser ausübte, die im mittelitalischen Bergland, den heutigen Abruzzen, um den Fuciner See herum heimisch waren.[31] Jeweils sechs Militärtribune waren einer Legion zugeordnet; sie agierten kollegial und standen den von den Soldaten gewählten Offizieren, den »Hundertschaftsführern« (*centuriones*), vor.[32] Der Licinier gehörte zu den vom Volk gewählten Militärtribunen, die den vier konsularischen Legionen zugeordnet waren. Es ist anzunehmen, dass Lucullus sowohl im Jahr 90 als auch 89 v.Chr. als Militärtribun diente.[33] Begonnen hatte Lucullus seinen Dienst unter Marcus Porcius Cato, dem Vater des berühmten jüngeren Cato, der später – nach dem Tod des Lucullus (56 v.Chr.) – wiederum Sohn und Tochter des Lucullus in seine Obhut aufnehmen sollte. Nachdem der Vater des berühmten Porciers im Frühjahr 89 v.Chr.

in einer Schlacht gefallen war, kam Lucullus unter das Kommando von Sulla, der zu jener Zeit ein Legat Catos war und sich als junger Offizier offenbar unter ihm ausgezeichnet hatte. Lucullus stellte damals ein wichtiges Bindeglied zur Familie der Caecilii Metelli dar. Die näheren Umstände sind nicht bekannt; jedenfalls ehelichte der designierte Konsul Sulla im Jahr 89 v.Chr. die Cousine des Lucullus, Caecilia Metella Dalmatica. Damit war der Licinier auch verwandtschaftlich aufs Engste mit dem Feldherrn verbunden.[34]

Metellus Pius, der ältere Cousin der beiden Luculli, mag den beiden in militärischer Hinsicht immer als glänzendes Vorbild vor Augen gestellt worden sein, dem sie nacheifern und an dessen Taten sie sich messen lassen sollten: Er hatte unter seinem Vater, etwa zwanzigjährig, bereits im Jahr 108 v.Chr. in Afrika seine ersten militärischen Erfahrungen gemacht. Dabei muss er sich im besonderen Maße bewährt haben; ansonsten wäre ihm von Sulla kaum in dieser schweren Auseinandersetzung zwischen Rom und seinen Bündnern, während der er die Prätur (89 oder 88) und im darauffolgenden Jahr ein promagistratisches Kommando ausübte, die Kriegsführung in Apulien gegen die Marser und danach gegen die Samniten anvertraut worden.[35]

Das enge Verhältnis zwischen Sulla und Lucullus beruhte zum wenigsten auf bloß verwandtschaftlichen Banden und Fürsprache. Sulla, der alle Finessen der Kriegsführung beherrschte, muss von den militärischen und organisatorischen Fähigkeiten des mittlerweile 28-jährigen Lucullus im Kampf gegen die aufständischen Italiker so angetan gewesen sein, dass er ihn im Folgejahr zu seinem Quästor bestimmte (87 v.Chr.), der den Feldzug gegen den pontischen König logistisch vorbereitete und betreute.[36]

Zusammen mit Lucullus dienten wohl auch der spätere Historiker Lucius Cornelius Sisenna (spätestens 118–etwa 67 v.Chr., Prätor 78 v.Chr.)[37] und der Redner Quintus Hortensius Hortalus (114–50 v.Chr.; Konsul 69 v.Chr.) im Heer Sullas.[38] Mit dem nur ein Jahr älteren Sisenna und dem drei Jahre jüngeren Hortensius hatte Lucullus neben der intellektuellen Begabung die vielfältigen musischen und kulturellen Interessen gemein, auch das rhetorische Talent: Zwar kritisierte Cicero den Mangel an Fleiß und Übung Sisennas und war nicht bereit, diesen zu den »vollendeten Rednern« der Republik (*oratores perfecti*) zu zählen, aber immerhin zu den ersten Rednern seiner Zeit. Unter anderem verteidigte Sisenna – an der Seite von Hortensius und Metellus Pius – den berüchtigten Verres (70 v.Chr.).[39]

Demgegenüber gehörte Quintus Hortensius Hortalus bereits zur Zeit des Bundesgenossenkriegs zu den begehrtesten Prozessrednern in Rom, zumal nach dem Tod der großen Redner Lucius Crassus, Marcus Antonius, Publius Sulpicius Rufus und nach dem Gang von Gaius Aurelius Cotta ins Exil[40] eine gewisse Lücke entstanden war. Bereits als 19-Jähriger hatte Hortensius im Jahr 95 v.Chr. seinen ersten Prozess bestritten.[41] Danach hatte er trotz dieses spektakulären Anfangserfolgs zunächst seine rhetorische Begabung vervollkommnet und war erst 91 v.Chr. wieder öffentlich in Erscheinung getreten – nun als Verteidiger des bithynischen Königs Nikomedes III. Zu dieser Zeit war er auch bereits in das renommierte Augurenkollegium kooptiert worden.[42] Das dürfte Hortensius vornehmlich seinem Schwiegervater Catulus verdankt haben, dessen Tochter Lutatia er vermutlich schon geraume Zeit vor 91 v.Chr. geheiratet hatte.[43] Sein Militärtribunat leistete er wahrscheinlich später als üblich ab; nach dem Zeugnis Ciceros im ersten Jahr als einfacher Soldat, im zweiten Jahr als Militärtribun.[44]

In seiner Lucullus-Biographie berichtet Plutarch von einer denkwürdigen literarischen Wette zwischen den drei musisch und rhetorisch beschlagenen jungen Offizieren, zu der offenbar Lucullus zu Beginn des Krieges angeregt hatte:[45]

»Als junger Mann vereinbarte er im Scherz, der bald Ernst wurde, mit dem Redner Hortensius und dem Geschichtsschreiber Sisenna, da sie Verse oder Prosa, Griechisch oder Lateinisch zur Auswahl stellten, er werde den Marsischen Krieg in der Form darstellen, die ihm von den genannten literarischen Gattungen durch das Los zufalle. Das Los fiel, so hat es den Anschein, auf griechische Prosa, denn es ist eine Geschichte des Marsischen Krieges in griechischer Sprache von Lucullus erhalten.«

Der Anekdote zufolge durfte Sisenna in lateinischer Prosa schreiben. Das von ihm verfasste zeitgeschichtliche Werk (*historiae*) setzte im direkten Anschluss an das Werk des Historikers Sempronius Asellio mit der Darstellung des Bundesgenossenkriegs ein und endete – unverkennbar mit Sympathien für Sulla geschrieben – mit dem Tod des späteren Dictators (der Zeitraum von 91 bis 79 v.Chr.).[46] Im Fall des Hortensius fiel das Los auf die Behandlung des Krieges in lateinischen Versen, so dass er *Annales* im Stil des Ennius verfasste.[47] Auch über die gemeinsame Militärzeit hinaus bewahrten sich Hortensius und Lucullus eine enge Freundschaft.[48] Die beiden verband in späteren Jahren auch der luxuriöse Lebensstil, den sie in ihren Villen pflegten. Dies schloss die Vorlage exotischer Speisen in raffinierter Abfolge und Inszenierung ebenso ein wie die Sammlung griechischer Schriften sowie kostbarer Gemälde und Skulpturen.[49]

Die in der Lebensgeschichte Plutarchs überlieferte Episode zeigt eindrucksvoll, wie unbefangen die drei jungen Aristokraten sich der von ihnen erworbenen literarischen Kenntnisse und sprachlichen Fertigkeiten zu bedienen wussten und ihre Fähigkeiten anhand einer selbstgestellten Aufgabe spielerisch erproben wollten. Die Frucht der eigenen historiographischen Bemühungen sollte jeder den beiden anderen Freunden vorlegen und von ihnen Lob und Kritik empfangen.[50]

Im Fall des Lucullus kam auf jeden Fall ein weiterer enger Freund als kritischer Leser hinzu, der bislang noch nicht erwähnt worden ist: Titus Pomponius Atticus (162–110 v.Chr.), der vermögende und hochgebildete Ritter, der kein politisches Amt anstrebte, aber durch seine Kreditvergaben an allen politischen Unternehmungen seiner Zeit beteiligt war.[51] Zu einem nur schwer

76 Die Diffamierung der Aristokratie

Abb. 4: Die Marmorbüste aus augusteischer Zeit – mit kleineren Ergänzungen aus späterer Zeit – ist wie diejenige des Marius nicht sicher einer bestimmten historischen Person zuzuweisen. Sie wird mit Lucius Cornelius Sulla (138–78 v.Chr.), dem großen Gegenspieler des Marius, in Verbindung gebracht.

bestimmbaren Zeitpunkt trafen Lucullus und Atticus in Panormos (Palermo) zusammen; Lucullus womöglich, bevor er sein proprätorisches Kommando in Africa antrat oder nachdem er es absolviert hatte. Dort unterhielten sie sich unter anderem über seine »Geschichte des Marsischen Krieges«. Atticus lobte das Werk, weil man bei der Lektüre an keiner Stelle bemerke, dass der Autor ein Römer sei. Daraufhin offenbarte der Licinier ihm, er habe sogar absichtlich einige Barbarismen und grobe sprachliche Fehler in den Text eingestreut, denn »man solle doch noch erkennen, dass es ein Römer geschrieben habe«.[52]

Mit der Eroberung von Asculum (Ascoli) am 25. Dezember 89 v. Chr. durch Pompeius Strabo, den Vater des bekannten Pompeius Magnus, war der italische Bürgerkrieg militärisch größtenteils beendet. Die meisten Aufständischen hatten sich ergeben, die Besiegten wurden als rechtlose Unterworfene behandelt, hingerichtet oder versklavt. Mehr als 300 000 Tote waren in Italien zu beklagen. Strabo feierte seinen Erfolg mit einem Triumphzug.[53]

Während Lucullus seine Wahl zum Quästor vorantrieb, war auch Sulla nach der Eroberung von Bovianum (Popoli) in die Hauptstadt zurückgekehrt und bewarb sich um das Konsulat. Als Sieger über die Italiker hatte er die denkbar besten Aussichten. Hinzu kam der Umstand, dass im Osten der pontische König Mithridates VI. Rom den Krieg erklärt hatte.

Den Konflikt hatte nicht zuletzt Manius Aquillius, der Konsul von 101 v.Chr., zu verantworten: Nachdem die Senatsgesandtschaft unter seiner Führung dem pontischen König 90 v.Chr. mit einer militärischen Intervention gedroht hatte, hatte sich Mithridates zwar aus Bithynien zurückgezogen, jedoch hatte auch die römische Hilfe ihren Preis: Der bithynische König Nikomedes IV. und Ariobarzanes I. von Kappadokien wurden von römischer Seite dazu ermutigt, in das benachbarte Königreich von Pontos einzufallen und Teile des Territoriums zu besetzen. Als Mithridates deswegen offiziell protestierte und eine römische Intervention sowie die Bestrafung des Nikomedes aufgrund von dessen Übergriffen verlangte, ging Aquillius nicht auf seine Forderungen ein. Daraufhin wandte sich der pontische Herrscher gegen Kappadokien, vertrieb abermals Ariobarzanes und setzte dort seinen Sohn Ariarathes IX. als Herrscher ein. Auf die erneute Usurpation des kappadokischen Throns durch das pontische Königshaus reagierte Aquillius mit umfangreichen Rüstungen. Doch noch bevor das römische Heer Kappadokien erreichen konnte, traten ihm die pontischen Generäle in Paphlagonien und Phrygien entgegen und schlugen ihn zweimal.[54] In Rom hatte sich währenddessen der Sulla einstmals von einem Chaldäer aus dem Umfeld des Mithridates geweissagte Traum[55] erfüllt: Er war nicht nur ins Priesterkollegium der Auguren aufgenommen, sondern als Held des Volkes auch zum Konsul gewählt worden.

Sullas Marsch auf Rom

Zu Beginn des Jahres 88 v. Chr. schien sich die politische Lage beruhigt zu haben: Sulla und sein wenig ambitionierter Kollege Quintus Pompeius Rufus hatten ihr Konsulat angetreten; der Sohn des Rufus war kurz zuvor der Schwiegersohn Sullas geworden. Bereits durch das Los waren die Aufgabengebiete der beiden Konsuln bestimmt worden. Während Pompeius Rufus in Italien die verbliebenen widerständischen Bundesgenossen zu bekämpfen hatte, sollte Sulla den Krieg gegen den pontischen König Mithridates VI. führen, der nach dem Einmarsch in Kleinasien auch Griechenland bedrohte. Metellus Pius hatte den Krieg gegen die verbliebenen Aufständischen in Apulien weitgehend beendet, auch wenn die kampanische Stadt Nola nach wie vor nicht eingenommen war und immer noch gegen die Samniten gekämpft werden musste. Ungewiss war, inwieweit sich die große Zahl an Neubürgern – ehemaligen Bundesgenossen, denen das volle Bürgerrecht zuerkannt worden war – auf die Abstimmungen bei Ämterwahlen oder Gesetzesanträgen auswirken würde. Es stand zu befürchten, dass die stadtrömischen Bürger überstimmt würden.

Diese Diskussionen wurden allerdings durch die schlimmen Neuigkeiten aus Kleinasien in den Hintergrund geschoben: Dort war Mithridates nun mit einem riesigen Heer eingefallen, das angeblich, wie uns die römische Historiographie in gewohnter Übertreibung berichtet, aus rund 250 000 Fußsoldaten, 40 000 Reitern und 130 furchterregenden Sichelwagen bestanden haben soll.[56] Triumphal hielt der pontische König, der sich zum neuen Alexander und Schutzherrn der Hellenen stilisierte, Einzug in die griechischen Städte.[57] Auch wenn er den Gemeinden die Freiheit zusicherte, ließ er doch bekannte römerfreundliche Honoratioren hinrichten. Nahezu sämtliche Landschaften Kleinasiens brachte er unter seine Kontrolle, nur wenige Städte hielten an ihrer Romtreue fest und leisteten dem pontischen Herrscher hartnäckigen Widerstand.[58] Die Proconsuln mussten sich immer weiter zurückziehen, zumal Mithridates das östliche Mittelmeer dank seiner großen Flotte rasch beherrschte.[59] Auch Griechenland drohte der Kontrolle Roms zu entgleiten. Eine möglichst rasche Intervention war also geboten: Zumindest bis Oktober, bevor die Überfahrt nach Griechenland riskant wurde, musste ein großes römisches Heer gen Osten aufgebrochen sein. Nachdem Sulla das Kommando über das römische Heer, das den pontischen Herrscher in seine Schranken weisen sollte, zugelost worden war, sammelte er seine Truppen vor Nola.

Nicht weniger gewichtige Probleme hatte die römische Führungsschicht im Inneren zu bewältigen: Durch den an Mensch und Material verlustreichen Krieg gegen die Italiker waren die Staatsschulden immens angewachsen. Die Finanziers setzten die Zinssätze kontinuierlich hinauf und trieben Schulden ein, wo sie nur konnten. Die Schuldner, Besitzer zerstörter Landgüter oder auftragslose Handwerker, verlangten Stundung und Schuldenerlass. Daher kam es in Rom zu heftigen Auseinandersetzungen zwischen den Magistraten, die sich für die Schuldner einsetzten, und den Gläubigern aus dem Ritterstand. Der Streit wurde Tag für Tag gewaltsamer ausgetragen, bis schließlich der *praetor urbanus* Sempronius Asellio erschlagen wurde. Danach brachen alle Dämme: Der Volkstribun Sulpicius Rufus schlug sich auf die Seite der finanzkräftigen Ritterschaft.[60] Gestützt auf eine private Armee von 3000 Schlägern rief er eine Art Gegensenat ins Leben, gebildet vornehmlich aus jungen Rittern, und stellte mehrere Gesetzesanträge, die den machtpolitischen Status quo des Senats stark bedrohten: So sollten sämtliche Senatoren, die mehr als 2000 Denare Schulden angehäuft hatten, aus der Senatsliste gestrichen werden.[61] Die zweite Gesetzesvorlage sah die Rückberufung und Rehabilitierung der Anhänger des jüngeren Marcus Livius Drusus vor, die im Jahr 91 v. Chr. verbannt worden waren. Das dritte Gesetz forderte, die Freigelassenen und Neubürger nicht wie bisher nur auf acht, sondern auf alle 35 Stimmbezirke (*tribus*) aufzuteilen, so dass in vielen Tribus etablierte Mehrheitsverhältnisse zumindest ins Wanken geraten, wenn nicht umgeworfen worden wären.[62]

Im Erfolgsfall wäre Sulpicius Rufus damit zu einem der mächtigsten Männer Roms avanciert; der Senat musste mit heftigem Widerstand rechnen, wenn er diese Vorlagen ablehnte. Aus seinen Reihen wurde propagiert, Sulpicius verkaufe das Bürgerrecht an einem Bankierstisch auf dem Forum. Die Kämpfe auf den Straßen wurden fortgeführt. Die Konsuln warteten ab und versuchten Zeit zu gewinnen, indem sie Obstruktion praktizierten und die Abstimmungen durch das Volk mehrmals hintertrieben. Sie gingen so weit, dass sie am Ende behaupteten, das Latinerfest müsse aus sakralrechtlichen Gründen wiederholt werden. Da an der Feier alle Beamte teilzunehmen und sich entsprechend in die Albaner Berge zu begeben hatten, zog dies nach sich, dass während dieses Auszugs keinerlei gültige Volksversammlungen abgehalten werden konnten. Die letzte Stufe der Eskalation des Konflikts wurde dann durch Marius und seine Veteranen herbeigeführt: Als die Konsuln eine Aussprache vor dem Volk (*contio*) einberiefen, um ihre Sicht auf die innenpolitische Entwicklung darzulegen, verlangte er, umgeben von den von ihm mobilisierten Anhängern, die umgehende Aufhebung des Rechtsstillstands (*iustitium*).

Mit der Weigerung, diesem Aufruf zu folgen, setzte das Morden auf dem Forum ein. Die Konsuln wurden bedrängt und verfolgt. Pompeius Rufus musste ohnmächtig mitansehen, wie sein Sohn Quintus niedergemacht wurde. In der aufgeladenen Stimmung sah sich Sulla sogar gezwungen, die Hilfe des Marius in Anspruch zu nehmen, um die Tumulte lebend zu überstehen. Ihm blieb keine andere Möglichkeit, als mit dem immer noch ehrgeizigen Marius zu verhandeln und anschließend der Bürgerschaft die Aufhebung des Stillstands der Geschäfte öffentlich mitzuteilen. Während Pompeius Rufus das Konsulat aberkannt wurde, durfte Sulla die Stadt als Konsul verlassen und sich nach Kampanien begeben, um dort sein Heer zu sammeln. Kaum war dies geschehen, wurden die Gesetzesvorlagen des Sulpicius verabschiedet, darunter eine letzte, die dem verbleibenden Konsul Sulla das bevorstehende Kommando im Krieg gegen den pontischen König entzog und nun an Marius übertrug. Davon dürfte Sulla erst im Heerlager vor Nola in Kampanien erfahren haben.

Dort befand sich damals, wahrscheinlich im Kreis der Freunde und Vertrauten Sullas, bereits auch Lucullus.[63] Vor Nola wird er die Ankunft der beiden von Marius bestimmten Militärtribunen miterlebt haben, die den Auftrag hatten, Sulla vom Beschluss des Volkes zu unterrichten und ihn im Kommando über die sechs Legionen abzulösen. Die Soldaten setzten ganz auf Sulla, ihren militärischen Führer und Patron; sie wurden vor den Kopf gestoßen und werden vor allem befürchtet haben, dass nun die Veteranen des Marius den Feldzug im Osten an ihrer Stelle bestreiten würden, womit ihnen die reiche Beute, die ihnen von ihrem Feldherrn in Aussicht gestellt worden war, entgangen wäre.

Sulla blieb keine Wahl. In seiner persönlichen Ehre war er in doppelter Weise verletzt worden – als Konsul wegen der erzwungenen Flucht aus Rom und als Krieger wegen der militärischen Degradierung. Zudem hatte er durch den Entzug des Oberbefehls jeglichen Schutz durch das Heer und alle Handlungsmöglichkeiten verloren. So musste er tun, was für ihn als Aristokraten an und für sich undenkbar war, ihm jedoch angesichts der Usurpation der Führung der *res publica* durch Sulpicius und Marius ganz und gar legitim und gerechtfertigt erschienen sein dürfte: So wie seine beiden Kontrahenten im Machtkampf vorgegangen waren, indem sie damit begonnen hatten, Steine gegen amtierende Magistrate zu werfen und den politischen Kampf mit Dolchen fortzuführen, so sah er sich gezwungen, gleichfalls den Weg der Gewalt zu wählen.[64] Er musste den neuen Machthabern in Rom entgegentreten und erstmals ein römisches Heer gegen die Hauptstadt führen, auch wenn dies bedeutete, auf ungeheuerliche Weise mit der Tradition zu brechen. Die spätere Überlieferung, die Sulla und seinen optimatischen Freunden nicht wohlgesonnen war, legte den Entschluss zum Marsch auf Rom zu seinen Ungunsten aus. Sie kehrte die Perspektive gänzlich um, wenn sie Sulla zum Usurpator stilisierte und außer Acht ließ, dass sein Schritt erst durch die beispiellose Normenverletzung seitens Marius und Sulpicius provoziert worden war.

Die von Sulpicius und Marius gesandten Militärtribune kamen im Steinhagel um. Das empörte Heer ignorierte den Volksbeschluss und sah nach wie vor in Sulla seinen legitimen Führer und den obersten Vertreter der Bürgerschaft. Als Mördern blieb ihnen nun nur noch der Marsch auf Rom. Vor allem die Centurionen blieben Sulla treu ergeben, die höheren Offiziere allerdings weigerten sich, die schwerwiegende Übertretung mitzutragen, die ihr eigenes Schicksal unweigerlich mit dem von Sulla verband. Bis auf einen Quästor, der nicht sicher zu identifizieren ist,[65] lehnten sie es ab, das Heer gegen Rom zu führen. Sulla ersetzte sie schnell, unter anderem durch die beiden Lucullus-Brüder, und baute mit diesen militärischen Führern einen gänzlich neuen, vor allem ihm persönlich verpflichteten und daher treu ergebenen Führungsstab auf.

In der *urbs* waren die Überraschung und das Entsetzen über das, was nun drohte, groß. Doch das Terrorregime funktionierte halbwegs: Fürsprecher Sullas wurden ermordet, der Senat war eingeschüchtert und stellte sich zumindest nicht offen auf Sullas Seite; allein Pompeius Rufus, der abgesetzte Konsul, begab sich in das Lager Sullas. Weil die militärischen Kräfteverhältnisse eindeutig zugunsten des anrückenden Konsuls sprachen, bemühten sich zwei Prätoren um Vermittlung. Nach Auffassung Sullas stand das Recht auf seiner Seite: Er fühlte sich in keiner Weise dazu verpflichtet, der aus seiner Sicht gänzlich illegitimen Herrschaft des Marius und des Sulpicius Loyalität entgegenzubringen, und duldete die Misshandlung der beiden abgesandten Magistrate durch das Heer, als diesen die Amtskleider heruntergerissen und die Rutenbündel zerbrochen wurden. Entsprechend waren auch alle anschließenden Vermittlungsbemühungen vergeblich. Nach einer Woche standen Sullas Legionen vor der Hauptstadt.

Rom war dem Heerführer mehr oder weniger schutzlos ausgeliefert, da ein reguläres Heer fehlte und die Bürgerschaft nur bedingt bereit war, ihr Leben zugunsten der undurchsichtigen Interessen und Pläne des Marius und Sulpicius aufs Spiel zu setzen. Die Vorhut des sullanischen Heeres griff das Osttor der Stadt, die *porta Esquilina*, an, Pompeius Rufus von Norden her die *porta Collina*. Eine dritte Legion drang über die Tiberbrücke, den *pons Sublicius*, in die Stadt ein. Auf ernsthaften Widerstand trafen die Soldaten erst auf dem Esquilin, wo Marius und Sulpicius ihre 3000 Straßenkämpfer versammelt hatten. Doch auch dieser war rasch gebrochen. Die Anhänger des Marius wurden zum Forum Romanum hinuntergedrängt, wo Marius zum Tempel der Tellus geflüchtet war, bevor er und einige seiner offenkundigen Förderer und Unterstützer sich aus Rom retteten. Da er als Befreier und nicht als neuer Usurpator auftreten wollte, unterband Sulla sämtliche Plünderungen und hielt bereits am nächsten Morgen zuerst im Senat und dann vor dem Volk eine Rede.

Nach der Befreiung Roms von den popularen Usurpatoren beschloss der Senat und danach das Volk, Marius, Sulpicius und zehn ihrer engsten Vertrauten das Bürgerrecht zu entziehen und sie auswärtigen Feinden (*hostes*) gleichzustellen, um ihnen ein sicheres Exil zu nehmen. Während Marius und sein Sohn nach Afrika flohen, wurde Sulpicius von einem seiner Sklaven verraten und in den Sümpfen bei Laurentum ermordet. Sämtliche Anordnungen der »Tyrannen« – so die Diktion der Sullaner – wurden für nicht rechtens erklärt und zurückgenommen, wogegen die Maßnahmen der regulären Konsuln in Kraft gesetzt wurden. Das Heer sandte Sulla wieder nach Nola zurück, um die Vorbereitungen auf den Feldzug in den Osten fortzusetzen. Er selbst blieb zunächst in Rom, um mehrere Gesetze zu beantragen und vom Volk verabschieden zu lassen. Eine solche rechtliche Absicherung erschien nach dem Staatsstreich und vor der Abreise Sullas in den Osten unerlässlich, um die Macht des Senats während seiner Abwesenheit zu sichern. So wurde erstmals gesetzlich festgelegt, was lange Zeit ungeschriebene traditionelle, aber durch die Volkstribune seit den Gracchen regelmäßig missachtete Norm gewesen war: dass jeder Antrag vor der Volksversammlung zuvor vom Senat gebilligt worden sein musste. Auch wurde den Volkstribunen die ihnen durch die *lex Hortensia* (287 v.Chr.) zuerkannte Möglichkeit genommen, die nach Tribus gegliederte Versammlung des Volkes (*concilium plebis*) als gesetzgebendes Gremium zu instrumentalisieren. Vielmehr sollten Gesetze fortan allein noch von den alten Heeresversammlungen des ganzen Volkes, den sogenannten *comitia centuriata*, verabschiedet werden können. Diese Versammlungsform sah eine Aufgliederung und Abstimmung streng geordnet nach Vermögens- und Heeresklassen vor. Von den insgesamt 193 Centurien, die jede als Stimmeinheit eine Stimme besaßen, hatten Ritter- und Senatorenschaft mehr als die Hälfte der Stimmen – über 18 Stimmen verfügten die Ritter und über 80 die erste Vermögensklasse. Waren sich die obersten beiden Bürgergruppen einig, so konnten sie die übrige Bürgerschaft bei einer Wahl nach Belieben überstimmen. In diesem Fall wurde das Verfahren der Stimmabgabe einfach abgebrochen, weil bereits die Stimmen der »Wenigen« eine »Mehrheitsentscheidung« herbeigeführt hatten.

Diese »einträchtige Haltung der Stände« – die *concordia ordinum*, von der Cicero später gerne sprach – wurde durch weitere Gesetze befestigt: Durch die Beschränkung des Vetorechts wurden die Volkstribunen in ihren Anträgen wieder an den Willen des Senats zurückgebunden. Damit schien die Gefahr, dass die beiden gegeneinander agierten und die innenpolitischen Auseinandersetzungen sich fortsetzten, gebannt. Die Herrschaft der Senatsaristokratie war zwar wiederhergestellt, doch nur äußerlich, denn den Forderungen der Ritter stand Sulla nicht ablehnend gegenüber. Um die Legitimität und Stabilität des Senats zu erhöhen, wurde das Gremium durch eine große Zahl von Rittern aufgefüllt und dadurch verdoppelt. Auch die Zusammensetzung der Gerichte, die von den Rittern dominiert wurden, rührte Sulla nicht an. Den ritterlichen Geldgebern musste freilich missfallen, dass er den Höchstzinssatz auf zwölf Prozent im Jahr gesetzlich festschrieb. Darin folgte er der Politik aristokratischer Freunde, welche Schuldner und Provinzialen vor dem Elend bewahren wollten und für ein Gewinnstreben mit sozialem und politischem Augenmaß eintraten. Auf diese Weise hatte der Senat wieder die Kontrolle über die *res publica* gewonnen, und auf den innenpolitischen Putsch des Marius und des Sulpicius konnte man nun als schmerzvolle, aber nicht wiederkehrende Episode zurückblicken.

Mitten in dieser Arbeit an der Wiederherstellung der Senatsherrschaft, etwa im Sommer des Jahres 88 v.Chr., übermittelte ein Eilbote eine schreckliche Nachricht: Mithridates hatte nicht nur seine Flotte auf den Weg geschickt, verschiedene Inseln der Ägäis besetzt und das östliche Mittelmeer bis auf das flottenstarke Rhodos unter seine Kontrolle gebracht. Viel schwerer wog, dass er in der ersten Jahreshälfte in Ephesos, das bis dahin Sitz des römischen Statthalters gewesen war, den Befehl hatte verkünden lassen, jeden Römer und Italiker, gleich ob Kind oder Greis, Frau oder Mann, Sklave oder Bürger, zu töten. Jedem, der bereit war, seinen römischen Gläubiger zu denunzieren, wurde die vollständige Befreiung von seinen Schulden in Aussicht gestellt. Die pontische Hetzpropaganda fiel vor allem bei der verarmten Bevölkerung auf fruchtbaren Boden, die offenbar vor allem die römischen *publicani* für ihr Elend verantwortlich machten – unsere Quellenbasis ist zu schmal und undurchsichtig, um entscheiden zu können, ob es sich um eine bloß propagandistisch behauptete oder im Vergleich zu den vorangehenden Epochen um eine reale dramatische Verschlechterung der wirtschaftlichen Situation der Masse der Land- und Stadtbevölkerung handelte. Die antirömische Agitation des Mithridates fiel auf fruchtbaren Boden: Die Stimmung schlug zugunsten der großen Bürgermengen um, die nun, geschickt gelenkt von gewandten Rednern, die Oberhand in den griechischen Städten gewannen. Vielerorts verließen oder verloren die Anhänger Roms ihre Heimat. Der Demos konnte, gedeckt durch die Truppen des Mithridates, ungehindert gegen italische Kaufleute, römische Bankiers, ihre Familien, Anhänger und Unterstützer wüten, denunzieren, rauben und töten. Der Aufforderung zum Mord fielen nach antiken Angaben 80 000 Menschen zum Opfer. Das prominenteste Opfer erlitt auch den grausamsten Tod: Der von der Bürgerschaft von Mytilene auf der Insel Lesbos ausgelieferte Manius Aquillius wurde gefoltert, und man goss ihm am Ende seiner Leiden flüssig gemachtes Gold in den Rachen, um seine eigene und generell die römische Gier sinnfällig zu machen.

Weitere 20 000 Italiker und Römer sollen umgekommen sein, nachdem die pontische Flotte auch die kleine Insel Delos, seit 146 v. Chr. der wichtigste Handelsplatz und Sklavenmarkt im östlichen Mittelmeer, in Besitz genommen und geplündert hatte. Obgleich Sulla eigentlich schon längst im Osten militärisch hatte eingreifen wollen, musste er noch in Rom verbleiben, da die innenpolitische Lage immer noch instabil war. Dazu hatte auch der undurchsichtige Pompeius Strabo beigetragen, der nach seinem Sieg über die Aufständischen in der mittelitalischen Landschaft Picenum nach Rom zurückgekehrt war.[66] Zwar hatte er sein Heer an den Konsul Pompeius Rufus übergeben, dieser wurde aber am darauffolgenden Tag von Soldaten, die sich darüber empörten, dass sie ihren bisherigen Feldherrn verlieren sollten, eingekesselt und ermordet. Zwar verurteilte Strabo die Mordtat, doch zögerte er nicht, erneut das Kommando zu übernehmen. Auch die Konsulatswahlen waren aus der Sicht Sullas kaum zufriedenstellend verlaufen. Zwar war mit Gnaeus Octavius ein ihm ergebener Mann zum Konsul gewählt worden, dennoch spiegelten sich in der Wahl des Marianers Lucius Cornelius Cinna deutlich der Unmut und die Vorbehalte eines Teils des Senats gegenüber Sulla. Deshalb ließ Sulla vor seiner Abreise Cinna einen Eid ablegen, in dem dieser versicherte, gegen ihn keine feindseligen Schritte unternehmen zu wollen. Ob Cinna dieses Gebot einhalten würde, war mehr als ungewiss. Mit diesen Schwierigkeiten und Ungewissheiten beladen, trat Sulla seine Reise in den Osten an.

Lucullus wird die Restauration der Verhältnisse zumindest zu Anfang miterlebt haben, da viel dafürspricht, dass er Sulla auch beim Marsch auf Rom begleitet hatte. Seitdem dürfte festgestanden haben, dass jener den überaus gebildeten, im Italikerkrieg bewährten Militärtribun zum Quästor für seinen Feldzug gegen Mithridates vorgesehen hatte. Sulla soll, wie die biographische Überlieferung wissen will, insbesondere den »unerschütterlichen Gleichmut« des Lucullus geschätzt haben.[67]

Auf die bestürzenden Nachrichten aus dem Osten hin schickte Sulla, wie man annehmen darf, Lucullus bereits im Herbst 88 nach Griechenland voraus, damit dieser sich dort so früh wie möglich einen persönlichen Eindruck von der Lage vor Ort verschaffen und den Feldzug gegen den pontischen König logistisch vorbereiten konnte. In den anschließenden acht Jahren – während Sullas Feldzügen in Griechenland und Kleinasien – gehörte der Licinier als »Feldherrenquästor« zu dessen engsten Vertrauten. Die offizielle Funktion (*quaestor pro praetore*, anschließend *proquaestor*), welche die Aufsicht über die Heereskasse einschloss, hatte er für die gesamte Dauer des Feldzugs inne.[68] Lucullus wurde im weiteren Verlauf zu Sullas Stellvertreter im Osten, sofern dieser einmal nicht vor Ort sein konnte, später auch zur Aufsichtsperson und zum Rechtsvertreter für Sullas Sohn sowie Sachwalter seines Nachlasses und Herausgeber der 24 Bücher umfassenden Memoiren, die den Ereignisverlauf aus Sicht des zurückgetretenen Dictators ausführlich nachzeichneten.[69]

Im Feldzug gegen Mithridates

Sulla folgte seinem neuen Quästor erst nach Ablauf seines Konsulats nach Griechenland, wohl erst im Frühjahr 87 v.Chr., sobald das Wetter eine Überfahrt des Heeres zuließ, was gewöhnlich erst ab April möglich war. Vom kampanischen Nola aus marschierten die ausgewählten fünf Legionen ins apulische Brundisium (Brindisi), um von dort nach Epeiros überzusetzen. Nach der Landung eilte Sulla nach Boiotien, wo Bruttius Sura, Legat des für die militärischen Operationen in Griechenland verantwortlichen römischen Proprätors Gaius Sentius in Makedonien, bereits gegen die ponti-

88 Die Diffamierung der Aristokratie

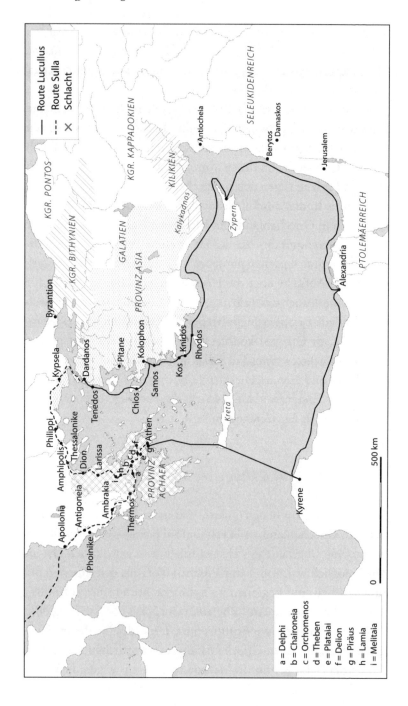

schen Truppen kämpfte. Dabei konnte der Cornelier allein auf die Hilfe der Thessaler und des Aitolischen Bundes rechnen. Letzterer beherrschte das Territorium im Nordwesten des Korinthischen Golfs, während der Achäische Bund, der die Peloponnes kontrollierte,[70] sich gegen Rom stellte. Dank seiner Flotte, der Sulla nichts entgegenzusetzen hatte, dominierte Mithridates die Ägäis.

An personelle oder finanzielle Unterstützung aus Italien war schon bald nicht mehr zu denken, denn in Rom hatten sich mittlerweile die dunklen Vorahnungen erfüllt: Cinna, der eine der beiden neuen Konsuln von 87 v.Chr., hatte ohne Absprache mit seinem Amtskollegen die politische Initiative ergriffen und dem Volk erneut den Antrag des ermordeten Volkstribunen Sulpicius vorgelegt, der vorsah, die Neubürger gleichmäßig auf alle Stimmbezirke zu verteilen. Zu diesem Zweck und zu seinem Schutz hatte Cinna eigens Italiker in großer Zahl auf dem Forum zusammengerufen; der auf diese Weise mobilisierten Menge war wiederum der zweite Konsul Gnaeus Octavius mit seinen Anhängern energisch entgegengetreten. Bei den Kämpfen sollen um die 10 000 Bürger und Italiker umgekommen sein – eine bemerkenswert hohe Zahl, die verdeutlicht, welch bürgerkriegsähnliches Ausmaß die gewaltsamen politischen Auseinandersetzungen bereits zu dieser Zeit angenommen hatten. Cinna und seine Anhänger, darunter sechs der zehn Volkstribunen, flüchteten sich nach Nola. In seiner Abwesenheit erkannte Octavius seinem Kollegen die Konsulwürde ab, da dieser seinen vor Sulla abgelegten Eid gebrochen hatte. Cinna gelang es jedoch, die eine verbliebene Legion Sullas, die sich noch vor den Toren von Nola befand, auf seine Seite zu ziehen. Zahlreiche italische Städte schlossen sich ihm an, weitere kamen hinzu, nachdem Marius, der eigentlich in Verbannung

◂ Karte 2: Der Feldzug des Sulla im Ersten Mithridatischen Krieg (87–85 v.Chr.) und die Fahrt des Lucullus im östlichen Mittelmeer zur Sammlung einer römischen Flotte (86–85 v.Chr.)

lebte, in Etrurien gelandet war und von dort aus zur Hauptstadt marschierte.

Demgegenüber fiel die militärische Unterstützung, die Octavius durch Metellus Pius erhielt, nicht ins Gewicht. Einen Friedensschluss mit den Samniten verhinderte Cinna, indem er das Angebot des Metellus Pius kurzerhand überbot und die von Rom so gefürchteten Stämme zusätzlich als Verbündete gewann. Diese Entscheidung führte freilich später, nach der Rückkehr Sullas, dazu, dass die Samniten einen hohen Blutzoll entrichten mussten. Als in dieser Notlage auch noch Pompeius Strabo, der dank seiner Autorität bei seinen Soldaten die aufgehetzte Volksmenge noch hatte zurückhalten können, an einer in seinem Heer grassierenden Seuche erkrankte und starb, war die Sache in Rom für die konservative Seite erst einmal verloren.

In Griechenland vermochte unterdessen im Winter 88/87 v.Chr. das Kontingent des Bruttius Sura dem Archelaos, Feldherrn des Mithridates, in der berühmten Ebene von Chaironeia drei Tage lang standzuhalten. Dabei griffen die Römer wahrscheinlich auf die Epheben aus den Gymnasien Athens und anderer Städte zurück, die als Hilfstruppen (*auxilia externa*) im römischen Heer dienten.[71]

Nachdem Sura in Boiotien – trotz zeitweiliger Einschließung und starker numerischer Unterlegenheit – erfolgreich Widerstand geleistet hatte, musste er allerdings nach Makedonien zurückeilen, um im Norden der Provinz die einfallenden Thrakerstämme und das vordringende pontische Hauptheer abzuwehren.[72]

Wohltäter der Griechen

In diese Zeit fällt eine Episode, die Plutarch uns überliefert: Damals soll Lucullus die Bürger von Chaironeia vor einer harten Bestrafung durch den makedonischen Statthalter bewahrt haben, weil diese, wie die Bürger von Orchomenos als notorische Gegner von Chaironeia behaupteten, römische Soldaten erschlagen hätten. Vermutlich handelte es sich um einen Bürgerkrieg in der Kleinstadt, dessen Hintergründe unklar bleiben:⁷³

Zu Beginn des Jahres 87 gewannen zunächst pontische Truppen die Kontrolle über die Stadt, danach gelang es Sullas Soldaten, diese zu vertreiben und dort eine kleine Garnison zu stationieren. Als sich in der Folgezeit ein gewisser Damon – es bleibt im Dunkeln, ob dies mit oder ohne Unterstützung des Mithridates geschah – zum Herrn über die Stadt aufschwang und dabei ein Blutbad unter den romfreundlichen Amtsträgern anrichtete, kam auch der römische Befehlshaber der städtischen Garnison ums Leben. Die Gegenpartei allerdings – wahrscheinlich einer oligarchischen Herrschaft zugeneigte Befürworter eines Bündnisses mit Rom – gewann nach kurzer Zeit wieder die Kontrolle über die Stadt zurück und unterstützte die Römer anschließend auch in der wichtigen Schlacht gegen Archelaos und die pontischen Truppen auf ihrem Territorium. Lucullus trug maßgeblich zur Beendigung dieser blutigen innerstädtischen Auseinandersetzungen bei und sagte vor Gericht zugunsten von Chaironeia aus, was ihm eine jahrzehntelange dankbare Erinnerung bei den Bürgern der boiotischen Kleinstadt eintrug, die ihn als großen Wohltäter (*euergétes*) mit einer Statue auf der städtischen Agora ehrte. Die Statue und Episode war auch dem aus Chaironeia stammenden Plutarch bestens bekannt, so dass er sie in seine Biographie des Lucullus aufnahm.

Einer Inschrift zufolge führte den Lucullus sein Weg auch ein Stück weiter nördlich bis zu den Thermopylen. Von diesen etwa 30 km entfernt, wurde er in dem Städtchen Hypata für sein wohlwollendes Verhalten gegenüber dem Bund (*koinon*) der Anianer, die dort ihren Bundessitz hatten, mit einer Statue geehrt. Auf die gleiche Situation mag sich auch die Reiterstatue beziehen, die ihm dieser wenig bedeutsame Bund aus Dankbarkeit im Apollon-Heiligtum von Delphi aufstellen ließ.⁷⁴ Über die Motive einer solch außergewöhnlich großen Ehrung können wir nur spekulieren: Es werden Erleichterungen gewesen sein, die der Quästor Sullas den Anianern bei der Erbringung logistischer und personeller Unterstützung für das sullanische Heer gewährt haben mag. Beim Erscheinen des römischen Heeres ergab sich Theben, das sich auf die Seite des pontischen Königs gestellt hatte, kampflos. Dem Beispiel der bedeutendsten Stadt Boiotiens folgten die übrigen Städte der Region.

Die »freundliche« Einnahme Athens

Nach dem ersten Erfolg auf dem Schlachtfeld von Chaironeia marschierte Sulla geradewegs nach Athen, um die Belagerung der Metropole einzuleiten und vor allem deren strategisch und symbolisch wichtigen Hafen in seine Gewalt zu bringen. Das Risiko, das er dabei einging, war hoch; denn es stand zu erwarten, dass ihm bereits in einigen Wochen das mithridatische Hauptheer in den Rücken fallen würde. Zudem befand sich der gut befestigte Hafen im Piräus – mit der Festung Munychia auf der Spitze des ihn beherrschenden Hügels – fest in der Hand des Archelaos.

In den Jahren vor der Ankunft Sullas war es in Athen zu zwei aufeinander folgenden Usurpationen gekommen, die ihren Ausgangspunkt in den Debatten um den außenpolitischen Kurs hatten. Entsprechend führte die zweite auch zum Bruch mit der bisherigen athenischen Außenpolitik, die auf eine Kooperation mit Rom gesetzt hatte.

Die erste Usurpation unternahm Medeios aus Piräus, der – zehn Jahre nach seinem ersten Archontat – ab Sommer 91 v.Chr. zum zweiten Mal das prestigeträchtige Amt bekleidete. Obgleich dies nach attischem Recht ausgeschlossen war, hatte er das dem Jahr den Namen gebende Archontat auch in den beiden Folgejahren inne.[75] Offenbar handelte es sich um eine Usurpation der politischen Führung Athens, die Roms Zustimmung fand, zumindest aber dort nicht auf Widerstand stieß. Medeios gehörte einer der führenden athenischen Familien an, die sich nicht nur durch Vermögen auszeichneten, sondern auch durch eine ruhmreiche Vergangenheit; denn seine Familie war verwandtschaftlich mit den beiden berühmten Priesterfamilien der Eteobutaden und Eumolpiden verbunden. Deren soziale Prominenz dokumentiert sich darin, dass Medeios und seine Schwester gleichzeitig die beiden wichtigsten städtischen Priesterämter bekleideten,[76] was zuvor keiner anderen athenischen Familie gelungen war. Dies und die erfolgreiche, aber langwierige Niederschlagung eines Sklavenaufstands in Attika (101 bis 98/97 v.Chr.) bildete offenbar die Grundlage für die Etablierung der zeitweiligen politischen Ausnahmestellung des Medeios. Aufgrund des Bundesgenossenkriegs und der innenpolitischen Wirren in Rom erfuhr er von dort zwar keine direkte Unterstützung, jedoch dürfte Manius Aquillius, Legat im Kampf gegen die Kimbern (104 v.Chr.), danach Heerführer und Amtskollege des Marius im Konsulat von 101 und dessen Vertrauter auf einer Reise mit der Senatsgesandtschaft nach Kleinasien im Jahr 90 v.Chr., in Athen Station gemacht und Medeios zumindest in seinem prorömischen Kurs bestärkt haben.[77]

Bereits um die Jahreswende 89/88 v.Chr. wurde die Vormachtstellung des Medeios entweder stark geschwächt oder sogar abrupt beendet – weder ist etwas über das weitere Schicksal des Medeios bekannt noch über die näheren Umstände seines Sturzes. Wir wissen nur, dass – vermutlich kaum mit Einverständnis des römerfreundlichen Archonten – im Januar 88 v.Chr. eine athenische Gesandtschaft zum pontischen König gereist war und dass Medeios offenbar die Einberufung von Volksversammlungen ausgesetzt hatte. Einem zeitgenössischen Zeugnis zufolge gab es ein »führungsloses Intermezzo«, was darauf hindeuten könnte, dass zuvor ein von promithridatischen Kräften aufgewiegelter Mob Medeios aus Athen vertrieben hatte.

Die Gesandtschaft zu Mithridates führte ein athenischer Politiker namens Athenion an, der im Peripatos, also in der von Aristoteles im Gymnasion Lykeion begründeten philosophischen Schule, eine philosophische, rhetorische und literarische Ausbildung erhalten hatte. In mehreren Briefen stellte er während seiner Abwesenheit in Aussicht, dass in Athen der Bürgerkrieg zwischen pro- und antirömischen Gruppen sowie die Anarchie beendet und die Eintracht und demokratische Verfassung wiederhergestellt, aber auch die viele Einwohner Athens in ihrer Existenz bedrohende Schuldenlast – vermutlich gegenüber römischen Gläubigern – getilgt werden könne. Dies entsprach weitgehend der im 2. Jh. v. Chr. üblich gewordenen Bürgerkriegsrhetorik in den griechischen Städten. Mit den gleichen verheißungsvollen Schlagworten (Demokratie, allgemeiner Schuldenerlass, Einträchtigkeit) hatte sich Mithridates darum bemüht, in den römischen Provinzen in Griechenland und Kleinasien Unruhe zu stiften und dabei vor allem die ärmere Bevölkerung auf seine Seite zu ziehen.[78]

Als sich dann im Frühjahr 88 v. Chr. der Einfall des Mithridates in die Provinz Asia fortsetzte, den er zu einem Siegeszug in der Nachfolge Alexanders stilisierte, kehrte Athenion nach Athen zurück. Es hat den Anschein, als ob der Demos damals seine Ankunft kaum abwarten konnte: Bereits an der Spitze von Euboia, der Attika vorgelagerten großen Insel, wurde er von Repräsentanten der Bürgerschaft empfangen. In der Stadt wurde ihm ein triumphaler Empfang bereitet.

In einer eilig einberufenen Volksversammlung auf der athenischen Agora sprach Athenion zu seinen Mitbürgern von der steinernen Rednerbühne aus, die vor der Stoa des Attalos nach 146 v. Chr. auf Verlangen römischer Magistrate errichtet worden war: Begeistert schilderte er die militärischen Erfolge des pontischen Königs, der den griechischen Städten ihre langersehnte Autonomie und Freiheit zurückgebracht hätte, verwies auf die Einnahme von Pergamon (Bergama), die Gefangennahme und Hinrichtung des geldgierigen Aquillius, auf das schlimme Treiben der römischen Steuerpächter (*publicani*) und auf die zahlreichen Orakelsprüche, die den Untergang Roms geweissagt hätten. Die breite Menge der Athener feierte ihn vor allem für seine demokratischen Versprechungen; Unterstützung erfuhr er jedoch auch aus durchaus vermögenden Kreisen. Bekannte Familien schlossen sich der Sache Athenions an, keineswegs nur einfache Handwerker, wie aus den Namen der Archonten von 88 v.Chr. ersichtlich ist.[79] Der reiche athenische Kaufmann Diës, der gleichfalls zu den Verbindungsmännern des pontischen Königs in Athen zählte, bot dem Athenion bei dessen triumphaler Rückkehr gewiss nicht ohne Hintergedanken sein palastartiges Haus als Domizil an.[80] Darüber hinaus überreichte er Athenion einen Siegelring mit dem Bild des Mithridates als äußeres Zeichen der Zugehörigkeit zum Kreis der Freunde oder Vertrauten (*philoi*) des Königs. Schließlich wurde Athenion zum Hoplitenstrategen gewählt und bevollmächtigt, persönlich die übrigen Beamten des Jahres 88/87 v.Chr. zu bestimmen.[81] Durch die Alleinherrschaft des Athenion hatte sich Mithridates nun auch die Unterstützung in der Stadt Athen gesichert.[82]

Die gewollte Abhängigkeit vom pontischen König schlug sich äußerlich darin nieder, dass Athenion Mithridates für das Jahr 88/87 v.Chr. die Ehre des dem Jahr den Namen gebenden (eponymen) Archontats verlieh; auf diese Weise wurde der pontische König auch in Milet geehrt. Nach der Eroberung der Stadt durch Sulla wurde die Verleihung dieser außerordentlichen Ehre allerdings als ein unerträglich gewordener Makel betrachtet, der nur dadurch beseitigt werden konnte, dass die Erinnerung an die Übernahme des Archontats durch Mithridates getilgt wurde. Das betreffende Jahr wurde in den Archontenlisten kurzerhand als »amtslos« (*anarchía*) angegeben.[83]

Mit diesen Geschehnissen ging einher, dass der König die zu Athen gehörige Insel Delos einnahm und dort viele Römer und Italiker ermordete. Danach entsandte er weitere Truppenkontingente nach Griechenland. Mithridates und Athenion als sein athenischer Gefolgsmann legitimierten ihr Vorgehen wie auch ihre neue Vorherrschaft propagandistisch dadurch, dass sie sich als Vorkämpfer und Neubegründer der Freiheit und Unabhängigkeit der griechischen Städte feiern ließen.[84] Dabei gerät aus heutiger

Perspektive rasch aus dem Blick, dass sehr wahrscheinlich in den politischen Versammlungen vieler griechischer Städte erbittert über den außenpolitischen Kurs gestritten wurde, die Stimmung in den Bürgerschaften mithin alles andere als klar und einheitlich war. Es war die »Stunde« verschiedener Demagogen, welche die einfache Bevölkerung zum Widerstand gegen Rom ermunterten und mächtige Honoratioren und deren Kontrolle über die griechischen Städte ins Wanken brachten. Die von Mithridates herbeigeführte Machtübernahme durch den »Tyrannen« Athenion zwang zahlreiche Athener bereits im Sommer 88 v. Chr. zur Flucht aus der Stadt, vermutlich weil oppositionell eingestellten, römerfreundlichen Bürgern Folter und Tod drohte.

So nahm sich die Lage im Inneren der Stadt aus. Vor den Mauern Athens mit seinem Heer stehend war sie für Sulla nach wie vor alles andere als günstig: Die griechischen Städte, die selbst darniederlagen, kooperierten nur widerwillig mit ihm; zu gering waren ihre Mittel, um ein Heer von der Größe von fünf Legionen zu versorgen. Eine Versorgung aus Rom war durch den politischen Seitenwechsel Cinnas und den Stimmungsumschwung in Italien ausgeschlossen. Eine Unterstützung über den Seeweg kam nicht in Betracht, da Sulla über keine nennenswerte Flotte verfügte. Maultiere und Ochsenkarren waren nicht in ausreichender Zahl vorhanden, Holz und andere Gerätschaften mussten mühsam von den widerstrebenden Bewohnern Boiotiens und Attikas requiriert oder sogar konfisziert werden, denen darüber hinaus auch Einquartierungen, Arbeitsleistungen und weitere Lasten auferlegt wurden.[85] Zudem war Sullas Kriegskasse leer.

In dieser Notlage musste Lucullus als Quästor des römischen Feldherrn vor allem zwei schwierige Aufgaben meistern: Zunächst galt es, die Kriegskasse so schnell wie möglich aufzufüllen, damit der Feldzug überhaupt fortgeführt werden konnte. Dies war am leichtesten zu bewerkstelligen, indem Lucullus auf die Silber- und Goldbestände aus den für ihn erreichbaren großen griechischen Heiligtümern zurückgriff, also aus den beiden panhellenischen

Heiligtümern des Zeus in Olympia und des pythischen Apollon in Delphi sowie aus dem des Heilgottes Asklepios in Epidauros. Zu diesem Zweck ließ er Sulla schriftlich die Aushändigung der kostbarsten Weihgeschenke anfordern – im Sinne von Zwangskriegsanleihen, deren Rückzahlung den Priestern in Aussicht gestellt wurde.[86]

Der Grieche Kaphis, der in Delphi die Wertgegenstände nach Gewicht aufzulisten hatte, unternahm erfolglos einen letzten Versuch, das Heiligtum vor der Notstandsmaßnahme zu bewahren. Als er nach Athen übermittelte, dass im Apollon-Heiligtum eine Kithara zu hören gewesen sei, ließ ihm Sulla antworten, dass die Gottheit mit diesem Zeichen durchaus nicht ihr Veto, sondern vielmehr ihr Einverständnis zur anstehenden Maßnahme bekundet habe. Tatsächlich wurde nach Vertreibung der pontischen Truppen dem olympischen und pythischen Heiligtum als Kompensation für die eingezogenen Weihgeschenke und Wertgegenstände von Sulla Land zuerkannt, Delphi erhielt zudem den Status einer freien Stadt. Das hierfür benötigte Territorium entzog er den Thebanern, die auf Seiten des Mithridates gekämpft hatten, und bestimmte, dass die beiden panhellenischen Heiligtümer aus den Erträgen dieser Landstücke entschädigt werden sollten.[87]

Sofern man die Plünderungen der Heiligtümer oder später auch Athens kritisiert oder sich darüber auf Grundlage moderner Moralvorstellungen sogar empört,[88] ohne Sullas Notlage und die anschließenden Wiedergutmachungsbemühungen zugunsten der geschädigten Heiligtümer wie überhaupt seine »Politik der Privilegierung altehrwürdiger Kultstätten«[89] angemessen zu berücksichtigen, sitzt man letztlich der gegen Sulla gerichteten historiographischen Überlieferung mit ihrem reduzierten, überaus suggestiven Bild von dessen rücksichtslosem Wirken nach Art eines Tyrannen auf.

Ganz im Stil und im Sinne Sullas, der im Allgemeinen allen griechischen Heiligtümern die Steuerfreiheit und im Besonderen dem Heiligtum der Hekate von Stratonikeia (Eskihisar) die Asylie, das Privileg der Unverletzlichkeit, zusicherte,⁹⁰ verschloss sich auch Lucullus ähnlichen Anfragen von Heiligtümern nicht. So ist inschriftlich für ihn bezeugt, dass er dem Isis- und Sarapis-Heiligtum von Mopsuhestia im östlichen Kilikien die Asylie gewährte, nachdem eine vom damaligen Oberpriester angeführte Gesandtschaft bei ihm vorstellig geworden war. Die aus den Heiligtümern von Olympia, Delphi und Epidauros stammenden Edelmetallbestände wurden damals eingeschmolzen und für die Prägung attischer Tetradrachmen des Neuen Stils verwendet, um den Sold der Soldaten auszahlen und weitere laufende Kosten decken zu können. Dafür war im Jahr 87 v. Chr. zunächst Lucullus als Quästor,⁹¹ danach – zumindest für die Zeit der Flottenexpedition – sein Bruder Marcus verantwortlich.⁹²

Der zweite Auftrag, den Sulla seinem Quästor erteilte, war nicht weniger drängend: Lucullus sollte unverzüglich aufbrechen (87/86 v. Chr.), um bei den königlichen Bündnispartnern und befreundeten Städten im östlichen Mittelmeer Hilfe zur See einzufordern, während Sulla in Eleusis sein Hauptquartier einrichtete und Vorkehrungen für die Einschließung Athens traf.

Nachdem ein erster, schneller Sturmangriff auf die Metropole fehlgeschlagen war, sah sich Sulla gezwungen, sich auf eine langwierige Belagerung der Stadt und des strategisch bedeutsamen Hafens Piräus einzurichten. Aus Theben ließ er Katapulte herbeiholen, die Langen Mauern, die den Hafen mit der Stadt verbanden, wurden als Steinbruch genutzt, der reiche Baumbestand in der Akademie und an anderen Orten vor den Toren der Stadt wurde herangezogen, um daraus Holz zum Bau von weiterem Belagerungsgerät und großen Rampen zu gewinnen. Wie schon die hellenistischen Könige, die ebenfalls Athen belagert hatten, sah auch Sulla nicht die Einnahme der Stadt selbst als vielmehr die des Piräus als sein vordringliches Ziel an. Nach Kräften bemühte er sich zunächst, die Hafenstadt mit ihrer starken Festung Munychia einzunehmen, um damit Mithridates einen wichtigen Flottenstützpunkt, im 3. Jh. v. Chr. noch eine der sogenannten »Fesseln«

Griechenlands neben Demetrias (Volos) und Akrokorinth, zu nehmen. Erst nachdem ein gut vorbereiteter Angriff auf den Piräus fehlgeschlagen war, forcierte der römische Feldherr die Anstrengungen, auch die Stadt zu erobern. Daher ließ er im Winter 87/86 v.Chr. einen riesigen Belagerungsring anlegen, der Stadt und Hafen voneinander trennte. Kurz zuvor, zu einem nicht mehr bestimmbaren Zeitpunkt, wurde Athenion als Herrscher über die Athener von einem gewissen Aristion abgelöst:[93] Von Archelaos, dem griechischen Feldherrn des Mithridates, waren ihm zur Sicherung seiner tyrannischen Stellung die im Apollon-Heiligtum von Delos verwahrten Gelder und 2000 Söldner überlassen worden.[94]

Da die Versorgungslage der eingeschlossenen Bevölkerung immer bedrohlicher wurde, schickte Aristion eine Gesandtschaft nach Eleusis ins Heerlager Sullas. Als die Gesandten dem römischen Feldherrn allerdings nicht, wie von ihm erwartet, die Übergabe der Stadt anboten, sondern sich in gebildeter Langatmigkeit über die stolze Tradition, Größe und Unabhängigkeit der Stadt von Theseus bis zu den Perserkriegen ausließen, wies er sie scharf zurecht. Die Entgegnung Sullas, die Plutarch nur den Aufzeichnungen des Feldherrn entnommen haben kann, fiel denkbar knapp und einprägsam aus:[95]

»Geht fort, ihr Narren, und nehmt Eure gebildeten Reden mit Euch. Ich bin vom römischen Volk nicht nach Athen geschickt worden, um mich meinem Wissensdrang zu widmen, sondern um Rebellen zur Rechenschaft zu ziehen.«

Die Aussage spiegelt deutlich die große Enttäuschung des Feldherrn über den politischen Seitenwechsel der Athener wider, denen die Römer mehrere Male ihre Bündnistreue bewiesen hatten.

Drei Tage nach dieser Episode ergab sich die lange erhoffte Gelegenheit zur Eroberung: An einem schlecht bewachten Abschnitt im Nordwesten der Stadt, den Sulla zuvor selbst in Augenschein genommen hatte, gelang es den Römern, die Mauer gegen Mitternacht zu überwinden, eine Bresche zu schlagen und in die Stadt einzudringen.[96] Die Verteidiger hatten keine Chance gegen die beutegierigen Legionäre, die jeden, der ihnen entgegentrat, töteten. Eine ganze Nacht, bis zum Morgen des 1. März 86 v. Chr., hielt das Morden und Plündern in den Straßen und Gassen an. Danach untersagte Sulla weitere Tötungen. Allerdings verfügte er dies nicht von sich aus, da er es als siegreicher Feldherr und absoluter Herr über Leben und Tod für angebracht hielt, den heftigen Widerstand, den die Athener geleistet hatten, nicht einfach zu ignorieren und hinzunehmen. Erst auf Bitten hochrangiger athenischer Verbannter und römischer Senatoren hin, die seinem Feldherrnstab angehörten, darunter wohl auch der bereits erwähnte Athener Medeios,[97] soll der Feldherr einer milden Behandlung des abtrünnigen Bündners zugestimmt haben. Mit Verweis auf die große kulturelle Tradition der Stadt ließ er verkünden, »wenigen zuliebe wolle er nun viele und den Toten zuliebe die Lebenden verschonen«.[98] Die Erleichterung unter den Athenern muss groß gewesen sein, und Sulla hatte sein Image als unerbittlicher Gegner, aber gerechter Feldherr gewahrt.[99]

Es folgte eine mehrmonatige Belagerung der Akropolis, auf die sich Aristion mit seinen Getreuen zurückgezogen hatte. Der von Mithridates gestützte Tyrann wurde ausgehungert und anschließend hingerichtet; einen Teil der auf der Akropolis verwahrten Gold- und Silberbestände nahm Sulla an sich.[100]

Durch die langwierige Belagerung und heftigen Kämpfe wurden verschiedene öffentliche Gebäude in Mitleidenschaft gezogen, so etwa das Odeion des Perikles[101] und das Asklepios-Heiligtum am Fuß der Akropolis, das Erechtheion auf dem Burgberg, vor allem aber das Pompeion am Dipylontor, eine der Ausbildungsstätten der athenischen Epheben. Erst in augusteischer Zeit wurde mit dem Wiederaufbau begonnen. Es gibt allerdings keinen Hinweis darauf, dass die Zerstörungen von Sulla im Sinne einer Strafaktion gegen Athen angeordnet worden wären.[102] Später rühmte sich Sulla in seinen Memoiren ausdrücklich dafür, dass es ihm gelungen sei, die Stadt vor größeren Zerstörungen zu bewahren. Davon waren zumindest seine Offiziere und auch die römerfreundlichen Politiker in Athen überzeugt, worauf insbesondere ein dem Lucullus zugeschriebener Ausspruch hindeutet: Bedauerlicherweise habe er nicht die Zerstörung der Stadt Amisos verhindern können, während Sulla Athen davor bewahrt habe.

Darauf, dass sich die Zerstörungen in Grenzen gehalten haben müssen, weist zudem der Umstand hin, dass die Athener nach dem vorläufigen römischen Friedensschluss mit dem pontischen Herrscher Sulla als »Befreier der Stadt« titulierten, ihm kultische Ehren zuteilwerden ließen und das städtische Fest der *Theseia* mit seinen athletischen Wettbewerben kurzerhand in *Sulleia* umbenannten.[103] Grund zur Dankbarkeit hatten die Athener genug, weil Sulla die Stadt nicht nur vergleichsweise milde behandelt und von der Herrschaft des sicher nicht in allen Kreisen beliebten Aristion befreit, sondern ihr auch den Besitz der Inseln Imbros (Gökçeada), Lemnos, Skyros und vor allem Delos bestätigt hatte.[104]

Entsprechend der Tradition der öffentlichen Ehrung verdienter Wohltäter stifteten die Athener 84 v.Chr. auch Statuen zu Ehren Sullas. Auf den Basen las man, der Demos habe das Bild des Feldherrn »wegen dessen Vortrefflichkeit (*arete*) und dessen Wohlwollen (*eunoia*) gegenüber der Bürgerschaft« errichtet.[105] In Anspielung auf die »Befreiung« der Bürgerschaft von der Herrschaft des Aristion wurden die Statuen Sullas und seiner Mitkämpfer in den folgenden Jahren auf der Agora in der Nähe der Statuen der älteren (um 510 v.Chr. entstandenen) und jüngeren (kurz nach 480 v.Chr. geschaffenen) Tyrannenmörder-Gruppe aufgestellt. Es ist gut möglich, dass die Prägungen der Tetradrachmen, der großen Silbermünzen Athens, damals – in Anspielung hierauf – als Beizeichen das Motiv der Tyrannenmörder Harmodios und Aristogeiton erhielten.[106]

In den Zusammenhang mit den Ereignissen nach der Einnahme Athens sind vermutlich auch zwei Ehrungen des Lucullus in Athen zu setzen. Die erste, vom Demos und dem Rat vom

Die Diffamierung der Aristokratie

Abb. 5: Rekonstruktion einer auf der Akropolis gefundenen Statuenbasis, die eine Ehrung des Lucullus durch die athenische Bürgerschaft darstellt, vermutlich um 70 v.Chr.: »Das Volk und der Rat vom Areo/pag (haben die Statue des) Lucius Licinius/Lucullus, Sohn des Lucius (geweiht).«

Areopag beschlossene Ehrung mit einer Statue, deren Basis aus hymettischem Marmor auf den Stufen der Propyläen der Akropolis gefunden wurde, wird zwischen 86 und 80 v.Chr. anzusetzen sein.[107] Lucullus ist überhaupt erst der dritte Römer, von dem wir wissen, dass er mit der Weihung einer Bronzestatue auf der Akropolis geehrt wurde – nach Sextus Pompeius und dessen Sohn Gnaeus, Statthalter der Provinz Macedonia 118/117 bzw. 93/92 v.Chr. Eine ganze Generation dauerte es, bis dort das Bronzebildnis des nächsten Römers gestiftet wurde, die Statue des Gaius Cosconius, der von 53 bis 51 v.Chr. Proconsul von Macedonia war.

Eine zweite Statue des Lucullus mit ähnlich lautender Inschrift fand auf der Agora Aufstellung.[108] Die beiden Statuen weisen darauf hin, dass der Licinier sich um Athen verdient gemacht haben muss, ohne dass wir angeben könnten, welcher Art dieser offenbar bedeutsame, wohltätige Akt zugunsten Athens gewesen war. Seine Tochter Licinia folgte offensichtlich dem Beispiel ihres Vaters. Sie wurde gleichermaßen von den Athenern mit einer Statue auf der Akropolis geehrt, allerdings erst in hohem Alter im späten 1.Jh.v.Chr. – mutmaßlich aufgrund ihrer Aufmerksamkeit gegenüber den Nöten der Bürgerschaft und einer großzügigen finanziellen Schenkung.[109]

Bemerkenswert ist ferner der Umstand, dass in dem genannten Zeitraum, zwischen Sommer 86 und 83 v.Chr., noch weitere Statuen zu Ehren von Männern aus dem engeren Umfeld Sullas auf hohen Säulenbasen am nordöstlichen Rand der Agora Aufstellung fanden. In der Aufstellung dieser Monumente ehrte die athenische Bürgerschaft – offenbar ohne größere Vorbehalte – die römischen »Eroberer«. Die Athener, also zumindest die Mitglieder der reichen Oberschicht, die in die Stadt zurückgekehrt waren und nun wieder deren Geschicke maßgeblich bestimmten, zeigten sich dankbar nicht nur für die Befreiung von der Herrschaft des Athenion und ihre Rückführung, sondern bekundeten mit diesen weithin sichtbaren Ehrenmonumenten auch ihre Anerkennung der veränderten Verhältnisse und künftige Loyalität gegenüber den neuen Herren.

Besonders eindrucksvoll war eine Statue des Quintus Lutatius Catulus (Konsul 78 v.Chr.), die auf einer 7,19 m hohen, aus vier Trommeln, Plinthe und Kapitell bestehenden, glatten Säule aus hymettischem Marmor stand. Sie war vor dem nördlichen Ende der Attalos-Stoa aufgerichtet worden und überblickte über 300 Jahre weithin die Agora. Auf der untersten Säulentrommel befand sich die Inschrift mit dem Namen des Geehrten.[110] Erst im späten dritten nachchristlichen Jahrhundert wurde sie im Zusammenhang mit dem Einfall der Heruler (267 n.Chr.) zerstört und in eine Mauer verbaut. Der besagte Catulus war nach dem von Marius und Cinna erzwungenen Selbstmord seines Vaters (87 v.Chr.) aus Rom geflohen und hatte wie der jüngere Lucullus an der Seite Sullas in Griechenland gekämpft. Als hochgebildeter Aristokrat muss er Athen in den Jahren zwischen 86 und 84 v.Chr. in einer Weise gefördert haben, die eine solch wahrhaft hervorstechende Ehrung rechtfertigte.

Neben den Ehrenbildern für Sulla, Lucullus und Catulus haben sich auch Bruchstücke einer Ehrung von Lucullus' Bruder Marcus, der 72/71 v.Chr. Proconsul von Macedonia war, mit einer Statue auf einer Säule erhalten.[111] Ob die Athener in diese Auseinandersetzungen verwickelt waren und aus welchem Grund sie sich auch Marcus gegenüber dankbar zeigen wollten, ist unbekannt.

Lucullus zur See

Was die Entwicklung in Rom betraf, so bestätigten sich für Sulla und Lucullus die schlimmsten Befürchtungen: Angesichts des gewaltigen Heeres, das Cinna und Marius an italischen Verbündeten aufgebracht hatten, erschien jeder Widerstand zwecklos. Der Senat bettelte den zurückgekehrten, eigentlich aber amtsenthobenen Konsul Cinna an, auf ein Blutbad nach Betreten der Stadt zu verzichten. Die Sieger jedoch missachteten die Vereinbarung: Ein Morden setzte ein, das es mit den später erfolgten, berüchtigten Proskriptionen Sullas aufnehmen konnte.[112] Alle wichtigen und bekannten Fürsprecher Sullas, derer man habhaft werden konnte, wurden ermordet, auch gemäßigte Senatoren der zweiten Reihe fanden in diesen Tagen des Terrors den Tod. Der Konsul Octavius ließ sich – nach dem Vorbild der römischen Patrizier beim berühmten Galliereinfall im Jahr 367 v.Chr. – in seinem Amtssessel sitzend erschlagen. Sein Kopf sowie derjenige weiterer prominenter Opfer, etwa der des älteren Catulus, des großen Widersachers des Marius, oder der des großen Redners Antonius, des Großvaters des späteren Triumvirn, wurden an den *rostra*, an der Rednerbühne auf dem Forum, angeschlagen. Diese Untaten 87 v. Chr. sah Cicero später als einschneidende und epochale Zäsur an, als das Ende der alten Republik.

Zum Nachfolger des Jupiter-Priesters (*flamen Dialis*) Cornelius Merula, der sich vor dem Altar der höchsten kapitolinischen Gottheit die Pulsadern durchschnitt, wurde der junge Gaius Iulius Caesar bestimmt, Cinnas angehender Schwiegersohn. Sulla wurde zum Feind erklärt, sein Haus zerstört und sein Besitz eingezogen. Caecilia Metella Dalmatica, der Ehefrau Sullas, gelang mit ihren Kindern die Flucht ins Heerlager nach Eleusis. Ebenso flohen zwei

Prätoren nach Griechenland. Diesen radikalen Schritt – Rom und Italien zu verlassen und sich Sulla anzuschließen – wagte allerdings kein einziger gewesener Konsul. Zu ungewiss war die Aussicht, dass Sulla unter diesen Voraussetzungen den Kampf gegen Mithridates erfolgreich bestehen würde. Der Großteil der vornehmen Herren wartete die weitere Entwicklung des Kriegsverlaufs ab und arrangierte sich in der Zwischenzeit mit der »Gewaltherrschaft« Cinnas (*dominatio*). Dass es eine solche war, zeigt der Umstand, dass nach dem Tod des Octavius kein neuer zweiter Konsul gewählt, sondern dieser von Cinna persönlich bestimmt wurde. Im Folgejahr, als Marius während seines siebten Konsulats verstarb (86 v.Chr.), wiederholte er dieses Vorgehen. Zum Kollegen bestimmte er nun den ihm ergebenen Lucius Valerius Flaccus.

Unterdessen, noch während der Belagerung Athens, war Lucullus, obgleich die Winterperiode (87/86 v.Chr.) bereits angebrochen war, mit einem kleinen Kontingent ins östliche Mittelmeer aufgebrochen. Dabei traf er immer wieder auf feindliche Schiffe, aber vermochte ihnen mehrmals zu entkommen. Auf seinem Schiff befand sich Antiochos von Askalon aus der platonischen Akademie, den er während oder nach der Belagerung Athens kennengelernt hatte.[113] Nicht weniger weltmännisch auftretend als Lucullus, fand er in dem gut 20 Jahre jüngeren Römer einen aufmerksamen und philosophisch gebildeten Gesprächspartner und Schüler. In seiner Ethik vertrat Antiochos eine vermittelnde Position zwischen dem kontemplativen Leben eines Philosophen und den verschiedenen Formen eines tätigen Lebens. Das persönliche Interesse an philosophischen Fragen und der offenkundig lebendige Austausch mit Antiochos waren die Grundlage dafür, dass Lucullus den Platoniker dazu einlud, ihn auf seiner Reise nach Ägypten und die Levante zu begleiten. Die Herkunft des Philosophen aus der seit 104 v.Chr. selbstständig agierenden, freien und reichen Hafen- und Handelsstadt Askalon, dem heutigen Aschkelon im Süden Israels, mag ein weiterer, aber gewiss nicht vorrangiger Grund gewesen sein, dass Lucullus ihn an seiner Seite wissen wollte; denn sicherlich verfügte er über Kenntnisse und persönliche Kontakte zu den städtischen Eliten der Levante-Küste.¹¹⁴ Begleitet wurde Lucullus auf dieser Reise zudem von jungen gebildeten Römern (*homines docti*): den beiden Brüdern Gaius und Publius Selicius und Titus Etrilius Rogus, alle drei vermutlich aus Praeneste (Palestrina) stammend.¹¹⁵

Die erste Station, die er anlief,¹¹⁶ war Rhodos, das im Jahr zuvor dem Angriff des Mithridates standgehalten hatte. Es verfügte zweifellos über die stärkste Flotte unter den Verbündeten, aber erklärte sich zunächst außerstande, Lucullus zu unterstützen, da es sämtliche Schiffe für die Sicherung des eigenen Territoriums benötigte. Anschließend wandte sich der Licinier nach Kreta. In den Verhandlungen mit den dortigen Städten erreichte er es, dass sie sich immerhin zur Neutralität verpflichteten. Dies fiel ihnen umso leichter, als Kreta wie auch die anderen Inseln stark unter den Raubzügen der kilikischen Piraten litten, die sich Mithridates angeschlossen hatten.¹¹⁷ Anschließend fuhr Lucullus geradewegs in südlicher Richtung in die Kyrenaika, ins libysche Küstengebiet zwischen Bengasi und Darna. Die fünf Städte dieses großen Territoriums genossen großen Wohlstand, da sie über riesige Getreidefelder und Ölbaumplantagen verfügten und den wertvollen Saft der ausschließlich in dieser Region vorkommenden Silphionstaude als medizinisches Allheilmittel in die gesamte griechische und römische Welt exportierten. Auch dort musste Lucullus seine diplomatischen und ordnungspolitischen Fähigkeiten unter Beweis stellen; denn Kyrene war bereits 96 v.Chr., nach dem Tod des Ptolemaios Apion, also knapp zehn Jahre zuvor, testamentarisch an die Römer gefallen. Das Machtvakuum ließ innenpolitische Kämpfe ausbrechen, die verschärft wurden durch die Überfälle der Piraten, so dass sich infolge der Abwehr derselben in manchen Städten Tyrannen etablierten. Lucullus konnte mit der Autorität eines römischen Magistrats die innenpolitischen Konflikte (*staseis*) beenden und eine verbindliche politische Neuordnung durchsetzen, die knapp zehn Jahre Gültigkeit besaß,¹¹⁸ bis Rom 74 v.Chr. sein Erbe antrat und die Region formell als Provinz annektierte. Dabei wurden die Anordnungen des Lucullus allerdings weitgehend bestätigt: Den Städten der Kyrenaika wurde der Status von »freien« Gemeinden (*civitates liberae*) zugesichert. Die einzige Neuerung bestand darin, dass Rom nun auch die Einnahmen aus den ehemals königlichen Ländereien zufielen. Dass Antiochos von Askalon den römischen Magistraten bei dieser schwierigen Aufgabe unterstützte, ist zwar grundsätzlich denkbar, allerdings nicht bezeugt.[119] Über die Gründe, warum der Licinier sich, obwohl er seinen Auftrag so schnell wie möglich erfüllen sollte, wohl mehrere Wochen zum Zweck der politischen Stabilisierung von Kyrene Zeit nahm, lassen sich nur Vermutungen anstellen. Am wahrscheinlichsten ist es, anzunehmen, dass ihn gleichermaßen das Winterwetter wie auch die Gefahren durch Piratenangriffe davon abhielten, seine Fahrt nach Alexandria direkt fortzusetzen.[120] Tatsächlich wurde Lucullus nach seiner Abreise aus Kyrene von einer Piratenflotte angegriffen, die den Großteil seines neu formierten, gleichwohl bescheidenen Kontingents an Schiffen zerstörte. Ihm selbst gelang es jedoch, wohlbehalten Alexandria zu erreichen.

Mittlerweile war es im Jahr 86 v. Chr. bereits Frühsommer geworden. Bei der Ankunft in der von Alexander dem Großen gegründeten und nach ihm benannten Stadt, in der seitdem die makedonische Königsdynastie der Ptolemäer residierte, wurde er pompös mit den Ehren eines hellenistischen Monarchen bedacht.[121] Der aufwendige Empfang geschah aus erkennbar politischem Kalkül, denn knapp zwei Jahre zuvor (88 v. Chr.) war Ptolemaios X. Alexander I. bei seinem zweiten Versuch, Zypern in Besitz zu nehmen, umgekommen. Dann war bekannt geworden, dass der Verstorbene das ägyptische Reich testamentarisch den Römern als Erben überlassen habe. Diese Nachricht bestimmte fortan die Diskussionen auch im Senat. Das Erbe anzunehmen war aus römischer Sicht ausgesprochen heikel und riskant, da ein Proconsul von Ägypten eine außergewöhnliche Machtstellung innegehabt und so die Hierarchie bzw. Gleichheit der Senatsaristokratie nachhaltig erschüttert hätte. Daher verschleppte die konservative Mehrheit im

Senat die Annahme dieser Erbschaft. Nachdem sich in Rom die Machtverhältnisse verschoben hatten, musste Ptolemaios IX. Soter II. (reg. 88 bis 81 v. Chr.), der ältere, durch die Mutter zeitweilig aus der Herrschaft verdrängte Bruder des jüngeren Ptolemaios X., fürchten, dass sich nun die Kräfte im Senat durchsetzen könnten, die sich für eine Annexion Ägyptens aussprachen. Lucullus, hofierter Gast an der königlichen Tafel, wird ihm erklärt haben, dass Sulla den Teil des Senats vertrete, der sich strikt gegen die Umsetzung der testamentarischen Verfügung stellte. Trotz dieser beruhigenden Botschaft lehnte Ptolemaios IX. es allerdings ab, Lucullus ein ägyptisches Flottenkontingent zur Verfügung zu stellen – vermutlich, weil er Rücksicht auf das Schicksal der beiden Prinzen nehmen musste, die späteren Ptolemaios XII. Auletes und Ptolemaios von Zypern, die Mithridates bei der Eroberung von Kos in die Hände gefallen waren. Zudem hätte eine militärische Unterstützung dem pontischen König im Fall eines Sieges über Sulla auch einen geeigneten Vorwand liefern können, in Ägypten einzufallen und einen ihm genehmen Ptolemäer (Ptolemaios XI. Alexander II., den Sohn Ptolemaios' X.) zum Herrscher zu erheben. Und auch im Falle eines Sieges blieb zumindest ungewiss, ob Sulla auch im innerrömischen Konflikt die Oberhand behielt. Daher mochte Ptolemaios IX. dem Proquästor Sullas nur sicheres Schiffsgeleit bis nach Zypern zusichern und ihm einige Geschenke mit auf den Weg geben. Lucullus verweigerte zunächst grundsätzlich die Annahme der Gaben; nach einiger Überlegung akzeptierte er jedoch zumindest eine davon, da ihm bewusst geworden war, dass die Zurückweisung ansonsten seinen so sehr um sein Wohl besorgten Gastgeber unnötig gekränkt hätte. So empfing er aus der Hand des Ptolemäers zumindest einen in Gold gefassten Smaragd, der mit dem Porträt des ägyptischen Königs geschmückt war.[122]

Während des Aufenthalts des Lucullus im königlichen Palast hielt allem Anschein nach Antiochos philosophische Vorträge, denen auch sein römischer Freund und Patron beigewohnt haben wird, und pflegte im Mouseion von Alexandria den Austausch mit den dort wirkenden Gelehrten. Der Eindruck, den die persönliche Vorstellung seiner philosophischen Lehre bei manchen alexandrinischen Gelehrten hinterließ, war so prägend, dass er dort sogar zwei neue Schüler zu gewinnen vermochte.[123]

Während Lucullus die ihm aufgetragene schwierige Mission zur See meisterte, marschierte Sulla nach der Zerstörung des Piräus und der Einnahme Athens mit dem römischen Heer nach Boiotien. Noch im Frühjahr 86 v.Chr. schlug er bei Chaironeia mit 40000 Soldaten das angeblich 120000 Mann starke pontische Heer unter Führung des griechischen Feldherrn Archelaos unerwartet, aber vernichtend. Gerade einmal 13 Soldaten soll Sulla den Angaben seiner Memoiren zufolge verloren haben.[124] Daraufhin zog sich Archelaos mit einem Teil des ihm verbliebenen Heeres, etwa 10000 Mann, nach Chalkis, dem Hauptort der Halbinsel Euboia mit seiner mächtigen Festung, zurück. Mit vier Legionen hatte Sulla dann bei Orchomenos, nur 5 km von Chaironeia entfernt, eine weitere Schlacht gegen ein erneut übermächtiges, weil frisch verstärktes pontisches Heer zu bestehen. Sulla selbst gab dem Kampf die entscheidende Wendung, als er das Zurückweichen der Soldaten bemerkt und durch sein beherztes persönliches Eingreifen gestoppt haben soll. Mit einem der Feldzeichen in der Hand soll er dem Feind entgegengestürmt sein und die Standarte mit den Worten in den Boden gerammt haben: »Das ist der richtige Ort zum Sterben, Römer! Wenn Euch jemand fragen sollte, wo ihr Euren Feldherrn im Stich gelassen habt, so denkt daran zu sagen: Bei Orchomenos!«[125] Abermals errang Sulla einen glänzenden Sieg über das pontische Heer, das weitere 15000 Tote zu beklagen hatte, darunter den Stiefsohn des hellenistischen Herrschers. Nach der Bestrafung der übergelaufenen Thebaner, denen Sulla die Hälfte ihres Landes nahm, um mit dessen Pachtzinsen die von ihm geplünderten Heiligtümer von Olympia und Delphi zu entschädigen, und nach der Zerstörung von drei boiotischen Hafenstädten, die Archelaos ansonsten eine Landemöglichkeit geboten hätten, wählte Sulla Thessalien als Aufenthaltsort für den Winter 86/85

v. Chr. Was in Ägypten nicht glückte, gelang Lucullus bei den syrischen und kilikischen Städten, von denen er zahlreiche Zusicherungen für die Stellung von Schiffen für den Seekrieg gegen Mithridates erhielt.[126] Zu diesem Entschluss dürften weniger selbstlose Motive beigetragen haben als vielmehr der Umstand, dass die kilikischen Seeräuber, die im Gebiet westlich des Flusses Kalykadnos (Göksu) und entlang der Küste heimisch geworden waren, die Seefahrtsroute nach Süden in die Levante, also zwischen Kilikien und Zypern, seit längerem unsicher machten. Eine Überwinterung auf der Insel Zypern, die nahegelegen hätte und für die ihm die zypriotischen Gemeinden auch Unterkünfte und Proviant in Aussicht stellten, täuschte Lucullus bloß vor.

Mit den neu gewonnenen Schiffen segelte Lucullus mitten in der stürmischen Wintersaison (86/85 v.Chr.) Richtung Rhodos. Damit vermochte er die Seeräuber offenbar zu überraschen und deren Blockade zu umgehen. In Rhodos angelangt, wurde er erneut wohlwollend empfangen und erhielt dort wahrscheinlich die erfreuliche Nachricht vom Fall Athens und von den beiden verlustreichen Niederlagen des pontischen Heeres in Griechenland. Das traditionell zur See mächtige rhodische Gemeinwesen schloss sich nun auch der Flotte des Lucullus an, womit dieser endlich stark genug war, dem Gegner im Frühjahr zur See entgegenzutreten. Währenddessen entschloss sich Sulla, der nicht länger auf das Eintreffen der in Rhodos überwinternden Flotte des Lucullus warten konnte, kurzerhand zum Bau eigener Schiffe.

Unterdessen hatte der von Cinna gelenkte Senat in Rom beschlossen, den Konsul Valerius Flaccus mit zwei Legionen nach Griechenland zu entsenden, um vor allem dem geächteten Feldherrn die Provinz und damit auch das Kommando über den Feldzug gegen den pontischen König zu entreißen. Da Flaccus selbst militärisch nicht sonderlich ausgewiesen war, wurde ihm ein in dieser Hinsicht erfahrener Mann, ein gewisser Gaius Flavius Fimbria, an die Seite gestellt, der die eigentlichen militärischen Entscheidungen treffen sollte. Dieser war ein ausgesprochen skrupelloser und brutaler Handlanger Cinnas, der diesem bei der Etablierung seiner Herrschaft in Rom durch die Ermordung mehrerer prominenter Senatoren geholfen hatte.[127] Insofern konnte Cinna auf eine besondere Loyalität Fimbrias hoffen.

Allerdings verlief die Mission desaströs: Als die Vorhut des Heeres des Flaccus in Thessalien eintraf, lief eine große Zahl der Soldaten zu – dem bereits zweimal siegreichen – Sulla über. Mit dem verbliebenen Teil der beiden Legionen begaben sich Flaccus und sein Legat Fimbria gemeinsam nach Kleinasien. Dort kam es jedoch zu einer heftigen Auseinandersetzung zwischen den beiden, die dazu führte, dass Fimbria eine Meuterei unter den Soldaten anzettelte und sich anschließend eigenmächtig zum Führer des konsularischen Heeres erklärte. Der amtierende Konsul Flaccus musste schmählich nach Nikomedeia fliehen und wurde dort nach kurzer Belagerung gefangen genommen und von Fimbria enthauptet. Durch das ungeheuerliche Vergehen, durch die widerrechtliche Absetzung und Tötung eines Konsuls und Imperiumsträgers, war das Schicksal des Heeres von nun an unweigerlich mit dem seines neuen Anführers Fimbria verknüpft. Die Soldaten bildeten eine aneinander gebundene Tatgemeinschaft unter Führung eines Mannes, der sich das Heer als Privatmann widerrechtlich angeeignet hatte.[128] In der Folgezeit kämpfte das ihm auf diese Weise treu ergebene Heer außerordentlich erfolgreich gegen die pontischen Streitkräfte. Dabei gelang es Fimbria sogar, Mithridates aus der prachtvollen Attalidenresidenz von Pergamon zu vertreiben und ihm den Weg ins Landesinnere zu versperren, so dass der König gezwungen war, nach Pitane, einem Hafenort von Pergamon, auszuweichen. Nachdem er aber auch dort eingeschlossen zu werden drohte, musste der pontische Herrscher erneut die Flucht ergreifen und fand Aufnahme in Mytilene auf Lesbos.

Dass es Mithridates gelang zu entkommen, war darauf zurückzuführen, dass Lucullus es trotz eines Hilfegesuchs ablehnte, Fimbria zu unterstützen. Aus seiner Sicht war Fimbria ein römischer

Privatmann, der sich über die traditionellen Normen des Rechts und Gepflogenheiten römischer »Freundschaft« ebenso eigenmächtig wie eigensüchtig hinweggesetzt hatte. Mit einem Mann, der sich so vieler schwerer Vergehen an Anhängern Sullas schuldig gemacht hatte, konnte es keine Verhandlungen und keine Kooperationen geben. Dass Lucullus Fimbria berechtigterweise als marodierenden, auf eigene Rechnung agierenden Feldherrn betrachtete, wurde durch den weiteren Verlauf von dessen Unternehmungen vollauf bestätigt: Fimbria plünderte und zerstörte Ilion, das, in historischer Zeit auf den Überresten des damals vergessenen Ortes Trojas entstanden, sich auf die Seite Sullas gestellt hatte und diesen seitdem als seinen Schutzherrn ansah.

Mit Anbruch des Frühjahrs 85 v. Chr. verließ Lucullus Rhodos und begann, gegen die pontischen Besatzungen auf den Inseln der Ägäis vorzugehen. Danach nahm der Licinier Kurs auf das am Ende einer langgestreckten Halbinsel gelegene, nur von der See her leicht zugängliche Knidos und brachte die Stadt zum Abfall von Mithridates. Ähnliches gelang ihm im Fall der nächstgelegenen größeren Insel Kos, die trotz ihres äußerlichen Anschlusses an den hellenistischen König die auf der Insel befindlichen Italiker vor dem Zugriff durch Mithridates hatte retten können. Anschließend fuhr Lucullus ein weiteres Stück nach Norden und griff die pontische Garnison auf der Insel Samos an. Dies misslang zwar, aber die Knidier und Koer, die an der Seite der Römer gekämpft hatten, erhielten im darauffolgenden Jahr die erhoffte städtische Freiheit von Sulla zugesprochen.

Das von den Römern 166 v. Chr. an die Athener zurückgegebene und mit Zollfreiheit beschenkte Delos hatte – schon aufgrund der Vielzahl an Italikern und Römern, die sich seitdem dort niedergelassen hatten – seine Treue gegenüber Rom standhaft bewahrt und war nicht auf die Seite des Mithridates übergewechselt. Der pontische König hatte diese kompromisslose Haltung mit der Einnahme der Insel durch Archelaos, der Tötung zahlreicher fremder Kaufleute und der Übergabe des Schatzes des Apollon-Heiligtums an Aristion beantwortet. Nun wandte sich Lucullus mit seiner Flotte gegen Delos und befreite es von der pontischen Herrschaft. Aus Dankbarkeit ehrten die Einwohner der Insel den Proquästor mit einer Statue, deren Basis sich erhalten hat.[129]

Auch auf dem ionischen Festland setzten sich die Erfolge des Lucullus fort. So sagten sich wie auch einige andere kleinasiatische Städte die Bürger von Kolophon (Değirmendere) nach den Siegen Sullas in Griechenland von der Oberherrschaft des Mithridates los, nachdem sie dessen dort zur Herrschaft gelangten Vertrauensmann Epigonos gestürzt und den »Tyrannen« an Sulla übergeben hatten.[130] Durch romfeindliche Agitation waren vermutlich auch die Söhne des Kratippos in Tralleis zu tyrannischer Herrschaft gelangt, die viele Italiker, die sich in der Stadt aufhielten, ermorden ließen.[131] Auch in Ephesos war es zu einer Vielzahl grausamer Übergriffe und Tötungen gekommen, wobei auch Griechen, die das römische Bürgerrecht erlangt hatten, getötet wurden. Infolgedessen zogen viele mit dem Bürgerrecht beschenkte Griechen aus Kleinasien es vor, wieder gut erkennbar griechische Kleidung zu tragen und in ihre Heimatstädte zurückzukehren.[132] Aus Adramyttion (Edremit) ist durch Strabon bekannt, dass der in der platonischen Schule ausgebildete Rhetor Diodoros in seiner Funktion als städtischer Stratege sich dem pontischen König als besonders willfährig erwies, indem er den gesamten Rat der Stadt, der Rom gewogen war, töten ließ.[133] 84 v.Chr. erhoben sich die Einwohner gegen den zum Tyrannen gewordenen Redner, woraufhin dieser aus der Stadt flüchtete und den Freitod in Amaseia wählte. Viele Städte, die solch ein Episkopat hatten erdulden müssen, standen gegenüber Sulla, Lucullus oder dem Senat in Erklärungsnöten: Deshalb wurde der Redner Xenokles ausgewählt, um dem römischen Senat die wechselvolle Haltung der Gemeinden eingehend darzulegen und damit schwerwiegende Belastungen von den Bürgerschaften abzuwenden.[134]

In Chios, das sich beim Einfall des pontischen Königs auf dessen Seite gestellt hatte, gewannen im Sommer 85 v.Chr. die Rom zugeneigten Kräfte derart an Stärke, dass sich der pontische König zu drastischen Maßnahmen entschloss: Der eine Teil der Bürgerschaft wurde von ihm auf pontisches Territorium am Schwarzen Meer umgesiedelt, während der zurückbleibende Teil durch eine Garnison in der Festung bewacht wurde. Auch hier sorgte die militärische Intervention des Lucullus für die erhoffte Vertreibung der königlichen Besatzung, so dass im Jahr 84 v.Chr. den Bürgern der Insel wieder ihre alte Freiheit zugesprochen wurde.

Im Norden der Ägäis setzte Lucullus den Seekrieg gegen die Flotte des Mithridates fort: Bei Lekton in der Troas (Baba) traf er auf den pontischen Gegner und besiegte ihn dort ebenso wie ein noch größeres königliches Flottenkontingent bei Tenedos (Bozcaada). Hier verhalf ihm vor allem ein geschicktes Manöver des erfahrenen rhodischen Admirals Damagoras, auf dessen Fünfruderer (Pentere) er sich aufhielt, zur entscheidenden Wende in der Seeschlacht. Danach traf Lucullus erstmals – nach 18 Monaten – wieder mit Sulla zusammen, der mit seinem Heer auf dem Landweg über Makedonien und Thrakien bis zur gleichnamigen Chersones (Gallipoli) marschiert und von dort aus nach Kleinasien übergesetzt war.

Ein falscher Frieden

Die militärischen Erfolge der Römer in Griechenland, in der Ägäis und in Kleinasien und die damit verbundene Formierung eines Widerstands gegen die pontische Oberherrschaft in vielen Städten veranlassten Mithridates, über einen Friedensschluss zu verhandeln. Dabei bestand er auf einem persönlichen Treffen, das auf der asiatischen Seite der Dardanellen (Hellespont) im Herbst 85 v.Chr.[135] stattfand. Zur Absicherung seiner strategischen Position hatte Sulla sein Heer bei Kypsela am Hebros (İpsala) zusammengezogen, von dort begab er sich zu Schiff nach Abydos (Nara), einer wichtigen Hafenstadt, die Lucullus besetzt hatte, um dort die neu gewonnene römische Flotte zu stationieren. 10 km davon entfernt befand sich Dardanos in der Troas (südlich des heutigen Çanakkale).

Bei den Friedensverhandlungen dürfte sich Lucullus an der Seite Sullas befunden haben. Neben seinen Offizieren wurde Sulla von vier Kohorten und 200 Reitern begleitet. Demgegenüber demonstrierte Mithridates große militärische Stärke; er kam mit 200 Schiffen, 20 000 Fußsoldaten und 6000 Reitern. Der Krieg wurde einvernehmlich beendet: Dem pontischen Herrscher wurde zugestanden, sein Reich in den alten Grenzen zu behalten und sogar die in Pergamon gesammelten Schätze abzutransportieren. Demgegenüber hatte Sulla einen unter denkbar ungünstigen Bedingungen geführten Krieg, dessen Fortsetzung die ihm zur Verfügung stehenden Mittel deutlich überfordert hätte, zu einem halbwegs erträglichen Ende geführt. Die eroberten Gebiete und Königreiche von Paphlagonien und Bithynien musste Mithridates wieder räumen, zudem eine Entschädigung von 2000 Talenten zahlen und dem Licinier zudem 70 einsatzfähige Kriegsschiffe bereitstellen. Damit hatte sich Sulla die erforderlichen Mittel und den nötigen Freiraum verschafft, um so schnell wie möglich nach Italien zurückzukehren und in Rom Cinna und seine Anhänger für ihre Wortbrüchigkeit zur Rechenschaft zu ziehen.

Nach dem Friedensschluss wandte sich Sulla dem Problem der Legionen des Fimbria zu: Dieser hatte sich mit seinem Heer nach Thyateira (Akhisar), knapp 50 km östlich von Pergamon, zurückgezogen. Sulla ließ das Lager der Fimbrianer mit Wall und Graben umschließen, was den von ihm erhofften Effekt erbrachte: Die Soldaten kündeten Fimbria die Treue auf. Der Bitte um Verhandlungen wurde entsprochen, allerdings musste Fimbria sie als Bittsteller führen. Sulla bekam er nicht zu Gesicht, sondern nur dessen Abgesandten Rutilius Rufus, der Fimbria freien Abzug in Aussicht stellte.[136] Ob ihm ein solcher tatsächlich zugestanden wurde, bleibt unklar. Er floh nach Pergamon, in das etwa 2 km vom Burgberg entfernte Asklepios-Heiligtum, und soll dort Selbstmord begangen haben.

Die Provinz Asia schien nach der Integration der Legionen Fimbrias wieder fest unter römischer Kontrolle zu sein, allerdings flammten mit der Vertreibung der pontischen Besatzungen in verschiedenen Städten Bürgerkriege auf, vor allem dort, wo Sklaven von Mithridates in großer Zahl freigelassen worden waren, da Sulla diese Freilassungen widerrufen hatte.

In Ephesos ließ Sulla zu einem nicht näher bestimmbaren Zeitpunkt am Ende des Jahres 85 v. Chr. Vertreter aller Städte der Provinz zusammenkommen, um ihnen seine Anordnungen mitzuteilen: Die Städte, die sich an den Massakern an Römern und Italikern beteiligt hatten, verloren ihren Status als freie Städte. Nur die Bürgerschaften, die auch unter Mithridates treu an der Seite Roms verblieben waren – wie etwa Ilion oder Stratonikeia –, erhielten den Status freier Städte, was unter anderem bedeutete, dass sie von der Zahlung der Kriegskosten befreit waren.

Die Summe der Kriegskosten hatten die übrigen Städte der Provinz Asia zu tragen, und zwar 20 000 Talente – zehnmal mehr, als der pontische Herrscher zu zahlen hatte. Mit der Eintreibung der enormen Beträge, die Sulla dringend für einen bald bevorstehenden Kampf gegen Cinna in Italien benötigte, wurde Lucullus als beauftragt. Durch die hohen Kontributionen und durch seine Einquartierungspolitik machte Sulla den Städten deutlich, dass er als Vertreter Roms von ihnen bedingungslose Loyalität forderte und dies auch jeder Stadt honorierte, die in einer solchen Notsituation standhaft geblieben war. Zu dieser Politik gehörte es, dass Sulla in diesem Winter (85/84 v. Chr.) mehreren Städten auferlegte, einzelne Soldaten bei sich aufzunehmen und ihnen Essen und Kleidung sowie ein üppiges Taschengeld von täglich 16 Drachmen, im Falle der Centurionen 50 Drachmen, zu zahlen.

Ob in den genannten 2000 Talenten bereits eine Nachzahlung der Abgaben aus den vergangenen fünf Jahren in Höhe von 12 000 Talenten enthalten war, lässt sich nicht entscheiden. Das Problem wuchs sich weiter aus, da die Städte die geforderten Reparationszahlungen nur mit Hilfe der Aufnahme von Krediten aufzubringen vermochten, die ihnen italische Kaufleute gewährten. Zudem wurden Gymnasien, Theater, Häfen und andere öffentliche Einrichtungen mit Hypotheken belastet, damit die geforderten Reparationskosten ausgezahlt werden konnten. So wuchs im Laufe der nächsten 15 Jahre wuchs der Schuldenberg der kleinasiatischen Städte auf gewaltige 120 000 Talente an. Lucullus nahm sich dieses Problems an: Trotz seiner heiklen Mission zur Eintreibung der Gelder wurde er für seine Gerechtigkeit und Milde gerühmt. Die Gesandten der Städte empfing er mit ausgesuchter Höflichkeit und großem Respekt. Im Sinne seiner städtefreundlichen Politik gewährte er ihnen finanzielle Erleichterungen. Dabei orientierte er sich strikt an der Obergrenze von zwölf Prozent des Zinssatzes. Außerdem achtete er offenkundig darauf, dass sich keiner seiner Untergebenen persönlich bereicherte. Auch wenn uns nähere Informationen hierzu fehlen, so wird man auf jeden Fall sagen können, dass im außerordentlich rücksichtsvollen Umgang mit den griechischen Städten und Heiligtümern Kleinasiens die persönliche Verbundenheit des Lucullus mit der griechischen Kultur, Sprache und Gepflogenheiten sowie eine ausgeprägte Sensibilität für die Vorstellungen und Erwartungen der Griechen deutlich hervortreten. Darin ist ein Verhalten zu erkennen, das weit über den damals in aristokratischen Kreisen üblichen Philhellenismus hinausging und sich in den auch von Plutarch hervorgehobenen und gerühmten Herrschertugenden der Milde (*praótēs*) und Freigiebigkeit (*philanthrōpía*) spiegelt.

In den Bronzestatuen, die ihm zu Ehren in Ephesos, Klaros, Magnesia am Mäander, Synnada, Thyateira, Andros, Rhodos und wohl auch in Chios aufgestellt wurden,[137] manifestiert sich die große Dankbarkeit vieler kleinasiatischer Städte für das Verständnis und Wohlwollen, das Lucullus ihnen entgegengebracht hatte. Hinter den bewusst allgemein und knapp gehaltenen ehrenden Charakterisierungen der Inschriften auf den Basen der Standbilder – die Titulierung als »Wohltäter« (*euergétēs*), »Retter« (*sotér*) und »Neugründer« (*ktístēs*), die ansonsten in Kleinasien nicht mehr begegnet – stand vermutlich eine Fülle von finanziellen Entlastungen und Unterstützungsleistungen, die Lucullus den Gemeinwesen beim Wiederaufbau gewährte. Bei der Ehrung in Synnada (Şuhut), an der Straße, die von Nysa (Sultanhisar) nach Dorylaion (Eskişehir) führt, ist bemerkenswert, dass diese in der Mitte des 2. Jh. n. Chr. erneuert wurde, was anzeigt, wie lange das Gedenken an Lucullus für die Gemeinde bewahrt wurde und für diese Gemeinde bedeutsam blieb. So sehr die genannten Städte Lucullus für seine Wohltaten feierten, so sehr trug ihm allerdings die Rücksichtnahme auf die Interessen der Provinzialbevölkerung auch die erbitterte Feindschaft der ritterlichen Bankiers und Pachtgesellschaften in Rom und Italien ein.

Im Frühjahr 84 v. Chr. brach Sulla wieder nach Griechenland auf, um von dort so rasch wie möglich nach Italien zurückzukehren. Lucullus ließ er im Osten zurück, im Stab des älteren Lucius Licinius Murena, des Prätors von 88/87 v. Chr., der den linken Flügel des römischen Heeres bei Chaironeia befehligt hatte und dem in seiner Funktion als Proprätor nun Kilikien und Asia als Einsatzgebiet zugewiesen wurden. Lucius Manlius Torquatus, Murenas Vorgänger auf diesem Posten, begleitete Sulla nach Italien.[138]

Nach dem Friedensschluss mit Mithridates stellten die kilikischen Piraten, die bis dahin auf der Seite des pontischen Herrschers gekämpft hatten, ein erhebliches Problem dar. Um sie zu bekämpfen, begab sich Lucius Murena nach Kilikien und führte dort in den nächsten zweieinhalb Jahren (83–81 v. Chr.) eigenständig Krieg, neben den Piraten auch gegen Mithridates und dessen Anhänger. Dies ließ den zurückgelassenen Lucullus faktisch zum Herrn über Asia werden.

Im Frühjahr 82 v. Chr., als Lucullus immer noch dabei war, die geforderten 20 000 Talente von den Städten einzutreiben, war er gezwungen, gegen Mytilene auf Lesbos militärisch vorzugehen. Die Stadt, die durch die sechs Jahre zuvor erfolgte Auslieferung des römischen Statthalters Manius Aquillius eine zehnfach höhere Kontribution als die Gemeinden zu erwarten hatte, die am Bündnis mit Rom festgehalten hatten, verweigerte sich den Anordnungen des Lucullus. Nach einem verlorenen Seegefecht[139] zogen sich die Bürger in die Stadt zurück. Als die Belagerung der Stadt sich hinzuziehen begann, griff Lucullus zu einer List. Er täuschte einen plötzlichen Abzug vor, versteckte sich vor der auf dem Festland gelegenen Hafenstadt Elaia (Kazıkbağları) und griff dann unvermittelt das Heer der Mytilener an, als diese das aufgegebene römische Heerlager nach Beute durchsuchten. Im Kampf gegen Lucullus fielen 500 Bürger, an die 6000 Menschen wurden versklavt.

Dennoch zeigte sich die Stadt weiterhin uneinsichtig und wenig reumütig. Im Sommer 81 v.Chr. wurde Murena von Sulla abberufen, da er ihm vor seiner Abreise untersagt hatte, den seit dem Frieden von 85 v.Chr. mit Rom verbündeten Mithridates anzugreifen.[140] Im darauffolgenden Frühjahr 80 v.Chr. traf Murenas Nachfolger Gaius Claudius Nero in Asia ein und setzte die Belagerung Mytilenes ohne Ergebnis fort. Erst als auch er, wiederum ein Jahr später (im Frühjahr 79 v.Chr.), durch Marcus Minucius Thermus abgelöst worden war, wurde die Stadt erobert. Bei ihrer Erstürmung zeichnete sich der 21-jährige Gaius Iulius Caesar aus und erhielt für die Rettung eines Soldaten im Kampf eine der höchsten militärischen Auszeichnungen, den »Bürgerkranz« aus Eichenlaub (*corona civica*) verliehen.[141]

Karriere in Rom

Zusammen mit Murena verließen im Herbst des Jahres 80 v.Chr. auch die beiden Luculli den griechischen Osten und segelten nach Italien. Dort hatte Sulla nach seiner Rückkehr im Jahr 83 v.Chr. die traditionelle Ordnung, die Herrschaft des Senats, wiederhergestellt. Er hatte die Gegner des popularen Regimes um sich geschart und war abermals mit seinem Heer gegen Rom marschiert. In zwei großen Schlachten vor den Toren Roms, bei Sacriportus und an der *porta Collina*, hatte er die Marianer und die mit ihnen verbündeten Samniten und Lukaner besiegt, im Herbst 82 v.Chr. war mit der Einnahme von Praeneste die Herrschaft Cinnas endgültig beendet. Mit den anschließenden Proskriptionen, der Ächtung der wichtigsten Unterstützer des populären Regimes durch öffentliche Bekanntmachungen, hatte Sulla auf die Ermordungen des Jahres 87 v.Chr. grausam reagiert. Bis zum Sommer 81 v.Chr. waren dieser »Säuberung« rund 4700 Menschen zum Opfer gefallen, darunter 40 Senatoren und 1600 Ritter. Zudem hatte er die italischen Gemeinden enteignet, die bis zum Ende auf der Seite der Marianer gestanden hatten. Anschließend hatte er die daraus gewonnenen Landlose an 70 000 bis 80 000 Veteranen seiner Legionen verteilt, den konfiszierten Besitz der Proskribierten an die Meistbietenden versteigert und ihre Sklaven zu Tausenden freigelassen. Schließlich hatte er die Wiederherstellung der »alten« politischen Ordnung durch die Verabschiedung einer Reihe von Gesetzen befestigt, die es unmöglich machen sollten, die Gerichtshöfe und das Volkstribunat erneut politisch zu instrumentalisieren. Profiteure dieser umfassenden Reform, die Sulla als Dictator initiiert hatte, gab es genügend. Die begünstigten Freigelassenen, Veteranen, Ritter und Senatoren sollten den Erhalt der von ihm wiederhergestellten Republik und des allgemeinen Friedens tragen und dauerhaft sichern helfen. Nach der Niederlegung der Diktatur, vermutlich bereits im Sommer 81 v.Chr., ließ er sich nochmals für das Folgejahr zum Konsul wählen.

Dass Lucius Lucullus nicht zu einem früheren Zeitpunkt zum Zweck einer Bewerbung für ein politisches Amt aus dem Osten zurückgekehrt war, hatte seinen Grund darin, dass er das Ädilenamt gemeinsam mit seinem jüngeren Bruder bekleiden wollte. Da dieser das dafür vorgeschriebene Alter erst im Jahr 79 v.Chr. erreichte, hatte der ältere Lucullus seine Bewerbung nochmals aufgeschoben. Dies wurde von der römischen Stadtbevölkerung als besonders noble Geste aufgefasst. Es ist gut vorstellbar, dass Sulla um den Wunsch der ihm eng verbundenen Luculli wusste, ebenso, dass er bereits 80 v.Chr. ernsthaft erkrankt war und die gemeinsame Übernahme der Ädilität seines engsten Vertrauten und dessen Bruder im Folgejahr gesichert wissen wollte.

Der Aufgabenbereich der beiden Ädilen, ursprünglich die Magistrate, die den Tempel der Ceres (*aedis Cereris*) zu hüten hatten, umfasste die Aufsicht über die öffentlichen Straßen, Gebäude und Plätze. Vor allem aber wurde von ihnen erwartet, dass sie die Organisation und Finanzierung der großen Festspiele übernahmen. Im April fanden alljährlich in Rom die einwöchigen *ludi Megalenses* statt, im September die fünfzehntägigen Spiele zu Ehren Jupiters mit Wagenrennen und Gladiatorenkämpfen im Circus (*ludi circenses*) und Bühnenaufführungen (*ludi scaenici*). Die Erwartungen der stadtrömischen Öffentlichkeit an diese Feste waren außerordentlich hoch: Durch die aristokratische Konkurrenz waren die jeweils amtierenden Ädilen darum bemüht, die aufwendige Prachtentfaltung zugunsten der Allgemeinheit zumindest zu wiederholen, besser noch nach Möglichkeit zu überbieten. Durch großzügige Festspenden bedankten sich die Magistrate bei der Bürgerschaft für ihre Wahl, stellten ihren Reichtum und ihre freigiebige Haltung zur Schau und empfahlen sich so nachdrücklich für die beiden noch verbleibenden Ämter, Prätur und Konsulat. Die antiken Zeitgenossen wie auch die durch Historiker bewahrte geschichtliche Überlieferung behielten die besonders spektakulären Fälle noch lange in Erinnerung, und dazu zählten auch die ebenso aufwendigen wie aufsehenerregenden Innovationen, für welche die beiden Luculli bei ihrer Ausrichtung der Spiele gesorgt hatten: Nachdem 20 Jahre zuvor erstmals Elefanten im Circus, der für Wagenrennen ausgelegten Arena, aufgetreten waren, ließ das Brüderpaar dieselben erstmals gegen Stiere kämpfen. Und für die Bühnenspiele (*ludi scaenici*), bei denen ein hölzernes Theater unmittelbar nach Ende der Festtage wieder abgebaut wurde, ließen die beiden erstmals eine drehbare Bühne errichten.[142]

Gemäß eines damals erst kürzlich von Sulla erlassenen Gesetzes (*lex Cornelia annalis*), das die Abfolge der Ämter festlegte und eigentlich eine Amtspause zwischen den beiden kurulischen Ämtern vorsah (ein sogenanntes *biennium*), hätte Lucullus eigentlich nicht bereits im darauffolgenden Jahr die Prätur bekleiden dürfen. Die durch die glanzvollen Spiele gesteigerte Popularität der beiden Ädilen, aber auch die großzügige Geste der brüderlichen Verbundenheit werden es in diesem Fall dem Volk erleichtert haben, einen Antrag zu verabschieden, der dem Umstand Rechnung trug, dass der ältere Lucullus wegen der gemeinsamen Bewerbung um die Ädilität die eigene Kandidatur um mehrere Jahre verschoben hatte.[143]

Im Jahr 79 v.Chr. zog sich Sulla als Privatmann auf eines seiner Landgüter bei Puteoli zurück, um sich dort seiner Jagdleidenschaft zu widmen und vor allem seine Memoiren niederzuschreiben.[144] Er hatte alles erreicht: Mithridates hatte er mehrfach besiegt und ihm einen Friedensschluss abgerungen, der ihm die schnelle Rückkehr nach Rom und vor allem die Niederschlagung der Usurpation der *res publica* durch Cinna und die Marianer und die Wiederherstellung der traditionellen Senatsherrschaft erlaubte. Anschließend hatte er seine Reformen durchgesetzt, die ihm verbundenen Publius Servilius Vatia und Appius Claudius Pulcher waren zu Konsuln ernannt, weitere seiner Anhänger wie Lutatius Catulus und die beiden Luculli waren auf dem besten Wege, ihnen nachzufolgen und in Kürze gleichfalls das Konsulat zu bekleiden. Die persönliche Erinnerungsarbeit Sullas nahm sicherlich ein gutes Jahr in Anspruch, wenn man den gewaltigen Umfang der zweisprachigen Autobiographie von insgesamt 22 Büchern berücksichtigt.

Im Frühjahr 78 v.Chr. – Lucullus hatte bereits sein Prätorenamt angetreten, das ihn den einjährigen Vorsitz über die Gerichtshöfe und die Auslegung der allgemeinen Rechtsgrundsätze einnehmen ließ – verstarb der Feldherr, der der große Förderer und Freund des Liciniers gewesen war. Wie eng die beiden miteinander verbunden waren, belegt der Umstand, dass Sulla seinen monumentalen autobiographischen Rechenschaftsbericht Lucullus widmete. Er hinterließ zudem die Bemerkung, dass Lucullus, da er es ja gewohnt sei, im Griechischen ebenso zuhause zu sein wie im Lateinischen, die Geschichte sicherlich noch ausarbeiten, ordnen und verbessern könne.[145] Mit diesem schmeichelnden Hinweis erkannte er die sprachliche und literarische Überlegenheit seines Offiziers und engsten Vertrauten an. Die Aufgabe der Fertigstellung des offenkundig nicht abgeschlossenen letzten Buches der Memoiren, das die Schilderung der letzten Tage und auch der Leichenfeier einschloss, fiel dem Griechen Epicadus zu, einem Sulla treu ergebenen Freigelassenen und Sekretär. Dass Sulla in seiner Autobiographie Lucullus direkt ansprach und ihm Ratschläge erteilte, göttliche Zeichen ernst zu nehmen, verweist gleichfalls auf die außergewöhnlich enge freundschaftliche Beziehung zwischen den beiden Männern. Und der Licinier sollte nicht nur die Aufsicht über den Abschluss und die Vervielfältigung des zweisprachigen Werkes führen. Darüber hinaus wurde Lucullus im Testament Sullas die Vormundschaft über dessen Sohn Faustus übertragen, wohingegen der aufstrebende Feldherr und spätere Rivale Pompeius in der letzten Verfügung mit keinem Wort erwähnt war.[146]

Über die nächsten Jahre bis zum Konsulat (74 v.Chr.) sind wir nur dürftig unterrichtet, was den weiteren Werdegang des Liciniers betrifft. An die Prätur schloss sich ein proprätorisches Kommando an, die Statthalterschaft in Africa, die er von 77 bis 75 v.Chr. innehatte. In dieser Zeit widersetzten sich Lucullus und andere Anhänger Sullas den Machenschaften des Publius Cornelius Cethegus, eines Gefolgsmanns des Marius, der von Sulla bereits 88 v.Chr. aus Rom verbannt worden war, aber nach vorgetäuschter Reumütigkeit und der im Bürgerkrieg erwiesenen Loyalität wieder rehabilitiert worden war und dank seiner vielfältigen Verbindungen unter der Ritter- und Senatorenschaft großen Einfluss besaß. Dies hielt gleichwohl Männer wie Lucius Marcius Philippus und Lucullus nicht davon ab, ihm mit großem Misstrauen zu begegnen und ihn im Jahr 77 v.Chr. in Verbindung mit dem Aufrührer Marcus Aemilius Lepidus zu bringen, der als Konsul im Vorjahr (78 v.Chr.) versucht hatte, die Reformen Sullas wieder zurückzunehmen.[147]

Die Auseinandersetzungen zwischen den Anhängern und Gegnern der Restauration Sullas, die sich hauptsächlich auf die Möglichkeiten der Ritterschaft bezogen, durch die Besetzung der Gerichte und mit Hilfe einzelner Volkstribunen Einfluss auf politische Entscheidungen zu nehmen und die Senatsaristokratie in ihrer Machtfülle zu beschneiden, verschärften sich im Jahr 75 v.Chr.: Der Volkstribun Quintus Opimius widersetzte sich der in Sullas Reform verfügten Beschränkung seiner Amtsbefugnisse und schmähte die Wortführer des Senats öffentlich. Dabei griff er besonders stark den jüngeren Quintus Lutatius Catulus an, der diese Anfeindungen zum Anlass nahm, um im Folgejahr, zusammen mit dem wortmächtigen Quintus Hortensius, Anklage gegen Opimius zu erheben. Ganz im Sinne der sullanischen Gesetze wurde ihm vorgeworfen, seine Amtsbefugnisse als Volkstribun unzulässig überdehnt zu haben. Die führenden Köpfe des Senats vergaßen aber auch nicht, angemessen auf die »sozialen Wohltaten« zu reagieren, mit deren Hilfe sich die Volkstribune das Wohlwollen der stadtrömischen Bürgerschaft erkauft hatten. So sorgte etwa Quintus Hortensius als Ädil des Jahres 75 v.Chr. für eine großzügige Verteilung von Getreide an die stadtrömische Bevölkerung.[148]

Gemeinsam mit Marcus Aurelius Cotta bekleidete Lucullus im Jahr 74 v.Chr. das Konsulat. Obgleich Lucullus bereits seit langem in starker Rivalität zu Pompeius stand, was das Nahverhältnis zu Sulla betraf, zögerte er ebenso wenig wie die anderen Senatoren, Pompeius ein außerordentliches Kommando für die Fortführung des mühseligen Kriegs gegen Sertorius in Spanien zu übertragen und ihm dafür zwei weitere Legionen, Geld und Versorgung an die Hand zu geben. Quintus Sertorius (um 123–72 v.Chr.) war noch von Cinna 83 v.Chr. nach Spanien entsandt worden und hatte sich dort eine eigene, auch auf Teile der einheimischen Bevölkerung gestützte Herrschaft aufgebaut und 77 v.Chr. sogar einen 300 Mann starken Gegensenat begründet. In diesem Fall war der Senat bereit, alle politischen und persönlichen Animositäten zurückzustellen, um den finalen Widerstand der Marianer und Cinnaner zu beseitigen und den letzten äußeren Feind des wiederhergestellten römischen Senats zu besiegen. Ebenso geschlossen agierte das Gremium, als Mithridates erneut bekämpft werden musste. Umstandslos gestand es Lucullus und Cotta mehrere Legionen für einen erneuten Feldzug gegen den pontischen Herrscher zu.

Dennoch wurden die innenpolitischen Auseinandersetzungen um die sullanischen Reformen während des Konsulatsjahres des Lucullus – und auch darüber hinaus – fortgeführt. Sie kreisten vor allem um die Befugnisse der Volkstribune und die Besetzung der Gerichtshöfe. Dabei war Lucullus mehrmals das Ziel scharfer Angriffe des redebegabten Volkstribunen Lucius Quinctius. Als dieser – trotz verschiedener, auch persönlicher Vermittlungsversuche seitens des Konsuls – an seinen ehrabschneidenden Reden festhielt, wies ihn der Licinier seinerseits energisch zurecht. Quinctius störte sich vor allem an den aus seiner Sicht skandalösen, ausschließlich mit Senatoren besetzten Gerichtshöfen, aus denen Sulla die Ritter verbannt hatte, und propagierte die Rückkehr zum alten, von Gaius Gracchus eingeführten Modell, in dem die Ritter Recht über die Senatoren gesprochen und diese kontrolliert hatten. Ihm gelang ein aufsehenerregender Coup, als er den Senator Quintus Iunius Brutus wegen Bestechlichkeit in einem Gerichtsverfahren anklagte und gegen die allgemeine Erwartung auch dessen Verurteilung erreichte. Dies wiederum veranlasste ihn, nur umso stärker der Senatorenschaft pauschal Korruption vorzuwerfen und eine personelle Berücksichtigung der Ritterschaft bei Gericht einzufordern.

Im darauffolgenden Jahr 73 v. Chr. hielt der von Pompeius unterstützte Volkstribun Gaius Licinius Macer vor der Bürgerschaft eine Rede, in der er die Wiederherstellung der tribunizischen Rechte verlangte. Diesen Forderungen stellten sich der damalige Konsul Marcus Lucullus sowie die beiden gewesenen Konsuln Catulus (78 v. Chr.) und Gaius Scribonius Curio (76 v. Chr.) als ehemalige Offiziere Sullas und Wortführer im Senat so energisch entgegen, dass am Ende der Debatte Licinius Macer niedergebrüllt wurde.[149] Als 71 v. Chr. der Volkstribun Marcus Lollius Palicanus das Ansinnen nochmals aufgriff, sprachen sich zwar nochmals Marcus Lucullus und Mamercus Aemilius Lepidus Livianus (Konsul des Jahres 77 v. Chr.) dagegen aus, doch vermochten sie sich mit ihrer Auffassung nun nicht mehr durchzusetzen, denn mittlerweile war Pompeius siegreich aus Spanien zurückgekehrt und bereits zum Konsul des Jahres 70 v. Chr. gewählt worden. Damit erstarb der dreijährige Widerstand gegen die Rücknahme der von Sulla verfügten Beschneidung der tribunizischen Befugnisse endgültig. Für die häufig zu beobachtende unheilige Interessensallianz zwischen den Finanziers, Steuerpächtern und Volkstribunen ist es vielsagend, dass Macer erst im Jahr 66 v. Chr., als Cicero städtischer Prätor war und damit auch den Vorsitz über die Gerichte innehatte, wegen Ausbeutung der von ihm beaufsichtigten Provinz angeklagt wurde.

3

DER ENTRISSENE SIEG IM OSTEN

Die Befreiung von Kyzikos

Neben die Kriegsschauplätze in Spanien, wo Pompeius gegen Sertorius gekämpft hatte (76–72 v.Chr.), in Makedonien, wo Scribonius Curio die Einfälle der Dardaner an der Nordgrenze eindämmen musste (75–73 v.Chr.), und in Italien, wo der Senat sich der Erhebung der von Spartacus angeführten Sklaven entgegenzustellen hatte (73–71 v.Chr.), trat als viertes Krisengebiet Kleinasien. Hier stand eine abermalige Auseinandersetzung mit Mithridates VI. von Pontos und Tigranes II. von Armenien an, die ab 74 v.Chr. den beiden Konsuln Lucius Licinius Lucullus und Marcus Aurelius Cotta als Aufgabe zufiel.[1]

Die Könige des im Nordwesten Kleinasiens gelegenen Pontosgebiets, gehörten einer iranischen Familie an, die sich der Verwandtschaft mit Dareios III. rühmte, dem unglücklichen, letzten persischen Großkönig, der Alexander unterlegen gewesen war.[2] Mit Hilfe keltischer Söldner hatten sich Mithridates I., der Begründer der Dynastie (281–266 v.Chr.), und seine Nachfolger eine eigenständige Herrschaft in dem langgestreckten, wasserreichen und außerordentlich fruchtbaren Küstenstreifen zwischen dem südöstlichen Ufer des Schwarzen Meeres und dem pontischen Gebirge erkämpft. Dabei hatten sie sich zunächst der Gebiete um die Städte Amastris, Amisos und Sinope bemächtigt, danach wurde die Herrschaft durch Eheschließung um Großphrygien, durch Eroberung um Trapezunt und Kleinarmenien erweitert.

Wie das bithynische Königshaus war auch das pontische für längere Zeit bereit, mit Rom zu kooperieren. So hatte sich noch Mithridates V., der Vater, verhalten. Nach seiner Ermordung (121/120 v.Chr.) hatte zuerst seine Ehefrau, danach sein älterer Sohn regiert, bis schließlich Mithridates VI. die beiden vertrieben und die Herrschaft 113 v.Chr. an sich gerissen hatte. Seitdem bereitete er die weitere Expansion des pontischen Reiches gewissenhaft vor. Er baute eine mächtige Flotte auf und dehnte die Königsherrschaft nach Osten und Nordosten auf das gesamte Schwarzmeergebiet aus. So brachte er Kolchis und die Krimhalbinsel in seinen Besitz und verschaffte sich dadurch auch Zugang zum übrigen Gebiet der heutigen Ukraine und damit zum Handel mit wichtigen Produkten und Rohstoffen wie Getreide, Holz, Eisen, Kupfer oder Silber.

Auf der Basis dieser wirtschaftlichen Stärke konnte Mithridates Flotte wie Landheer kontinuierlich vergrößern und nun auch Ziele in den Blick nehmen, die jenseits der Grenzen des pontischen Reiches im Westen und Süden lagen. Im Verbund mit Nikomedes III. von Bithynien gelang es, 109/108 v.Chr. Paphlagonien und Teile Galatiens zu annektieren. Darauf folgte 101 v.Chr. durch einen Mord die kurzzeitige Übernahme der kappadokischen Königsherrschaft durch seinen Sohn Ariarathes IX. Diese Usurpation konnte zwar nochmals durch die energische Intervention Roms rückgängig gemacht werden, wiederholte sich allerdings zehn Jahre später (91/90 v.Chr.) durch ein Bündnis mit dem armenischen König Tigranes, das Mithridates durch die Verheiratung seiner Tochter Kleopatra besiegelte. Dieses Mal fiel nicht nur Kappadokien in seine Hand, sondern er vertrieb auch Nikomedes III., seinen Nachbarn und ehemaligen Verbündeten, der nur mit Hilfe Roms seine Herrschaft wiedererlangen konnte. Da Rom jedoch gegenüber seinem bithynischen Bündner die Kosten für die Kriegsführung geltend machte, musste sich dieser zusätzliche Geldquellen erschließen, die er durch die Erhebung von Zöllen am Hellespont einzunehmen erhoffte.

Dies hatte Mithridates VI. dazu veranlasst, zunächst in Bithynien und Phrygien und dann auch in Asia und Griechenland einzufallen und in den schon beschriebenen, weitaus größeren Konflikt mit Rom und Sulla (88–85 v. Chr.) einzutreten.[3] Dabei kam dem pontischen Herrscher zugute, dass sich der römische Senat allzu lange als ein bloß gelegentlich interessierter Patron erwiesen hatte, der seine Magistrate und Steuerpächter weitgehend ungehindert agieren ließ. Eine weit verbreitete Unzufriedenheit über das Desinteresse Roms und die Ohnmacht der Provinzialbevölkerung gegenüber den Machenschaften mancher Statthalter griff Mithridates propagandistisch geschickt auf und machte sie sich machtpolitisch zunutze. Als Führer und Befreier der Griechen, als neuer Alexander, inszenierte er sich und stiftete den Mob dazu an, sich 88 v. Chr. gegen die mit Rom kooperierende Oberschicht zu erheben und gleichzeitig die eingewanderten Händler, Kaufleute, Gewerbetreibenden und Steuerpächter aus Rom und Italien zu vertreiben oder zu vernichten.

Zehn Jahre nach dem Friedensschluss von Dardanos mit Sulla sorgte der pontische Herrscher abermals für Unruhe im kleinasiatischen Raum, nachdem der bithynische König Nikomedes III. verstorben war (74 v. Chr.) und sein Reich Rom vererbt hatte. Mithridates bestritt die Echtheit des Testaments. Er hatte insgeheim schon länger Vorbereitungen für einen neuerlichen Krieg mit Rom getroffen und war deshalb bereits ein Bündnis mit dem ambitiösen Tigranes eingegangen und auch mit Quintus Sertorius, der als ehemaliger Anhänger Cinnas in Spanien eine von Rom unabhängige Herrschaft etabliert hatte.[4] Unter dem Vorwand, er wolle dem Sohn des Nikomedes die Herrschaft sichern, fiel Mithridates im Frühjahr 73 v. Chr. in Bithynien ein.[5] Da kurz darauf Lucius Octavius, der Proconsul in Kilikien, überraschend verstorben war, wurde es erforderlich, dass beide Konsuln vom Senat beauftragt wurden, sich nach Asia zu begeben und die Angriffe des pontischen Königs zu unterbinden.[6] Lucullus erhielt zunächst nur das Kommando über eine Legion, um die Provinzen Asia und Cilicia

Abb. 6: Die silberne Tetradrachme aus dem Jahr 85 v.Chr. zeigt Mithridates VI. von Pontos (120–63 v.Chr.): Er trägt eine Binde (Diadem), das Attribut der hellenistischen Könige, und stilisiert sich durch das lange, wehende Haar als junger Herrscher, der dem Vorbild Alexanders des Großen nacheifert.

zumindest ansatzweise abzusichern. Erst als der Senat bereit war, seine Befehlsgewalt (*imperium*) auszuweiten, wuchs sein Heer auf schlagkräftige fünf Legionen an: Neben derjenigen, die unter dem Befehl des verstorbenen Octavius gestanden hatte, übernahm er die beiden Legionen von Publius Servilius Vatia Isauricus, der von 78 bis 74 v.Chr. in Kilikien die Piraten bekämpft hatte,[7] und auch diejenige des Fimbria – damit gebot er über insgesamt 30 000 Fußsoldaten und 2500 Reiter. Insbesondere bei der ehemals von Fimbria geführten Legion soll er die allgemeine Ordnung und Disziplin (*disciplina*) wiederhergestellt haben.[8]

Mit diesem stattlichen Heer marschierte Lucullus bis zum Sangarios (Sakarya), dem Grenzfluss zu Bithynien. Unglücklicherweise unternahm jedoch Marcus Aurelius Cotta zur gleichen Zeit einen Alleingang und erlitt sowohl auf dem Festland als auch zur See eine schwere Niederlage bei Chalkedon (Üsküdar). Unter hohen Verlusten musste er sich nach Kyzikos (Balız) zurückziehen. Dies brachte ihn in eine höchst bedrohliche Lage, weil der pontische König die Stadt mit einem engen Belagerungsring umschloss. Die antike Stadt mit ihren beiden Häfen befand sich auf der Landenge der Halbinsel Arktonnesos (Kapıdağ) am westlichen Ausgang des Marmarameeres und war mit dem Festland nur durch eine Straße verbunden. Mithridates kalkulierte, dass er die Stadt schon nach kurzer Zeit einnehmen und anschließend sein Heer mühelos versorgen könnte. Diesen Plan vereitelte allerdings Lucullus, indem er dem eingeschlossenen Kollegen entschlossen zu Hilfe kam. Er schnitt Mithridates den Zugang und die Versorgung über den Landweg ab und besetzte ohne nennenswerte Verluste die Anhöhen im Rücken des pontischen Heeres.[9] Ein todesmutiger Bote, dem es anschließend gelang, den Belagerungsring des pontischen Heeres unbemerkt zu durchqueren, berichtete den erstaunten Kyzikenern, dass es sich bei den Truppen auf den umliegenden Hügeln (von Adrasteia) um das Heer des Lucullus handelte und Hilfe nahte. Mit Einbruch des Winters brach im Heer des Mithridates eine Hungersnot aus, da Lucullus in der Zwischenzeit auch die Versorgung zur See unterbunden hatte.

Daraufhin musste Mithridates die Belagerung abbrechen; er entfloh zur See nach Parion (Kemer), während die ihm verbliebenen Fußtruppen sich nach Lampsakos (Lapseki) zurückzogen. Die beiden Städte hatten sich zuvor dem von Sertorius entsandten Senator Marcus Marius unterworfen, der in Spanien gekämpft hatte und sich nun am Kampf des pontischen Königs gegen die Römer beteiligte. Lucullus setzte trotz eines unerwartet aufgekommenen Schneesturms dem fliehenden pontischen Landheer mit der Reiterei und 5000 Fußsoldaten nach und vernichtete große Teile davon sowohl beim Übergang über den Aisopos (Gönen) in der Nähe von Lopadion (Uluabat) als auch beim Übergang über den Granikos (Biga Çayı).

Darüber hinaus musste Mithridates zwei weitere Rückschläge hinnehmen: Zuerst wurden seine von Metrophanes und dem übergelaufenen Römer Lucius Fannius angeführten Kontingente von Mamercus, einem Legaten des Lucullus, aus dem Nordosten Lydiens und aus Mysien vertrieben, zeitgleich wurde das Heer des pontischen Feldherrn Eumachos, der von Phrygien aus nach Pisidien und Isaurien vorstieß, von Deiotaros, dem galatischen Fürsten, besiegt. Ohne für sich einen größeren Erfolg verbuchen zu können, musste sich auch der übergelaufene Senator Marcus Marius zurückziehen, der gemäß einer Absprache zwischen Sertorius und Mithridates als neuer Statthalter von Asia vorgesehen war.[10]

132 Der entrissene Sieg im Osten

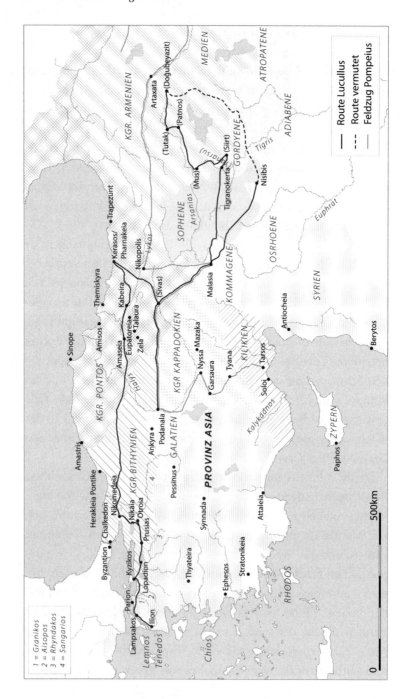

Zum Gedenken an die Befreiung und Rettung aus dieser ausweglos erscheinenden Lage ehrte die Stadt Lucullus mit der Einrichtung von »Lukulleia« – mit Festtagen, an denen zu Ehren des römischen Befreiers Spiele und Speisungen abgehalten wurden.[11] Im Gegenzug dankte der Feldherr der Stadt Kyzikos für ihre heldenhaft bewahrte Loyalität gegenüber Rom mit der Vergrößerung ihres Territoriums. Mit dieser Befreiungsepisode, die wesentlich zum Kriegsruhm des Lucullus beitrug und in vielen Varianten in verschiedenen militärhistorischen Werken römischer Autoren Erwähnung fand, ist vermutlich ein fragmentarisch erhaltenes Siegesmonument zu verbinden, auf dessen Sockelrelief an den beiden Seiten Tropaia dargestellt sind, also Siegeszeichen, die noch auf dem Schlachtfeld aufgestellt wurden und die Punkte markierten, an denen sich der Gegner zur Flucht gewandt hatte. In der Mitte des Bildfelds sind ein römisches Feldzeichen sowie erbeutete Schwerter und Lanzen und weitere Ausrüstungsgegenstände wie Panzer, runde und rechteckige Schilde zu sehen (siehe Abb. 7).[12]

Mithridates: ein gerissener Feind

Nach der spektakulären Befreiung von Kyzikos richtete sich der Blick des Lucullus einerseits nach Osten – dort wollte er die wichtigsten Städte in Bithynien, Paphlagonien und im Pontosgebiet unter seine Kontrolle bringen –, andererseits galt es, die pontische Dominanz zur See zu brechen und eine dafür ausreichend große Flotte aufzubauen. Die 3000 Talente, die der Senat ihm zu diesem Zweck zur Verfügung gestellt hätte, wies er zurück, da er fest davon überzeugt war, dass die ihm gewogenen griechischen Städte aufgrund der jüngsten Vorkommnisse willens waren, die von ihm ge-

◂ **Karte 3**: Der Feldzug des Lucullus (74–67 v.Chr.): Die römische Provinz *Asia* und die benachbarten hellenistischen Königreiche

134 Der entrissene Sieg im Osten

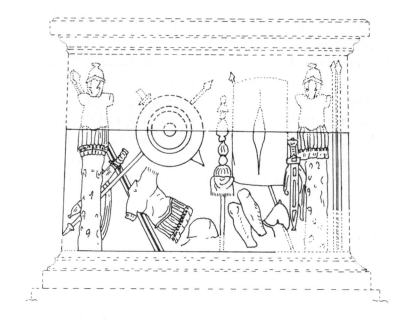

Abb. 7: Der Archäologe Klaus Tuchelt (1931–2001) hat die Marmorfragmente einer römischen Reliefbasis mit der Darstellung von Trophäen und Waffen als ein Siegesmonument gedeutet, das anlässlich der Befreiung von Kyzikos durch Lucullus 73 v. Chr. errichtet wurde.

forderte Zahl an Schiffen aufzubringen. Deshalb begab sich Lucullus in die Troas und schlug sein Hauptquartier in Ilion (Hisarlık Tepe) auf. Von dort aus gelang es ihm, einen Teil der Flotte des Mithridates, die sich auf der Insel Lemnos aufhielt, zu überraschen und zu vernichten.

Währenddessen agierten Gaius Valerius Triarius und Gaius Sornatius Barba,[13] zwei Legaten des Lucullus, nicht minder erfolgreich nordöstlich von Kyzikos. Sie befreiten mehrere am südlichen Ufer des Marmarameeres gelegene griechische Städte von ihren pontischen Besatzungen – bezeugt ist dies im Fall von Kios (Gemlik), Prusias (Konuralp) und Nikaia (İznik). Gleichzeitig hatte sich Mithridates selbst nach Nikomedeia (İzmit) zurückgezogen, auf dem

Weg dorthin jedoch in einem Sturm eine größere Zahl an Schiffen verloren.

Als Cotta und Triarius sich gemeinsam anschickten, Nikomedeia zu belagern, sah sich Mithridates 73 v.Chr. gezwungen, erneut auf einem Schiff zu fliehen – weiter an der südlichen Schwarzmeerküste entlang nach Osten, nach Herakleia Pontike (Karadeniz Ereğli), das sich auf die pontische Seite gestellt hatte (siehe das pontische Königreich auf Karte 3).[14] Darüber hinaus unterstützte ihn sein Sohn Machares, der von ihm als Herrscher über das Bosporanische Reich eingesetzt worden war.

Mit dem Übertritt auf das Gebiet des pontischen Königreiches verstieß Lucullus keineswegs gegen die Befugnisse, die ihm der Senat als Feldherr zugesprochen hatte. Da sein Auftrag darin bestand, Mithridates als Verantwortlichen für die Tötung von Tausenden Italikern und Römern zur Rechenschaft zu ziehen, war sein Kommando räumlich nicht näher eingegrenzt worden. Es erlaubte ihm völlige Handlungsfreiheit und endete keinesfalls – im Sinne der *lex Cornelia de maiestate* – an den Grenzsteinen der römischen Provinz.

Nach der Einnahme von Nikomedeia nahm Lucullus eine Neuaufteilung der Einsatzgebiete vor: Während Gaius Valerius Triarius den Hellespont zur See absicherte und Cotta gegen Herakleia Pontike vorrückte, wandte sich Lucullus direkt gegen Mithridates und dessen Residenzen in Sinope, Amisos und Amaseia. Zu diesem Zweck brachte er das Land zwischen Küste und Pontischem Gebirge, etwa bis Themiskyra, dem sagenhaften Herkunftsort der Amazonen, weiträumig unter seine Kontrolle und suchte Mithridates vor allem von seinen Versorgungswegen abzuschneiden.[15]

Mit Einbruch des Winters 73/72 v.Chr. begann Lucullus, vier griechische Städte zu belagern: Amisos (Samsun) zusammen mit der von Mithridates neu gegründeten Vorstadt Eupatoreia sowie Themiskyra (Terme), Sinope und Trapezunt (Trabzon). Den raschen Vormarsch des Lucullus musste Mithridates geschehen lassen, da er gezwungen war, frische Streitkräfte zu sammeln. Zwar

war er nicht mehr in der Lage, eine neue Flotte aufzustellen, aber er vermochte in der Nähe seiner Residenzstadt Kabeira (Niksar) nochmals ein Landheer in einer Stärke von 40 000 Fußsoldaten und 4000 Reitern zu rekrutieren.

Die Truppensammlung des Gegners veranlasste Lucullus, mit einem Teil seines Heeres in Richtung Kabeira aufzubrechen. Am Zusammenfluss des Iris (Yeşilırmak/Tassanluc) und des Lykos (Kelkit) wurde ihm, etwa 45 km von Kabeira entfernt, die direkt am Zusammenfluss gelegene kleinere Festung Eupatoreia kampflos übergeben.[16] In der Nähe von Kabeira befand sich auf einem steilen Felsen die Festung Kainon, in welcher der pontische König seine Schätze verwahrte. Sie konnte erst 66 v.Chr. von Pompeius in Besitz genommen werden.

Da der pontische Küstenraum durch die Truppen des Mithridates zu großen Teilen verwüstet worden war, wurde die Versorgung des Heeres schwierig. Lucullus war gezwungen, Lebensmittel aus Kappadokien zu beschaffen, was wohl über die Heerstraße gelang, die das heutige Sivas mit dem nördlich gelegenen Kabeira verband. Beim Versuch, das römische Heer von dieser Versorgung abzuschneiden, musste Mithridates in den Gebirgspässen zwischen Sivas und Niksar erneut Rückschläge hinnehmen. Sowohl Sornatius als auch wenig später Marcus Fabius Hadrianus, beide Legaten des Lucullus, gelang es, pontische Reitereinheiten zu besiegen. Als Mithridates daraufhin seine Flucht vorbereitete und spontan entschied, seinen Tross zurückzulassen, wurde das pontische Heer in helle Aufregung versetzt; es erlitt eine weitere verheerende Niederlage.

Nur mit knapper Not vermochte Mithridates im Frühjahr 71 v.Chr. überhaupt noch aus Kabeira zu entkommen. Auf dem Weg sammelte er nochmals 2000 Reiter um sich, bevor er den Pontosraum verloren gab und ein weiteres Stück nach Osten floh, über Komana (Şarköy, Bezirk Tufanbeyli) in armenisches Gebiet, zu seinem Schwiegersohn Tigranes, dem König von Armenien. In einem Schreiben an den Senat vermeldete Lucullus die Flucht seines königlichen Gegners, aber auch stolz die Einnahme wichtiger pontischer Städte und Residenzorte wie Amisos mit Eupatoreia, Kabeira und Pharnakeia (Giresun). Das vom pontischen König Pharnakes I. im 2. Jh. v.Chr. gegründete Kerasos, das dieser in hellenistischer Herrschertradition nach sich selbst in Pharnakeia umbenannt hatte, war besonders gut befestigt; Mithridates hatte in dieser Küstenresidenz bereits im Krieg gegen Sulla seine Ehefrauen und Schwestern untergebracht. Die Stadt wurde damals wie heute von einer Festung beherrscht, die mit einem weiten Ausblick über Bucht und Hafen wachte. Alle dort befindlichen Frauen aus seinem familiären Umkreis ließ Mithridates ermorden, da sie nicht in die Hand des Römers fallen und als in Rom vorgeführte Trophäen enden sollten.[17]

Nach diesen Erfolgen des Jahres 71 v.Chr. begab sich Lucullus vor Einbruch des Winters nach Ephesos, während einer seiner Legaten das Hinterland der Küstengegend zwischen Sinope und Amisos – nach leichten Kämpfen gegen die Stämme der Kalyber (Chaldäer) und Tibarener – vollständig unter römische Kontrolle brachte.[18] Unterdessen verfolgte ein ansonsten nicht mehr identifizierbarer Legat Pompeius zwar den pontischen König noch bis Talaura (Turhal) in Kleinarmenien, musste aber an der armenischen Grenze umkehren, da er keinen Befehl hatte, dem König auch jenseits des pontischen Territoriums nachzusetzen.

Im Pontosgebiet hatte die Herrschaft des Mithridates, die keine Rücksicht auf die Belange der Bevölkerung genommen hatte, viele Wunden hinterlassen. So waren beispielsweise ein Vetter und ein Neffe des Historikers und Geographen Strabon von Amaseia ohne erkennbare Gründe hingerichtet worden. Auf dieses Massaker hin wechselte der Onkel Strabons, bis dahin einer der führenden Vertrauten des Mithridates, die Seiten und übergab dem römischen Feldherrn 15 kleinere Kastelle mitsamt den darin aufbewahrten Gold- und Silberbeständen. Viele der in Kabeira befreiten Gefangenen, darunter Freunde und Verwandte des pontischen Königs, die bei ihm gleichfalls in Ungnade gefallen waren, werden Lucullus ähnlich dankbar und hilfreich gewesen sein.

So rasch und erfolgreich der Feldzug gegen Mithridates in den direkten militärischen Auseinandersetzungen verlaufen war, so langwierig hatte sich die Einnahme der pontischen Städte gestaltet. Vor allem Amisos leistete unter seinem Kommandeur Kallimachos erbitterten Widerstand und war vom römischen Legaten Murena noch nicht eingenommen worden, als Lucullus ihm zu Hilfe kam. Nach gescheiterten Verhandlungen über die Kapitulation der Stadt nahm der Licinier zunächst die Vorstadt Eupatoreia und danach die Stadt Amisos ein (71 v.Chr.).[19] Als die Mauern von den römischen Soldaten mit Leitern erstürmt wurden, legte Kallimachos in der Stadt Brände und ergriff per Schiff die Flucht. Die von der Eroberung und der Aussicht auf reiche Beute berauschten Soldaten kümmerten sich weder um das Feuer noch um die Einwohner, sondern bestanden auf ihrem Recht, eine im Sturm genommene Stadt plündern zu dürfen. Lucullus beugte sich den Erwartungen und Forderungen seines Heeres und ließ die Soldaten zumindest eine Nacht lang plündern. Sein Mitgefühl galt vor allem denjenigen Bewohnern, die athenische Bürger waren und sich seit ihrer Flucht vor der Tyrannenherrschaft des Aristion (88 v.Chr.) in der Hafenstadt Amisos aufhielten. Die Überlebenden unter ihnen stattete er mit Kleidung und Geld aus, damit sie den Weg zurück in ihre Heimat Attika finden konnten. Aus einem Brief oder aus dem Werk des Antiochos von Askalon stammt vermutlich der bei Plutarch überlieferte Ausspruch, der die Haltung Sullas gegenüber Athen mit der des Lucullus gegenüber Amisos parallelisiert:[20]

»Oft schon habe ich Sulla für besonders glücklich gehalten, am meisten jedoch habe ich am heutigen Tag das Glück des Mannes mit Neid bestaunt, weil er, als er Athen retten wollte, dazu auch in der Lage war. Für mich jedoch, der ihm darin nacheifern wollte, hat das Schicksal den Ruhm eines Mummius vorgesehen.«

Um nicht ähnlich negativ wie Mummius, der Zerstörer Korinths (146 v.Chr.), in die Erinnerung der Nachwelt einzugehen, bemühte sich Lucullus nach Kräften, Amisos wiederaufzubauen und zu alter Blüte zu verhelfen. Den geflüchteten Bürgern sicherte er eine gefahrlose Rückkehr und den Besitz ihrer Immobilien zu. Den starken Bevölkerungsverlust, den die Stadt durch die Eroberung erlitten hatte, suchte er durch die Ansiedlung von Bauern im Umland wettzumachen. Er gab bekannt, dass er das Gebiet von Amisos um eine Fläche von 21 km^2 erweitert habe, damit sich siedlungswillige Fremde aus der hellenistischen Welt dort ansiedeln und das Land bewirtschaften könnten.

Verantwortlich für diese außergewöhnlich fürsorgliche und milde Behandlung der eroberten Stadt ist vermutlich Antiochos von Askalon zu machen, der, als Aristion 88 v.Chr. die Herrschaft in Athen an sich gerissen hatte, auf die Seite der Belagerer, ins Heerlager Sullas, gewechselt war. Die mit Lucullus geteilten geistigen Interessen werden es bewirkt haben, dass sich der Feldherr der Person und des Anliegens eines Mannes gewissenhaft annahm, der unter den Gefangenen wegen seiner Gelehrsamkeit hervorstach: Tyrannion, ein Schüler des Histiaios von Amisos und des Dionysios Thrax aus Rhodos. Ursprünglich hatte Lucullus den Gelehrten, der zur persönlichen Beute des Feldherrn gehörte, seinem Legaten Licinius Murena zugesprochen. Dieser hatte ihn zwar umgehend freigelassen, den bekannten Gelehrten jedoch als Freigelassenen betrachtet, der sich seinem Befreier gegenüber zu fortwährendem Dank verpflichtet fühlen sollte. Wegen dieses unangemessenen Umgangs mit einem hochgebildeten Griechen, dem ein offensichtlicher Mangel an Bildung und Feingefühl (*humanitas*) zugrunde lag, soll Lucullus seinen Legaten Murena scharf zurechtgewiesen haben und könnte den Bitten des geretteten Gelehrten zugunsten seiner Heimatstadt folglich umso mehr Gehör geschenkt haben.[21]

Ebenso mühsam war die Einnahme von Herakleia, das Cotta bereits seit zwei Jahren (73 v.Chr.) belagerte. Trotz vielfacher Angriffe war es ihm nicht gelungen, die Mauern der Stadt zu überwinden. Um die Stadt einzunehmen, bedurfte es des Verrats des Konnakorex, des Kommandanten der pontischen Garnison,[22] und der Unterstützung des Triarius, der, nachdem er in einer Seeschlacht bei Tenedos, am Eingang zum Hellespont, den aus Spanien zurückkehrenden pontischen Flottenverband eindrucksvoll bezwungen hatte, Cotta mit einer Flotte von 43 Schiffen zu Hilfe gekommen war.[23] Bei der anschließenden Plünderung der Stadt kam es zu Streitigkeiten um die Beute zwischen seinen Soldaten und den Männern Cottas, welche die beiden Befehlshaber nur mit Mühe schlichten konnten.[24] Danach wandte sich Triarius mit seinen Soldaten gegen Tieion (Filyos) und Amastris (Amasra), die sich ihm ohne größere Kämpfe ergaben.

Im Lauf des Jahres 70 v.Chr. wurden die verschiedenen Belagerungen im pontischen Raum fortgesetzt, so dass im Frühjahr auch die drei letzten unter der Kontrolle des Gegners stehenden Städte, Trapezunt (Trabzon) und die beiden pontischen Residenzstädte Sinope (Sinop) und Amaseia (Amasya), in römische Hände fielen. Militärisch am bedeutsamsten war die Einnahme der Stadt Sinope, von der aus einstmals die griechischen Städte Amisos, Kerasos und Trapezunt gegründet worden waren. Nachdem Pharnakes I. die Stadt 183 v.Chr. erobert und zu einer seiner Residenzstädte ausgebaut hatte, war Sinope ein zentraler Stützpunkt für die pontische Flotte geworden, die vor allem die Getreidelieferungen von der Krimhalbinsel in den griechischen Kulturraum absicherte.

Als Lucullus im römischen Heerlager eintraf, war die Belagerung der Stadt durch seinen Legaten Appius Claudius, den älteren Bruder des Clodius, bereits seit längerer Zeit im Gange. Von der See her uneinnehmbar durch die schroff abfallende Felsküste, mit dem Festland nur durch eine schmale Landbrücke verbunden, beschützt auch durch die Präsenz der pontischen Flotte, war es eine schwere Aufgabe für die Römer, die Stadt einzunehmen. Ihnen half freilich, dass der Großteil der Bürgerschaft sich für Verhandlungen mit den Römern aussprach und der pontische Kommandant Kleochares diese Stimmen nur mit Gewalt unterdrücken konnte, was die Unzufriedenheit in der Stadt nur verstärkte. Die schnelle Übergabe Sinopes an die Römer war jedoch vor allem auf Machares, den Sohn des Mithridates und der Laodike, zurückzuführen, der über die getreidereiche Krimhalbinsel herrschte und angesichts der fortgesetzten römischen Erfolge den Entschluss fasste, zu den Römern überzulaufen. Er übersandte Lucullus einen kostbaren goldenen Kranz und bot ihm umfangreiche logistische Unterstützung an. Um die Ernsthaftigkeit seines Angebots zu belegen, trat er bereitwillig das die Stadt bestimmte Getreide an das römische Heer ab.[25] Die daraus folgende Hungersnot in Sinope untergrub die Stellung des dortigen pontischen Kommandeurs nur noch stärker. Angesichts dessen gab Kleochares die Stadt im Frühjahr 70 v.Chr. auf und entfloh über das Meer, nicht allerdings ohne zuvor die verbliebenen Schiffe zerstört und die Stadt in Brand gesteckt zu haben. Lucullus zeigte sich auch hier als Feldherr, der den Einwohnern wohlgesonnen war, indem er den eindringenden Soldaten keine Gewalttaten und Plünderungen zugestand, die Brände löschte und die Stadt für frei erklärte. Machares wurde von ihm in die Liste der Freunde und Bündner des römischen Volkes aufgenommen und konnte sich auf diese Weise zumindest Hoffnungen machen, seine eigene Machtstellung im Bosporanischen Reich langfristig zu behaupten.

Wohltaten und Ehrungen in Asia

Mit der Einnahme von Sinope und Amaseia stand das gesamte pontische Territorium unter römischer Kontrolle. Lucullus kehrte nach Ephesos zurück. Dort dürfte er bereits den Winter und die Frühjahrsmonate 71/70 v.Chr. verbracht haben, um Verhandlungen mit den griechischen Städten über ein beide Seiten befriedigendes Verfahren zu einem raschen Schuldenabbau zu führen. Darüber hinaus machte er von dort aus die Nachricht von der Vertreibung des Mithridates aus dem Pontos und der Befreiung der dortigen griechischen Städte allgemein bekannt.

Im Verlauf seines Aufenthalts in Ephesos schloss Lucullus mit mehreren kleinasiatischen Städten einen Bündnisvertrag (*foedus*) ab, was ihnen den Status »freier Städte« (*civitates liberae*) eintrug und für sie konkret Autonomie und Abgabenfreiheit bedeutete. Auch wenn dies nur für die bithynische Stadt Prusias, das ehemalige Kios, ausdrücklich bezeugt ist,[26] wird man es für weitere Städte annehmen dürfen. So wurde auch die Bürgerschaft von Kyzikos an der Südküste des Marmarameeres, weil sie sich der Eroberung durch Mithridates tapfer widersetzt hatte, wegen ihrer loyalen Haltung gegenüber Rom mit einem Bündnisvertrag und mit einer Erweiterung ihres Territoriums beschenkt.[27] Die Behandlung der pontischen Stadt Amisos – oder auch diejenige von Sinope[28] – macht beispielhaft deutlich, dass Lucullus mit der Verleihung des Privilegs einer *civitas libera* großzügig umging.[29] Die Zerstörung von Amisos war auf einen Befehl des mithridatischen Feldherrn Kallimachos zurückzuführen, der beim Rückzug die pontischen Truppen ausdrücklich dazu angehalten hatte, die Stadt in Brand zu stecken. Aus Anteilnahme an der ungerechtfertigten Zerstörung und angesichts der folgenden, von ihm nicht beabsichtigten Plünderung durch seine Soldaten leitete Lucullus den Wiederaufbau der Stadt ein.[30] Wie im Fall von Prusias beschenkte er auch die Bürger von Amisos mit der Zuweisung zusätzlicher Landstriche und hielt den Schaden zumindest in Grenzen, auch wenn sich die Stadt zuvor nicht sonderlich loyal gezeigt hatte. In Ephesos stiftete er ein Fest und Spiele,[31] welche die Tradition der Gladiatorenkämpfe in der Stadt begründeten, und schenkte der kleinen Stadt Mopsuhestia in Ostkilikien ihre Freiheit – vermutlich noch im Jahr 68 v.Chr. Indem sie die Erinnerung an ihren »Retter« (*soter*) durch Einführung einer neuen städtischen Ära wachhielten,[32] bezeugten ihm die Städte ihre große Dankbarkeit. Obgleich die letztgenannte Stadt Rom gegenüber keine besondere Treue an den Tag gelegt hatte, bestätigte Lucullus bereitwillig das bereits von Antiochos IV. gewährte Privileg der städtischen Freiheit. Dieses Beispiel verdeutlicht, dass sich Lucullus in seinen Entscheidungen vor allem von dem politisch klugen Grundsatz leiten ließ, vorgefundene Verhältnisse und Ordnungen grundsätzlich zu respektieren und in der Vergangenheit von anderen Herrschern zugestandene Privilegien nach Möglichkeit zu bestätigen, sofern keine triftigen Gründe dagegensprachen. Ein solches Vorgehen stand im Einklang mit dem, was ein Rutilius Rufus oder Mucius Scaevola propagiert und praktiziert hatten: die Gebote der politischen Klugheit zu beherzigen, derzufolge sich bei einer nach wie vor gering ausgeprägten Bereitschaft Roms zur Intervention und Kontrolle der Provinzialbevölkerung eine Sicherung und ungestörte Fortführung des bisherigen sozialen und politischen Lebens von selbst anempfahl.

Die Popularität des Lucullus in Kleinasien fand ihren sichtbaren Ausdruck in den Statuen, mit denen ihn verschiedene Bürgerschaften der Provinz Asia in den Folgejahren (seit 69 v.Chr.) ehrten,[33] da er ihnen alte Privilegien bestätigt oder neue gewährt hatte. Dankbar wurden in Kyzikos die schon erwähnten »Lukulleia« begründet, und auch in vielen anderen Städten und Heiligtümern wurden, wenn nicht gleichfalls Siegesfeiern abgehalten wurden, so doch zumindest Bronzestatuen des römischen Feldherrn aufgestellt, um seine Person zu ehren.[34] In der paphlagonischen Küstenstadt Amastris (Amasra) wurde nach der Befreiung von der pontischen Herrschaft und offenbar wegen der guten Behandlung eine neue Zeitrechnung ab 70 v.Chr., die sogenannte Lukullische Ära, eingeführt und blieb dort noch lange Zeit bewahrt.[35] Aus der Sicht der dortigen Städte stellte nicht die nachfolgende Einrichtung der Provinz Pontus et Bithynia, sondern vielmehr der durch Lucullus herbeigeführte Wechsel von der pontischen zur römischen Herrschaft eine epochale Zäsur dar.

Tigranes: ein »König der Könige«

Ein endgültiger Erfolg über den pontischen Herrscher schien nun zum Greifen nah, und Lucullus hatte offenbar nicht die Absicht, den Krieg militärisch fortzuführen. Darauf deuten die Siegesfeiern und seine schriftliche Aufforderung an den Senat, dass dieser eine Zehn-Männer-Kommission für die Neuordnung von Asia einsetzen solle. Doch erreichten ihn zu dieser Zeit Hilferufe weiterer Völker und Städte, die Klagen über die Herrschaft des Tigranes führten und von der gewaltsamen Umsiedlung griechischer Städte wie auch arabischer und anderer Stämme berichteten. Dies waren Maßnahmen, die im Zusammenhang mit der Gründung der neuen Residenzstadt Tigranokerta und einen damit verbundenen erzwungenen Zusammenschluss mehrerer Siedlungen (*synoikismós*) standen. Zur Prüfung der Berichte der vorstellig gewordenen Gesandtschaften und der Kriegsbereitschaft des armenischen Königs hatte Lucullus bereits 71 v. Chr. – kurz vor der Eroberung von Amisos – den 26-jährigen Militärtribunen Appius Claudius Pulcher zu Tigranes ins syrische Antiocheia (Antakya) geschickt.

Als der junge römische Gesandte zu Tigranes kam (71/70 v. Chr.), herrschte dieser bereits seit 25 Jahren. 95 v. Chr. war er, zugehörig zur Familie des Artaxias, des Begründers der armenischen Herrscherdynastie, seinem Vater auf den Thron gefolgt und hatte bereits in den ersten Jahren seiner Regentschaft das Königreich erheblich ausgeweitet: Zunächst hatte er die Herrschaft über den südwestlichen Teil Armeniens, die Sophene, die bis dahin seinem Nachbar Artanes unterstanden hatte, an sich gerissen, danach die Landschaft Adiabene – mit den Städten Ninos/Ninive und Arbela (Erbil) – den Parthern genommen, die Herrscher über die Atropatene und die Gordyene, aber auch die im wasserlosen Teil des benachbarten Mesopotamiens ansässigen Araber unterworfen und sie alle zu tribut- und heerespflichtigen Vasallen gemacht.[36] 93 v. Chr. hatte er erstmals in die Streitigkeiten um den kappadokischen Thron eingegriffen. Damals war er dem Rat des Mithridates gefolgt, der den noch jungen Herrscher für die eigenen ehrgeizigen Eroberungspläne geschickt einzusetzen verstand: Nach der Festigung der armenisch-pontischen Allianz durch eine Ehe seiner Tochter Kleopatra mit Tigranes überredete Mithridates ihn zu einem Einfall nach Kappadokien, wo der von den Römern nur zwei Jahre zuvor eingesetzte König Ariobarzanes I. Philorhomaios vertrieben und durch einen gewissen Gordios ersetzt worden war. Der ins Exil getriebene kappadokische Herrscher rief den Senat an, woraufhin Lucius Cornelius Sulla, der damals mit einem proprätorischen Kommando für Kilikien ausgestattet war, die Rückführung des Ariobarzanes durchsetzte. Der Bundesgenossenkrieg in Italien beendete freilich die Bemühungen Sullas um eine dauerhafte Konsolidierung der politischen Ordnung Kleinasiens. Der Tod des bithynischen Herrschers Nikomedes (des Älteren) im Jahr 91 v. Chr. gab Mithridates die Gelegenheit, Tigranes und sein Heer erneut zu seinen Zwecken einzusetzen: Während Mithras und Bagoas, zwei Feldherren des Tigranes, den kappadokischen König Ariobarzanes ein zweites Mal vertrieben und an dessen Stelle Ariarathes IX. einsetzten, stürzte Mithridates den jüngeren Nikomedes und erhob dessen jüngeren Bruder Sokrates Chrestos zum König über das bithynische Königreich. Als Lohn für den herbeigeführten Herrscherwechsel durfte Tigranes alle beweglichen Güter, Schätze und Menschen aus Kappadokien nach Armenien überführen.

Über die Einflussnahme auf das bithynische Königreich und Kappadokien hinaus bemächtigte sich Tigranes 83 v. Chr. der Reste des alten Seleukidenreiches, das er durch seinen Statthalter Magadates verwalten ließ – die fortgesetzten Konflikte unter den fünf Söhnen des Seleukidenkönigs Antiochos VIII. Gryphos hatten es ihm leichtgemacht, die Oberherrschaft zu erlangen.[37] Bis nach Ägypten reichte nun seine Herrschaft, die auch den östlichen Teil Kilikiens (*Cilicia Pedias*) miteinschloss. Im westlichen Teil (*Cilicia Trachea*) herrschten seit 102 v. Chr. die Römer. Die in diesen zwölf Regierungsjahren stark nach Südwesten und Süden ausgeweitete Königsherrschaft machte die Gründung einer weiteren Resi-

Abb. 8: Die zwischen 83 und 69 v. Chr. in Antiocheia (Antakya) geprägte Silbermünze zeigt Tigranes II. den Großen von Armenien, der von 95 bis 56 v.Chr. regierte. Er ist im Stil eines hellenistischen Herrschers dargestellt und als armenischer König durch die Tiara und das darüber gebundene Diadem erkenntlich.

denzstadt erforderlich, die der geographischen Verbreitung des Herrschaftsgebietes besser Rechnung trug als die fern im Osten gelegene, ältere armenische Hauptstadt Artaxata (Artaschat). Die Gründung von Tigranokerta war ein gewaltiges Bau- und Ansiedlungsprojekt. Um die Stadt mit einer hinreichend großen Menge an Menschen zu bevölkern, siedelte der Herrscher neben dem armenischen Kriegeradel hier eine große Zahl zwangsweise rekrutierter Siedler an. Zu diesem Zweck war er 77 v.Chr. ein drittes Mal in Kappadokien eingefallen und soll angeblich 300 000 Personen aus Mazaka (Kayseri) und elf weiteren griechischen, aber auch assyrischen, adiabenischen und gordyenischen Städten nach Armenien verschleppt haben, um sie in Tigranokerta anzusiedeln.

Tigranes richtete seine Herrschaft ganz am Vorbild und im Stil hellenistischer Herrscher aus. Bereits die ältere Residenz in Artaxata besaß ein griechisches Theater, für das er eine Schauspielertruppe unterhielt. Diese hatte der Literat Metrodoros von Skepsis für ihn angeworben, der zuvor Mithridates als Berater gedient hatte, dann jedoch, in Ungnade gefallen, an den armenischen Hof geflohen war. Nun allerdings wurde der unglückliche Grieche von Tigranes an seinen Schwiegervater ausgeliefert und hingerichtet. Zudem wissen wir, dass Kleopatra, die Tochter des Mithridates und Ehefrau des Tigranes, den athenischen Redner Amphikrates in die armenische Hauptstadt gelockt hatte. Nachdem er jedoch gleichfalls in Verdacht geraten war, ein Komplott gegen den König zu planen, wurde auch er umgebracht. Immerhin sorgte die Königin für eine ehrenvolle Bestattung und den Bau eines repräsentativen Grabmals des gelehrten Mannes.

Was sein öffentliches Auftreten betraf, so war Tigranes bei offiziellen Anlässen stets nach traditioneller Sitte gekleidet: Er trug ein purpur und weiß gestreiftes Untergewand, darüber einen gänzlich purpurfarbenen, faltenreichen langen Mantel, die sogenannte *kándys*, und auf dem Kopf eine Tiara aus Filz, eine hohe, rechteckige Kopfbedeckung mit Wangenklappen, wie sie bereits die persischen Achämenidenherrscher getragen hatten; um sie herum war zusätzlich ein Diadem gebunden – eine einfache Stirnbinde, die das zentrale Attribut hellenistischer Herrscher darstellte.

Erst im Spätherbst des Jahres 71 v.Chr. war Tigranes bereit, seinen Schwiegervater Mithridates offiziell zu empfangen. Es hat den Anschein, als ob Tigranes die Distanz zum pontischen König nach Möglichkeit wahren und ihn in seinem Territorium nur dulden wollte; denn er gestattete ihm nicht den Aufenthalt am Königshof, sondern wies ihm vielmehr als Aufenthaltsort nur eine abgelegene, nicht näher lokalisierbare Festung auf armenischem Gebiet zu. Dort musste sich der stolze pontische Herrscher, der einst ein Reich wie Alexander der Große hatte erobern wollen, zwanzig lange Monate in Geduld üben und vom Herbst 71 bis zum Frühjahr 69 v.Chr. warten. Tigranes selbst verfolgte den Plan, in Kilikien und Lykaonien und danach auch in der Provinz Asia einzufallen, sobald Mithridates seine personellen Verluste wieder ausgeglichen hatte. Aufgrund dieser Ambitionen stellte er seinem Schwiegervater 10 000 Soldaten zur Verfügung, mit deren Hilfe dieser die an die Römer verlorenen Gebiete im Pontosgebiet zurückerobern sollte.

Unterdessen, im Frühjahr 70 v.Chr., war der junge Gesandte von seiner langen Reise ins römische Feldherrnquartier in Ephesos zurückgekehrt und erstattete Lucullus von seiner Unterredung mit Tigranes Bericht. Es war die erwartete Antwort auf die römische Forderung nach Auslieferung des Mithridates, der nun den Triumphzug des Lucullus schmücken sollte. Hiermit hätte Tigranes seine Machtansprüche aufgegeben, die römische Vorherrschaft anerkannt und vor seinen übrigen Verbündeten das Gesicht verloren. Deshalb hatte der armenische König auch bereits in seiner schriftlichen Antwort auf die Bitte nach Auslieferung des pontischen Herrschers höchst verärgert reagiert, indem er darauf hinwies, dass Lucullus ihn in seinem Schreiben respektloserweise bloß als »König« und nicht mit dem für ihn üblichen Titel »König der Könige« angeredet habe. Daher sehe er sich gleichfalls dazu gezwungen, in der Anrede seiner Antwort auf den Titel »Imperator« zu verzichten. Die Auslieferung des pontischen Schwiegervaters war eigentlich schon damit vom Tisch. Dennoch hielt Lucullus es für notwendig, nochmals sein Anliegen zu bekräftigen und zugleich Zeit zu gewinnen, um die Kräfte seines Heeres zu konsolidieren und auf einen eventuellen Feldzug angemessen vorzubereiten. Nach der gleichermaßen hochmütigen Antwort des Tigranes auf die von Appius Claudius Pulcher herablassend und wenig diplomatisch vorgetragene römische Forderung blieb Lucullus keine andere Wahl, als nun tatsächlich zum Feldzug nach Armenien zu rüsten, auch wenn ein solcher große Risiken für sein Heer und ihn mit sich brachte.

Seinen Vertrauten Sornatius ließ er im Pontosgebiet zurück und brach bereits in den ersten Monaten des Jahres 69 v.Chr. mit 12000 Fußsoldaten und 3000 Reitern auf. In Eilmärschen marschierte er durch Kappadokien auf der Straße von Sivas nach Malasia (Malatya) und überschritt bei Tomisa (Malatya Izollou) den Euphrat, wobei er die Festung, welche die Straße und den Übergang überwachte, dem kappadokischen König zusprach.[38] Mit dem Entschluss zu einem sehr frühzeitigen Vordringen nach Armenien wollte Lucullus offensichtlich Tigranes überraschen. Die ungünstigen Rahmenbedingungen nahm er billigend in Kauf. Am Euphrat halfen ihm glückliche Umstände in Gestalt eines unerwarteten Absinkens des Wasserstandes, den Fluss mit dem Heer zu überqueren. Auf die wohlwollende Geste des Flussgottes, wie dies von der lokalen Bevölkerung und von ihm selbst gedeutet

Tigranes: ein »König der Könige« 149

wurde, antwortete der Licinier mit einem Stieropfer.[39] Anschließend marschierte er durch die Landschaft Sophene, überstieg bei Charput das Taurosgebirge und erreichte die Quellen des Tigris (etwa 20 km nördlich des heutigen Diyarbakir), der die Grenze zum armenischen Reich darstellte. Sein Ziel war es nicht, das Land zu plündern oder zu besetzen, sondern so rasch wie möglich Tigranes im eigenen Territorium in Bedrängnis zu bringen und ihn zur Herausgabe des Mithridates zu zwingen.[40]

Von Diyarbakir marschierte er in nordöstlicher Richtung – die Ausläufer des Tauros hinauf – auf der Straße über Hasru nach Tigranokerta am Südabhang des Tauros, dem ersten Ziel seines Kriegszugs. Die Stadt lag entweder bei Silvan, dem früheren Mîyâfâriqîn, oder, was aufgrund des topographischen und archäologischen Befunds wahrscheinlicher ist, bei der mittelalterlichen Burg von Arzan am Yanarsu (Garzansu). Dort lassen sich im Gelände die Überreste einer großen befestigten Stadtanlage mit einer Mauerlänge von über 5 km und einer Festung von rund 200 × 200 m noch heute gut ausmachen.[41]

Das Taurosgebirge begrenzte das armenische Königreich (siehe Karte 3) nach Süden, ein Hochgebirgsland mit weiten, fruchtbaren Flussebenen und kahlen, oft unwegsamen Gebirgszügen. Mit der Gründung von Tigranokerta kam der machtpolitisch neue Anspruch des armenischen Herrschers zum Ausdruck, der die Grenze gegen Mesopotamien weiter nach Süden bis zum Tigris vorschob. Im Osten waren Großmedien und die Atropatene die benachbarten Landschaften, im Norden begrenzten sein Reich die Gebiete der Albaner, Iberer und Kolcher, der Bewohner des moschischen Gebirges bis zum Schwarzen Meer, und im Westen der Euphrat. Die Herrschaft über das gebirgige Land war auf 120 Strategien aufgeteilt, die ganz unterschiedliche Wirtschafts- und Sozialstrukturen aufwiesen. Während in den nördlichen Gegenden der Bergbau dominierte, wurde vor allem in der Komisene und der Orchistene Pferdezucht betrieben. Die armenischen Reiter, die in Burgen und von den Einnahmen der ihnen untergebenen Bauern lebten, bildeten die lokalen Aristokratien. Traditionell waren sie mit einer außergewöhnlich schweren Panzerung ausgestattet und stellten die gefürchtete Kataphraktenreiterei der armenischen Könige.[42]

Bereits auf dem Weg nach Tigranokerta versuchte der armenische König das römische Heer empfindlich zu schwächen und schickte ihm deshalb die von Mithrobarzanes – einem der hochrangigen Männer aus der Umgebung des Königs – befehligten Einheiten entgegen. Allerdings gelang es dem Legaten Sextilius, der eigentlich nur diesen ersten Angriff präventiv abwehren sollte, die vorausgeschickten armenischen Einheiten gänzlich zu vernichten. Daraufhin legte Tigranes das Kommando über die Truppen in Tigranokerta in die Hände des Mankaios, eines weiteren Vertrauten aus dem Kreis der armenischen Aristokratie, und zog sich selbst in die Berge des Tauros zurück, um dort die eigenen Einheiten und diejenigen verbündeter Herrscher zu sammeln. Dies vereitelten allerdings die Legaten des Lucullus: Während Sextilius eine große Zahl an arabischen Verbündeten des Tigranes zurückschlug, vermochte Murena das Heer des armenischen Königs zum Kampf in einer engen Schlucht zu zwingen und ihm gleichfalls hohe Verluste zuzufügen. So verheerend war die Niederlage, dass Tigranes seinen Tross in die Hände der Römer fallen lassen musste.

Unterdessen war Lucullus mit seinem Heeresteil vor den noch nicht fertiggestellten Mauern von Tigranokerta angelangt und hatte mit der Belagerung der Stadt begonnen. Seine Hoffnung, dass die Sorge um die neu gegründete Residenz den König veranlassen würde, den Belagerten zu Hilfe zu kommen und ihm eine Feldschlacht anzubieten, erfüllte sich schon bald. Nachdem Tigranes vom Taurosgebirge herabgekommen war, kam es zu mehreren heftigen Gefechten. Zunächst durchbrachen bei Nacht 6000 armenische Reiter den römischen Belagerungsring und gelangten in die Festung der Stadt, aus der sie die königlichen Schätze und Konkubinen abtransportierten. Die Römer setzten ihnen zwar noch im Morgengrauen nach und töteten auch zahlreiche Gegner, waren aber nicht imstande, die verschleppte Beute in ihren Besitz zu bringen. Lucullus ließ Murena die Belagerung der Stadt fortsetzen und wandte sich persönlich gegen das Heer, das Tigranes auf der Ostseite des Flusses – des Batman oder des Yanarsu, abhängig davon, wo man Tigranokerta identifiziert – aufgestellt hatte. Obgleich Mithridates seinem armenischen Schwiegersohn nachdrücklich davon abgeraten hatte, sich auf eine offene Feldschlacht mit den Römern einzulassen, ließ sich Tigranes nicht davon abbringen.

Die Angaben der antiken Autoren, die das Schlachtgeschehen in der Nähe der neuen Residenzstadt schildern, sind übertrieben und wenig glaubwürdig. Am verlässlichsten erscheinen die niedrig angesetzten Zahlen von Phlegon von Tralleis, der überliefert, dass auf Seiten des armenischen Heeres 40 000 Fußsoldaten und 30 000 Reiter gekämpft hätten.[43] Auch inhaltlich wirkt der Bericht Plutarchs vom Geschehen vor und nach der Schlacht stark stilisiert: Trotz einer deutlichen zahlenmäßigen Überlegenheit des armenischen Heeres siegten die Römer. Dies kam zustande, da das römische Heer anfangs einen Rückzug vortäuschte: Zunächst ließ Lucullus seine thrakischen und keltischen Reiter die schwer gepanzerten Kataphrakten des Gegners angreifen, die auf dem rechten Flügel des armenischen Heeres vor den Fußsoldaten aufgestellt waren. Dann wich die römische Reiterei zurück und zog auf diese Weise einen Teil der berittenen Einheiten des Gegners weit in die Ebene hinein. Dieses Manöver gab Lucullus Gelegenheit, unbemerkt von den Armeniern mit knapp 1000 ausgewählten Fußsoldaten einen von den Feinden für unzugänglich gehaltenen Hügel im Rücken des feindlichen Heeres zu ersteigen und dem Heer des Tigranes überraschend in den Rücken zu fallen:[44]

»Nach einer anspornenden Ansprache an das Heer überschritt er den Fluss und zog voran gegen die Feinde. Dabei hatte er einen funkelnden eisernen Schuppenpanzer und einen mit Quasten geschmückten Mantel angelegt und schwang sogleich schon das gezogene Schwert [...] Er selbst ging an der Spitze von zwei Kohorten gegen den Hügel an, und die Soldaten folgten ihm mutig, weil sie sahen, wie er als erster in seinen Waffen trotz aller Mühsal zu Fuß vorstürmte. Als er oben war und an weithin sichtbarer Stelle stand, rief er laut: ›Wir haben gesiegt, wir haben gesiegt, Kameraden!‹ Mit diesen Worten ging er auf die Kataphrakten los und befahl seinen Leuten, [...] jeder sollte gegen seinen Gegner aus nächster Nähe angehen und nach Waden und Schenkeln schlagen, den einzigen nicht durch Panzerung geschützten Körperteilen«.

Unverkennbar wird Lucullus hier von Plutarch als Mann von höchster *virtus* geschildert, der seine Führungsqualitäten, und insbesondere seine Fähigkeit, eine militärische Notsituation zu meistern, unter Beweis stellt. Da der Bericht vom Schlachtgeschehen wohl auf den prorömischen Augenzeugenbericht des Antiochos von Askalon zurückgeht, wird das Verhalten des Feldherrn zweifellos überhöht geschildert.[45] Trotz aller Skepsis lässt sich der Darstellung zumindest entnehmen, dass es erst der entschlossene persönliche Einsatz des Feldherrn war, der die Wende im Schlachtgeschehen brachte. Nachdem die Römer die gefürchtete, schwer gepanzerte armenische Reiterei besiegt hatten, brach das übrige Heer des Tigranes schnell auseinander. Die vornehmlich aus einfachen Bauern bestehenden Einheiten gerieten in Panik und flohen.

Danach war Tigranokerta den Römern schutzlos preisgegeben und durfte, wie es Lucullus seinen Soldaten ausdrücklich zugestand, geplündert werden. Die in der Stadt verwahrten königlichen gemünzten Geldbestände fielen in die Hände des Lucullus. Es waren insgesamt 48 Millionen Drachmen. Neben dem geplünderten Gut erhielt jeder Soldat 800 Drachmen. Anschließend feierte Lucullus ein großes Siegesfest mit athletischen und musischen Wettbewerben, wozu er auf die große Zahl an Musikern und Schauspielern zurückgriff, die Tigranes eigens zur Einweihung des städtischen Theaters hierher verschleppt hatte. Danach wurden die Mauern, die Festung und die öffentlichen Gebäude zerstört und die Bevölkerung in ihre Heimatstädte zurückgeführt.

Der glänzende Sieg von Tigranokerta, die Einnahme der Stadt und die Aneignung der in ihr aufbewahrten gewaltigen Menge an Schätzen am 6. Oktober 69 v. Chr., worüber Lucullus den Senat brieflich unterrichtete, markiert unzweifelhaft den Höhepunkt des langwierigen Feldzugs gegen Mithridates und Tigranes. Lucullus hatte mit dem Einfall in das armenische Königreich für Rom militärisches Neuland betreten. Ein gutes Stück weiter östlich, jenseits des Flusses Yanarsu – in der Gegend des etwa 60 km entfernten heutigen Siirt –, nahmen die Römer ihr Winterquartier, um in der verbündeten und reich bevorrateten Gordyene zumindest bis zum Frühjahr auf mildere Temperaturen zu warten.

Der Marsch nach Artaxata

Lucullus sondierte nun für eine längere Zeit – bis zum Sommer 68 v. Chr. – die Lage. Die kappadokischen Herrscher und die Galater blieben auch weiterhin treue Verbündete und »Freunde« der Römer (*amici*). Im Machtkampf um den kappadokischen Königsthron wurde Ariobarzanes I. seit 96 v. Chr. von den Römern unterstützt – er regierte mehrfach bis 63 v. Chr. –, sein Widersacher Ariarathes IX. hingegen vom pontischen Herrscher. Da der letztgenannte Günstling des Mithridates jedoch unter den Galatern keine großen Sympathien genoss, kämpften deren Kontingente loyal an der Seite Roms und des Ariobarzanes. Zudem versorgten sie das römische Heer regelmäßig mit Getreide und anderen Gütern und hielten ihren Befehlshaber über regionale politische Entwicklungen auf dem Laufenden.

Während dieser Zeit trafen Gesandtschaften aus benachbarten Regionen im Heerlager des Lucullus ein. Könige verschiedener arabischer Stämme unterwarfen sich dem Römer, auch das Volk der Sophener und Gordyener – vor allem wegen der als drückend empfundenen Herrschaft des Tigranes. Zarbienos, der König der Gordyener, hatte bereits frühzeitig – nach einer ersten Unterredung mit Appius Claudius Pulcher in Syrien vor dessen besagter Audienz bei Tigranes – die Seiten gewechselt. Der insgeheime Übertritt war allerdings verraten worden, so dass Tigranes den König und seine Familie hatte hinrichten lassen, bevor die Römer in der Gordyene eintrafen.[46] Lucullus nahm die Residenz des unglücklichen Zarbienos mitsamt des Gold- und Silbervermögens und eines riesigen Getreidevorrats in Besitz. Daraus finanzierte er eine prachtvolle Bestattung für den ermordeten *amicus* und errichtete ihm ein gewaltiges Grabmal. Darüber hinaus ließ er Getreide verteilen, was ihm nicht nur den Beifall der einheimischen Bevölkerung, sondern auch den seiner Soldaten eintrug. Vermutlich in einem Brief an den Senat, in dem er dem Gremium seinen jüngsten Erfolg mitteilte, wies der Proconsul, wie Plutarch in diesem Zusammenhang berichtet, ausdrücklich darauf hin, er sei bewundert worden, »weil er den Krieg durch sich selbst finanziert habe, ohne der römischen Staatskasse eine einzige Drachme entnommen zu haben«.[47]

Der schnelle und energische Vormarsch hatte den armenischen König überrascht, noch mehr der Sieg des römischen Heeres, das den von Tigranes gesammelten Truppen quantitativ nicht annähernd gewachsen war. Umso schwerer wog die Niederlage im eigenen Herrschaftsbereich. Tigranes und Mithridates hatten zwar Gesandtschaften zu Phraates, dem Partherkönig, geschickt, jedoch nicht mehr als die Ankündigung zur Antwort erhalten, sie dürften mit einer Unterstützung rechnen, sofern der Armenier bereit sei, ihm Mesopotamien abzutreten. Dieses zweifelhafte Angebot musste Tigranes, wenn er denn seine Expansionspläne aufrechterhalten wollte, ablehnen. Von parthischer Seite konnte er daher mit keiner Hilfeleistung rechnen.[48] Im Gegenteil: Der parthische König unterbreitete Lucullus seinerseits einen Freundschaftsvertrag, woraufhin der Feldherr den Legaten Sextilius und Vertreter seiner lokalen Verbündeten, die mit den Gepflogenheiten am Hof der Arsakiden vertraut waren, als Gesandte zu Phraates schickte. Tatsächlich erreichten die Gesandten mit viel Geschick, dass der Partherkönig seine Neutralität in diesem Konflikt zusicherte.[49]

Dem Bericht Plutarchs zufolge soll sich der Licinier allerdings, als er vom armenischen Versuch einer Verständigung mit den Parthern erfahren hatte, angeblich mit dem Gedanken getragen haben, in das Arsakidenreich einzufallen, statt sich weiter gegen Tigranes und Mithridates zu wenden.[50] Aus mehreren Gründen fällt es schwer, der Erzählung von vermeintlichen Feldzugsplänen des Lucullus Glauben zu schenken. Weder verfügte Lucullus über die nötigen logistischen und personellen Ressourcen, noch war seine machtpolitische Situation in für ihn völlig neuartiger und fremder Umgebung so gesichert, als dass er einen solch riskanten Angriff hätte wagen können. Bloße Behauptung der Vorlage Plutarchs ist auch die Bemerkung, dass Lucullus die beiden anderen Gegner, Mithridates und Tigranes, bereits als geschlagen betrachtet hätte. Wenn er ins Partherreich hätte einfallen wollen, hätte er mit einem armenischen Angriff im Rücken seines Heeres rechnen müssen. Was sich wohl eher hinter der Behauptung verbirgt: Die Quelle benötigte das Vorhaben eines Angriffs auf das Reich des Phraates, um von einer Spaltung und Auflehnung des von Sornatius angeführten Teils des römischen Heeres, das im Pontosraum verblieben war, erzählen zu können. Als die angebliche Weigerung der pontischen Truppen, sich in die Gordyene zu begeben, dort bekannt geworden sei, hätten sich auch die Soldaten des Lucullus von dieser »zuchtlosen« Stimmung anstecken lassen und einen Feldzug gegen die Parther brüsk abgelehnt, »da sie«, wie Plutarchs Vorlage bemerkt, »aufgrund ihres Reichtums und luxuriösen Lebensstils den Feldzug als viel zu strapaziös empfanden und sich nach Ruhe sehnten«.[51]

Der bekannte Vorwurf der Disziplinlosigkeit und *luxuria*, die sich im Heer des Lucullus mehrmals breitgemacht hätte, ist auffällig und lässt vermuten, dass Plutarch hier wie auch in vielen anderen Passagen seiner Lucullus-Biographie die Historien Sallusts zur Grundlage seiner Darstellung konsultiert hatte. Jedenfalls ist offensichtlich, dass es dem griechischen Biographen bei Abfassung der Vita des Römers erhebliche Schwierigkeiten bereitete, Lucullus' Entschluss zu einem Partherkrieg in seiner eigenen Darstellung zu erklären. Daher liegt der Verdacht nahe, dass Sallust die Weigerung der römischen Soldaten im Pontosgebiet schlichtweg erfunden hatte, um bereits an dieser Stelle die spätere Meuterei plausibler herzuleiten. Auf diese Weise gelang es ihm, seiner Leserschaft eine ebenso schlüssige wie diffamierende Erzählung vom Feldzug des Liciniers zu bieten, der in dieser verzerrten Perspektivierung notwendig scheitern musste.

Nach dem Sieg galt es für Lucullus, die eigenen Kräfte zu sammeln und sich die Verwirrung auf Seiten seines armenischen Gegners zunutze zu machen. Angesichts seines begrenzten Truppenkontingents war nicht nur ein Angriff auf das Partherreich ausgeschlossen, sondern auch schon die Eroberung und dauerhafte Herrschaft über ein so großes und den Römern völlig unbekanntes Königreich wie das armenische. Deshalb fasste er den Plan, Tigranes mit einem Einfall in dessen Kernland Hocharmenien zu überraschen und in Eilmärschen bis zu dessen Hauptsitz Artaxata (Artashat, südöstlich des heutigen Erivan) vorzudringen.[52] Diese Stadt hatte Tigranes' Vorfahr Artaxias/Artashes I. um 180 v. Chr. am Zusammenfluss des Yeraskin und des Metsamor begründet und mit einer Herrscherresidenz im hellenistischen Stil versehen.

Der Entschluss zum Einfall nach Armenien brachte das Problem mit sich, dass es zur Absicherung des Nachschubs und der Wege erforderlich gewesen wäre, mehrere kleinere Kontingente für diese Zwecke abzustellen. Um jedoch sein, wie mehrfach bewiesen, schlagkräftiges, aber zahlenmäßig begrenztes Heer nicht weiter zu schwächen, entschied sich Lucullus dafür, das Heer auf seinem Weg nach Artaxata durch die Requirierung frisch eingebrachter Erntebestände zu versorgen. Deshalb brach er erst spät, im Laufe des Sommers 68 v.Chr., auf. Dies erwies sich jedoch als Fehlkalkulation: In der armenischen Hochebene, die etwa 500 m höher als die Tigris-Ebene liegt, fiel aufgrund des kühleren Klimas die Erntezeit wesentlich später und kürzer als in Italien aus.

Von seinem Winterquartier Siirt marschierte Lucullus über das Taurosgebirge etwa 150 km bis nach Muş. Mithridates und Tigranes teilten ihre Kontingente auf und vermieden eine offene Feldschlacht. Sie ließen nun die Zeit für sich arbeiten. Während Tigranes die Römer mit seiner überlegenen Reiterei in der fruchtbaren Ebene immer wieder attackierte, zog sich der pontische König mit dem Fußvolk auf eine Anhöhe zurück und ließ sich trotz mehrerer Versuche des Lucullus nicht aus seinem gut befestigten Lager herauslocken. Immer wieder wurden die Römer in kleinere Gefechte verwickelt, konnten aber – außer einigen Beschlagnahmungen von Getreidelagern – keine Fortschritte erzielen. Lucullus verwüstete das Land und nahm die in den Dörfern eingelagerten Vorräte an sich.

Da Mithridates es vermied, sich auf eine offene Feldschlacht mit den Römern einzulassen, also offensichtlich auf Zermürbung setzte, und die Zeit bis zum Wintereinbruch knapp zu werden drohte, entschloss sich Lucullus, vom pontischen König abzulassen und stattdessen Tigranes möglichst rasch in eine bedrohliche Lage zu bringen. Deshalb marschierte er weiter nach Norden in Richtung Artaxata, wohin die Frauen und Kinder des armenischen Königs, aber auch dessen Schätze gebracht worden waren.[53] Als Tigranes bemerkte, dass sich der römische Feldherr entgegen seiner Erwartung für den riskanten Marsch auf Artaxata entschieden hatte, versuchte er die Römer am Übertritt auf das nördliche Ufer des Arsanias (Murat), eines östlichen Arms des Euphrat, zu hindern. Daher setzte er mit seinen Reitern dem nach Norden enteilten römischen Heer nach und stellte sich einer weiteren Feldschlacht – einige Kilometer in nördlicher Richtung von Muş entfernt, bei einem auch schon in der Antike wichtigen Übergang über den Arsanias.[54]

In der Nähe der heutigen Brücke, die im 12. Jh. von den Seldschuken erbaut und 1871 von den Osmanen instandgesetzt wurde, kam es zum zweiten Aufeinandertreffen der beiden Heere.[55] Tigranes hatte seine Reiter auf dem rechten Ufer platziert und erwartete dort die römischen Soldaten. Lucullus bat zunächst – wie schon bei Tigranokerta – den Flussgott durch ein Opfer um Beistand und setzte dann mit zwölf Kohorten, etwa 6000 Soldaten, über den Strom; den Rest seines Heeres hielt er zurück, um eine Umgehung zu verhindern. Im flachen Gelände von Karakilissa verwickelte die römische Reiterei die armenische in ein Gefecht, und Lucullus vermochte mit den nachrückenden Fußtruppen deren Reihen zu durchbrechen, obwohl diese aus besonders kampfstarken Einheiten bestanden.

Als anschließend die Hauptmasse des armenischen Heeres in das Geschehen eingriff, ließ Lucullus die Verfolgung der fliehenden Heeresteile des Gegners abbrechen, um den Gegenangriff des Tigranes besser abwehren zu können. Dabei setzte er sich selbst an die Spitze seiner Soldaten und ließ sie gegen die feindliche Formation vorstoßen. Vom unerwartet schnellen Vorrücken der Römer war das armenische Heer so überrascht und erschrocken, dass die Soldaten flohen, noch bevor die Legionen herankamen. Die gesamte Nacht über verfolgten die Römer das geschlagene Heer des Feindes, machten Gefangene, töteten viele fliehende Soldaten und plünderten die feindlichen Lager. Dem Bericht des Livius zufolge erlitten die Armenier in dieser Schlacht zwar aufs Ganze besehen geringere Verluste als bei Tigranokerta, hatten jedoch eine weitaus größere Zahl an Gefallenen aus der armenischen Führungsschicht zu beklagen.[56]

Widerstand und Meuterei

Erst mit diesem Sieg stand dem römischen Heer der Weg ins armenische Kernland offen. Auf seinem Weg dorthin folgte Lucullus vermutlich dem Verlauf des Arsanias, zog also zunächst nach Norden und dann nach Osten, womöglich über Patnos und Tutak, bis er nach einem Marsch von etwa 300 km Doğubeyazıt erreichte, dessen antiker Name nicht bekannt ist.

Die heutige Stadt liegt 1625 m über dem Meeresspiegel, in einer weitläufigen Grasebene am Südabhang des über 5000 m hohen, auch im Sommer noch schneebedeckten Großen Ararat (Ağrı

Dağı). Die Siedlung war, bevor man seine Reise durch das Gebirge fortsetzte, eine wichtige Rast- und Handelsstation auf der Straße von Trabzon nach Täbris im Norden Irans. Die imposante Kette des Ararat vor Augen, setzten allerdings bereits Ende September unerwartet frühe und heftige Schneefälle ein, auf die Tage mit Dauerfrost folgten, welche die Flüsse gefrieren ließen. Nässe und Kälte durchdrang alles, die Wege waren vereist oder morastig, häufig schmal, sumpfig und nur schwer passierbar. Zudem gaben die im Verlauf des Krieges gemachten Erfahrungen keinen Anlass, in diesen Gegenden auf außergewöhnlich große Beute hoffen zu dürfen.

So machte sich Unzufriedenheit in den eigenen Reihen breit: Unruhe herrschte, aus Bitten an die Offiziere erwuchsen Forderungen, lautstarke Auseinandersetzungen folgten. Schließlich verweigerte das Heer den Weiterzug nach Osten. Die Soldaten waren nicht mehr umzustimmen. Vergeblich soll Lucullus sie in einer Rede pathetisch daran erinnert haben, dass sie mit Artaxata das »armenische Karthago«, das Werk Hannibals, des größten Feindes der Römer, hätten erobern können, denn der karthagische Feldherr hatte in seiner Exilzeit (nach 188 v. Chr.) seinen Gastfreund, den armenischen König Artaxias I., beim Bau der neuen Residenz- und Hauptstadt von Artaxata beraten.[57]

So musste Lucullus an diesem Punkt – vermutlich nicht mehr als 100 km von Artaxata entfernt – den Zug gegen die Residenz des Tigranes abbrechen und notgedrungen im späten Herbst umkehren. Er marschierte mit seinem Heer etwa einen Monat lang über 500 km nach Süden in wärmere Gefilde, passierte den Vansee und überstieg – auf einem anderen Pass als auf dem Hinweg – erneut das Taurosgebirge, bis er im November des Jahres 68 v. Chr. vor die Tore von Nisibis (Nusaybin) in der fruchtbaren Landschaft Mygdonien gelangte. Die Stadt war günstig am Eingang zu Mesopotamien gelegen, direkt an der Straße, die dem Handelsverkehr von Süden wie auch von Osten nach Westen als Station diente. In der wichtigen Handelsstadt, die mit einer doppelten Mauer aus Lehmziegeln und Graben befestigt war, residierte Gouras, der Bruder des Tigranes. Hier durften die Soldaten erneut auf große Beute hoffen. Lucullus umschloss die Stadt mit einem Belagerungsring, und nach einigen Wochen ergab sich eine günstige Gelegenheit, die beiden Mauern zu überwinden und bis zur Festung der Stadt vorzudringen. Gouras ergab sich und wurde von Lucullus großmütig behandelt. Anders erging es Kallimachos, dem griechischen Feldherrn in armenischen Diensten: Lucullus bestrafte ihn, weil er ihm nicht verzeihen konnte, dass er die Stadt Amisos beim Angriff der Römer hatte in Brand stecken lassen. Lucullus ließ ihn in Ketten legen, um ihn im Triumphzug in Rom mitzuführen.

Das römische Heer überwinterte im eroberten Nisibis,[58] und Lucullus plante vermutlich, im Frühjahr in die Adiabene im Nordosten Mesopotamiens vorzustoßen und dort Tigranes zu zwingen, sich einer Schlacht zu stellen. Allerdings hatte sich in Rom – trotz der unbestreitbaren bisherigen Erfolge – die Stimmung gänzlich gegen den römischen Feldherrn gewendet.

Bereits zu Beginn des Jahres 67 v.Chr. war ein Antrag des Volkstribunen Gabinius verabschiedet worden, der einerseits dem Konsul Manlius Acilius Glabrio Bithynien und Pontos als Amtsbereich und damit auch den Oberbefehl über das römische Heer im Krieg gegen Mithridates zugewiesen hatte, andererseits Quintus Marcius Rex, dem Konsul von 68 v.Chr., das Kommando in Kilikien.[59] Die Ankunft der beiden neuen Befehlshaber war absehbar, die Tage des Lucullus als Proconsul waren gezählt. Als diesbezügliche Nachrichten im römischen Heerlager in Nisibis eintrafen, dürfte dies allein schon Diskussionen hervorgerufen haben, vor allem unter den notorisch unruhigen »Fimbrianern«, der 20. Legion, den ehemaligen Soldaten des Valerius Flaccus, die vom Feldherrn nun ein schnelles Ende ihres Einsatzes verlangten.[60] Angetrieben wurden sie von den Reden des Publius Claudius Pulcher, später Clodius, der jüngere Bruder des oben erwähnten Appius Claudius, der sich in seinen militärischen Leistungen unzureichend gewürdigt sah und die Situation nun dazu nutzte, das Heer gegen seinen Feldherrn aufzuhetzen.[61] So verbreitete er die Lüge, Lucullus enthalte den Soldaten Beute und Lohn vor, um sich noch stärker persönlich zu bereichern.[62] Er dürfte gewusst haben, dass eine solche Meuterei die Vorbehalte gegenüber dem bei der Ritterschaft unbeliebten Feldherrn in Rom verstärken und dessen Absetzung befördern würde. Plutarch schildert die unrühmliche Rolle des Clodius und dessen unheilvolle Allianz mit den Fimbrianern im Heer des Lucullus folgendermaßen:[63]

»Gerne hörten sie Clodius zu und nannten ihn einen Freund der Soldaten, weil er so tat, als ob er empört darüber sei, dass es für sie nach so vielen Kämpfen und Strapazen immer noch kein Ende gäbe, und sie ihr Leben damit zubringen müssten, jedes Volk zu bekämpfen und die gesamte Erde zu durchwandern, ohne etwas Nennenswertes aus solch einem Feldzug heimzubringen, sondern nur die mit goldenen, edelsteinbesetzten Bechern beladenen Wagen und Kamele des Lucullus zu begleiten hätten. Demgegenüber seien die Soldaten des Pompeius schon längst wieder zuhause und säßen mit Frau und Kind auf fruchtbaren Ländereien und in Städten, die man ihnen zu Besitz gegeben habe – und genössen dies, obwohl sie keineswegs Mithridates und Tigranes in unbekannten Einöden gejagt und auch keine asiatischen Königsresidenzen zerstört, sondern nur mit Flüchtlingen in Spanien und entlaufenen Sklaven in Italien gekämpft hätten: ›Warum, wenn unsere Feldzüge schon niemals enden sollen, bewahren wir uns nicht das, was uns noch an Leib und Leben verblieben ist, lieber für einen Feldherrn auf, der den Reichtum seiner Soldaten als die schönste Auszeichnung ansieht?‹«

In der Passage wird Clodius von Plutarch als selbstsüchtige und rücksichtslose Gestalt geschildert und damit recht holzschnittartig zum charakterlichen Pendant des Protagonisten Lucullus aufgebaut. Im Blick auf die späteren aufrührerischen Aktivitäten des Clodius in der römischen Politik ist anzunehmen, dass er zumindest keine Skrupel hatte, die Meutereigelüste der Fimbrianer im Heerlager zu befeuern und für sich zu nutzen. Der Schritt war sicherlich wohlbedacht: Weder »angeborene Liebe zum Aufruhr«, die der bithynische Senator Cassius Dio im 3.Jh.n.Chr. als Grund für die Tat angibt, noch gekränkte Ehre aufgrund einer vorangegangenen persönlichen Herabsetzung durch den Feldherrn, was Plutarch mit Verweis auf den grundsätzlich schlechten Charakter des Clodius anführt, erklären hinreichend dessen Entschluss, sich offen gegen Lucullus, seinen Schwager, zu stellen.[64] Der hauptsächliche Beweggrund wird vielmehr im politischen Kalkül des Claudiers zu suchen sein: Seitdem er von der Abberufung oder auch bereits von der Absicht dazu erfahren hatte, war offensichtlich, dass Lucullus in Rom keine große Zahl von Fürsprechern mehr besaß und die Ritter, Finanziers und Senatoren mehrheitlich und vehement die Interessen des Pompeius unterstützten. Nach der Anstiftung der Meuterei, »ein ruchloses Verbrechen« (*nefandum scelus*), wie Cicero es benennt,[65] für das der Anstifter die sofortige Hinrichtung zu erwarten hatte, blieb Clodius nur die schnelle Flucht. Er floh zum Konsul Marcius Rex, der Clodia, die älteste seiner Schwestern, geehelicht hatte und den Aufrührer bereitwillig aufnahm.

In einer Welt der permanenten senatorischen Konkurrenz, in der Beschimpfungen, falsche Behauptungen, Gerüchte und Intrigen gebräuchliche Instrumente des politischen Kampfes waren, galt es, sofern man jung und ambitioniert war, mit allen Mitteln auf sich aufmerksam zu machen, an Profil zu gewinnen, sich rechtzeitig und deutlich zu positionieren. In diesem Fall entschied sich Clodius dafür, ein »sinkendes Schiff«[66] zu verlassen und in ein anderes überzuwechseln, das sich bereits in voller Fahrt befand. Er hatte die Lage richtig eingeschätzt: Auch wenn sich die Wortführer der konservativen Senatorenschaft wie Hortensius und Catulus energisch gegen die Vergabe des alleinigen Oberkommandos (*imperium extraordinarium*) gegen die Piraten an Pompeius ausgesprochen haben mochten, war der Antrag des Volkstribuns Gabinius zu Beginn des Jahres 67 v.Chr. vom Volk angenommen worden.

Als ein Jahr später (66 v.Chr.) Pompeius nach erfolgreicher Bewältigung seines Kampfes gegen die Seeräuber durch die *lex Manilia* ein weiteres außerordentliches Kommando für den Krieg gegen Mithridates gewährt wurde,[67] war der Widerstand nahezu gänzlich erloschen.

Der Feldherr muss gehen

Die unerwartete Umkehr des römischen Heeres aus der Gegend vor Artaxata ermöglichten es Mithridates und Tigranes, in den darauffolgenden Monaten – bis zum Frühjahr 67 v.Chr. – die ihnen verlorengegangenen Gebiete zurückzugewinnen: In seinem angestammten Territorium nutzte der pontische Herrscher eine lokale Unruhe gegen die Römer, um mit seinen Truppen wieder bis ins Lykostal (Kelkit) vorzudringen. Noch in den letzten Wochen des Jahres 68 v.Chr. siegte Mithridates bei Kabeira über Marcus Fabius Hadrianus, den Legaten des Lucullus im Pontosgebiet, und begann, die gut befestigte Stadt zu belagern. Als Triarius mit Verstärkungen für die eingeschlossenen Römer von der Schwarzmeerküste hinzukam, hob Mithridates die Belagerung jedoch auf und zog sich auf das Südufer des Flusses Iris (Yeşilırmak/Tassanluc) zurück. Die beiden Heere marschierten ein Stück weiter nach Westen, belauerten sich auf beiden Seiten des Flusses und gingen danach ins Winterlager (68/67 v.Chr.). Das Heer des Mithridates hatte sein Hauptquartier auf dem Berg Skotios in der Gegend von Zela (Zile) auf der Westseite des Flusses bezogen, ihm gegenüber lag das Heer des Triarius bei der Festung Talaura auf der östlichen Seite des Iris.

Im neuen Jahr überschritt das römische Heer den Iris, nachdem die beutehungrigen Soldaten Triarius, der sich eigentlich nicht auf eine Schlacht einlassen wollte, heftig zum Angriff gedrängt hatten, und erlitt eine ebenso verheerende wie vermeidbare Niederlage. In dieser Schlacht fielen 24 Militärtribune und 150 Centurionen, Triarius konnte sich nur mit knapper Not retten.[68] Da Lucullus wegen der Unwilligkeit seines Heeres noch lange im Winterquartier in Nisibis verblieben war,[69] traf er aus der Gordyene kommend zu spät ein, um Triarius noch wirksame Hilfe leisten zu können. Immerhin konnte er die Soldaten davon abhalten, Triarius zu ermorden.[70]

In der Folgezeit wich Mithridates dem römischen Heer im Pontosraum immer wieder geschickt aus und zog sich weit ins kleinarmenische Hochland östlich des Iris und von Talaura zurück. Dabei war er darauf bedacht, dem Gegner nach Möglichkeit keine Vorräte zu hinterlassen. In dieser Lage hielt es Lucullus für geboten, den Stellungskrieg und das Lager in der Nähe des Mithridates aufzugeben, um möglichst bald dem anrückenden Heer des Tigranes entgegenzutreten, der zum dritten Mal in großem Stil neue Truppen zusammengezogen hatte. Vor allem drohte die Gefahr, dass sich die beiden gegnerischen Heere vereinten. Freilich kam Lucullus nicht mehr zur Ausführung dieses Plans, denn die Hilfeleistung für Triarius war seine letzte selbstbestimmte militärische Entscheidung.

Da dem Konsul Glabrio das Kommando im Krieg gegen den pontischen König zugesprochen worden war, sollten ihm bald nach seiner Ankunft in seinem Einsatzbereich Bithynien und Pontos die Truppen des Lucullus zugeführt werden. Zudem sollten die verbliebenen Soldaten der ehemaligen Legionen des Fimbria entlassen werden. An und für sich wäre der Licinier durch die Bestimmungen eines sullanischen Gesetzes verpflichtet gewesen, sein Heer innerhalb von 30 Tagen, gerechnet ab der Ankunft des neuen Kommandierenden, an Glabrio abzutreten und die Provinz zu verlassen.[71] Da dieser aber in Bithynien verbleiben wollte und Tigranes im Anmarsch war, ignorierte Lucullus die Anordnung des Konsuls. Er sah es als zu gefährlich an, Glabrio das Heer sofort zu übergeben, und hielt eigenmächtig an der Fortführung seines Kommandos fest. Als sich die Nachricht von der Ankunft des Konsuls in Bithynien im Heer des Liciniers verbreitete, nahmen es die Soldaten der ehemaligen Legionen des Fimbria abermals zum Anlass, sich gegen ihren Feldherrn zu stellen, indem sie auf das Auslaufen ihrer Dienstzeit verwiesen. Da Lucullus ganz offensichtlich ein offizielles Mandat fehlte, blieb ihm keine andere Wahl, als sein persönliches Ansehen und seine Beliebtheit bei den Soldaten in die Waagschale zu werfen – ein ganz und gar außergewöhnlicher, ja einzigartiger Schritt für einen römischen Feldherrn.[72] Doch hatte er in dieser Ausnahmesituation nichts mehr zu verlieren: Er sprach die Soldaten persönlich an und bat sie um weitere Gefolgschaft für die kommenden Monate bis zur Ablösung im Herbst 66 v.Chr. Zunächst verweigerten sich die Fimbrianer noch strikt seinem Anliegen, dann aber gab die Loyalität der Mehrheit des Heeres gegenüber ihrem Feldherrn den Ausschlag. Auf den massiven Druck der übrigen Soldaten gab auch der kleinere, aufmüpfige Teil seinen Widerstand auf. Somit belegt auch diese Episode eindrucksvoll die enge Verbundenheit der Soldaten zu ihrem Feldherrn. Lucullus begegnete ihren Forderungen sowohl vor Artaxata als auch in der Gordyene mit Verständnis und hielt nicht starrsinnig an einmal von ihm gefassten Entschlüssen fest. Vielmehr traf er jeweils ein an die jeweilige Situation angepasstes Arrangement mit den Soldaten, gegen das sich allein die Fimbrianer auflehnten.

So erfreulich die hart erkämpfte Zusicherung der weiteren Gefolgschaft für Lucullus persönlich auch sein mochte, so unerfreulich hatte sich die Gesamtlage entwickelt. Marcius Rex, der neue Proconsul in Kilikien und Schwager des Clodius, zeigte sich nicht bereit, den bereits abberufenen Feldherrn im Kampf gegen Tigranes militärisch zu unterstützen, und erklärte ihm schroff, die unter seinem Kommando stehenden drei Legionen seien ausschließlich für den Kampf gegen die kilikischen Seeräuber bestimmt. So beschloss Lucullus, an den mittleren Halys (Kızılırmak) zurückzukehren. Unterdessen hatte Mithridates wieder Teile seiner Herrschaft im Pontos zurückerobern können, und Tigranes war in Kappadokien eingefallen, so dass das dortige Königreich wieder unter seiner Kontrolle stand. Der von Rom protegierte Ariobarzanes I. musste fliehen. Daraufhin war Lucullus gezwungen, sich mit seinem Heer noch weiter nach Westen, nach Ostgalatien, zurückzuziehen – vermutlich in die Gegend westlich von Sivas, dem späteren Sebasteia Megalopolis – und seine Kontingente zurückzuhalten, die den Schutz der übrigen mit Rom verbündeten Herrscher und Stämme über den gesamten Sommer 67 v.Chr. gewährleisten sollten.[73] Mit seinem Verbleib sicherte er zumindest die Kontrolle über Galatien, das den Römern einen wichtigen Ausgangs- und Stützpunkt für künftige militärische Unternehmungen gegen die wiedererstarkten Mithridates und Tigranes bot. Während im Herbst 67 v.Chr. die widerständischen Fimbrianer, wie mit ihnen vereinbart, endgültig das Heer verließen, überwinterte Lucullus mit dem ihm verbliebenen Heer im Gebiet der Trokmer (67/66 v.Chr.). Das pontische Heer hingegen hielt sich vermutlich im Grenzgebiet zwischen Pontos und Kappadokien auf, im Gebiet östlich von Sivas, am Oberlauf des Halys, um dort seinerseits den Zugang zum pontischen Königreich abzusichern.

War es 67 v.Chr. noch möglich, die Anordnungen des Glabrio zu ignorieren und zu behaupten, militärische Notwendigkeiten erforderten den Verbleib des Heeres unter dem Kommando des Lucullus, so war es im darauffolgenden Frühjahr unvermeidlich geworden, das Heer an Pompeius, seinen kampfbereiten Nachfolger, zu übergeben. Dieser war mit seinen Truppen in Kilikien gelandet und marschierte über Kappadokien ins östliche Galatien. Lucullus und Pompeius, die sich seit dem Bundesgenossenkrieg in Italien nicht mehr persönlich begegnet waren, verabredeten miteinander, sich in Podanala zu treffen, einer nicht näher lokalisierbaren Festung im östlichen Galatien.[74]

Die Erzählung Plutarchs wie auch die übrigen Berichte über das denkwürdige Zusammentreffen der beiden Feldherren und lebenslangen politischen Kontrahenten in Galatien[75] fallen so ungünstig für Pompeius aus, dass es ausgeschlossen ist, dass die Schilderung der Begegnung auf Theophanes von Mytilene oder eine andere Pompeius freundliche Quelle zurückgehen könnten. Die Vorlage, die Plutarch wohl direkt einsah, war vermutlich ein persönlicher Bericht, den Lucullus einer vertrauten Person wie Cicero oder Atticus in einem nicht überlieferten Brief dargelegt hatte.

Klar ersichtlich wird, dass das Vorgehen des Pompeius ganz darauf angelegt war, die Verfügungen des Lucullus annullieren zu lassen und dessen Leistungen herabzuwürdigen:[76]

»Bei den eigentlichen Verhandlungen kamen sie zu keiner anständigen und maßvollen Einigung. Vielmehr beschimpften sie sich sogar gegenseitig, Pompeius den Lucullus wegen seiner Geldgier, dieser den Pompeius wegen seiner Machtgier, so dass die Freunde am Ende Mühe hatten, sie auseinanderzubringen. Hierauf verteilte Lucullus, wie er es für richtig hielt, in Galatien Teile des eroberten Landes und andere Belohnungen, wogegen Pompeius, der nur in geringer Entfernung von ihm lagerte, die Beachtung dieser Anordnungen verbot und ihm alle seine Soldaten bis auf 1600 Mann nahm, von denen er glaubte, dass sie wegen ihrer meuterischen Gesinnung ihm selbst nicht mehr nützlich und dem Lucullus aufsässig sein könnten. Dazu verhöhnte er dessen Taten und sagte in aller Öffentlichkeit, Lucullus habe ja nur gegen königlichen Theaterprunk und Kulissenzauber Krieg geführt, und ihm bliebe nun der Kampf gegen eine wirkliche, durch Erfahrung zur Vernunft gebrachte Macht, da Mithridates jetzt zu Schilden, Schwertern und Streitrossen seine Zuflucht nehme.
Um sich dafür zu revanchieren, entgegnete Lucullus: Pompeius ziehe aus, um gegen ein vorgetäuschtes Gespenst des Krieges zu kämpfen, da er ja gewohnt sei, wie ein Aasgeier auf die von anderen erlegte Beute niederzustoßen und dann, was von den Kriegen noch übriggeblieben sei, zu zerreißen. So habe er sich die Siege über Sertorius, Lepidus und Spartacus zugeschrieben, die in Wahrheit von Crassus, Metellus und Catulus erfochten worden seien. Daher wundere er sich nicht, wenn ein Mann, der es fertiggebracht habe, sich irgendwie in den Triumph über entlaufene Sklaven einzuschleichen, nun auch noch versuche, sich den Ruhm der armenischen und pontischen Kriege anzueignen.«

Der auch hier deutlich hervortretende Vorwurf der Hab- und Geldgier (*philargyría*) geht vermutlich auf eine zeitgenössische gegen Lucullus gerichtete Diffamierungskampagne zurück, welche die Kreise verbreiteten, die Pompeius finanziell und politisch unterstützten: die ritterlichen Bankiers und die das Volk gegen den Senat aufwiegelnden Senatsmitglieder,[77] die ihre Interessen durchsetzen wollten. Um die Abberufung des bisherigen Befehlshabers zu rechtfertigen, brachten sie das Gerücht in Umlauf, dass der in finanziellen Dingen äußerst beschlagene und geschickt agierende Lucullus bloß aus Habgier Krieg führe und dass man es ihm zu verdanken habe, dass maßlose Verschwendung und Genusssucht (*luxuria*) im römischen Heer und nach seiner Rückkehr auch in Rom Einzug gehalten hätten. Diese negativen Klischees griff Pompeius auch in der direkten Konfrontation auf. Dies tat er mit umso größerer Vehemenz, als er dem Aristokraten persönlich wenig freundschaftlich begegnet sein dürfte; denn der umfassend gebildete und in jeder Hinsicht feinsinnige Lucullus hatte den etwa zehn Jahre jüngeren Haudegen Pompeius sicherlich immer wieder spüren lassen, dass er ihn als Person wenig schätzte, seine Bildung für dürftig und sein Auftreten für unkultiviert hielt. Zudem wird es Pompeius als Zurücksetzung empfunden haben, dass Sulla nicht ihm, sondern dem älteren Lucullus seine persönliche Freundschaft geschenkt und ihm durch sein Testament die beiden Kinder anvertraut hatte. Darüber hinaus ließen sich bei Pompeius weitere offensichtliche Defizite ausmachen: etwa seine Unerfahrenheit im Umgang mit griechischen Honoratioren, die Unsicherheiten bezüglich der Erwartungen der griechischen Öffentlichkeit an einen römischen Feldherrn, aber auch die mangelnde Pflege, ja das Fehlen gewachsener Freundschaftsbande unter verbündeten Herrschern und Städten.

Die rundweg ablehnende Haltung des Pompeius gegenüber allen Maßnahmen, die Lucullus als Feldherr im Kampf gegen Mithridates getroffen hatte, tritt in einer kurzen Passage im geographischen Werk Strabons besonders deutlich zutage.

Der Historiker und vielseitige Gelehrte lebte und schrieb nur eine Generation später in augusteischer Zeit und war durch seine vornehme Herkunft aus Amaseia mit den damaligen Protagonisten bestens vertraut. Da der Geograph ansonsten keinen Grund hatte, Pompeius zu kritisieren, ist sein Zeugnis als glaubwürdig einzustufen und von besonderem Aussagewert, was die Anordnungen des Lucullus und deren Ablehnung durch Pompeius angeht.[78] Zudem geht aus dem Bericht deutlich hervor, dass das brutale und rücksichtslose Vorgehen des Mithridates dem pontischen Herrscher zahlreiche erbitterte Feindschaften unter den führenden Köpfen der lokalen griechischen Eliten eingetragen hatte:[79]

»Als dann Pompeius kam, der die Führung des Krieges übernommen hatte, betrachtete er all diejenigen, die Lucullus eine Gefälligkeit erwiesen hatten, wegen des Hasses, den er gegen ihn gefasst hatte, als Feinde. Und als er den Krieg beendet hatte und nach Hause zurückgekehrt war, setzte er durch, dass die Ehren, die Lucullus einigen von den führenden Männern im Pontos versprochen hatte, vom Senat nicht gebilligt wurden: Denn es sei ungerecht, dass, nachdem einer den Krieg erfolgreich durchgeführt habe, ein anderer zuständig wäre für die Kampfpreise und die Verteilung der Auszeichnungen.«

Dass Pompeius es ablehnte, die von Lucullus geknüpften persönlichen Verbindungen für sich zu nutzen, sondern vielmehr mit vollem Kalkül deren Gegnern und gerade nicht den von seinem Vorgänger Begünstigten den Vorzug gab, belegt die Dankbarkeit und Verlässlichkeit dieser Politiker und Herrscher gegenüber Lucullus. Pompeius nahm an, die Verbundenheit zu Lucullus hätte fortgewirkt. Gerade aufgrund der Verpflichtungen (*officia*), die auf Freundschaft und Dankbarkeit beruhten, sah er sich außerstande, diese Beziehungen fortzuführen. Er befürchtete, dass die langjährigen Freunde des Lucullus ihm als dem neuen Repräsentanten Roms in Asien nicht in gleichem Maße Loyalität entgegenbrächten.

Abgelöst vom »Mann der Stunde«

Bereits die Umstände, die zur Abberufung des Lucullus führten, verdeutlichen, welch überragende Machtfülle sich Pompeius damals angeeignet hatte – dank seiner militärischen Erfolge in Spanien und im Krieg gegen die Seeräuber im Mittelmeer, aber auch dank der Hilfe der ihn unterstützenden Kräfte, bei denen die Volkstribune nur die sichtbare Reihe der ausführenden Kräfte bildeten. Er verfügte über ein ungleich größeres Heereskontingent als Lucullus, der mit vergleichsweise bescheidenen militärischen Ressourcen zuerst Mithridates und dann auch Tigranes in ihren Kernländern angegriffen und in ihre Schranken gewiesen hatte.

Zur Ablösung des Liciniers trug wesentlich bei, dass die Fortsetzung des Krieges gegen die beiden Könige mit der erfolgreichen Bekämpfung der Seeräuber durch Pompeius verknüpft wurde. Trotz des Umstands, dass der Feldzug des Lucullus bei vergleichsweise geringem Einsatz von Mitteln bis dahin erfolgreich verlaufen und vom Senat mehrheitlich unterstützt worden war, wurde der Licinier in der Hauptstadt zunehmend in Frage gestellt. Schritt für Schritt wurden seine Kommandobefugnisse beschnitten und schließlich gänzlich entzogen: 69 v.Chr. verlor er die Provinz Asia als Einsatzgebiet, 68 v.Chr. Kilikien und 67 v.Chr. Bithynien und Pontos. In den nicht nur verbal geführten Auseinandersetzungen hatten sich die Anhänger des Pompeius immer wieder gegen den Willen der Mehrheit des Senats durchgesetzt.

Schließlich legte der Volkstribun Aulus Gabinius der Menge einen weiteren Antrag vor, der Pompeius, der gerade erst aus den langwierigen Kämpfen in Spanien zurückgekehrt war, ein außerordentliches Kommando (*imperium extraordinarium*) zur Beseitigung der Seeräuberei im Osten zusprechen sollte. Für den stets einen Sonderweg wählenden Pompeius war eine solche Zusammenarbeit mit einem Volkstribun und der städtischen *plebs* bereits zur Gewohnheit geworden. Als machtbewusster Imperienträger instrumentalisierte er abermals das Volkstribunat, um ein weiteres längerfristiges militärisches Kommando erhalten und sich, gestützt auf seine Siege und die ihm daraus erwachsene Heeresklientel, noch weiter von der Gruppe der Senatoren abheben zu können, die er alle längst an Rang und sozialer Macht weit übertraf. Obwohl ein anderer Volkstribun sein Veto einlegte, wurde der Antrag des Gabinius von der versammelten Volksmenge verabschiedet; damit wurde das alte Interzessionsrecht grob missachtet.[80]

Durch dieses Gesetz erhielt Pompeius ein dreijähriges Kommando gegen die Seeräuber mit einem Geltungskreis übertragen, der territorial nahezu unumschränkt war. Ihm wurden Mittel und ein militärisches Aufgebot in einer Größe zur Verfügung gestellt, die alle bis dahin bekannten Dimensionen sprengte: finanziell, da er mit 36 Millionen Denaren ausgestattet und ihm darüber hinaus ein unbegrenzter Kredit eingeräumt wurde, personell, indem er mit einem riesigen Heer in den Osten aufbrach. Pompeius befehligte 500 Schiffe, 120 000 Fußsoldaten und 5000 Reiter. Man vergleiche dies mit dem Aufgebot von Lucullus, der mit gerade einmal 12 000 Fußsoldaten und 3000 Reitern gegen Tigranes gekämpft hatte. Generell hatten der Senat und das Volk zwar auf besondere Anforderungen, auf bedrohliche Notlagen – wie etwa auf den Einfall des Mithridates VI. – mit Maßnahmen reagiert, die den Erfordernissen angemessen erschienen. Hierfür wurde das Prinzip der Kollegialität und Annuität episodisch aufgehoben und wurden außerordentliche Kommanden an bewährte Feldherren vergeben, damit diese in Ausnahmesituationen mit einem fest umrissenen Auftrag zeitlich unbestimmt militärische Operationen durchführen konnten; jedoch überstieg die Übertragung einer solchen Machtfülle an eine Person alle bisherigen Größenordnungen. Ein solches Kommando und der daraus abgeleitete Anspruch des Pompeius auf eine dauerhafte innenpolitische Sonderstellung waren mit der Tradition der Senatsherrschaft kaum zu vereinbaren. Mit der Zuweisung hatte man sich denkbar weit von der Beachtung der aristokratischen Gleichheit wie überhaupt von den Prinzipien der *res publica* entfernt.

Mit einem solch großen militärischen Aufgebot ausgestattet, fiel es Pompeius nicht schwer, in gerade einmal zwei Monaten das seit den frühen 70er Jahren endemisch gewordene Seeräuberproblem zu lösen: Vor der kilikischen Küste besiegte er einen größeren Flottenverband, gleichzeitig eroberte er die Piratenfestungen in den Bergen und schleifte sie. Doch statt die 20 000 gefangenen Seeräuber hinzurichten, ließ er Gnade vor Recht ergehen und siedelte sie im östlichen Kilikien an, vor und an der Südwestküste der heutigen Türkei.[81] Es verwundert daher nicht, dass beispielsweise Soloi (Mersin) in Pompeiopolis umbenannt, dort eine den Feldherrn ehrende Ära eingeführt und ihm der Titel eines Patrons zugesprochen wurde.

Im Jahr 66 v.Chr. – ein Jahr war nach der Verabschiedung der *lex Gabinia* und dem Aufbruch des Pompeius ins östliche Mittelmeer vergangen – bekleidete der talentierte Redner und ambitionierte Politiker Marcus Tullius Cicero die städtische Prätur – als Neuling (*homo novus*), dem mithin als Erstem seiner Familie die ehrenvolle Aufnahme in den Senat gelungen war.[82] Er stammte aus dem rund 100 km von Rom entfernten Landstädtchen Arpinum und gehörte einer der wenigen führenden Familien seiner gebirgigen Heimat an. Cicero war zu dieser Zeit 40 Jahre alt; bis dahin hatte er jedes der senatorischen Ämter im geforderten Mindestalter erreicht: die Quästur mit 30 und die Ädilität mit 37 Jahren. Darüber hinaus hatte er als Soldat im Bundesgenossenkrieg seine Pflicht erfüllt, sich aber vor allem als Ankläger und Redner in zahlreichen Gerichtsprozessen auf dem Forum und in den Basiliken Roms einen Namen gemacht. Nach seiner Wahl zum Prätor fiel Cicero durch Losentscheidung die Aufgabe zu, dem ständigen Gerichtshof für Erpressungs- und Rückforderungsangelegenheiten, den sogenannten Repetundenprozessen, vorzusitzen.

Abgelöst vom »Mann der Stunde« 173

Abb. 9: Die Statue wurde 1914 in den Überresten des 61 bis 55 v.Chr. erbauten Pompeius-Theaters aufgefunden. Auf den Marmorkörper, der Gnaeus Pompeius (106–48 v.Chr.) als Herrscher über den Erdkreis zeigt, wurde im 16. Jh. ein neuer Kopf gesetzt – vermeintlich mit den Zügen des Pompeius, tatsächlich mit denen des griechischen Komödiendichters Menander. Vor dieser Statue soll Iulius Caesar im Jahr 44 v.Chr. ermordet worden sein.

Während Ciceros Prätur stellte der Volkstribun Gaius Manilius in einer *contio*, einer von ihm ad hoc einberufenen Versammlung des Volkes, den Antrag, nach dem schnellen Erfolg des Pompeius über die Seeräuber diesem auch den Oberbefehl im Krieg gegen

Mithridates zu übertragen. Nach Vorlage des Antrags erteilte Manilius Cicero das Wort, damit er den Antrag unterstützte. Mit seiner Rede wandte sich der Mann aus Arpinum zum ersten Mal auf dem Forum an die dort versammelten Bürger. Dabei stellte er sich dem Volk nicht als amtsloser Bürger, als *privatus*, vor, sondern als mit Amtsmacht und Amtsautorität ausgestatteter Magistrat, der erstmals in der Öffentlichkeit zu einer bedeutsamen politischen Frage Stellung nahm. Der Erfolg dieses großen oratorischen Auftritts veranlasste Cicero, seine Rede zu überarbeiten und sie später in das Corpus seiner Musterreden aufzunehmen, wodurch sie als Rede »Über den Oberbefehl des Gnaeus Pompeius« (*de imperio Cn. Pompei* oder *de lege Manilia*) überliefert und für Übungen im rhetorischen Unterricht verwendet wurde.[83]

Wie Matthias Gelzer treffend bemerkt hat, hätte Cicero damals eigentlich »keine dankbarere Aufgabe« zufallen können.[84] Über die militärische Lage im hellenistischen Osten brauchte man nicht zu diskutieren, sie war unstrittig: »Die Kriegsführung des Lucullus« war durch die geschilderte mehrfache Beschneidung seiner Befugnisse »zusammengebrochen«, und Glabrio, der Nachfolger des Lucullus, war in Bithynien bis dahin allzu zurückhaltend aufgetreten. Demgegenüber hatte Pompeius seinen Krieg gegen die Seeräuber innerhalb kürzester Zeit energisch beendet und wartete mit seinen Truppen – bereits in Kilikien im Winterquartier liegend – auf die nächste militärische Aufgabe.

Pompeius war im Jahr 66 v.Chr. wie Cicero 40 Jahre alt und zweifellos der Mann der Stunde: der Liebling der Massen und der Freund vieler einflussreicher Ritter, auch wenn er noch nicht das Konsulat erreicht hatte: Seit mehreren Jahren wurde Pompeius von der stadtrömischen Bevölkerung, der *plebs*, wegen der Vielzahl seiner Siege, der glanzvollen Triumphzüge und der daraus resultierenden großzügigen Getreidespenden und der fortgesetzten Absenkung des Getreidepreises gefeiert. Durch seine jüngsten schnellen Siege über die Piraten galt er dem Volk als Garant weiterer militärischer Erfolge und daraus resultierender Wohltaten. Ebenso positiv beurteilten ihn die Ritter und Geschäftsleute, die in ihm den Mann sahen, der ihnen im Osten neue große Investitions- und Gewinnmöglichkeiten eröffnete und es verstand, diese auch dauerhaft zu bewahren.

Ciceros rhetorischer Drahtseilakt

Wenn Cicero an den ihm bevorstehenden Wahlkampf um das Konsulat in den Folgejahren dachte, gab ihm als amtierendem Prätor eine öffentliche Stellungnahme zugunsten des Pompeius die Gelegenheit, diesen zum politischen Freund zu gewinnen und sich zugleich des Wohlwollens und der Unterstützung seiner finanzkräftigen ritterlichen Hintermänner zu versichern. Zudem würde sicherlich ein Teil der großen Popularität des Feldherrn bei der stadtrömischen Bevölkerung auf ihn übergehen.

Die *nobiles*, die ersten und vornehmen Männer im Senat, mit denen Cicero nicht nur seine geistigen Interessen, sondern auch die grundsätzliche politische Ausrichtung teilte, hatten diesen rednerisch auffällig begabten Neuling in der Kurie anfangs nur zögerlich unterstützt. Einen Namen hatte sich Cicero vor allem durch eine aufsehenerregende Anklage gemacht, die er vier Jahre zuvor geführt hatte. Mit ihr hatte er seine glänzenden anwaltlichen und oratorischen Fähigkeiten öffentlich demonstriert. Er hatte es gewagt, sich der Klagen der sizilischen Städte über einen Proprätor namens Gaius Verres anzunehmen.

Verres hatte sich in den Jahren 73 bis 71 v.Chr. als Statthalter auf Sizilien scham- und skrupellos auf Kosten der Provinzialbevölkerung bereichert. Er kann durchaus als ein typischer Vertreter der Senatsaristokratie seiner Zeit gelten; ein Opportunist, der klug die Seiten zu wechseln verstand und dabei einen überaus mondänen, allen Genüssen gegenüber offenen Lebensstil pflegte. Als Quästor des Gnaeus Papirius Carbo, des Kollegen Cinnas, wechselte er bei der Rückkehr Sullas im letzten Moment die Seiten. Dadurch rettete er nicht nur sein Leben, sondern vergrößerte auch erheblich sein Vermögen, da er eine große Menge an Geldern aus der Kriegskasse Carbos veruntreute. Als Legat des Gnaeus Cornelius Dolabella, des Statthalters von Kilikien, war er bereits für Kunstraub im großen Stil und für die Auspressung der lokalen Bevölkerung in vielfacher Hinsicht verantwortlich. Als es anschließend zu einem Repetundenprozess kam, scheute Verres sich nicht, den über ihm stehenden Mittäter als Zeuge so stark zu belasten, dass dieser verurteilt wurde, während er für sich selbst einen Freispruch erwirkte.

Trotz dieser Vorkommnisse erlangte er die städtische Prätur und anschließend die Statthalterschaft auf Sizilien, die, was seinem räuberischen Treiben entgegenkam, um zwei Jahre verlängert werden musste, weil sein Nachfolger in die Kämpfe gegen die von Spartacus geführten aufständischen Sklaven verwickelt war. Nach seiner Rückkehr nach Rom wurde Verres im Jahr 70 v.Chr. von Cicero angeklagt. Im Prozess sprach Cicero so erfolgreich, dass Verres' erfahrene Verteidiger – Hortensius und Catulus – ihm bereits nach der ersten Anklagerede angesichts der erdrückenden Beweislast rieten, nach Massalia (Marseille) ins Exil zu flüchten. Der spektakuläre Erfolg in diesem Verfahren hatte den Ruf Ciceros als herausragender Redner begründet und unzweifelhaft die Basis für seinen weiteren politischen Aufstieg gelegt.

Auch wenn die Ausgangslage für einen Fürsprecher des Pompeius vier Jahre später (im Jahr 66 v.Chr.) günstig sein mochte, so stellte dieser oratorische Auftritt für Cicero dennoch eine gewaltige Herausforderung dar: Wie bereits der Antrag des Gabinius aus dem Vorjahr stieß auch der Antrag des Volkstribunen Manilius auf starken Widerstand im Senat, als dessen Vertreter auch hier die berühmten Redner Hortensius und Catulus in Erscheinung traten, die Cicero wiederum, was man dem Text anmerkt, nicht unnötig verärgern wollte.

Mit der Rede gelang ihm das Kunststück, eigentlich konträre Interessen miteinander zu verbinden: Dem äußeren Anschein nach sprach er eindeutig gegen Lucullus, dem das militärische Kommando in Asia bereits entzogen worden war, und zugunsten der politischen Ambitionen des übermächtigen Pompeius und damit zugleich gegen die Kräfte im Senat, die Lucullus unterstützten. Deshalb meinte man häufig, eine spätere Wandlung Ciceros in seinem Verhältnis zu Lucullus und anderen sogenannten Optimaten konstruieren zu müssen. Eine genaue Betrachtung des Textes lässt freilich erkennen, dass Cicero den Licinier keineswegs herabsetzte, sondern ihn, soweit es ihm möglich war, in Schutz nahm. In meisterhafter Rhetorik verstand er es, die heikle Aufgabe zu bewältigen. Weder stellte sich Cicero auf die Seite des Senats noch auf die der Ritter, die im Zuge des durch Lucullus verlängerten Kriegs und der damit verbundenen Belastungen für die kleinasiatischen Städte gewichtige finanzielle Einbußen hinnehmen mussten, noch vertrat er ausschließlich die Sache des Pompeius. Vielmehr blieb er in seiner Rede kalkuliert zweideutig, so dass es ihm gelang, dank der verbindenden Formel vom »gesamten römischen Volk« (*universus populus Romanus*)[85] die eigentlich entgegengesetzten Standpunkte miteinander in Einklang zu bringen. In dieser wie auch in anderen Reden warb er für die Fortführung der traditionellen Senatsherrschaft, die er nur durch eine feste politische Allianz von Senat und italischer Ritterschaft gewährleistet sah.

In der Einleitung der Rede (*exordium*), die schnell zu einer rhetorischen Musterrede für das Auftreten vor dem Volk avancierte, bemüht sich Cicero zunächst darum, die Aufmerksamkeit des Publikums zu gewinnen und für eine möglichst wohlwollende Stimmung zwischen ihm als Redner und den versammelten Bürgern Roms zu sorgen. Nach der Vorstellung der eigenen Person führt Cicero in die Thematik der Kriegführung gegen Mithridates und die aktuelle Problemlage bis zur Situation nach Abzug des Lucullus ein. Dabei vergisst der Redner nicht zu erwähnen, dass Pompeius bereits in Spanien im Kampf gegen Sertorius über weitaus größere finanzielle und militärische Ressourcen verfügte als sein Vorgänger. Daraufhin attestiert er Lucullus nicht bloß *fortuna*,

Abb. 10: Die Marmorbüste zeigt Marcus Tullius Cicero (106–43 v.Chr.) als erfahrenen Politiker und Konsular mit fülligem Gesicht und in ruhiger, besonnener Haltung.

sondern *virtus*, denn dessen Erfolge seien nicht bloß auf günstige Umstände, sondern auf eine umfassende Vortrefflichkeit zurückzuführen: Geschickt trennt der Redner zwischen den großen und glänzenden Anfangserfolgen, die dieser »ausgezeichnete Mann« (*vir excellens*) erringen konnte, und den jüngsten Ereignissen, die nicht als Versagen des Lucullus betrachtet werden dürften. Durch das rhetorische Geschick Ciceros wird die für Lucullus schmachvolle Abberufung erträglich gemacht, indem er sie als bloß unpassendes Ende eines an und für sich überaus erfolgreichen Feldzugs bezeichnet.

Bevor Cicero auf den bisherigen Kriegsverlauf, auf die vorzeigbaren Erfolge des Lucullus und auf das Anforderungsprofil eingeht, das ein neuer Feldherr erfüllen sollte, erwähnt Cicero die Kräfte, die in Rom maßgeblich die Ablösung des Lucullus betrieben hatten und sich nun vehement für die Entsendung des von ihnen geförderten Pompeius einsetzten – die Steuerpächter, die *publicani*, die vor Ort im hellenistischen Osten die Steuern eintrieben für ihre Auftraggeber, Kapitalgesellschaften und Bankiers aus dem

Stand der Ritter, die kein Interesse daran hätten, dass ein Mann wie Lucullus ihre Gewinnmöglichkeiten erheblich einschränkte.[86] Dabei unterscheidet Cicero bemerkenswert sorgfältig zwischen den sozial höherstehenden und damit auch politisch einflussreichen *publicani*, den großen Geld- und Kreditgebern, und den zahllosen *negotiatores*, den Händlern, die in Asia Handel trieben. Besonders nachdrücklich hebt er die vielfältigen Verflechtungen zwischen den Kapitalinvestitionen in der Provinz Asia und dem Geldmarkt in Rom hervor und fährt dann fort:[87]

»Und auch den Punkt solltet ihr nicht geringachten: [...] er betrifft das Vermögen zahlreicher römischer Bürger. Das solltet ihr, wenn ihr vernünftig seid, Quiriten, genau bedenken. Denn erstens haben die Steuerpächter (*publicani*), sehr angesehene und vermögende Leute, ihre Gelder und Mittel in dieser Provinz angelegt. Deren Interessen und Verhältnisse müssen um ihrer selbst willen eure Teilnahme erregen. Denn wenn uns die Steuereinnahmen stets als der Nerv des Staates gegolten haben, so dürfen wir mit Recht behaupten, dass der Stand, der sie verwaltet, die Stütze der übrigen Stände sei.
Da sind zweitens Angehörige der übrigen Stände, tüchtige und fleißige Leute; sie treiben zum Teil selbst in Asien Handel, und ihr müsst euch in ihrer Abwesenheit um sie kümmern; teils haben sie beträchtliche Kapitalien in dieser Provinz angelegt. Ihr seid es demnach eurer Menschlichkeit schuldig, eine große Zahl von Bürgern vor dem Unglück zu bewahren, und eurer Klugheit, einzusehen, dass die allgemeine Wohlfahrt nicht unabhängig von dem Unglück vieler Bürger bestehen kann. [...] Denn glaubt mir, was ihr ja selber seht: das Kredit- und Geldwesen, das in Rom, das hier auf dem Forum seinen Platz hat, ist mit den Kapitalien in Asien verflochten und davon abhängig; jene Kapitalien können nicht zusammenbrechen, ohne dass der hiesige Geldmarkt, von derselben Bewegung erschüttert, in Verfall gerät.«

Auch wenn die starke Betonung der Verknüpfung massiver finanzieller Interessen mit dem Kriegsgeschehen sich letztlich in erster Linie der rhetorischen Strategie Ciceros verdankt, sprach der Redner eine wichtige Problematik an, die der Krise der römischen Republik strukturell zugrunde lag und häufig ausgeblendet bleibt – oftmals in recht einseitiger Fokussierung auf die bloß politische Dimension.

Ausschlaggebend für die Krise der römischen Republik war weniger die Geldgier der Feldherren als vielmehr diejenige ihrer Finanziers und Steuerpächter, die im Hintergrund standen, Allianzen mit Volkstribunen eingingen und dadurch zu Anklagen, Bestechungen oder Verfahrensverstößen bei Wahlen ermunterten.[88] Bei Velleius Paterculus heißt es, selten derart eindeutig und ausdrücklich hervorgehoben, dass Marius »mit Hilfe von Steuerpächtern und anderen Geschäftsleuten in Africa Vorwürfe gegen Metellus erhoben«[89] und auf diese Weise dessen Abberufung vom Kommando erreicht hätte.

Ganz ähnlich verfuhren diese Hintermänner nun auch im Fall des erfolgreichen, aber gegen ihre Interessen agierenden Feldherrn Lucullus: Den Geschäftsleuten war grundsätzlich jede Form der milden Behandlung der griechischen Städte in Asia zuwider, wie sie einige standhafte Magistrate praktizierten.

Die der Provinzialbevölkerung gegenüber wohlwollende und verständnisvolle Haltung des Lucullus erklärt sich nicht aus »einem echten Philhellenismus und ein bisschen Eitelkeit«.[90] Ebenso wenig lässt sie sich darauf zurückzuführen, dass sich in seinen Maßnahmen ein damals aktueller genereller Trend und ein Muster römischer Außenpolitik widergespiegelt hätten.[91] Innerhalb der Senatsaristokratie lässt sich vielmehr im 1.Jh.v.Chr. eine Art »optimatische« Tradition erkennen, die der Ausbeutung der Provinzen und Belastung der Provinzialbevölkerung möglichst enge Grenzen zu setzen suchte. Derartige Bemühungen unternahmen der rechtskundige Quintus Mucius Scaevola (während seines Proconsulats 94/93 v.Chr.), sein Schüler Publius Rutilius Rufus und eben auch Lucullus oder Cicero – sie alle fühlten sich einer Sache, der Fortführung der Senatsherrschaft (*res publica*), verpflichtet, die sie als gefährdet ansahen, wenn sie ihre Fürsorgepflicht als Patrone gegenüber der Provinzialbevölkerung nicht ernst nahmen und tatenlos zusahen, wie verschiedene Statthalter – im Verbund mit Geschäftsleuten und Steuerpächtern – die Provinzen über Gebühr auspressten und so den guten Ruf der römischen Oberherrschaft langfristig aufs Spiel setzten.

Zur Durchsetzung ihrer Interessen wurden von Rittern und Steuerpächtern die Repetundenverfahren politisch instrumentalisiert: Dies gipfelte im Jahr 92 v.Chr. in dem skandalösen Prozess gegen Publius Rutilius Rufus, der als Legat des Quintus Mucius Scaevola die Provinz Asia vorbildlich verwaltet und die Provinzialbevölkerung gegenüber unverschämten Forderungen der *publicani* immer wieder geschützt hatte. Wegen illegaler Erpressung wurde der rechtschaffene Rutilius verurteilt; daraufhin ging er nach Kleinasien in die Verbannung.[92] Dieser zweifelhafte Erfolg ermunterte verschiedene Volkstribune zu weiteren Anklagen, welche die Patrone der Provinzialen einschüchtern sollten. Wegen des gleichen Delikts wurde auch der damalige Führer des Senats (*princeps senatus*) Marcus Aemilius Scaurus angeklagt, später jedoch freigesprochen.

Entsprechend waren die *publicani* auch über die von Lucullus eingeführte Schuldenregulierung in der Provinz Asia empört. Bereits im Jahr 68 v.Chr. hatten sie Kritik am Vorgehen des Feldherrn geübt. Nach der verlustreichen Niederlage des Triarius bei Zela im folgenden Jahr war die ersehnte Gelegenheit gekommen, um die Abberufung des Lucullus lautstark zu fordern. Seine Erfolge wurden von dem düsteren Szenario überdeckt, das die römische Finanzelite mit Hilfe ihres politischen Sprachrohrs, des Volkstribunen Gabinius, populistisch ausmalte: Das verbündete Kappadokien werde bald erobert, Bithynien gebrandschatzt und Asia erneut von Mithridates heimgesucht.[93]

Anders als die Diffamierungen der Bankiers bemühte sich

Cicero erkennbar darum, die militärischen Leistungen des Liciniers zu würdigen und sein Ansehen möglichst nicht zu beschädigen. Unter dem Vorwand, er wolle seinem Publikum ja keine Schreckensgeschichte erzählen, deutet er die Niederlage des Triarius nur an und verweist bloß pauschal auf die misslichen Umstände, die zur Abberufung des Lucullus geführt hätten. In den folgenden Abschnitten wird Lucullus von Cicero keineswegs als gescheitert, vielmehr als ein kluger und tapferer Mann und tüchtiger Feldherr charakterisiert (*fortis vir, sapiens homo, magnus imperator*), der Großes geleistet habe, aber nicht groß genug gewesen sei, um den schwierigen und ihm noch schwieriger gemachten Umständen Herr zu werden und den Krieg auch erfolgreich zu beenden. Diese durchaus positive Einschätzung der Leistungen des Lucullus stand offenbar in Einklang mit der öffentlichen Meinung in Rom, ohne dass sich die versammelten Bürger um die näheren Umstände der Weitergabe des Kommandos an Pompeius und das Schicksal des abberufenen Feldherrn bekümmert hätten.

Während Pompeius den Krieg im Osten gegen den pontischen und den armenischen König dank eines riesigen Heeres zu einem erfolgreichen Ende führte, segelte Lucullus als Leidtragender der innerrömischen Intrigen im Sommer 66 v.Chr. mit 1600 Männern – dem kleinen Truppenkontingent, das ihm für den Triumphzug zugestanden worden war – von Ephesos, von der Residenz des traditionell dort residierenden Statthalters, zurück nach Italien. Mit dem Entzug des Kommandos fühlte er sich um die Früchte seiner Erfolge beraubt und den Interessen des Pompeius und seiner Unterstützer geopfert.[94] In Kleinasien und andernorts in der griechischen Mittelmeerwelt werden Lucullus viele Städte und Herrscher nachgetrauert haben.

Vergleicht man die Ehrungen rein zahlenmäßig mit denjenigen, die später, seit 65 v.Chr., für seinen Rivalen und Nachfolger Pompeius im hellenistischen Osten seitens der Städte beschlossen wurden, so hat es zunächst den Anschein, als ob Pompeius weitaus stärker bedacht worden wäre. Bei näherer Betrachtung lässt sich jedoch feststellen, dass nahezu die Hälfte der für Pompeius bezeugten Ehrungen offenbar nur aus einem einzigen heiligen Bezirk (*temenos*) stammen, der dem Kult des Pompeius in Mytilene diente. Die kleindimensionierten Basen trugen ungewöhnlich kleine Statuen.[95] Seine Einrichtung verdankte der Herrscherkult wahrscheinlich der Initiative eines Einzelnen; denn die Stadt war die Heimat des Redners, Politikers und Gelehrten Theophanes, der damals nicht nur ein enger Vertrauter des Pompeius und ein von ihm geschätzter Ratgeber wurde.

Der Honoratior aus Lesbos diente seit 67 v. Chr., als Pompeius Mytilene zum Stützpunkt seiner Flotte gewählt hatte, dem Römer als Berater und Künder seines militärischen Ruhms. Als hochgestellte Persönlichkeit aus Mytilene verfügte er zudem über vielfältige und weitreichende Verbindungen im kleinasiatischen Küstenraum. Bei Beratungen hatte das Wort des Theophanes großes Gewicht, denn bei der Schilderung interner Diskussionen im Feldherrenrat (*consilium*) des Pompeius wird der Mann aus Mytilene mehrmals ausdrücklich als Ratgeber aufgeführt. Theophanes hielt sich spätestens seit 67 v. Chr., also für die gesamte Dauer des Kampfes gegen die Seeräuber und des Feldzugs im Osten, an der Seite des Pompeius auf. Daher spricht einiges dafür, ihn als den eigentlichen Kopf, gewissermaßen den *spiritus rector*, des Ostfeldzugs anzusehen, da Pompeius bis dahin über keinerlei Erfahrungen in der hellenistischen Welt und offensichtlich auch nur über geringe Kenntnisse auf dem Feld der griechischen Kultur und Literatur verfügte. Auch nach der Beendigung des Feldzugs begleitete Theophanes Pompeius nach Rom und blieb auch während des Bürgerkriegs an seiner Seite.[96]

Der prominente Mytilener behandelte Pompeius gemäß der Tradition des Umgangs mit hellenistischen Herrschern im Osten. Nach der Eroberung Syriens und dem endgültigen Sieg über Mithridates betrachtete Theophanes den römischen Eroberer, was dessen Machtfülle betraf, zu Recht als einen Mann vom Rang eines Diadochen, wenn nicht sogar eines Alexander, so dass er es als an-

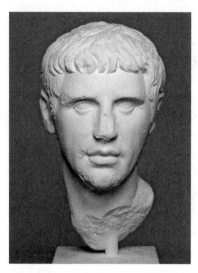

Abb. 11: Dieser Gipsabguss des Archäologischen Instituts Göttingen zeigt Theophanes von Mytilene. Durch den Vergleich mit Münzabbildungen konnte der in seiner Heimatstadt gefundene Marmorkopf mit dem Lokalpolitiker, griechischen Historiker und Freund des Pompeius identifiziert werden. Durch die Fürsprache des Theophanes erhielt Mytilene, das sich in den Mithridatischen Kriegen dem pontischen König angeschlossen hatte, wieder den Status einer freien Stadt zugesprochen.

gemessen empfand, seinen Patron mit göttergleichen Ehren zu bedenken und ihm zum Dank ein Fest, Opfer und dauerhaften Kult in Mytilene einzurichten.[97] Der Großteil der darüber hinaus für uns noch fassbaren Ehrungen des Pompeius stammt bemerkenswerterweise vor allem aus Städten in Kilikien und Syrien, die sich ihm unterworfen oder aus freien Stücken angeschlossen hatten und in denen er von ihm begnadigte Seeräuberverbände angesiedelt hatte. Dass demgegenüber aus kleinasiatischen Städten nur vergleichsweise wenige Ehrungen für Pompeius bekannt sind, ist vielsagend. In der Provinz Asia war der persönliche Einsatz des Lucullus für die Belange der Städte vielerorts gewürdigt worden. Hier blieb er durch die Ehrungen als Befreier und Wohltäter noch für lange Zeit in guter Erinnerung.

4

ZURÜCK IN ROM: POLITIK, TRIUMPH UND ERLESENE GENÜSSE

Ökonomie des Luxus

Der Kauf und Umbau mehrerer, ungemein aufwendig gestalteter Villenanlagen und der kostspielige Lebensstil des Lucullus, der sich nicht in kulinarischen Genüssen erschöpfte, sondern auch den Import erlesener Marmorsorten und den Erwerb und Pflege exotischer Fische, Vögel, Pflanzen, wertvoller Gemälde und die Statuen einschloss, setzte ein außerordentlich großes Vermögen voraus. Leider ist nichts über die Grundlagen des extremen Reichtums des Liciniers bekannt. Immerhin lassen sich einige begründete Vermutungen über die Herkunft seines Vermögens anstellen: Bereits vor seiner Zeit als Feldherr im Osten wird Lucullus das vom Vater ererbte Vermögen stark vermehrt haben, denn er wird für die Zeit, als er Quästor und Proquästor gewesen war, für die effiziente Organisation des Feldzugs, die erfolgreiche Sammlung und Führung einer Flotte und die loyale Unterstützung der innenpolitischen Restauration sicherlich durch Sulla reich belohnt worden sein.

Einen indirekten Hinweis auf seinen bereits zum damaligen Zeitpunkt großen Reichtum gibt sein Verzicht auf Mitgift und Erbe bei der Heirat der Clodia.[1] Dies wird durch andere Nachrichten bestätigt: Mit einem gewissen Stolz wies er das finanzielle Unterstützungsangebot des Senats zurück. Der Feldzug gegen Mithridates und Tigranes sollte die Staatskasse nicht belasten. Durch die Übernahme der Vormundschaft über Sullas Kinder Faustus (vor 86–46 v.Chr.) und Fausta (vor 86 v.Chr.–?) erhielt er sicherlich auch einen Teil der Erbschaft. Seine allseits bekannte Großzügig- und Freigiebigkeit (*liberalitas*) und seine Wohltaten gegenüber den ihm Anvertrauten (*beneficia in suos*)[2] werden sich in vielen Fällen für ihn über die Jahre hinweg ausgezahlt haben. Nach römischem Klientelverständnis war derjenige, der große finanzielle Wohltaten empfangen hatte, moralisch dazu verpflichtet, seinem Patron im Fall des eigenen Todes sein Erbe zumindest zu einem großen Teil testamentarisch zu hinterlassen. Auf diese Weise dürfte sich das Vermögen des Liciniers durch Erbschaften von Freunden und Klienten ohne sein Zutun Jahr für Jahr erheblich vergrößert haben.[3]

Eine weitere, sicherlich nicht unbedeutende, aber in der Höhe kaum quantifizierbare Einnahmequelle war der Anteil an der Kriegsbeute (*praeda/manubiae*). Aufgrund ihrer absoluten Befehlsgewalt (*imperium*) hatten die römischen Feldherren grundsätzlich das Recht, die mobile Beute in ihrem Sinne aufzuteilen und festzulegen, welche Anteile daran ihnen selbst, den Offizieren, Soldaten, der Staatskasse (*aerarium*) und den Göttern zukommen sollten. So frei sie in der Aufteilung auch sein mochten, so gebunden dürften sie sich in der Regel an die Erwartungen ihrer Soldaten, Klienten und senatorischen Standesgenossen gefühlt haben. Demzufolge dürfte der eigene Anteil des Feldherrn nicht den größten Teil der Beute ausgemacht haben.[4]

Darüber hinaus verfügten die beiden Luculli aufgrund ihrer umfassenden Bildung über tiefergehende Kenntnisse in sämtlichen Gattungen der künstlerischen und kunsthandwerklichen Produktion. Diese werden Lucullus und seinem Bruder dabei geholfen haben, unter den potentiellen Beutestücken Spitzenstücke aus den eroberten Städten und Heiligtümern zu erkennen und diese zum Transport nach Rom auszuwählen. Ebenso verhielt es sich mit den Materialien: Es ist vorstellbar, dass sich Lucullus durch wiederkehrende Besuche von und Gespräche mit Gemmenschneidern, Bild-

hauern, Steinmetzen, Malern und Architekten im griechischen Osten über die verwendeten Gesteinssorten oder Farben oder Werkstoffe detaillierte Kenntnisse aneignete und für den kalkulierten, auf ökonomischen Gewinn orientierten Erwerb von und Handel mit Kunstschätzen aller Art und Baudekoration einsetzte.[5]
In Analogie zu dem für ihn äußerst einträglichen Handel mit seltenen Meeresfischen wird man voraussetzen dürfen,[6] dass Lucullus mit ähnlich großem wirtschaftlichen Erfolg mit erlesenen Marmorsorten, Kunstwerken, Pflanzen und sonstigen Tieren handelte, Luxusgüter in großem Stil nach Rom und Italien einführte,[7] verkaufte und dadurch neue Genüsse und Moden etablierte, von denen er selbst wiederum am stärksten profitierte, denn ein großer Teil der Senatsaristokratie und Ritterschaft wollte ihn nachahmen und zumindest nicht gänzlich hinter den Standards seines luxuriösen Ambientes zurückbleiben. Mit seinen Villen repräsentierte er das höchste Niveau eines verfeinerten Lebensstils. Bedingt durch die unbarmherzige senatorische Konkurrenz, die sich auch auf den Bereich der Villenkultur erstreckte, wurde innerhalb der Führungsschicht stets der Vergleich angestellt, in welcher Form man den eigenen herausragenden Status sichtbar machte. Unwillkürlich stand jeder Senator und Ritter, was die Größe, Ausstattung und Lage seiner Villen betraf, in Konkurrenz zu den Standesgenossen. Der Lebensstil des Lucullus hatte auf mehreren Feldern des Luxus die Ansprüche in die Höhe schnellen lassen und die diesbezüglichen Maßstäbe grundlegend verschoben.

Lucullus stellte unter seinen Zeitgenossen sicherlich den höchsten Maßstab dar, was Speisen, Luxusgüter und Villenausstattung betraf. Seine Villen sollte man nicht als Rückzugsorte in ein ruhiges, ungestörtes Privatleben voller Genüsse verstehen. Eher ist das Gegenteil zutreffend: Lucullus stellte seine ästhetischen Ansprüche zur Schau und setzte die Maßstäbe in ästhetischer und kunsthandwerklicher Hinsicht, indem er seinen Gästen und Freunden die prächtigsten Kunstwerke und am raffiniertesten ausgeführten Möbelstücke, prachtvolle Gärten oder Tiergehege vor Augen führte, sie ihnen erklärte und sie an seiner umfassenden Kennerschaft ausgiebig teilhaben ließ. Die Villen waren gleichsam seine »Showrooms«, die architektonische Ausstattung der Innenräume und Außenanlagen, das Mobiliar, die Unterhaltungsangebote oder die erlesenen Speisen – all dies übertraf die gewöhnlichen Maßstäbe an Prachtentfaltung und Raffinesse bei weitem.[8] In seinen Villen demonstrierte er seinen Standesgenossen im wahrsten Sinne des Wortes die verschiedensten Spielarten seines extravaganten Geschmacks und wohlreflektierten Luxus, der sie beeindruckte, um den sie ihn beneideten und den sie argwöhnisch beäugten. Dies wird der hauptsächliche Grund dafür gewesen sein, dass Lucullus bereits unter seinen Zeitgenossen eine solche Berühmtheit auf dem Feld der ästhetischen und kulinarischen Genüsse erlangte. Durch Missgunst und Neid seiner politischen Gegner wurde daraus das Zerrbild eines resignierten Prassers und sinnlosen Verschwenders konstruiert. In dieser Schwundstufe ging er in die allgemeine Erinnerung ein: Als Mann, der die Süßkirsche aus Kerasos an der südlichen Schwarzmeerküste nach Italien und Westeuropa gebracht hatte, und nicht als erfolgreicher Feldherr und Politiker, der um die Freiheit der Republik gekämpft hatte.

Was die kulinarischen Genüsse des Lucullus betrifft, so gibt es letztlich nur anekdotische Erzählungen, die uns vermeintlich über die Gewohnheiten des Liciniers beim Speisen unterrichten, tatsächlich jedoch eher die Funktion besessen haben dürften, seine Verschwendungssucht zu illustrieren und Maßlosigkeit und Wahnwitz seines luxuriösen Lebensstils herauszustellen. Sie tadeln die sinn- und maßlose Prasserei eines ehemals verdienten Mannes und stellen ihn in seiner charakterlichen Schwäche dar: als eigentümlichen und eigensinnigen Verschwender, der seinen Ruf nur noch aus seinen kulinarischen Extravaganzen bezog, sich weitgehend aus der politischen Praxis zurückgezogen hatte und nun ungehemmt seinen Genüssen frönte.

Abgesehen von den ungeheuren Kosten, welche die überaus noble Küche verursachte, spiegeln sich in diesen Geschichten zumindest die Vielfalt der Tischspeisen, der Variantenreichtum ihrer Zubereitung und die fein aufeinander abgestimmten Abfolgen wider. Darüber hinaus tritt deutlich hervor, was bereits in kleineren Villen wie der Mysterienvilla in Pompeji anschaulich wird – dass die damalige ritterliche und senatorische Oberschicht gerne die Speisesäle wechselte und nicht bloß über einen Hauptspeiseraum verfügte.[9] Dies war allgemeine Praxis, Lucullus stach hier gar nicht einmal hervor. Was ihn allerdings auszeichnete und ihn zum Repräsentanten der *luxuria* werden ließ, ist der kalkulierte, wohlüberlegte Genuss, der höchste Ansprüche ebenso an seine Köche stellte wie an seine Gärtner, Tierpfleger und -züchter oder Verwalter seiner Kunst- und Büchersammlung. Ebenso erlesen wird man sich das Mobiliar seiner Villen vorstellen dürfen.

Dass Lucullus nicht als gedankenloser Schlemmer missverstanden werden darf, sondern als nüchtern kalkulierender, profitorientierter Kenner – darauf weisen schon die gewaltigen Summen hin, die nach seinem Tod mit dem Verkauf seltener Arten von Meeresfischen erzielt worden sind. Nicht weniger intensiv scheint er sich mit der Züchtung von Vögeln beschäftigt zu haben. Mit seiner Person war insbesondere die Züchtung von Wacholderdrosseln oder Krammetvögeln verbunden. Diese wurden von ihm in großen Mengen gehalten und systematisch mit Weintrauben und Beeren gefüttert, so dass ihr Fleisch besonders schmackhaft wurde. Eine von Plutarch angeführte Anekdote verrät, dass er mit ihnen handelte und unabhängig von der Jahreszeit auch quantitativ große Anfragen solch gemästeter Drosseln bewältigen konnte.[10] In ähnlich unternehmerischer Weise wird Lucullus Handel mit erlesenen Marmorsorten aus dem hellenistischen Osten betrieben haben, zumal er nach wie vor in der gesamten griechischen Welt enge Kontakte gepflegt haben und gleichermaßen bekannt wie beliebt in der Provinz Asia wie auch auf Delos, Rhodos oder in Athen und Alexandria gewesen sein dürfte.

Angeklagt von Gaius Memmius

Während die Lebensgeschichte des Lucullus von seinem kaiserzeitlichen Biographen Plutarch bis zur Abberufung vom Kommando gegen Mithridates vergleichsweise ausführlich dargelegt ist, bricht die Schilderung der nachfolgenden zehn Jahre bis zum Tod unseres Protagonisten weitgehend ab. In der Vita des Pompeius berichtet Plutarch zwar von einem »warmherzigen Empfang«, den der Senat Lucullus bei seiner Ankunft in Rom bereitet haben soll.[11] Ob er die Ereignisse jedoch korrekt darstellt, bleibt fraglich. Mit seiner Aussage bezieht er sich vermutlich auf die Zeit unmittelbar nach der Rückkehr des Liciniers nach Rom und auf die Worte, die ihm einige politisch nahestehende Senatoren zur Ermutigung zusprachen.[12]

Zu den ersten Entscheidungen, die Lucullus nach seiner Ankunft in der Hauptstadt traf, zählte die Trennung von seiner Frau Clodia, der er vorwarf, in seiner Abwesenheit Ehebruch begangen zu haben. Hinter diesem allgemein gehaltenen Trennungsgrund stand das in den feinen Kreisen gerne weitergereichte Gerücht, Clodia habe mit ihrem Bruder Publius Clodius Pulcher eine inzestuöse Beziehung gepflegt. Dessen Wahrheitsgehalt ließ Lucullus, nachdem er umfangreiche Nachforschungen angestellt hatte, vor Gericht durch eine seiner Sklavinnen bezeugen, die ihre Aussage durch einen Eid bestätigte.[13] Ausschlaggebend für die sofortige Scheidung wird vor allem der Umstand gewesen sein, dass Clodias Bruder die Meuterei im Heer des Lucullus angestiftet und damit seinen Teil zur Abberufung vom Kommando beigetragen hatte. Zur politischen Konstellation nach seiner Rückkehr passt es bestens, dass Lucullus sich wohl bereits kurze Zeit darauf mit Servilia verband, einer Nichte des jüngeren Marcus Porcius Cato.[14]

Den Wiedereintritt der beiden Licinier in die römische Öffentlichkeit – auch Marcus Lucullus war als einer der zehn Kommissare des Senats aus dem Osten zurückgekehrt – nutzte der aus plebeischer Familie stammende, gleichermaßen ehrgeizige wie hochgebildete Volkstribun Gaius Memmius, um die Lucullus-Brüder

»aus Gefälligkeit gegenüber Pompeius«[15] in zwei getrennten Verfahren anzuklagen. Die Skrupellosigkeit und der Opportunismus des Memmius, der sich erst kurz zuvor Pompeius angedient hatte, wird die Brüder überrascht haben, da er sechs Jahre zuvor (um 72 v.Chr.) die 15-jährige Fausta Cornelia, die Tochter Sullas, geheiratet hatte, wofür er die Zustimmung ihres Vormunds Lucullus hatte einholen müssen.

Gaius Memmius – der spätere Prätor des Jahres 58 v.Chr. – wies einen bemerkenswerten Lebenslauf auf. Seinen politischen Aufstieg verdankte er wesentlich Sulla und stand dessen Familie und Anhängern auch in der Folgezeit zunächst nahe, wie seine Heirat der Fausta Cornelia zeigt. Memmius war ein begabter Redner, der eine Vorliebe für zeitgenössische Dichtung und Dichter besaß. Die besondere Wertschätzung literarischer Betätigung belegen seine eigenen poetischen Versuche – so sind von ihm einige erotische Gedichte bezeugt[16] –, aber auch der Umstand, dass er 57 v.Chr. während seiner Statthalterschaft in Bithynien und Pontos die beiden jungen, miteinander befreundeten Dichter Gaius Helvius Cinna und Gaius Valerius Catullus in seine Leibgarde (*cohors praetoria*) aufnahm, auch wenn sich Catull später von der Amtsführung seines Gönners wenig erfreut zeigte.[17]

Berühmt geworden ist Memmius durch seine Freundschaft zu dem epikureischen Dichter Titus Lucretius Carus – im Deutschen besser unter dem Namen Lukrez bekannt –, dessen Lebenszeit nur grob auf die erste Hälfte des 1.Jh.s v.Chr. bestimmt werden kann. Die beiden waren vermutlich Altersgenossen, und den Dichter verband offenbar mit dem Politiker, wie sich später aus der Interpretation seines Werkes ergeben wird, mit Memmius eine populare Grundhaltung. Das Volkstribunat im Jahr 66 v.Chr. war die erste für uns gut fassbare politische Station des Memmius. Das Amt nutzte er, um sich politisch zu profilieren[18] und gegen die beiden Luculli Anklage zu erheben, um damit – im Sinne des Pompeius – den Triumph des Lucullus zu verhindern. Dadurch wurde Memmius zum politischen Gegner der Lucullus-Brüder und machte sich auch den jüngeren Marcus Porcius Cato und den großen Redner Hortensius zum Feind.

Memmius klagte zunächst Marcus Lucullus höchst fragwürdig wegen Vergehen an, die dieser angeblich über 20 Jahre zuvor als Quästor und Proquästor (86–83 v.Chr.) und Handlanger Sullas im Bürgerkrieg und während des Ersten Mithridatischen Krieges begangen hätte.[19] Entgegen der vermutlichen Erwartung des Memmius verzichtete jedoch Lucius Lucullus darauf, seinem Bruder vor Gericht beizustehen. Da er als Imperiumsträger, der auf einen Triumph wartete, die sakralrechtliche Grenze der Stadt (*pomerium*) nicht überschreiten durfte, hielt er sich weiterhin vor Roms Mauern auf.

Nachdem der ersten Klage kein Erfolg beschieden war, hetzte der Volkstribun gegen Lucullus selbst und erhob auch gegen ihn Anklage wegen Unterschlagung und unangemessener Verlängerung des Krieges,[20] um ihm damit vor allem die Berechtigung zum Triumph für die Siege über den pontischen und den armenischen König zu nehmen. In dieser Prozessrede griff er nicht nur Lucullus,[21] sondern auch den mit ihm erst kürzlich verschwägerten Marcus Porcius Cato an, den anderen republikanisch gesinnten Wortführer, über dessen angebliche permanente nächtliche Trunksucht Memmius spottete.[22] Der rednerisch talentierte Cato unterstützte den angegriffenen Licinier bereitwillig. Auch wenn er – aus Altersgründen – zu Beginn des Jahres 66 v.Chr. noch nicht an dessen Verteidigung beteiligt gewesen sein kann, wird er doch bereits zu dieser Zeit zu den politischen Unterstützern des Lucullus gehört haben. Insbesondere verband Cato mit Lucullus der gemeinsame Kampf gegen die übermächtige Stellung des Pompeius.[23]

Dass Lucullus in Asia zwischen römischen und provinzialen Interessenslagen vermittelt, als Feldherr Siegesdenkmäler in Armenien nahe der parthischen Grenze aufgestellt, die Städte Tigranokerta und Nisibis erobert und Mithridates seit 74 v.Chr. mehrfach geschlagen hatte, war bereits in den Hintergrund getreten und sollte damals nicht mehr erinnert werden. Die Anklage des Memmius scheiterte jedoch: Die Richter sprachen Lucullus, der weiterhin geduldig vor der Stadtgrenze ausharrte, ebenfalls frei.

Schließlich wurde noch ein weiteres Mitglied aus dem mit Lucullus verbundenen Kreis zum Ziel der Angriffe der Anhänger des Pompeius: Quintus Caecilius Metellus Creticus. Ganz ähnlich wie Lucullus hatte auch er sehr lange Zeit auf seinen Triumph warten müssen; denn er hatte sich den Anordnungen des Pompeius im Kampf gegen die Seeräuber auf Kreta widersetzt. Der Konflikt zwischen den beiden Imperiumsträgern verdankte sich dem verfassungsrechtlich heiklen Beschluss der *lex Gabinia*, die Pompeius ein den gewöhnlichen Imperiumsträgern übergeordnetes Kommando für den Kampf gegen die Seeräuber (ein *imperium extraordinarium*) zugesprochen hatte. An und für sich gab es nämlich keine Möglichkeit, einem Proconsul wie Metellus Creticus Befehle zu erteilen. Daher musste er sich nach Abschluss seiner Mission (64/63 v.Chr.) bis 62 v.Chr. gedulden, bis ihm endlich ein Triumph zuerkannt wurde. Erst nach der Niederschlagung der Verschwörung des Catilina wurde ihm zugestanden, einen solchen Zug durch das Zentrum Roms zur Feier seiner Siege abzuhalten – jedoch auch nur in eingeschränkter Weise, weil ihm verweigert wurde, die gefangenen gegnerischen Anführer im Zug mitzuführen, da deren Präsentation bereits im Zug des Pompeius vorgesehen war.[24] Diese schwere Demütigung dürfte maßgeblich dazu beigetragen haben, dass sich die Opposition des Creticus gegen Pompeius nochmals erheblich verschärfte.

Die Prachtvilla auf dem Pincio

Auch wenn die Anklagen der Anhänger des Pompeius gescheitert waren, führte dies nicht zur erhofften schnellen Zuerkennung eines Triumphes für Lucullus. Wie Creticus war er als Feldherr gezwungen abzuwarten, bis sich im Senat eine Mehrheit fand, die ihm einen Triumph zubilligte. Da es nach sakralrechtlicher Auffassung grundsätzlich niemandem gestattet war, Rom mit einem Heer und im Besitz eines militärischen Kommandos zu betreten, bedurfte es eines Senatsbeschlusses, der es einem Feldherrn, sofern es sich um einen außergewöhnlichen Sieg handelte, ausnahmsweise zugestand, im Besitz seiner Befehlsgewalt (*imperium*) zu bleiben und seine Soldaten in Waffen zum Zweck der Abhaltung eines Triumphzuges in die Stadt zu führen. Hätte Lucullus die Stadt ohne einen solchen Beschluss betreten, so hätte er seine absolute Befehlsgewalt, sein *imperium* und damit auch seinen Anspruch auf einen Triumph verloren. Aus diesem Grund hielt sich der Licinier nach seiner Rückkehr aus dem Osten für drei Jahre dauerhaft jenseits der alten, sakralen Stadtgrenze auf. Die Zeit des Wartens nutzte Lucullus, um auf dem Pincio und in Kampanien mehrere Grundstücke und Villen in spektakulärer Lage zu kaufen und nach seinen Vorstellungen aus- und umzubauen. Die Bauarbeiten auf dem oberhalb vom Marsfeld gelegenen Pincio-Hügel in Rom zogen sich nach der Ankunft des Bauherrn mehrere Jahre hin (von 66–60 v.Chr.).

Der Neubau der Villenanlage des Lucullus symbolisierte paradigmatisch die in jeder Hinsicht herausgehobene Stellung der Senatorenschaft und zugleich deren seit der Mitte des 2.Jh.v.Chr. extrem gestiegenen Ansprüche an privater Prachtentfaltung, was kulinarische Genüsse, Kleidung, Wohnraum, Unterhaltung und Kultur betraf. Da ihm die Anlage auf dem Pincio aus persönlicher Anschauung bekannt war, ist vorstellbar, dass der Dichter Lukrez persönliche Eindrücke und Erinnerungen in seinem großen Lehrgedicht »Über die Natur der Dinge« (*de rerum natura*) einfließen ließ.

Bemerkenswerterweise war Lukrez mit Gaius Memmius eng verbunden, der hochgebildet war und eigene Liebesgedichte schrieb.[25] Zudem zählten beide zum Kreis der Epikureer in Rom. Die langjährige Freundschaft veranlasste Lukrez dazu, das Lehrgedicht Memmius zu widmen.[26] Mit dieser Schrift wollte der epikureische Dichter vor allem Anhängern der platonischen Akademie – wie Lucullus und Cicero – oder des aristotelischen Peripatos unter den Senatoren die Stirn bieten und die immer wieder gegen Epikur und seine Lehre von der Natur vorgebrachten Einwände theoretisch entkräften.

Besonders die Eingangsverse des zweiten Buches lassen sich plausibel auf die Villa des Lucullus beziehen. In ihnen thematisiert der Dichter die Wahrnehmung fremden Leids in den eigenen Gedanken und Empfindungen.

Zugleich spiegeln sich darin die Vorbehalte von damaligen Epikureern wie Lukrez und Memmius – generell gegenüber dem Kreis der traditionellen Führungsschicht, auf die im Gedicht pauschal als Kreis der Vornehmen (*nobilitas*) verwiesen wird, und im Besonderen gegenüber Lucullus und seinem ungeheuren Reichtum, der in der Neugestaltung des Hügels mit seinen gewaltigen Substruktionen, Treppen- und Terrassenanlagen einen sinnfälligen Ausdruck fand.

Der zur Schau gestellte monumentale Luxus der stadtrömischen Villen und ihrer Pendants vor allem an der Küste Kampaniens, der sich jedem Betrachter allein schon durch die exponierte Lage an den Hängen des Palatins, des Pincio in Rom oder am Golf von Neapel – mit exquisitem, ungestörtem Ausblick auf Meer, Marsfeld oder Hauptstadt – unmittelbar erschloss, empfand Lukrez als aufdringlich und unangemessen. Der luxuriösen Maßlosigkeit und Genusssucht der Führungsschicht hält der Dichter die Schlichtheit und Anspruchslosigkeit der epikureischen Lebensweise entgegen, die ihren Anhängern zu lernen lehrte, die wahren und rechten Genüsse von den falschen zu unterscheiden. Dabei wird mehrmals das Bild einer prächtigen Villenanlage evoziert:[27]

»(1–13) Wohlig ist's, wenn die Stürme auf hohem Meer die Fluten aufwühlen, vom Land aus zuzusehen, wie sich dort ein anderer abmüht – nicht, weil es ein angenehmes Vergnügen bereitet, wenn ein anderer sich quält, vielmehr ist's angenehm wahrzunehmen, von welchen Übeln man selbst verschont ist.

Wohlig ist's auch, in der Ebene des Krieges gewaltige Kämpfe zu betrachten, so positioniert, dass man sich selbst keinerlei Gefahr ausgesetzt weiß. Nichts aber ist angenehmer, als in wohlgebauten (Anlagen) zu sitzen, hervorgebracht durch das Wissen kundiger Männer, in heiteren Gefilden, und von der Höhe herabzublicken auf das Treiben anderer, wie sie umherirren und blindlings den Weg durchs Leben suchen: [...] (23–28) Willkommener ist's bisweilen und sicher verlangt's die Natur nicht, dass in den Gemächern (dieses Hauses) goldene Statuen, Jünglinge mit brennenden Fackeln in ihrer Rechten,[28] bei nächtlichen Festmählern Licht spenden, auch nicht, dass das Haus von Silber erglänzt oder vom Gold erstrahlt, und auch nicht, dass die (Töne der) Leier widerhallen in weiten Räumen mit goldverzierter Deckenvertäfelung. [...] (34–45) Heftige Fieberanfälle verlassen den Körper auch sicher nicht schneller, wenn man sich in besticktem Brokatkissen und schimmernden Purpurpolstern umherwälzt, als wenn man in ärmlich-plebeischer Decke ruht.[29] Eben weil weder märchenhafte Reichtümer noch Vorrang und Stand noch der Ruhm einer Herrschaft etwas in unserem Körper bewirken, was wirklich heilsam ist – deshalb muss man annehmen, dass all dies auch dem Geist und der Seele nicht zuträglich ist. Oder glaubst du, wenn du deine Legionen siehst, wie sie sich weithin über das (Mars-)Feld verteilen, um Scheingefechte durchzuführen,[30] wenn Du sie – verstärkt durch große Mengen an Hilfstruppen und die gewaltige Macht der Reiterei – im Eilmarsch in die Ferne ziehen lässt, Statuen, mit Waffen gerüstet und gleichermaßen beseelt (für den Kampf in der Schlacht) – glaubst Du wirklich, es würde angesichts dessen und von all dem erschreckt, die abergläubische Furcht in Panik aus deiner Seele entfliehen?«

Die Verse der Vorrede zum zweiten Buch thematisieren eindrücklich die Kluft zwischen der wohltuenden Erkenntnis (*hēdonḗ*) des-

Die Prachtvilla auf dem Pincio 197

Abb. 12: Der Kupferstich von Giovanni B. Piranesi von 1762 zeigt einen Teil der eindrucksvollen Überreste antiker Stützmauern an der Ost- und Nordseite des Pincio-Hügels (*collis hortulorum*).

jenigen, der die epikureische Lehre verinnerlicht hat, und dem unglücklichen Dasein all derjenigen, die dies nicht für sich erkannt und daher weiterhin unnötige Lebensmühen durchzustehen haben. In der Freiheit von körperlichen Schmerzen und der Freiheit der Seele von Sorge und Furcht besteht der Lehre Epikurs zufolge das für jeden Menschen erreichbare persönliche Glück, das grundsätzlich für jeden Menschen zu erreichen sei – auch ohne eine vornehme Herkunft, ohne eine Zugehörigkeit zur vornehmen Gesellschaft (*nobilitas*) und ohne eine glanzvolle militärische oder politische Laufbahn.

Per campos tueri – in der poetischen Fiktion befindet sich der Leser und Betrachter in einer geschützten Position und blickt aus sicherer Entfernung und Höhe auf ein fürchterliches Geschehen, zur See und zu Lande. Wenn man vom Pincio-Hügel auf das Marsfeld und den Tiber hinab in die Weite blickte, ließen sich leicht Schlachtfelder und Übungswettkämpfe (*certamina*) imaginieren. Indem Lukrez Bilder wie diejenigen von der aufgewühlten See und von Schlachtfeldern aufruft, wird zumindest für den zeitgenössischen Betrachter der Bezug zum Lebensgang des Lucullus und zu dessen Bau und späterer stadtrömischer Residenz auf dem Pincio vorstellbar. Bemerkenswert ist an dieser Passage, dass die Perspektive – der Blick aus gesicherter, hinreichend entfernter und geborgener Warte – ausdrücklich angesprochen wird (»positioniert«/ *instructa*): Lukrez wählt den strukturell privilegierten Villenblick und beginnt mit einem Anwesen an der Küste, das in behaglicher Umgebung über alle Annehmlichkeiten verfügt und zugleich den Blick auf das tosende Meer bietet. Zwei Villenbilder werden evoziert und sind ineinander verschränkt – von der Villa am Meer zur Villa inmitten Roms (*urbs*), vom Blick von beiden Villen auf die vor dem Betrachter liegenden unterschiedlichen Szenerien: auf das aufgewühlte Meer und das belebte Marsfeld. Der Blick wird zum Schauspiel des Müßiggängers, der die eigene Geborgenheit, seine Sicherheit und sein Unbeteiligtsein überdenkt, die im Gegensatz zum wilden Treiben des Meeres oder zum schlimmen Schlachten- und Übungsgetümmel steht. Es ist das Schaudern des Betrachters, der nicht zum Voyeur wird, weil er im Akt des Sehens dankbar erkennt, dass er nicht in das Kriegsgeschehen und raue militärische Training involviert ist. Warum ist das Schauspiel so faszinierend? – Diese Frage bewegt den Dichter: nicht aus Schadenfreude am Leid eines anderen, sondern wegen der Gewissheit, dass er im Moment der Betrachtung unbeteiligt sein kann und von den Geschehnissen nicht betroffen ist, die sich unmittelbar vor seinen Augen abspielen. Dies erzeugt in ihm eine angenehme Empfindung, ein Lustgefühl (*hēdonḗ*), das durchaus ambivalent ist.

Ist hier schon der privilegierte, erhöhte und gesicherte Blick ein Thema, so wird dies in den weiteren Versen konkretisiert und auffällig deutlich thematisiert, herausgehoben auch dadurch, dass es das dritte Beispiel ist, das auch sprachlich durch den Superlativ (»nichts süßer«) stark betont ist: *bene munita templa serena* – sorgsam befestigte Bezirke in einer gewissen Höhe, die eine Aussicht erlauben, mithin Bauten oder besser architektonisch gestaltete

Anlagen, die auf einer Anhöhe platziert sind wegen ihrer herausgehobenen Bedeutung, die im religiösen Zusammenhang zu Heiligtümern werden, im profanen zu prächtigen Villenanlagen. Die Architektur der Villenanlage wird durch die Charakterisierung als *serena templa* (»heitere Gefilde«) ebenso thematisiert wie die Gartenanlagen, die sich gerade im Hinblick auf die Villa des Lucullus zusammensetzten aus in Terrassen angelegten Gartenbereichen, Treppenanlagen, Säulenhallen, einer großen Exedra und verschiedenen anderen Baulichkeiten.[31] Insofern scheint der von Lukrez gewählte Begriff *templa* hier durchaus angemessen, sofern der Dichter denn tatsächlich die prächtige neue Anlage des Lucullus im Sinn hatte oder auf diese anspielt, auf abgegrenzte Räume und Bezirke von Menschen, die hoch über den gewöhnlichen Sterblichen – darin den Göttern vergleichbar – thronen und wohnen. Hervorgebracht sind diese *templa* durch die Lehre »kundiger Männer« (*doctrina sapientum*), bei denen es sich um Architekten von Parks und Bauten handeln dürfte.

Die Verse 23 bis 28 greifen die aus Homers *Odyssee* bekannte Episode des Aufenthalts des Odysseus bei den Phaiaken auf, in der von goldenen, Fackeln tragenden Statuen auf Altären die Rede ist.[32] Sie gehen jedoch weit über die Vorlage hinaus, da die Innenräumlichkeiten der hoch über Rom thronenden Villa näher charakterisiert werden: in allen Räumen Ephebenstatuen, überall feinste Ausstattung mit Silber- und Goldhandwerk verziert, die Decken prachtvoll getäfelt. Fackeln erleuchten das nächtliche Treiben in der Anlage auf dem Hügel – die Perspektive hat gewechselt: Nicht von oben hinab, sondern nun von unten hinauf richtet sich der Blick auf die Villa, im Fackellicht wirken die das Feuer haltenden Statuen wie aus Gold. Von unten, aus einer gewissen Entfernung, vermag der beschreibende Autor nur wenig wahrzunehmen: Stimmen und Gelächter der Unterhaltungen beim nächtlichen Fest, auch Kitharaklänge, viel Pracht und Prunk eines Lebens, das – darin den Göttern gleich – keine Zeit und keinen mühevollen Arbeitsalltag kennt und in müßiger Feier die Nacht zum Tag erklärt.

Ab Vers 34 wählt Lukrez erneut die erhöhte Position der Villa, um von einem erhabenen Standpunkt – etwa vom Pincio – den Blick hinab auf das Treiben auf dem Marsfeld zu werfen: Hier betrachtet der Villenbesitzer aus der Ferne die Übungen und Wettkämpfe der Soldaten. Der Reichtum allein ist jedoch nicht imstande, ihm die persönlichen Ängste und insbesondere die Furcht vor dem Tod zu nehmen. Der Blick auf das Treiben unten auf dem Marsfeld, auf das Training und den Wettkampf des Heeres, wird am Ende des ersten Teils des zweiten Buchs nochmals aufgegriffen und dort sogar noch ausführlicher geschildert. Mit zunehmender Entfernung bzw. abnehmender Sichtbarkeit wird das menschliche Treiben unten in der Ebene für den Betrachter weniger beunruhigend. Was aus der Nähe furchterregend wirkt, schmilzt aus der Entfernung zu einem winzigen Farbflecken zusammen, mit abnehmender Sichtbarkeit schwinden mehr und mehr die ängstigenden Vorstellungen – so auch vom Pincio aus:[33]

»In einem anderen Fall füllen im Laufen mächtige Legionen die weiten Ebenen, wenn sie Scheingefechte des Krieges üben,[34] und dort, wo sich der Glanz der Rüstungen bis zum Himmel erhebt und ringsherum die Erde überstrahlt und der Boden hallt wider, wenn sie marschieren, vom Stampfen der Schritte kräftiger Männer, Rufe durchschneiden die Luft, und die Hügel wiederum werfen sie hinauf zum Firmament und seinen Sternen; und plötzlich galoppieren die Reiter um die Flanke, preschen zur Mitte, dass unter ihrem mächtigen Vorstoß die Ebene bebt. Und auch hier: Hoch in den Bergen gibt es einen Ort, von dem aus all das Getümmel in Ruhe scheint, eine schimmernde Masse auf den Feldern.«

Im Rahmen der Schilderung der Kulturentwicklung lässt sich Lukrez dann im fünften Buch nochmals zu einem knappen, aber scharfen Seitenhieb auf den seiner Ansicht nach sinnlosen Hang zum Luxus mancher Zeitgenossen hinreißen. Der epikureischen

Bedürfnislosigkeit, die sich mit dem zivilisatorischen Mindestmaß zufriedengibt, wird der kein Maß kennende luxuriöse Lebensstil der führenden Familien (*nobilitas*) scharf gegenübergestellt, der sich bereits in der üppigen Kostbarkeit ihrer Gewänder mitteilt:[35]

> »Damals waren es die Felle, jetzt das Gold und der Purpur, die das Leben der Menschen rastlos in Sorge halten und durch Krieg in die Erschöpfung treiben. Umso mehr hat sich meiner Meinung nach auf uns die Schuld geladen. Kälte nämlich quälte die nackten der Erde entwachsenen (Menschen) ohne Felle; aber uns verletzt's doch nicht, über keine purpurgesäumte Kleidung zu verfügen, versehen mit großen Figuren aus Gold, solange uns ein ärmlich-plebeisches Gewand zur Hand ist, das vor (der Kälte) schützt.«

Der Bau der großzügigen Villen- und Parkanlage auf dem Pincio war nur das erste große Bauvorhaben, das Lucullus nach seiner Rückkehr aus dem hellenistischen Osten in Angriff nahm und das von seinen politischen Gegnern gerne als Beleg genommen wurde, um ihm ein übermäßig verschwenderisches Leben vorzuwerfen. Die pauschale Diffamierung und Skandalisierung des luxuriösen Lebensstils des Lucullus fiel auf fruchtbaren Boden. Schon in augusteischer Zeit zeigt sich, dass sich das verzerrte Bild von Lucullus verfestigt hatte und in die allgemeine Erinnerung eingedrungen war. Hierfür lässt sich exemplarisch das bei dem alexandrinischen Gelehrten Athenaios (Anfang 3.Jh.n.Chr.) bewahrte apodiktische Urteil des Nikolaos von Damaskos anführen (64–nach 4 v.Chr.). Der Historiker stand nicht nur im engen Austausch mit dem jüdischen König Herodes, sondern auch mit Augustus. In seinem monumentalen Geschichtswerk, das in 144 Büchern eine Weltgeschichte von den Anfängen bis zur Herrschaft des Augustus bot und dessen Leistungen würdigte, bezeichnete Nikolaos Lucullus als denjenigen, der in Rom als Erster jegliche Art des Genusslebens eingeführt habe. Mit seinem Lebensstil nach seiner Rückkehr aus dem Osten, seinen aufsehenerregenden Villenanlagen und Formen des luxuriösen Speisens verkörperte Lucullus für Nikolaos in extremer Weise die endgültige Abkehr der römischen Führungsschicht von der traditionellen, vielfach beschworenen einfachen und bescheidenen bäuerlichen Lebensweise.

100 Jahre später griff Plutarch die Kritik an dem von Lucullus provokant praktizierten verfeinerten Lebensstil dankbar bei der Abfassung seiner Biographie des Liciniers auf, um daraus eine vermeintlich schlimme Wandlung zum Schlechteren, den Abstieg einer bis zu ihrer Abberufung in nahezu jeder Hinsicht vorbildlichen und tugendhaften Persönlichkeit zu einem genusssüchtigen Mann zu konstruieren, der sich aus der Politik zurückgezogen und sich seitdem nahezu ausschließlich seinen kulinarischen Extravaganzen und monströsen Bauprojekten gewidmet hätte.[36] Dieses auf seine Gegner zurückgehende Bild vom genusssüchtigen Schlemmer Lucullus verhinderte auch eine unvoreingenommene Betrachtung der Bauten in der Forschung. So geriet etwa aus dem Blick, dass Lucullus nur ein knappes Jahrzehnt, die Jahre zwischen 66 und 56 v.Chr., zur Verfügung stand, um die Villen in seinem Sinne zu erbauen oder zu erwerben und umzugestalten, mit Gemälden, Statuen, Garten- und Parkanlagen, Tiergehegen und Pflanzungen auszustatten und zu nutzen.

Dabei legte Lucullus keineswegs ein für ihn und seine Zeitgenossen ungewöhnliches Maß an Luxus an den Tag – ein Gaius Iulius Caesar, nur um ein Beispiel anzuführen, war mit seiner unmittelbar am Nemi-See auf dem Territorium des Diana-Heiligtums gelegenen Villa sicherlich nicht weniger extravagant – im Gegenteil: Nach Sueton ließ er die für ihn am Ufer gerade fertiggestellte Villa niederreißen, da sie nicht seinen Wünschen und Ansprüchen entsprach.[37] Wenn man sich schließlich vor Augen führt, welche Art von Villen Lucullus in dieser kurzen Zeit erwarb und erbauen ließ, gewinnt man den Eindruck, dass er sich bewusst auf eine vergleichsweise geringe Zahl von Villen[38] beschränkte, die freilich alle eines gemeinsam hatten: dass sie allesamt an außerordentlich attraktiven, exponierten Stellen lagen und atemberaubende Ausblicke boten. Dies gilt für den Neubau auf dem Pincio, den er auf diese Weise überhaupt erst als Villenstandort für die Hauptstadt erschloss, aber auch für seine drei Villen am Golf von Neapel und diejenigen in Tusculum.

Die Villen des Lucullus und auch die des Quintus Caecilius Metellus hatten, wie der gelehrte Senator Marcus Terentius Varro (116–27 v.Chr.) im Rückblick auf die neu entstandenen Anlagen berichtet,[39] in vielerlei Hinsicht Maßstäbe gesetzt und entsprechend viele Nachahmer innerhalb der damaligen vornehmen Gesellschaft gefunden. Die Offiziere Sullas nutzten als Erste konsequent und in großem Stil die neuartigen Möglichkeiten, den Luxus des hellenistischen Ostens nach Rom und Italien zu bringen und in ihren persönlichen Lebensstil zu integrieren. Maßstab waren nicht länger die schmucklos-bescheidenen, vor allem auf wirtschaftlichen Ertrag und Effizienz ausgerichteten Landgüter der Vorväter, sondern Residenzen hellenistischer Herrscher, deren Schmuck- und Bauformen man aufgriff und in ihrer Größe und Pracht der Ausstattung imitierte. Daraus entwickelte sich im Laufe der nächsten Generation ein gewissermaßen »imperialer Habitus« der vermögenden Schichten Roms, der sich den exquisiten Luxusprodukten des Ostens öffnete und durch den Bau besonders extravagant gestalteter Domizile die Zugehörigkeit zur führenden Gesellschaft zumindest nach außen hin behauptete; denn auch Ritter und reiche Freigelassene prahlten damals schon mit besonders prunkvollen Villen- und Gartenanlagen und buhlten um gesellschaftliche Anerkennung, wenn sie darin ihren Besuchern exotische Marmorsorten, Speisen, Pflanzen oder Tiere zeigten.[40]

Dass man große Parks mit besonderen Baum- und Pflanzenarten anlegte, wurde im Laufe des 1.Jh.v.Chr. ebenso üblich wie dass man sich Tiere in großer Zahl – auch und gerade in exotischen Arten – in Gehegen, Volieren und Teichen hielt und sie genauso wie seltene und wundersame vielfarbige Pflanzen züchtete, betrachtete, verspeiste oder weiterveräußerte. In dieser qualitativen wie quantitativen Erweiterung der Villenkultur verbanden die römischen Senatoren und Ritter wirtschaftlichen Nutzen mit persönlichem Vergnügen.

Bei den Tierarten wurden vornehmlich Vögel, Hasen und Fische gehalten und für sie aufwendig Volieren, Gehege und Teiche mit Süß- und auch Meerwasser erbaut. Bewässerung, Pflege und Züchtung von Bäumen und Pflanzen sowie die Fütterung und der Verzehr von Tieren erforderten große Mengen an Personal und spezieller Expertise, damit die Gärten, Parkanlagen und Tiergehege instandgehalten und gepflegt wurden. Daher bedurfte es neben den Bediensteten, die den Hausherren im Villengebäude selbst zur Verfügung standen, einer großen Zahl zusätzlicher fachkundiger Kräfte wie beispielsweise Vogelfängern, Jägern oder Fischern, die auf dem Gelände der Villen dauerhaft lebten und arbeiteten. Diese hatten die Tiere zu füttern und zu betreuen, die Nutz- und Zierpflanzen zu pflegen und Überschüsse auf den umliegenden Märkten oder seltene Zuchterzeugnisse an andere Aristokraten zu verkaufen.

Gebratene Drosseln und Aristoteles

Tusculum war für Lucullus wie für viele andere Senatoren auch als nahe gelegener Rückzugs- und Erholungsort eine zweite Heimat. Hier siedelten sich vermögende und politisch einflussreiche Römer seit dem zweiten vorchristlichen Jahrhundert an und errichteten bevorzugt auf den Rom zugewandten Hängen eine stetig größer werdende Zahl an prächtigen suburbanen Villen:[41]

> »Tusculum ist geschmückt mit ringsum liegenden Anpflanzungen und Bauten, besonders aber mit unterhalb auf der nach Rom blickenden Seite gelegenen: dort ist nämlich der Tusculaner Berg, ein Hügel mit gutem Boden und reich an Wasser, der an vielen Stellen sanft zum Gipfel ansteigt und allerstattlichste Villenbauten erlaubt.«

Die Stadt hatte in den Punischen Kriegen ihre besondere Loyalität zu Rom bewiesen, als sie 211 v.Chr. den anrückenden Hannibal zurückgewiesen hatte. Im 1.Jh.v.Chr. wurde es bald unmöglich, einen attraktiven Bauplatz zu finden. Diejenigen, die ihn gefunden hatten, traten untereinander in einen Wettstreit um besonders große und beeindruckende Anlagen, Ausblicke, Parks, Gärten, Pflanzungen und Tiergehege, konkurrierten aber auch in der Verwendung seltener und kostspieliger Baumaterialien oder in der Demonstration extravaganter Ausstattungsmerkmale. Der stärker der frugalen Lebensweise des älteren Cato nacheifernde Varro, der die effiziente ökonomische Nutzung seiner Landgüter schätzte, merkte resigniert zum starken Wandel der römischen Villenkultur an:[42]

»In unserer Zeit ist man (vor allem) bestrebt, ein möglichst großes und schönes Wohngebäude zu haben; und sie wetteifern mit den Villen des Metellus und Lucullus, die sie zum großen Schaden des Staates gebaut haben.«

Die knappe Nebenbemerkung ist von Varro aus der Retrospektive formuliert: Wer seit den 60er Jahren des 1.Jh.v.Chr. in Rom und Umgebung eine Villa anlegen ließ, orientierte sich an den Villenbauten des Lucullus und des Quintus Caecilius Metellus in Tusculum,[43] die damals als die größten und prächtigsten galten. Die Kritik Varros zielte auf die damit einhergehende grundlegende Veränderung in der Nutzung der Besitzungen ab: Anstelle von Investitionen in große öffentliche Bauprojekte floss der Großteil der Vermögen in gewaltige private Bauvorhaben ab, die den persönlichen Bedürfnissen einzelner Männer, nicht jedoch der Allgemeinheit zugutekamen. Das Zitat bezeugt, dass die Villen des Lucullus und Metellus von den Zeitgenossen jedenfalls als der neue architektonische Maßstab angesehen wurden, an denen sich andere Villenanlagen messen lassen mussten. Von ihrer Größe, Schönheit, Ausstattung und ihrem Typus war man offensichtlich allseits beeindruckt, man bewunderte das Raffinement der Bauten

Abb. 13: Die Forschungen von George McCracken zum antiken Tusculum haben es wahrscheinlich gemacht, den eindrucksvollen Grabbau aus spätrepublikanischer Zeit in Frascati (Torrione di Micara) mit dem der Luculli zu identifizieren. Die Anlage war ursprünglich von einem aufgeschütteten Erdhügel bekrönt.

und ihr geschmackvolles und luxuriöses Interieur, aber auch die besonders kostspieligen Materialien, die bei ihrem Bau Verwendung fanden. So ließ Lucullus beispielsweise die Säulen seiner Villen überwiegend aus dem allein auf der Insel Melos vorkommenden schwarzen Marmor anfertigen, den er als Erster nach Rom exportierte.[44]

Die Lage der Villa des Lucullus am nördlichen Abhang der Stadt Tusculum lässt sich nur ungefähr angeben. Festgelegt ist sie durch sein Grabmal, den Torrione di Micara, der an einer Straßenkreuzung kurz vor dem Stadthügel nach 56 v.Chr. errichtet wurde.[45] Jeder, der aus Rom in die kleine Landstadt kam, musste das eindrucksvolle Monument passieren, zumal es das einzige seiner Art in der näheren Umgegend war.

Der Tambour, der zylinderförmige Unterbau aus grünlich-

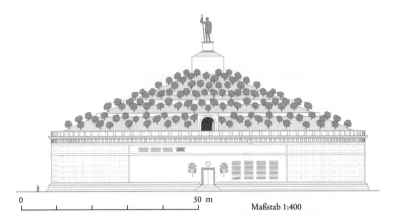

Abb. 14: Das gut erhaltene Mausoleum des Augustus in Rom aus dem Jahr 29 v.Chr. hat einen dreimal so großen Durchmesser (90 m) wie der Grabbau der Luculli (29,63 m) – zeichnerische Rekonstruktion von Oliver Bruderer.

grauem Tuffstein, dem Peperin, besitzt einen Durchmesser von 100 römischen Fuß (29,63 m) und eine Höhe von knapp 9 Metern.[46] Analog zum Grab des Lucius Munatius Plancus auf der Spitze des Monte Orlando beim antiken Caieta (Gaeta), das architektonisch mit dem Bau in Tusculum verwandt ist, erhob sich auf dem runden Unterbau ursprünglich ein Tumulus, ein hoher Kegel aus aufgeschütteter Erde, der die Höhe des Unterbaues wiederholt haben und mit einer Statue bekrönt gewesen sein dürfte.[47] An der zur römischen Straße zugewandten Seite teilte ein 2,50 m langer, glatter Marmorblock, der in das obere Drittel des Mauerwerks eingelassen ist und ehemals eine aufgemalte Inschrift trug, den antiken Reisenden den Namen des Grabherrn mit.

Die zugehörige Villa muss sich in der unmittelbaren Umgebung des Grabbaues befunden haben und kann wahrscheinlich mit einer Villa (Nr. 76) auf dem Territorium der heutigen Gemeinde Frascati identifiziert werden, da deren Überreste über die notwendige Größe und Ausstattung verfügen. Von ihrem Oberbau hat sich nichts erhalten, aber die Anlage weist die größten und aufwendigsten Substruktionen der gesamten antiken Bebauung in Tusculum auf, die Platz für eine 178,30 × 67,05 m große Terrasse schufen.[48] Zwischen der Villa und dem Grabbau befand sich ein kreisrundes Becken von 45,70 m Durchmesser und 1,82 m Tiefe, ein »Fischteich« (*piscina*) mit einem Volumen von knapp drei Millionen Liter Wasser, das sich, etwa 375 m Luftlinie vom Torrione di Micara entfernt, auf einem südlich der heutigen Via di Salè gelegenen Grundstück befindet.[49]

Die Kombination von Vergnügen und wirtschaftlichem Nutzen, die bei der Betrachtung der Persönlichkeit des Lucullus mehrfach als Besonderheit hervortritt, zeigt sich insbesondere an dem von ihm eigens ersonnenen Vogelhaus:[50]

»Lucullus hätte mit dem Bau eines Vogelhauses auf dem weitläufigen Grundstück seiner Villa in Tusculum den Typus der Voliere, die allein zur Unterhaltung und zum Vergnügen seines Besitzers erbaut worden sei, mit dem Typus der Voliere kombiniert, mit der sich Erträge erwirtschaften ließen. Zu diesem Zweck habe er [...] in der Voliere einen Speiseraum integriert, wo er genüsslich speisen und die einen Vögel gebraten in einer Terrine aufgetischt, die anderen um die Fenster ihres Gefängnisses entlang fliegen sehen konnte. Diesen Bau fand man unzweckmäßig; denn die Vögel, die darin an den Fenstern vorbeifliegen, entzücken die Augen nicht so sehr, wie es stört, dass ein unangenehmer Geruch in die Nase eindringt.«

Während die Erinnerung an das extravagante Vogelhaus zumindest von den Fachschriftstellern bewahrt wurde, verschwand die Hauptanlage aus dem allgemeinen Gedächtnis. Plutarch bemerkt zur Villa nur beiläufig, sie sei »mit offenen, eine weite Aussicht (nach Rom) bietenden Speisesälen und Wandelhallen« ausgestattet gewesen. Dieses Tusculanum diente Lucullus in heißen Wochen als kühler und baumbestandener Rückzugsort in der Nähe Roms und war wegen seiner beschaulich-müßigen Atmosphäre Ort vieler privater Zusammenkünfte, in denen der Hausherr sich vor allem seinen ästhetischen und intellektuellen Interessen widmete. Hier hielt er sich vor allem in den Sommermonaten auf. Sobald es kühler wurde, segelte er, wie eine Anekdote überliefert, nach Kampanien, um dort im Wechsel seine große Villa bei Neapel und die beiden kleineren Villen auf Nesis/Nisida und auf dem Kap Misenum im Wechsel zu bewohnen, so dass er seinen Aufenthaltsort wie die Kraniche oder Störche jeweils den Jahreszeiten anpasste.[51]

Was die Villen von gebildeten Männern wie Cicero, Cato oder Lucullus – im Lateinischen als *viri humani* charakterisiert – auszeichnete und von anderen wesentlich unterschied, waren weniger die gepflegten Grün-, Terrassen- und Brunnenanlagen mit entsprechender Statuenausstattung prominenter griechischer Kulturgrößen und Philosophen, sondern vielmehr ihre gut gefüllten Bibliotheken, die den Gästen die Kennerschaft der Hausherren vor Augen führen sollten.[52]

Lucullus und Cicero teilten eine Vorliebe für griechische Sprache, Philosophie und Literatur. Dies fand seinen äußerlichen Niederschlag in einer besonderen Villenkultur, in deren Rahmen hellenistische Gymnasienanlagen nachgeahmt und verschiedene gymnasiale Elemente in die private Wohnkultur integriert wurden. Für derart gebildete Römer war der Bibliothekssaal äußerst wichtig, wenn nicht sogar der architektonische Hauptraum einer Villa. Wegen ihrer reichen Bestände galt damals die Bibliothek des Liciniers als die vornehmste Roms und wurde aus diesem Grund von zahlreichen Besuchern aus der gesamten griechischen Welt aufgesucht.

Viel spricht dafür, dass in die tusculanische Bibliothek zumindest ein Großteil der Buchbestände eingegangen war, die einmal zur Bibliothek des Apellikon von Teos gehört hatten, eines Bücherfreundes und politischen Handlangers des Mithridates und des athenischen Tyrannen Athenion. Apellikons Bücher hatte Sulla unmittelbar nach der Einnahme Athens beschlagnahmt und 83

v. Chr. nach Rom überführt (siehe hierzu auch Kapitel 2). Nach dem Tod Sullas übernahm Lucullus nicht nur die Aufsicht über dessen beiden Kinder, sondern auch über den Bestand an philosophischen Buchrollen.

Der griechische Grammatiker und Fachgelehrte Tyrannion von Amisos, der vermutlich zusammen mit dem Feldherrn nach Rom gekommen war,[53] hatte wahrscheinlich erst 66 v. Chr. von Lucullus den Auftrag erhalten, die nach dem Tod des Dictators vergessene Sammlung an Buchrollen aus den Feldzügen im hellenistischen Osten zu sichten und zu ordnen, ähnlich wie er dies zehn Jahre später (56 v. Chr.) mit der beschädigten Bibliothek Ciceros tun sollte, die durch das Exil des Redners zu Schaden gekommen war und einer intensiven Prüfung und Neuordnung bedurfte.

Wohl erst zwischen 62 und 60 v. Chr., als Sullas Sohn Faustus, der bis dahin Pompeius als Militärtribun im Osten gedient und im Zuge der Vorbereitung und Ausrichtung der vom Vater testamentarisch verfügten prächtigen Spiele für das römische Volk arge Schulden angehäuft hatte,[54] kann Lucullus in den Besitz eines großen Teils der Bibliothek des Apellikon gekommen sein. Als Faustus sich in seiner Geldnot von einem Teil seines Besitztums trennte, ersteigerten nicht nur Cicero, sondern vermutlich auch Lucullus, der, wie Plutarch ausdrücklich hervorhebt, »viele schön geschriebene Exemplare sammelte«, und andere »Büchernarren« weitere Bestände für ihre Bibliotheken.[55] Auf diese Weise gingen die aristotelischen Schriften, die einst Neleus, der Schüler und Erbe Theophrasts, in seiner Heimatstadt Skepsis in der Troas aufbewahrt hatte und die von seinen Nachfahren an Apellikon verkauft worden waren, in die große Bibliothek des Lucullus in Tusculum ein. Gelehrte Zeitgenossen wie Cicero wussten darum und sahen dort die von ihnen gesuchten Schriften ein,[56] denn die Bibliothek wie wahrscheinlich auch die Gartenanlage »hielt Lucullus für alle offen und gestattete den griechischen Besuchern ungehinderten Zutritt, die dorthin wie zu einer Herberge der Musen gingen und den Tag miteinander zubrachten – froh gestimmt, weil sie dort aller sonstigen Nöte des Alltags enthoben waren. Oft kam Lucullus auch selbst in die Wandelhallen und beteiligte sich an den Diskussionen der Gelehrten«.[57]

Auch wenn Cicero zeitlebens darum bemüht war, seine eigene Bibliothek fortwährend zu erweitern, so blieb sie offenbar im Vergleich zu derjenigen seines Freundes Lucullus bescheiden. Dies wird in der fiktiven Schilderung seiner Begegnung mit dem jüngeren Cato zumindest vorausgesetzt. Unter den philosophisch gebildeten Römern war es bekannt, dass sich im Tusculanum des Lucullus zahlreiche von Sulla nach Rom verbrachten Schriften befanden. Entsprechend stellte Cicero seine im Vergleich zu anderen römischen Politikern außerordentlich hohe Gelehrsamkeit gerne heraus und rechtfertigte seinen spontanen Besuch mit den Worten:[58]

»Ich suche einige Studien des Aristoteles, von denen ich wusste, dass sie hier sind. So kam ich, sie zu holen, um sie zu lesen, solange ich müßig sein kann, was bei uns beiden nicht häufig vorkommt.«

Die aristotelischen Schriften waren dort selbstverständlich auch nach dem Tod der beiden Lucullus-Brüder verblieben, zumal der vielbelesene jüngere Cato zum Vormund des jungen Lucullus bestimmt worden war. Die nachbarschaftlichen Besuche zum Zweck der Buchausleihe setzte Cicero auch nach dem Tod des Lucullus fort. Gerne erinnerte sich Cicero an seine zufälligen Begegnungen mit Cato, der durch seine Vormundschaft über den Sohn des Lucullus gewissermaßen der zweite Hausherr war, zurück und verarbeitete diese Reminiszenzen an verschiedene Gespräche zu philosophischen Themen bei der Abfassung seines Werks »*De finibus*«.

Im dritten und vierten Buch dieser Schrift lässt Cicero sich selbst im Jahr 52 v.Chr. ein Gespräch mit dem jüngeren Cato führen, für dessen Szenerie er die Bibliothek der Villa des Lucullus in Tusculum wählt:[59]

»Als ich in meiner Villa in Tusculum (angelangt) war und in der Bibliothek des jungen Lucullus einige Bücher einsehen wollte, begab ich mich dorthin, um sie mir selbst, wie ich zu tun pflegte, auszusuchen. Als ich dort ankam, fand ich Cato, von dem ich nicht wusste, dass er dort war, in der Bibliothek sitzend von einem Haufen stoischer Abhandlungen umgeben. Denn er hatte, wie du weißt, einen solchen Hunger nach Büchern und konnte sich an ihnen nicht sättigen, so dass er, ohne die unangebrachte Kritik der (ungebildeten) Menge zu fürchten, oftmals sogar noch in der Curia zu lesen pflegte – so lange, bis der Senat versammelt war, ohne sich freilich der Verpflichtung gegenüber dem Gemeinwohl zu entziehen. Umso mehr schien er damals mit außerordentlichem Genuss und großer Intensität die Buchrollen geradezu zu verschlingen, wenn man denn bei einer so rühmlichen Beschäftigung ein solches Wort überhaupt verwenden darf. Wie es nun geschah, dass wir uns beide dort ganz unerwartet begegneten, stand er sofort auf.«

Anschließend lenkt Cicero das Gespräch auf den jungen Lucullus, der in der Art und Weise seines Vaters, seines Großvaters Caepio und seines Vormunds gebildet (*eruditus*), also nicht an die Annehmlichkeiten einer Villa, sondern vielmehr an die Lektüre von Schriften gewöhnt werden müsse, die zur Ausprägung seines Charakters als besonders bedeutsam angesehen wurden. Die Väter und Vorväter sollten dem jungen Mann als Leitbilder dienen; an ihren Vorzügen und Leistungen sollten sich die Söhne messen lassen.

Die Bibliothek des Lucullus bot offenbar nicht nur »eine riesige Menge an Buchrollen« (*tanta copia librorum*), sondern auch reichlich Raum für die Besucher. Weitflächige Tische mit Sitzgelegenheiten müssen bereitgestanden haben, auf denen die Nutzer um sich herum – wie Cato – nicht nur ein oder zwei, sondern eine größere Anzahl von Buchrollen ausbreiten konnten (*circumfudere*), um mehrere Texte gleichzeitig einzusehen und gegebenenfalls bestimmte Passagen zu exzerpieren. Als benachbarter Bücherliebhaber nutzte Cicero das ihm von Lucullus bereits zugestandene komfortable Privileg, sich die von ihm gesuchten Buchrollen persönlich auszusuchen und zu entleihen, um sich davon eine Abschrift anfertigen zu lassen. Vermutlich sooft es seine knapp bemessene freie Zeit zuließ und die politischen Aktivitäten es irgendwie erlaubten, wird Cato, gleichfalls ein unersättlicher Leser, sich dorthin zurückgezogen haben, um sich seiner Leidenschaft, der Lektüre vor allem philosophischer Schriften, ungestört zu widmen und die ruhige Atmosphäre des Lesens und der Reflexion zu genießen, die ihm der Bibliothekssaal gewährte.

Die Kraterrandvilla bei Misenum

Sofern die Winde günstig waren, konnte ein antikes Segelschiff in etwa zwei Tagen die rund 250 km bewältigen, um von Rom aus den Golf von Neapel zu erreichen. Fuhr Lucullus dort in die Bucht ein, so grüßte ihn schon von weitem die erste seiner drei uns heute bekannten kampanischen Villen. Die Angaben zur Lokalisierung der Villa lassen sich am besten mit dem herausgehobenen Platz auf dem Kamm des Capo/Monte Miseno vereinbaren, eines Teilstücks eines zerstörten, weitgehend im Meer versunkenen Kraters am nordwestlichen Rand des Golfs von Neapel.[60] Benannt war der Hügel, so wurde erzählt, nach dem unglücklichen Misenus, dem Steuermann und Signalbläser des trojanischen Helden Aeneas. Der Seemann soll der Sage nach Triton in allzu übermütiger Stimmung zum Wettstreit mit dem Muschelhorn herausgefordert haben und daraufhin von der erzürnten Meeresgottheit beim nördlich gelegenen Kyme ertränkt worden sein. Zum Gedenken an ihn wurde auf dem äußersten vorspringenden Felsen des Capo Miseno ein Grabmal errichtet, das alle Seefahrer warnen sollte, die Götter nicht gegen sich aufzubringen.[61] An der Stelle, wo sich das Grab befunden haben soll, stand bereits in römischer Zeit ein Leuchtturm, ein Pharos.

Abb. 15: Am Eingang des Golfs von Neapel liegt der majestätisch aufragende Felsen des Capo Miseno. Hoch oben, auf der Mitte des ehemaligen Kraterkamms, befand sich die Villa des Lucullus. Aufgrund der spektakulären Lage der Anlage ging sie in kaiserlichen Besitz über – am 16. März 37 n. Chr. starb dort der zweite römische Kaiser Tiberius.

Nochmals ein gutes Stück darüber auf dem Plateau des Kraterrands, am höchsten Punkt des Felsens (167 m),[62] muss sich die in republikanischer Zeit erbaute Villa befunden haben. Es war Marius, der diesen wunderbaren Platz entdeckt hatte und dort zuerst eine Villenanlage erbauen ließ,[63] ausgestattet mit weiten, säulengeschmückten Terrassen, die einen weiten Ausblick zu beiden Seiten boten: zum einen auf das Meer in Richtung Ischia, zum anderen in Richtung Misenum (Miseno) mit dem Monte di Procida, Baiae, Puteoli (Pozzuoli) und dem Vesuv in der Ferne. Nach dem Tod des Marius im Jahr 86 v. Chr. ging die Villa in den Besitz der Fausta Cornelia, der Tochter Sullas, über, die das prachtvolle Anwesen 83 v. Chr. aufgrund der Proskriptionen zum geradezu symbolischen (Spott-)Preis von 75 000 Sesterzen ersteigerte. Wohl erst 66 v. Chr. erwarb Lucullus die Villa, nun allerdings zum weit über

100-Fachen des vormaligen Kaufpreises – für 10 Millionen Sesterzen.[64] Dass dies ein für beide Seiten annehmbarer Preis war, erhellt der Vergleich zu Clodius, der die Villa des Scaurus auf dem Palatin im Jahr 53 v.Chr. knapp 15 Millionen Sesterzen kaufte.[65] In welchem Umfang Lucullus die Anlage am Capo Miseno umbaute und ob er hier Fischbecken anlegen ließ, lässt sich nicht sagen.

Durch seinen langen Aufenthalt im Osten war Lucullus finanziell in der Lage und nach über 20 Jahren Abwesenheit von der italischen Heimat wohl auch innerlich bereit, sich in Rom und Kampanien dauerhaft niederzulassen und mehrere seinem Rang gemäße Villen zu erwerben. Für die atemberaubende Aussicht von diesem einzigartig exponierten Felsen war ihm offenkundig kein Preis zu hoch. Womöglich gelang es ihm überhaupt nur durch dieses exorbitant hohe Angebot, Fausta Cornelia zum Verkauf der prächtigen Villenanlage zu bewegen. Aus Sicht des Lucullus, der ein gewissenhafter Quästor gewesen war, wird sich der Kauf der kostspieligen Immobilie dennoch gerechnet haben: Denn jeder, der von Norden aus Rom bzw. Ostia kam und in den Golf von Neapel einfuhr, musste diesen markanten Orientierungspunkt passieren und blickte gewiss wenn nicht neidvoll, so doch zumindest mit bewundernder Anerkennung hinauf auf die spektakulär gelegene, schon von weitem sichtbare Villenanlage.

Dass die Kaiser, in deren Besitz die Villa später überging, sie nicht veräußerten, verweist gleichfalls auf die einzigartige Lage und Schönheit der Anlage an der Spitze der phlegräischen Halbinsel. In den »Fabeln« des im 1.Jh.n.Chr. schreibenden Phädrus wird das Anwesen erwähnt – als Villa des Lucullus und zugleich als Sterbeort des Kaisers Tiberius im Jahr 37 n.Chr.:[66]

»Tiberius Caesar, nach Neapel unterwegs, gelangte zu seiner Villa in Misenum, die von Lucullus' Hand hoch auf dem Berg erbaut, vorn auf Siziliens Meer, zurück auf das der Tusker blickt.«

Sehnsuchtsort: die Villa auf Nesis

Dass Lucullus eine Vorliebe für besonders exponiert gelegene Villen besaß, wird durch die topographische Lage der Villa auf der Insel Nesis bestätigt, die dem Capo Coroglio, einem Ausläufer des Berges Posilippus, vorgelagert ist. Das Kap trennt die Bucht von Puteoli vom Golf von Neapel.[67]

Die Insel Nesis ist wie das Kap Misenum Teil eines erloschenen Kraters, der knapp einen Kilometer vom steil ins Meer abfallenden Gebirgszug des Posilippus entfernt ist. An der Südwestseite besitzt sie noch heute einen gut geschützten kleinen Hafen (Porto Paone), um den sich die Hänge der verbliebenen Kraterhälfte erheben.[68] Auf dem höchsten Punkt (109 m) an der Nordseite des erhaltenen, gemächlich ansteigenden Kraterhalbrunds lag die Villa – auf einem eingeebneten, noch heute gut sichtbaren rautenförmigen Plateau von etwa 100 × 150 m, auf dessen Fläche sich heutzutage die Gebäude eines kleinen Jugendgefängnisses befinden. Die Umgebung der Villa muss in römischer Zeit dicht mit Bäumen umstanden gewesen sein – so schreibt der Dichter Statius: »der Wald, der das im Meer festgeheftete Nesis bekrönt«.[69] Berühmt war der hier angebaute Spargel, ansonsten war die Insel bekannt für ihren Reichtum an Kaninchen.[70] Blickt man von der Spitze des Kraterrands auf das Meer hinaus, so ist in etwa 6 km Entfernung das Capo Miseno zu erkennen.[71] Zusammen mit seiner dort gelegenen, durch ihre exponierte Lage nicht minder beeindruckenden Villa beherrschte Lucullus damit die Küste von Misenum bis nach Neapel.

Cicero war die Villa auf Nesis durch Einladungen des Lucullus wohlvertraut.[72] Von seinem Puteolanum, seiner Villa in Puteoli, suchte der Redner die Insel auch nach dem Tod seines Freundes auf. Nach dem Freitod seines Onkels Cato in Utica flüchtete Brutus 45 v. Chr. dorthin und heiratete Porcia, die Tochter Catos aus dessen erster Ehe mit Atilia. Der jüngere Lucullus, der unter der Vormundschaft und Aufsicht Catos gestanden hatte,[73] stellte

Abb. 16: Mit Nesis (Nisida) erwarb Lucullus eine weitere Villa in spektakulärer Lage: Die nur durch einen aufgeschütteten Damm erreichbare Insel besaß mit ihrem Kraterbecken einen gut geschützten, kleinen Hafen. Auf der höchsten Stelle des Kraterkamms fanden sich Spuren der römischen Anlage.

Brutus die Villa als sicheren Aufenthaltsort nach der Ermordung Caesars zur Verfügung.[74] Mitte Juli 44 v.Chr. trafen dort Brutus und Cicero einige Male zusammen und führten mehrstündige Gespräche.[75] Im Oktober 42 v.Chr. – nach der Niederlage bei Philippi und nach dem Freitod des Brutus – nahm sich die auf Nesis verbliebene Porcia in der Villa das Leben.

Fische, Aprikosen, Pfirsiche und Kirschen

Eine letzte große Villenanlage, die Lucullus heutzutage noch sicher zuzuordnen ist, ist das Neapolitanum, das sich durch die Weitläufigkeit der Anlage auszeichnete und vor allem durch die umfangreichen Baumaßnahmen bekannt war, die der Versorgung der Fischzuchtbecken mit Meerwasser dienten und bereits kurz nach Baubeginn für Aufsehen unter den Zeitgenossen sorgten.[76]

Am Rand des zum Meer schroff abfallenden Mont'Echia (Pizzofalcone in Chiatamone), wo sich die ältesten, bereits im 1.Jh.v.Chr. verschwundenen Spuren der Besiedlung Neapels fanden und sich das heutige Stadtarchiv befindet, ließ Lucullus diese Villa erbauen.

Die weitläufige Anlage erstreckte sich über eine riesige rechteckige Fläche von der heutigen Piazza Municipio (Castel Nuovo) bis zur Anhöhe von Pizzofalcone.[77] Vom Hügelkamm bot sich ein prächtiger Ausblick auf die Bucht von Neapel und den Vesuv. Auch das Gelände unterhalb der Anhöhe gehörte noch zur Villenanlage. Sie endete in einem künstlich aufgeschütteten Damm, der auf die ehemalige Insel Megaris/Megalia führte, auf welcher der Unterbau des späteren Castellum Lucullanum und heutigen Castel dell'Ovo steht. Nach dem Umbau dieses Villenteils in eine Festung unter Valentinian III. (425–455 n.Chr.) setzte hier im Jahr 476 n.Chr. der germanische Söldnerführer Odoaker den letzten weströmischen Kaiser Romulus Augustulus fest.[78]

Die Villa gestaltete Lucullus mit besonders großem Aufwand, was die Baumaßnahmen und die Ausstattung der Außenanlagen betraf. Plinius schreibt, dass Lucullus »bei Neapel sogar einen Berg ausstechen ließ, was mehr kostete als der Bau seines Landhauses, und vom Meer aus einen Kanal hineinleitete, weshalb ihn Pompeius der Große den römischen Xerxes nannte. Nach seinem Tod wurden die Fische dieses Teiches für 40 Millionen Sesterzen verkauft«.[79] Plutarch präzisiert die Angaben zu der ebenso eigenwilligen wie augenfälligen Umgestaltung der natürlichen Gegebenheiten des riesigen Villengrundstücks am Meeresufer: »Dort ließ Lucullus unter gewaltigen Erdbewegungen Hügel errichten, Meeresarme und Kanäle, um darin Fische zu halten, um die Wohngebäude herumführen, und Häuser ins Meer bauen.«[80]

Die recht allgemein gehaltenen Angaben der beiden Autoren des 1.Jh.n.Chr. können durch Lucullus' Zeitgenossen Varro ergänzt werden; denn am Ende seines Buches »Über die Landwirtschaft« berichtet Varro seinem Gesprächspartner Axius von dem Redner Hortensius, dessen Leidenschaft für Fische und Fischteiche keine Grenzen gekannt hätte. So sehr hätte er sich um die Lebensbedingungen seiner Fische gesorgt, dass er ihnen beispielsweise immer frisches, weil zufließendes Meerwasser zukommen ließ. Deshalb habe Hortensius sich auch über die Sorglosigkeit von Lucullus' Bruder Marcus gewundert, da seine Fischteiche über keine tauglichen Fluteinlässe verfügten, so dass die Fische durch das stehende Wasser zu leiden hatten, wogegen er Lucius ein großes Lob aussprechen müsse, da dieser – ähnlich wie er selbst – darauf umsichtig geachtet habe, seinen Fischen frisches Meerwasser zukommen zu lassen, und zu diesem Zweck keine Kosten und Mühen gescheut hätte. Dem negativen Beispiel des Bruders stellt Varro Lucullus als leuchtendes Gegenbeispiel entgegen:[81]

> »Sogar einem Neptun stünden, was den Fischfang betrifft, die (Fischteiche) des Lucius Lucullus bei Neapel keineswegs nach, seitdem dieser einen Berg durchstochen und die Meeresflut in die Fischteiche eingelassen habe, damit sie ihrerseits mit den Gezeiten ebbten und fluteten.«

Die Bauten und Teiche waren vermutlich in großflächige, auch in Terrassen angelegte Gartenanlagen integriert, in denen Bäume, Pflanzen und Früchte zu bewundern waren, die aus verschiedenen Provinzen und anderen Teilen der Oikumene stammten. So waren dort exotische Baum- und Pflanzensorten wie zahlreiche Süßkirschbäume, die Lucullus aus dem Kirschanbaugebiet der griechischen Stadt Kerasos an der Südküste des Schwarzen Meeres eingeführt hatte,[82] oder auch aus Persien importierte Pfirsich- und Aprikosenbäume zu bewundern. Darüber hinaus bot die Villa alle damals denkbaren Annehmlichkeiten wie Thermen, Brunnenanlagen, Wasser- und Fischbecken.

Besonders berühmt waren die in der literarischen Überlieferung mehrfach erwähnten zahlreichen großen Fischzuchtbecken, die auf dem Festland angelegt waren, verschiedene Bauten der Villenanlage umflossen und falls erforderlich sogar mit Meerwasser versorgt wurden. Die Becken waren nicht nur zur unterhaltenden Betrachtung angelegt, sondern auch zur Züchtung seltener und besonders wohlschmeckender Fischsorten.[83] Lucullus wollte in dieser Hinsicht allem Anschein nach mit den besten Züchtern seiner Zeit in Wettstreit treten. Darauf deutet hin, dass er unter für jedermann ersichtlichem riesigen Aufwand den Höhenzug von Pizzofalcone untertunneln und durch eine Vielzahl von teils unterirdischen Kanälen auf der Festlandseite des Hügels gelegene Teiche mit frischem Meerwasser versorgen ließ. All das war freilich keine Innovation des Lucullus; vielmehr griff er die seit dem Jahrhundertbeginn vorherrschende Vorliebe der römischen Führungsschicht entschlossen auf und setzte sich an die Spitze der Fischliebhaber, allerdings in seinem Fall wohl weniger nur aus persönlicher Begeisterung als vielmehr, weil ihm diese Liebhaberbeschäftigung auch außerordentlich gewinnträchtig zu sein schien.[84]

Der ersehnte Triumph

So sehr Lucullus sich auch dem Ausbau und der Ausschmückung der von ihm erworbenen Villenanlagen seit 66 v.Chr. gewidmet hatte und Pläne für die Bauten, Gartenanlagen, Fischzuchtbecken und Tiergehege angestellt haben mochte, so wenig kann die Rede davon sein, dass der Licinier seine politische Karriere nach der Rückkehr aus dem Osten als beendet angesehen hätte. Rasch war er wieder in die Tagespolitik, in die Debatten im Senat, eingebunden worden und vor allem gewillt, den Kampf gegen Pompeius auf römischem Boden fortzuführen. Während Pompeius als Nachfolger des Liciniers den hellenistischen Osten befriedete, warteten einerseits die 1600 Soldaten, die Lucullus auf dem Heimweg aus Kleinasien begleitet hatten, andererseits der Heeresverband, der

64/63 v.Chr. unter Führung des Quintus Caecilius Metellus Creticus nach der erfolgreichen Niederschlagung der Seeräuber aus Kreta zurückgekehrt war, auf dem Marsfeld vor der Stadtgrenze Roms auf die Zuerkennung eines Triumphzugs durch den Senat.

Das Ringen um die Anerkennung der beiden militärischen Erfolge trug zu weiteren Anspannungen im Senat bei, die innenpolitischen Auseinandersetzungen setzten sich fort. Das Machtvakuum, das durch die lange Abwesenheit des Pompeius in Rom entstanden war, suchte vor allem Crassus zu nutzen, um seine Stellung gegenüber seinen machtpolitischen Konkurrenten auszubauen. Zur Durchsetzung seiner Ambitionen war ihm jedes Mittel recht, so dass er auch nicht davor zurückschreckte, sich mit Catilina zu verbünden, den ein übler Ruf begleitete.

Lucius Sergius Catilina, der, 108 v.Chr. geboren, zwei Jahre älter als Cicero war, hatte nach der Rückkehr Sullas rechtzeitig die Seiten gewechselt. Während sein Schwager und sein Bruder in den Kämpfen als Anhänger Cinnas umkamen, demonstrierte er kaltblütig seine neue Loyalität, indem er Marius Gratidianus, den Neffen des Marius, brutal ermorden ließ. Das trug ihm Unterstützung im Senat ein; er bekleidete die Prätur und war danach Statthalter der Provinz Africa, die er rücksichtslos ausplünderte, womit er eine Repetundenklage provozierte, ein Verfahren wegen Vergehen eines römischen Amtsträgers in einer Provinz. Schon durch diesen Prozess hatte er freilich seine Chancen verspielt, als er sich 65 v.Chr. um das Konsulat bewarb.

Als die beiden designierten Konsuln für 65 v.Chr. unerwarteterweise gleichzeitig der Wahlbestechung überführt wurden, schmiedete Crassus ein Komplott gegen den Senat. Auch dieser Vorgang zeigt an, wie verhärtet damals schon die Gegensätze waren und wie sehr verschiedene machtbesessene Einzelpersonen keinerlei Rücksicht auf althergebrachte politische Normen und Verfahren der *res publica* nahmen, sondern mehr oder weniger unverhohlen und skrupellos ihre persönlichen Ansprüche durchzusetzen versuchten und dabei auch dazu bereit waren, gewaltsame Mittel einzusetzen. Ein kompliziertes Macht- und Ränkespiel folgte, das in der Verschwörung des Catilina einen ersten Höhepunkt erfuhr, die zwar Episode blieb, aber symptomatisch für die Desintegration der Senatsaristokratie war – für die zerbrochene ideelle Einmütigkeit und verlorene personelle Geschlossenheit der senatorischen Führungsschicht:

Als sich nämlich Catilina 64 v. Chr. abermals um das Konsulat bewarb, wurde er weiterhin von Crassus protegiert, während sich ein Teil der Senatsaristokratie, der Großteil der italischen Ritter und auch die Anhänger des Pompeius für die Kandidatur Ciceros starkmachten. Nicht zuletzt aufgrund der unheiligen Allianz zwischen Catilina und Crassus gelang es dem »Neuling« (*homo novus*) Marcus Tullius Cicero aus Arpinum, zum Konsul gewählt zu werden. Damit waren Catilinas Ambitionen auf das höchste Amt vorerst gescheitert. Nun drohte er offen mit einem Staatsstreich.

Der für seine Redekunst bereits weithin bekannte neue Konsul agierte vor allem im Sinne der konservativen Männer im Senat: Den Antrag des im Auftrag des Pompeius agierenden Volkstribunen Publius Servilius Rullus zur Verteilung von Ländereien an Veteranen wehrte er rhetorisch geschickt ab, indem er erklärte, dass ein solches Ackergesetz den Ruf und den Ruhm des Feldherrn unnötig beschädige. Ebenso wenig entsprach Cicero allerdings auch den Erwartungen des Pompeius, als er den Senat beschließen ließ, Lucullus nicht länger den verdienten Triumph für seine militärischen Taten zu versagen. Dies schrieb der Redner im Rückblick vor allem seiner eigenen Initiative zu: »Ich selbst bin es gewesen, der als Konsul dem Feldherrnwagen des strahlenden Mannes den Einzug in die Stadt ermöglicht hat.«[85] Der Antrag des Konsuls fand weitere wortmächtige Unterstützer im Senat – etwa den jüngeren Cato, aber vor allem die einflussreichen ehemaligen Konsuln Catulus und Hortensius, die sich gemeinsam darum bemühten, die übermächtige Stellung des Pompeius zu beschneiden.

Der Triumph des Lucullus wurde im Sommer 63 v. Chr. – kurz vor den Wahlen für die Ämter des nachfolgenden Jahres – abgehalten. Auffällig ist der Umstand, dass Plutarch in seiner Lucullus-Biographie den vorangegangenen drei Jahren nur wenige Zeilen widmet, wohingegen er den Triumphzug des Liciniers durch Rom detailreich schildert, um auf diese Weise zum finalen, dekadent-luxuriösen Lebensabschnitt überzuleiten.

Der Zug des triumphierenden Feldherrn, der auf einem Streitwagen stehend ein Viergespann lenkte, führte vom Marsfeld zunächst zum Circus Flaminius, von dort über das Forum Boarium und den Circus Maximus über die »Heilige Straße« (via sacra) und das Forum Romanum zum Kapitol hinauf. Dort endete jeder Triumphzug vor der Eingangsseite des Tempels des Jupiter Optimus Maximus.[86] Der Zug beeindruckte weniger durch seine Länge, die überschaubar war aufgrund des schmalen Kontingents von Soldaten, die Lucullus als scheidendem Kommandeur vom Senat zugestanden worden waren, als vielmehr durch die Pracht und Exotik der in Armenien und in den Residenzen des pontischen Herrschers erbeuteten Gegenstände: »Mit den erbeuteten Waffen der Feinde [...] und den erbeuteten Kriegsmaschinen der Könige« schmückte Lucullus den Circus Flaminius aus.[87] Im Kampf gewonnene Sichelwagen und Kriegsschiffe, welche die Kriegsführung des Mithridates repräsentierten, wurden mitgeführt, ebenso große Tafeln, auf denen sorgsam die Gelder aufgelistet waren, mit denen Lucullus den Pompeius im nachfolgenden Seeräuberkrieg unterstützt hatte. Mehrere Gemälde erzählten in Bildern den Verlauf des Feldzugs; darunter waren etwa die Belagerung von Kyzikos durch Mithridates und die Opferung von Pferden, die den Meeresgott Poseidon dem pontischen Heer gewogen stimmen sollte, sowie das spektakuläre Eintreffen eines Tauchers in der eingeschlossenen Stadt, der die bevorstehende Befreiung durch Lucullus ankündigte.[88]

Für die Bewohner der Hauptstadt und des Umlands wurde ein Festtag ausgerufen, an dem Lucullus vier Millionen Liter Wein ausgeben ließ und jeder der 1600 Soldaten 950 Denare als Prämie für den Kriegseinsatz ausgehändigt bekam.[89] Großzügig weihte er dem Hercules den Zehnten aus der Kriegsbeute, die er in die Hauptstadt überführt hatte.[90]

Auch wenn dieser Triumph für Lucullus eine späte Genugtuung und sicherlich den Höhepunkt seines politischen und militärischen Lebens darstellen mochte, markierte er sicherlich keinen biographischen Einschnitt und Wendepunkt. Zu einem solchen deutete ihn allerdings sein späterer Biograph Plutarch um: Einprägsam, aber wohl kaum zutreffend, vergleicht er das Leben des Lucullus mit einem Stoff einer griechischen Komödie, in deren erstem Akt der Gang der Ereignisse noch ganz von politischen Aktivitäten und militärischen Erfolgen bestimmt gewesen sei, an deren Stelle jedoch im zweiten Akt Feste, Trinkgelage und sonstige Vergnügungen getreten seien.[91] Tatsächlich wird Lucullus in den ersten drei Jahren nach seiner Rückkehr wieder in das damalige politische Tagesgeschäft einbezogen worden sein. Dabei wird er versucht haben, mehr oder weniger direkt die Senatorenschaft in seinem Sinne zu beeinflussen. Nach 63 v.Chr. brachte er als gewesener, frisch mit dem Titel eines Triumphators dekorierter Konsul wieder seine Autorität in den Debatten im Senat ein und gehörte sicherlich nicht nur zu den regelmäßigen Teilnehmern der Sitzungen dieses höchsten Gremiums der römischen Republik, sondern auch zu denjenigen, die dort als »führende Männer« von den Konsuln, welche die Sitzungen einberiefen und leiteten, zuerst nach ihrer Meinung befragt wurden.

Der eindrucksvolle Zug durch die Stadt kurz vor den Konsulatswahlen für das Jahr 62 v.Chr., die im Juli oder August 63 v.Chr. stattfanden, und die damit verbundene Anwesenheit vieler Veteranen des lucullischen Heeres in Rom halfen Cicero und der Opposition gegen Pompeius gewiss dabei, die Wahl des Lucius Licinius Murena durchzusetzen, eines Generals des Lucullus im Dritten Mithridatischen Krieg, dessen Anteil an dem Feldzug deutlich hervorgehoben wurde.[92] Die günstige Konstellation führte jedenfalls dazu, dass auch Decimus Iunius Silanus, der bereits seit den 70er Jahren dem Pontifikalkollegium angehörte, sich gegen den zum dritten Mal kandidierenden Catilina durchsetzte und die zweite Konsulstelle des Jahres 62 v.Chr. bekleidete.[93]

In die zweite Hälfte seines Konsulatsjahres, wohl in den November 63 v.Chr., jedenfalls einige Zeit nach dem Triumph des Lucullus und noch vor der Catilinarischen Verschwörung,[94] fällt Ciceros Übernahme der Verteidigung des designierten Konsuls Lucius Murena: Marcus Porcius Cato hatte Murena wegen Wahlbestechung angeklagt, da er das Ziel verfolgte, den massiven Kauf von Wählerstimmen und Einsatz von Bestechungsgeldern während der Wahlkampagnen einzuschränken. Der bei den Wahlen unterlegene Kandidat Servius Sulpicius Rufus, dessen Talente eher auf dem Gebiet des Rechtswesens lagen, schloss sich der Klage an und wird sich davon insbesondere versprochen haben, im Fall einer Verurteilung des Murena an dessen Stelle als Konsul nachzurücken. Lucullus nahm an dem Gerichtsverfahren gegen Murena teil, meldete sich allerdings nicht zu Wort. Dies wird zumindest in einer Passage aus der Verteidigungsrede Ciceros erwähnt:[95]

»Was tat Murena in der Zwischenzeit? Er war Legat bei einem äußerst tapferen und klugen Mann, bei dem hervorragenden Feldherrn Lucius Lucullus. Er führte in dieser Stellung ein Heereskontingent, brachte die Truppen in Stellung, lieferte Gefechte [...] er führte sich in diesem gewaltigen Krieg so, dass er viele gewichtige Entscheidungen ohne den Feldherrn traf, der Feldherr aber keine ohne ihn. Und dies sage ich hier ausdrücklich, obgleich Lucius Lucullus anwesend ist, damit es nicht den Anschein hat, als hätte er uns in unserer derzeitigen bedrängten Lage die Erlaubnis gegeben, uns etwas auszudenken. Freilich ist alles durch amtliche Schreiben bezeugt; darin hat Lucius Lucullus ihm so hohes Lob zuerkannt, wie es ein Feldherr, der frei von falschem Ehrgeiz und Neid ist, einem anderen bei der Teilung des Ruhms zuerkennen musste.«

Die Mehrheit des Senats war sich offensichtlich darüber einig, dass Murena nicht verurteilt werden durfte. Neben Cicero vertraten auch die im Senat besonders einflussreichen Hortensius und Crassus die Sache Murenas und vermochten eine Verurteilung abzuwenden. Den militärisch bewährten Murena rettete vor allem der Umstand, dass der bei der Wahl unterlegene Catilina bereits zu den Waffen gegriffen hatte und der reguläre Wechsel der Konsuln bald bevorstand.[96] Daher war die Bürgerschaft darauf angewiesen, zwei erfahrene Männer an ihrer Spitze zu wissen, die imstande waren, das Gemeinwesen entschlossen zu verteidigen. Angesichts der durch Catilina herbeigeführten Notlage und der politischen und rhetorischen Autoritäten, die als Verteidiger Murenas auftraten, genügte es vollends, dass Lucullus als damaliger Feldherr dem Prozess beiwohnte und dadurch seine Unterstützung für den Angeklagten zum Ausdruck brachte. Ebenso wie in seiner drei Jahre zuvor gehaltenen Rede »Über den Oberbefehl des Gnaeus Pompeius« vor dem Volk verzichtete Cicero auch in dieser Prozessrede bewusst auf jeden persönlichen Angriff gegen die gegnerische Seite und signalisierte sogar deutlich Verständnis für deren Position. Dank dieser Strategie gelang es ihm, die Anklage Catos und die Übernahme der Verteidigung als einen gewöhnlichen Dissens unter politischen Freunden darzustellen und so vermutlich auch die Verstimmung des Anklägers gering zu halten.

Am Ende dieses denkwürdigen Konsulatsjahres stand schließlich Ciceros Niederschlagung des bewaffneten Aufstands von Lucius Sergius Catilina. Dieser hatte nach dem abermals gescheiterten Versuch, das Konsulat zu erlangen, nicht davor zurückgeschreckt, seine persönlichen Ambitionen mit gewaltsamen Mitteln durchzusetzen. Allerdings ließ der mit ihm insgeheim verbündete Crassus seinen Partner schnell fallen, als er die Aussichtslosigkeit des Putsches einsah. Er selbst wusch sich von allen Verdächtigungen und Vorwürfen rein, indem er dem amtierenden Konsul anonyme Briefe zuspielte, welche die Verschwörer entlarvten.

Nach der Aufdeckung der Catilinarischen Verschwörung nahmen selbstverständlich auch die beiden Luculli an den nachfolgenden aufgewühlten Sitzungen im Senat teil und sprachen sich zusammen mit den anderen gewesenen Konsuln, die als erste Mitglieder des Gremiums ihre Meinung äußern durften, dafür aus, die festgesetzten Verschwörer mit dem Tod zu bestrafen. Erst im Anschluss an diese 14 konsularen Männer erteilte Cicero in seiner Funktion als der das Gremium leitende Konsul dem jüngeren Cato das Rederecht. Als designierter Prätor griff dieser zunächst die Meinungen der ersten Männer aus den optimatischen Kreisen auf und modifizierte sie in seiner ausführlichen Stellungnahme lediglich geringfügig. In einem knapp 20 Jahre später geschriebenen Brief an Atticus kommt Cicero auf die irrige, weil offenkundig nur aus der Darstellung von Sallusts Schrift *Catilina* bekannte Erinnerung des Brutus vom Verlauf der Senatssitzung zu sprechen, in der über das Schicksal der Catilinarier beraten und entschieden wurde:[97]

> »(Brutus) meint, Cato habe als erster Redner den Antrag auf Todesstrafe gestellt – für den doch schon vor ihm alle eingetreten waren bis auf Caesar –, und da sein Antrag – er sei damals designierter Prätor gewesen – so scharf ausfiel, meint er, die Äußerungen der Konsulare, eines Catulus, Servilius, der beiden Luculli, des Curio, Torquatus, Lepidus, Gellius, Volcatius, Figulus, Cotta, Lucius Caesar, Gaius Piso, Manlius Glabrio, auch die der beiden designierten Konsuln, Silanus und Murena, müssten milder ausgefallen sein. Warum sie bei der Abstimmung dann doch Catos Antrag folgten? Weil er dieselbe Sache ausführlicher und lichtvoller dargelegt hatte. Mir spendet (Brutus) Lob, weil ich die Verschwörung zur Debatte gestellt, nicht etwa, weil ich sie aufgedeckt hätte, weil ich gewarnt und schließlich, ehe ich den Senat befragte, das Urteil gesprochen hätte. Nur weil Cato all dies himmelhoch gerühmt und ins Protokoll hatte aufnehmen lassen, nur deshalb wurde schließlich über seinen Antrag abgestimmt.«

Die Erwähnung der Luculli in diesem Brief bezeugt ihre Beteiligung an der Debatte, die zu dem folgenreichen Senatsbeschluss führte. Da sich die führenden Männer im Senat mehr oder minder einmütig zur Sache äußerten, verwundert es nicht, dass die beiden Brüder weder bei Plutarch noch Cassius Dio und auch bei keinem anderen Autor im Zusammenhang mit der Catilinarischen Verschwörung eigens hervorgehoben oder auch nur erwähnt wurden.

Da die Luculli aber sicherlich wesentlich dazu beitrugen, dass der Senat sich außerordentlich zurückhaltend gegenüber den Forderungen des aus dem Osten zurückgekehrten Pompeius zeigte, gaben sich dessen politische »Laufburschen« nicht mit den beiden im Jahr 66 v.Chr. angestrengten Klagen zufrieden: Ein ansonsten unbekannter Grattius initiierte in der zweiten Hälfte des Jahres 62 v.Chr. eine weitere Anklage, in der er die Legitimität der Verleihung des römischen Bürgerrechts an den damals hochberühmten griechischen Dichter Archias in Frage stellte. Dieser war, wie schon erwähnt, ein den Häusern der Metelli und der Luculli eng verbundener Gastfreund, der in den vornehmen Kreisen Roms gerne umhergereicht wurde und es unternommen hatte, die Taten des Lucullus im Krieg gegen Mithridates und Tigranes auch dichterisch zu verewigen. Auf der Grundlage der *lex Plautia Papiria*, die im Zuge des Bundesgenossenkriegs (90–87 v.Chr.) die Vergabe der Bürgerrechte an die Italiker im Süden der Halbinsel gestattete, war der Dichter aus Antiocheia am Orontes 89 v.Chr. vom Prätor Quintus Caecilius Metellus Pius als »Aulus Licinius« in die Liste der Bürger von Herakleia in Lukanien aufgenommen worden. Bereits als Quästor Sullas hatte Lucullus den Dichter in Kleinasien kennengelernt, als Proconsul hatte er ihn dann mit großzügigen Geldgeschenken (*beneficia*) bedacht, die der Feldherr nicht versäumte, bei der Staatskasse, dem *aerarium*, als Honorar für die Fertigstellung eines *epos Mithridaticum* anzugeben.[98]

Obwohl die Sache für den Poeten einen günstigen Ausgang nahm und er das römische Bürgerrecht behielt, war auch dieser dritte Prozess gegen die Luculli zweifellos politisch motiviert. Dafür spricht schon der Umstand, dass – ähnlich wie bei dem von Gaius Memmius geführten Prozess gegen Marcus Lucullus – erst viel später, in diesem Fall erst nach siebzehn Jahren, Klage erhoben wurde. Die Anklage richtete sich nur äußerlich gegen den Dichter, der gleichsam die weitreichenden intellektuellen und ästhetischen Interessen der Brüder repräsentierte. Die eigentlichen Adressaten der Anklage waren abermals die Luculli, aber auch andere Senatoren vom Rang und von der Bildung eines Catulus, Hortensius oder Cato,[99] die sich allesamt als Patrone des Dichters verstehen lassen, und deren politische Reputation durch eine Verurteilung schwer beschädigt worden wäre.[100]

Beide Luculli werden beim Prozess zugegen gewesen sein, da sie den Dichter als Freund ihrer Familie betrachteten. Aus Dankbarkeit für die Abfassung des Epos, worin Lucullus dem Kimbernsieger gleichgestellt wurde, wird der ehemalige Feldherr sich aufs Stärkste verpflichtet gefühlt haben, den Prozessverlauf persönlich zu verfolgen und dem Beklagten durch seine Anwesenheit seine besondere Verbundenheit zum Ausdruck zu bringen. Dass in der Rede an einer Stelle allein Marcus Lucullus erwähnt wird, hat wahrscheinlich seinen Grund darin, dass er – und nicht sein Bruder Lucius – es gewesen war, der das administrative Verfahren der Verleihung des römischen Bürgerrechts in Herakleia begleitet hatte und deshalb während des Prozesses als Zeuge auftrat.[101]

Öffentliches Leiden: der Hercules tunicatus

Im Laufe des Jahres 62 v.Chr. hatte Lucullus aus der Beute seines langwierigen Feldzugs ein Siegesmonument im Zentrum Roms aufstellen lassen, eine bronzene Statue eines Hercules, die überhaupt nur in einer einzigen literarischen Quelle bezeugt ist – nur der ältere Plinius (23/24–79 n.Chr.) hat die Erinnerung an sie durch eine Erwähnung in seinem Überblick zu bedeutsamen Skulpturen in Rom im 34.Buch seiner *Naturgeschichte* bewahrt:[102]

»Bei der Erwähnung von Statuen darf eine jedoch keinesfalls fehlen, auch wenn deren Schöpfer unbekannt ist, eine Statue des Hercules in Tunica/Chiton in der Nähe der Rednerbühne (des Forum Romanum), die in diesem Typus in Rom einzigartig ist: (ein Hercules), wie er mit wild verzerrtem Antlitz die ärgsten durch die Tunica (verursachten) Schmerzen erleidet. Auf diesem Monument sind drei Inschriften (zu lesen):

> Aus der Beute des Feldherrn L. Lucullus,

die zweite:

> Der Sohn des Lucullus habe (die Statue) als Waisenknabe auf Senatsbeschluss (erneut) geweiht,

und die dritte:

> T. Septimius Sabinus habe (sie) als kurulischer Aedil aus Privatbesitz wieder zu einem öffentlichen (Monument) gemacht.

So viele Auseinandersetzungen[103] gab es um diese Statue, solch große öffentliche Aufmerksamkeit und Bedeutung kam ihr zu.«

Die Skulptur, die Lucullus dort hatte aufstellen lassen, zeigte den Heros Hercules, den vielerorts in der griechischen und römischen Welt verehrten Helden, der mit seiner Kombination von gewaltiger Körperkraft und tugend- und pflichtgemäßem Verhalten den wehrhaften und diszipliniert lebenden Bürger-Helden verkörperte. Allerdings war dieser Hercules in einer seltsamen Haltung dargestellt, in einem Typus, der in Rom neuartig war und mehr als befremdlich auf die Betrachter wirkte.[104] Niemand zuvor hatte in der Hauptstadt einen solchen Hercules gesehen: Dieser Heros präsentierte einen leidenden, mit dem Tode ringenden Helden, dessen Gesicht von Schmerzen gezeichnet war. Die Statue konterkarierte die gewohnten Erwartungen an öffentliche Bildnisse.

Die gebildeten Betrachter dieser Skulptur wussten das Motiv schnell zu entschlüsseln: Dargestellt war der unrühmliche Tod des Hercules, dessen öffentliche Darstellung eine Vielzahl an Deutungsmöglichkeiten eröffnete. Lucullus hatte sich zwar für eine geläufige Heldengestalt entschieden, aber in denkbar unheroischer Pose. Die von ihm gestiftete Statue, die aus dem griechischen Osten stammte, präsentierte Hercules als Gepeinigten, als ahnungsloses Opfer eines heimtückischen Anschlags, den er nicht überlebte. Die Statue ließ am Leiden des berühmten Helden teilhaben, der nach vielen Mühen und bestandenen Taten der Arglist des Kentauren Nessos zum Opfer gefallen war: Der Heros hatte sich ein Untergewand übergestreift, das ihm seine Frau Deïaneira in ihrer Eifersucht auf eine Rivalin überreicht hatte. Sie hoffte auf diese Weise, sich die Liebe ihres Mannes zu ihr dauerhaft zu erhalten, ohne jedoch zu ahnen, dass Nessos, der ihr zu diesem Mittel verholfen hatte, sie fürchterlich getäuscht hatte. Durch das Anlegen des vergifteten Untergewands ging Hercules qualvoll zugrunde.

Von der Existenz und öffentlichen Aufstellung dieser Hercules-Statue wissen wir nur durch die Notiz in der Naturkunde des älteren Plinius. Ansonsten ist aus der Antike keine Hercules-Skulptur überliefert, die einen Vergleich zuließe.[105] Hält man in der neuzeitlichen Kunstgeschichte nach einer vergleichbaren Darstellung des Hercules Ausschau, um zumindest einen ungefähren optischen Eindruck vom Aussehen einer antiken Statue des Hercules im Nessos-Gewand zu gewinnen, so lässt sich letztlich nur ein einziges Werk finden, das den sterbenden Hercules als Einzelfigur zeigt – ein Gipsmodell für ein monumentales Ölgemälde mit dem Titel *Dying Hercules*, das der amerikanische Künstler Samuel Morse 1812 in London anfertigte, um damit im amerikanischen Kampf gegen die britische Vorherrschaft auf künstlerische Weise patriotisch Stellung zu beziehen. Die Vergleichbarkeit dieser Darstellung mit dem von Plinius überlieferten *Hercules tunicatus* verwundert nicht, da auch mit ihr eine dezidiert politische Botschaft verbunden war.

Der *Hercules tunicatus* des Lucullus symbolisierte ganz augen-

232 Zurück in Rom: Politik, Triumph und erlesene Genüsse

Abb. 17: Das zu einem gleichnamigen Ölgemälde zugehörige Gipsmodell *Dying Hercules* von Samuel Morse (1791–1872) aus dem Jahr 1812 sollte an den heroischen Unabhängigkeitskampf der Amerikaner gegen die britischen Besatzer erinnern. Es vermag zumindest einen ungefähren Eindruck zu vermitteln, wie die für das 1. Jh. v. Chr. nur durch Plinius bezeugte Statue des leidenden und sterbenden Hercules auf dem Forum Romanum ausgesehen haben könnte.

scheinlich keine überlegene Kraft, Mut oder Tapferkeit im Sinne der römischen *virtus*; dies war kein unbesiegbarer Hercules (*invictus*), mit dem sich römische Feldherren so oft geschmückt hatten, um unter Verweis auf sein Vorbild ihre eigene Sieghaftigkeit zu propagieren. Hier war nun dem römischen Publikum erstmals – und zumindest von der ursprünglichen Intention her dauerhaft – ein Hercules als besiegter, leidender Held vor Augen gestellt.

Auch die knapp gehaltene Inschrift auf der rechteckigen Basis des Monuments gab keinen Aufschluss darüber, wie man die Statue zu deuten hätte. Ihr war allein zu entnehmen, dass der siegreiche, aber unter dubiosen Umständen vorzeitig abberufene und von Pompeius im Kommando abgelöste Feldherr Lucius Licinius Lucullus, der Konsul von 74 v.Chr., sie aus seinem persönlichen Beuteanteil (*de manubiis*)[106] der Öffentlichkeit geschenkt hatte.[107] Vordergründig bezeugte der siegreiche Feldherr mit dieser Aufstellung seine Ehrfurcht und seinen Respekt (*pietas*) gegenüber dem römischen Volk. Darüber hinaus sollte die Statue die Erinnerung an seine militärischen Erfolge in Asien und an den ihm erst so spät gewährten Triumph bewahren.[108] Mit seiner Entscheidung, der römischen Öffentlichkeit einen derart ungewöhnlichen Hercules zu zeigen, setzte sich Lucullus von allen bis dahin bekannten Siegesmonumenten und Statuenweihungen in Rom ab. Damit demonstrierte er nicht nur seinen eigenwilligen Charakter und extravaganten Geschmack; mit dieser Wahl hatte er vor allem einen einzigartigen, sinnfälligen bildlichen Ausdruck für seine persönliche Leidensgeschichte, für seine Enttäuschung über die vorzeitige Abberufung vom Kommando im Krieg gegen Mithridates gefunden: Dem Hercules vergleichbar hatte er die ihm aufgetragenen Aufgaben erfüllt, sich als Feldherr durch die militärischen Erfolge über Mithridates und Tigranes glänzend bewährt. Er konnte sich »unbesiegt« nennen und war nur durch Hinterlist und politisches Intrigantentum in der Heimat zu Fall gekommen und – mit Blick auf das mehrjährige Warten auf den Triumph – auf wenig rühmliche Weise in seinem politischen Wirkungskreis beschränkt worden.[109]

Es ist anzunehmen, dass der mit allen Künsten vertraute Lucullus, der mit vielerlei Bildungsgütern, Kunstgattungen und Baumaterialien – angefangen von Buchrollen bis hin zu Marmorsorten – vertraut war, nach der Feier seines Triumphs diese Statue mit selbstbewusstem Kalkül für die Aufstellung ausgewählt hatte. Sie sollte nicht bloß als Beute- und Schaustück seine Gärten, die *horti Luculliani* auf dem Pincio, zieren, sondern die visuelle Aufmerksamkeit der Öffentlichkeit (*dignatio*)[110] auf sich ziehen, zumindest die Besucher des städtischen Zentrums in mehrfacher Hinsicht irritieren, wenn nicht sogar provozieren. Der auch im griechischen Kulturraum selten gewählte und gerade für römische Sehgewohnheiten befremdliche Darstellungstypus des Hercules war etwas, wodurch Lucullus unter seinen Zeitgenossen für Aufsehen und Diskussionen sorgte.[111] Schwerer wogen jedoch die weitergehenden Assoziationen, welche die Statue hervorzurufen vermochte: Der römische Betrachter konnte im leidenden Hercules Lucullus selbst und dessen Anspruch repräsentiert sehen, Herausragendes geleistet zu haben. Wie Hercules hatte er nach vollbrachten Taten nicht den erhofften, gerechten Lohn empfangen; auch ihm war übel mitgespielt worden.

Darüber hinaus war es ebenfalls möglich, die Statue als ironischen Kommentar zum schmählichen Ende des Mithridates zu lesen: Nicht der pontische Herrscher, der in Rom aufgrund der Anwendung seiner medizinischen Kenntnisse bei der Ermordung unliebsamer Verwandter oder Vertrauter als »Giftmischer« verschrien war und somit als »Wiedergeburt des Nessos« gelten konnte, hatte gesiegt, sondern der tugendhafte Hercules, der zum Lohn für seine Heldentaten unter die Götter aufgenommen worden war. Weniger gebildete Zeitgenossen wiederum mögen in dem gepeinigten Hercules auch nur den unterlegenen pontischen Gegner gesehen haben, der sich in Kleinasien in antirömischer Propagandamanier als neuen Hercules und Dionysos hatte feiern lassen und nun von Lucullus mehrfach besiegt und in seine Schranken gewiesen worden war.[112]

Die letzten Jahre

Für die Folgezeit lassen sich nur noch schemenhaft einige politische Aktivitäten des Lucullus erkennen; besser scheinen wir über seinen privaten Lebensstil unterrichtet zu sein. Plutarch fasst Lucullus' letzten Lebensabschnitt folgendermaßen zusammen:[113]

> »Der Senat hatte zuerst große Hoffnungen auf Lucullus gesetzt und gemeint, er werde ein starkes Gegengewicht gegen die Übermacht des Pompeius und ein Vorkämpfer der Aristo-

kratie sein, gestützt auf seinen Ruhm und sein großes Ansehen. Aber er enttäuschte den Senat und gab die Beschäftigung mit der Politik auf – sei es, dass er sah, dass der Staat unheilbar erkrankt war, sei es, dass er – wie einige behaupten – des Ruhmes satt war und sich nach so vielen Kämpfen und Mühen, die doch nicht zum glücklichsten Ende geführt hatten, dem leichtesten und behaglichsten Leben überlassen wollte.«

Auf den ersten Blick klingt die Schilderung Plutarchs auch in diesem Fall plausibel: Nachdem es letztlich nur auf günstige Umstände – dank des Konsulats des ihm politisch wie auch freundschaftlich eng verbundenen Cicero – zurückzuführen gewesen sei, dass Lucullus einen Triumph abhalten konnte, sei ihm nur der Rückzug in ein genussreiches und bequemes, aber ereignisloses Privatleben geblieben.[114] Allerdings ist zu beachten, dass Plutarch diese Aussage gleich darauf wieder relativiert.[115] Der Licinier habe sich nicht gänzlich zurückgezogen, sondern lediglich den Ehrgeiz aufgegeben, der Größte in Rom zu werden, und so Crassus und dem jüngeren Cato die Wortführerschaft im Senat überlassen.[116] Plutarch modifizierte also seine Deutung, da er sich selbst eingestehen musste, dass Lucullus nach wie vor politisch aktiv war und mehr oder minder regelmäßig an Sitzungen des Senats teilnahm, ohne dass er sich nochmals als maßgeblicher Protagonist auf der politischen Bühne hervorgetan hätte.

Deshalb ist in der Folgezeit von politischen Aktivitäten des Lucullus nur etwas bekannt, sofern es im Zusammenhang mit bedeutsamen Ereignissen stand: So tritt er erstmals wieder Ende Januar 61 v. Chr. als Mitglied des Senats im Zuge der Aufarbeitung eines aktuellen Religionsfrevels in Erscheinung.[117]

Wenige Wochen zuvor, im Dezember 62 v. Chr., hatte sich der sogenannte *Bona Dea*-Skandal ereignet: Publius Clodius Pulcher, der ehemalige Schwager des Lucullus, hatte sich, in Frauenkleider gehüllt, unter die Teilnehmerinnen am Fest der Göttin der Fruchtbarkeit und Jungfräulichkeit gemischt, einem Fest, an dem Männern die Teilnahme nicht gestattet war, und das im Haus von Gaius Iulius Caesar, dem Pontifex Maximus, abgehalten worden war.

Nachdem der Fall in den Gremien der Pontifices und Vestalinnen erörtert und ein Religionsfrevel (*nefas*) festgestellt worden war, wurde der Senat verständigt. An dieser Sitzung nahm Lucullus wahrscheinlich nicht teil, da er in Ciceros Bericht an Atticus[118] nicht unter den ersten vier Rednern genannt wird, die von dem die Sitzung leitenden Konsul Marcus Pupius Piso Frugi Calpurnianus zur Stellungnahme aufgefordert worden waren. Das Gremium beschloss die Einrichtung eines Sondergerichts, welches das Vergehen des beim Volk beliebten Clodius untersuchen sollte, und gab den Konsuln den Auftrag, einen Gesetzesantrag über Religionsfrevel öffentlich bekannt zu machen und zur Abstimmung vorzulegen.

Daraufhin bemühte sich Clodius mit Hilfe seiner Anhängerschaft im Volk und seiner Unterstützer im Senat, das Vorhaben seiner Gegner zu hintertreiben. Dabei stellte sich der Konsul Piso auf seine Seite. Unklar war, welche Haltung der erst kürzlich aus dem Osten nach Italien zurückgekehrte Pompeius, der glorreiche Sieger über Mithridates, in dieser Frage einnehmen würde. Der Volkstribun Fufius Calenus, der spätere Prätor von 59 und Suffektkonsul von 47 v. Chr., berief zu diesem Zweck eigens eine Versammlung (*contio*) ein. Zur allgemeinen Überraschung sprang Pompeius jedoch den *boni* bei, der Seite der breiten Mehrheit im Senat, wie dies Cicero in einem Brief seinem Freund Atticus mit der herablassenden Routine des erfahrenen Redners und doch auch erkennbar erleichtert berichtet:[119]

»Wie Pompeius' erste Ansprache in der Volksversammlung gewirkt hat, habe ich Dir schon geschildert: unbefriedigend für die kleinen Leute, nichtssagend für die Lumpen, für die Geldleute wenig ermunternd, für die Optimaten ungefährlich; so blieb alles kalt. Der Volkstribun Fufius, dieser unzuverlässige Kerl, war es, der auf Veranlassung des Konsuls Piso Pompeius in der Versammlung einführte. Die Sache spielte sich im Flaminischen Zirkus[120] ab, wo an dem Tage – es war Wochenmarkt – viel Volk sich eingefunden hatte. Fufius fragte ihn, ob er damit einverstanden sei, dass die Richter vom Prätor ernannt würden, die dann sein eigenes Konsil bilden sollen; es war nämlich für Clodius' Prozess wegen des Religionsfrevels so vom Senat beschlossen worden. Da sprach sich Pompeius ganz im Sinne der Optimaten aus und erwiderte mit großem Wortschwall, die Ansicht des Senats sei ihm, wie immer, so auch jetzt von größter Bedeutung.«

Eine Behandlung des Vorfalls im Rahmen eines Sondergerichts bot den Anhängern der traditionellen Senatsherrschaft die Möglichkeit, den das Volk permanent aufhetzenden Clodius in die Schranken zu weisen und zugleich den aufstrebenden Caesar zu diskreditieren. Caesar erkannte die Gefahr und ließ sich von seiner Gattin Pompeia, die unter unklaren Umständen in den Skandal verstrickt war, umgehend scheiden.[121]

In der anschließenden Senatssitzung, die noch am selben Tag stattfand, bestätigte Pompeius – als einer der herausragenden Männer und damit als einer der Ersten, die vom Konsul Messalla um ihre Meinung gebeten wurden – nochmals, dass er den Vorschlag des Senats nachdrücklich unterstütze, ein Sondergericht einzuberufen.

Da die eindeutige Stellungnahme des Pompeius und dessen zustimmende Anspielung auf die Haltung Ciceros außerordentlich wohlwollend vom Senat aufgenommen wurden, fühlte sich Crassus bemüßigt, gleichfalls Cicero zu schmeicheln: Er erhob sich und blieb offenbar am Platz in der ersten Reihe stehen, um großspurig an die Taten des ehemaligen Konsuls zu erinnern. Bürgerschaft, Freiheit und Leben verdanke er dem damaligen entschlossenen Eingreifen Ciceros – die übermäßige Lobhudelei machte Pompeius ganz unruhig, weil er sie nicht recht zu deuten wusste.

Im zweiten Teil des zitierten Briefes berichtet Cicero vom weiteren Verlauf des Verfahrens gegen Clodius: Der Konsul Piso berief eine abstimmende Versammlung ein, legte den Antrag des Senats (*rogatio*) vor und sprach sich vehement dagegen aus, während der junge Gaius Scribonius Curio, der Sohn des gleichnamigen Konsuls des Jahres 76 v. Chr., und seine Freunde das Volk in ihrem Sinne aufzuwiegeln suchten. Clodius überzog seine ärgsten Gegner mit wüsten Beschimpfungen: neben Lucullus namentlich Hortensius und den anderen Konsul, Marcus Valerius Messalla Niger, die beide ein besonders hartes Vorgehen gegen ihn verlangten.[122]

Als der Antrag dem Volk zur Abstimmung vorgelegt wurde, besetzten und kontrollierten Schlägerbanden des Clodius die Zugänge zu den Abstimmungsbrücken; nur Täfelchen mit Nein-Stimmen, die den Antrag ablehnten, wurden ausgegeben. In dieser Situation ergriff Cato mutig die Initiative und sprach als erster der Wortführer der Senatsmehrheit und als erbitterter Gegner jeglicher autokratischen Bestrebungen, welche die Herrschaft des Senats bedrohten:[123]

»Da stürmt doch Cato auf die Rednerbühne und hält Piso eine gewaltige Standpauke, wenn man seine wuchtige, gehaltvolle, ganz der Erwartung des Staates gewidmete Rede so nennen darf. Dann kam auch unser Hortensius dazu und viele andere Optimaten (die sich für eine Verurteilung des Clodius aussprachen). Besonders eifrig führte sich Favonius auf.«

Dass Lucullus bei dieser Entgegnung der Gruppe der *boni* nicht als Redner aufgeführt wird und sich offenbar zurückhielt, mag damit zu erklären sein, dass er als unmittelbar involvierte Person, als ehemaliger Ehemann der Schwester des Clodius und dezidierter Gegner ihres Bruders, bei dessen Anhängern besonders verhasst war. Daher mag er es in dieser bedrohlichen Situation für ratsam gehalten haben, andere politische Freunde sprechen zu lassen. Ausnahmsweise demonstrierten die Senatoren, die nach diesem Tumult auf dem Forum zu einer weiteren, gut besuchten Sitzung (*frequens senatus*) in der Curia zusammengetreten waren, große Geschlossenheit, wie es Cicero im Brief ausdrücklich vermerkt. Die Sache war damit entschieden. Ein weiterer Widerstand des Konsuls Piso war sinnlos, die Bitten des Clodius, der sich vor den Senatoren auf die Knie warf und sie einzeln um Milde bat, fruchteten nicht. Nur 15 Senatoren schlossen sich der Stellungnahme des älteren Gaius Scribonius Curio (Konsul 76 v.Chr.) an, 400 stimmten dagegen.

Nun mussten die Konsuln den Beschluss ein zweites Mal dem Volk vorlegen. Der Volkstribun Fufius, der dem Senat als einziger der zehn Volkstribune Schwierigkeiten bereitet hatte, wagte es nicht, sein Veto einzulegen. Daraufhin berief allerdings Clodius als Quästor mehrere »erbärmliche Versammlungen« (*contiones miseras*) ein, wie Cicero sie tituliert, in denen er gegen seine Hauptgegner Lucullus, Hortensius und Cicero, aber auch gegen die beiden Konsuln hetzte und sie mit Schmähungen überzog. Als der Prozess anstand, hatte Clodius den Mob auf seine Seite gebracht, unterstützt von angeworbenen Schlägern, welche die Richter so einschüchterten, dass diese um Schutz bitten mussten. Ein Teil von ihnen machten bei der Abstimmung ihre Stimmtäfelchen unkenntlich. Vor allem aber durch hohe Bestechungssummen sicherte sich Clodius das Wohlwollen der meisten Richter, so dass er aus Sicht der ganz überwiegenden Mehrheit des Senats skandalöserweise freigesprochen wurde.[124] Erhalten hatte Clodius das Bestechungskapital vermutlich von Crassus. Den bestochenen Richtern soll der jüngere Catulus nach dem Prozessende zugerufen haben: »Es war schon wahr, dass ihr zu eurer Sicherheit die Wache gefordert habt; ihr hattet Angst, dass euch jemand das Geld wegnehmen könnte«.[125]

Die übrige Zeit des Jahres 61 v.Chr. stand ganz im Zeichen des aus dem Osten zurückgekehrten Pompeius,[126] der seinen großen Triumph am 29. September, seinem Geburtstag, minutiös vorbereiten ließ und erkennbar Wert darauf legte, dass seine militärischen Erfolge und der daraus abgeleitete Anspruch auf besondere Wertschätzung von allen Seiten beachtet und mit entsprechenden Ehr- und Respektsbezeugungen beantwortet wurden. Die populäre Begeisterung über den mehrfachen Triumphator – er wurde mit Alexander verglichen – teilten die Wortführer im Senat nicht. Sie fürchteten seine ausschließlich auf siegreichen Feldzügen begründete Ausnahmestellung, welche die Dimensionen einer gewöhnlichen politischen Laufbahn schon längst hinter sich gelassen hatte. Das Volk und eine große Menge ihm treu ergebener Soldaten verehrten ihn, so dass kaum jemand sich vorzustellen vermochte, ob ein solcher Mann überhaupt noch in das Gremium und die starre Hierarchie des Senats wiedereingegliedert werden konnte. Allerdings waren ihm seine politischen Gegner aus den Reihen des Senats überlegen und setzten alles daran, seine überragende Machtstellung zu beschneiden.

Einer der hauptsächlichen Gegner und Initiator dieser Obstruktionspolitik seitens der konservativen Senatorenschaft war Lucullus, der die Kränkung seiner vorzeitigen Abberufung als Imperiumsträger im Osten nicht verwunden hatte.[127] Nun spielte er seine vielfältigen Verbindungen im Senat aus. Dabei achtete er offenbar darauf, dass er nur in Ausnahmesituationen als direkter Kontrahent des Pompeius in Erscheinung trat. In vielen Senatssitzungen, an denen er teilnahm, blieb er im Hintergrund. Da Plutarch, der Hauptgewährsmann zum Leben des Lucullus, seine Biographien vor allem in moralphilosophischer Absicht schrieb, hatte er kein vertieftes Interesse an der Schilderung der verbalen Auseinandersetzungen im republikanischen Senat. Hierbei gab es aus seiner Sicht wenig zu berichten. Entsprechend fragmentarisch, punktuell und zufällig ist unser Wissen über die folgenden Jahre des Lucullus.

Nach der geschilderten Episode um Clodius ist als chronologisch nächstes Ereignis erst wieder das Scheitern der zweiten Ehe des Lucullus fassbar. In einem Brief vom 20. Januar des Jahres 60 v. Chr. verweist Cicero beiläufig darauf. Darin spielt der Redner kryptisch auf die beiden kurz hintereinander folgenden Scheidungen der Lucullus-Brüder an, die zu Jahresbeginn den damaligen Klatsch innerhalb der römischen Oberschicht beherrscht haben dürften. Nach Lucius Lucullus war auch sein Bruder Marcus durch Gaius Memmius kompromittiert worden. Der Tullier ließ es sich nicht nehmen, seinem Freund Atticus auch von diesem in den feinen Kreisen Roms sicherlich vielerzählten Vorfall zu berichten:[128]

»Ein Prachtjahr steht uns jetzt bevor. Es begann damit, daß die alljährlichen Opfer für die *Iuventas* nicht stattfanden; denn Memmius weihte die Gattin des Marcus Lucullus in seine Mysterien ein, Menelaus ärgerte sich darüber und schied sich von ihr. Indessen, jener Hirt vom Ida hatte nur Menelaus missachtet, aber unser Paris hier hat sowohl Menelaus wie auch Agamemnon nicht für voll genommen!«

Was den Paris der homerischen *Ilias* vom römischen Gaius Memmius unterschied, war dessen doppelte Liebschaft, denn offenkundig hatte er nicht nur einen, sondern beide Brüder betrogen: Der Affäre mit der Gattin des Marcus Lucullus war offenbar eine ähnliche mit Servilia, der Frau des Lucius Lucullus, vorausgegangen. Da der Kult der *Iuventas* traditionell in den Händen der Familie der Luculli lag, war aufgrund der Ehebrüche die Durchführung der Opferriten nicht länger möglich.

Die Scheidung von Servilia hatte freilich keine negative Auswirkung auf die freundschaftliche Beziehung zwischen Lucullus und Cato. Auf politischer Ebene stemmten sie sich im Senat weiterhin gemeinsam energisch gegen Anträge des Pompeius, in privater Hinsicht wurde die Verbindung sogar noch gestärkt. Das Vertrauen in Cato war bei Lucullus so angewachsen, dass er den Porcier zum Vormund seines Sohnes bestimmte.

Im späten Frühjahr 61 v. Chr. bemühte sich Pompeius darum, auf die führenden Männer der *boni*[129] zuzugehen, doch wurde sein Angebot von Cato auf kränkende Art und Weise zurückgewiesen: Pompeius hatte sich von seiner Frau Mucia scheiden lassen mit der

Absicht, eine weitere Nichte Catos zu heiraten, eine Ablehnung zog er offenbar in keiner Weise in Betracht. Dass Cato sich seinem Eheschließungswunsch verweigerte, mag – es lässt sich nicht mehr ermitteln – auch auf die enge persönliche Beziehung Catos zu Lucullus zurückzuführen sein. Jedenfalls war der Annäherungsversuch des Pompeius auf ganzer Linie gescheitert: Mit der Zurückweisung hatten ihm die führenden Männer im Senat unmissverständlich mitgeteilt, dass sie nach wie vor nicht gewillt waren, seine Sonderstellung anzuerkennen und sich seinen Wünschen zu beugen. Darüber hinaus hatte Pompeius den Konsul Quintus Caecilius Metellus Celer, den Halbbruder Mucias, unnötig gegen sich aufgebracht, da dieser durch die Scheidung wiederum seine »Würde« (*dignitas*) und die seiner Familie beschädigt sehen musste.

Dass Lucullus damals keineswegs das unpolitische Leben eines untätigen »Fischteichbesitzers« führte, wie es ihm Plutarch gerne unterstellt, wird auch an seiner Rolle deutlich, die er zu Beginn des Jahres 60 v. Chr. spielte. Damals brachte Pompeius kurz hintereinander zwei Anträge vor das Volk, die einerseits die Versorgung seiner Veteranen, andererseits endlich seine im Osten getroffenen Maßnahmen rechtsgültig machen sollten.[130]

Der Annahme der beiden Anträge stellte sich die Mehrheit des Senats entgegen. Dabei taten sich als Wortführer Lucullus, der jüngere Cato, Cicero und der Konsul Metellus Celer hervor, der immer noch über die abrupte Scheidung des Pompeius von seiner Schwester Mucia gekränkt gewesen sein dürfte. Bei allen vier war es offensichtlich, dass sie nicht gewillt waren, die autokratische Stellung des Pompeius hinzunehmen. Zum Kreis der Widerständler gegen Pompeius wird man auch Metellus Creticus hinzuzählen dürfen, der wegen des ihm lange vorenthaltenen Triumphes gleichfalls ein starkes Rachemotiv besaß.[131] Als Ältestem und Ranghöchstem hätte Lucullus die Führungsposition innerhalb dieser Gruppe im Senat zugestanden, die er aber offenbar ablehnte. Ein möglicher Beweggrund für den Verzicht des Liciniers auf die führende Stellung im Senat könnte darin bestanden haben, dass dadurch die

Aussicht auf eine Verständigung mit Pompeius von vornherein zunichtegemacht worden wäre. Über die Senatssitzung, in welcher der Antrag des Volkstribunen diskutiert wurde, berichtet Cicero seinem Freund Atticus das Folgende:[132]

»Pompeius will durch sein Schweigen jenes gemalte Prunkgewändchen nicht beschmutzen. Crassus sagt kein Wort, das Anstoß erregen könnte. Die übrigen kennst Du ja schon: Sie sind so dumm, dass sie anscheinend hoffen, sich ihre Fischteiche retten zu können, auch wenn die Führung des Gemeinwesens durch den Senat verloren ist. Nur einer wirkt, mehr durch seine Beharrlichkeit und redliche Art, wie mir jedenfalls scheint, als durch Überlegung und Klugheit: Cato, der die erbärmlichen Steuereintreiber, die ihn ansonsten sehr schätzen, nun schon den dritten Monat quält und sie vom Senat noch keine Antwort auf ihre Eingaben erhalten haben. So sehen wir uns dazu verurteilt, nichts in den übrigen Angelegenheiten entscheiden zu können, bis den Steuereintreibern eine Antwort erteilt worden ist.«

Da der Senat keinen befürwortenden Beschluss fasste, griff Flavius, der antragstellende Volkstribun, zu drastischeren Mitteln, um die Dinge voranzutreiben. Er schreckte nicht davor zurück, Metellus Celer, einen der beiden amtierenden Konsuln, ins Gefängnis zu werfen. Die Maßnahme belegt eindrucksvoll, wie selbstgewiss ein Volkstribun im Verbund mit einem Feldherrn wie Pompeius im Jahr 60 v. Chr. gegenüber dem Senat aufzutreten wagte und durch die rücksichtslose Ausschöpfung seiner Amtsbefugnisse gleichsam wie selbstverständlich jeden energischen senatorischen Widerstand zu ersticken wusste. Gleichwohl hielt der Konsul an seinem Widerstand gegen das Ackergesetz fest. Im Gefängnis sitzend plante er, dort eine Senatsversammlung abzuhalten. Selbst als ihm der Volkstribun drohte, ihm die zugeteilte Provinz zu entziehen, war Metellus Celer nicht bereit nachzugeben. Durch ihren hartnäckigen Widerstand zwangen die führenden Männer des Senats Pompeius immerhin zu einer Entscheidung: sich entweder dem Willen des Gremiums abermals zu fügen oder die eigenen Interessen durch Mobilisierung seiner Veteranen durchzusetzen und gewalttätige Auseinandersetzungen in Rom in Kauf zu nehmen. Der Feldherr hatte jedenfalls zumindest zu diesem Zeitpunkt noch nicht den Mut, Gewalt anzuwenden und einen offenen Bruch mit dem Senat zu riskieren.

Während beim ersten Antrag Metellus Celer der Protagonist des Widerstands war und von seinen Unterstützern rednerisch assistiert wurde, nahm Lucullus beim zweiten Antrag, der die pauschale Anerkennung aller von Pompeius im Osten getroffenen Maßnahmen verlangte, unverkennbar die Führungsrolle ein. Pompeius hatte 66 v.Chr. Lucullus in Podanala rigoros erklärt, dass er jeglicher seiner Anordnungen die Zustimmung verweigern werde. Nun stand ihm erneut der Licinier gegenüber. Cassius Dio berichtet uns als einzige Quelle ausführlich vom Widerstand des Liciniers im Senat:[133]

> »Lucius Lucullus, den er damals beim Zusammentreffen in Galatien hochmütig behandelt hatte, setzte ihm schwer zu und forderte, Pompeius solle nur im Einzelnen und gesondert über jede seiner Maßnahmen Bericht erstatten und nicht deren Anerkennung im Gesamten verlangen. Es sei, wie er darlegte, nur recht und billig, wenn nicht alle seine Anordnungen, deren Qualität ja keiner kenne, durch einen einzigen Beschluss sanktioniert würden, wie wenn sie von einem Despoten getroffen worden seien. Und da Pompeius zudem auch einige seiner Verfügungen wieder zurückgenommen habe, verlangte er eine Überprüfung der Entscheidungen beider Männer vor dem Senat, damit er bestätigte, was ihm zusage.«

Lucullus hielt sich mit diesen Forderungen an das sachlich Gebotene und Angemessene: Er verlangte eine unabhängige Prüfung der revidierten Entscheidungen. Dies konnte er als Mann mit der bei weitem größten Erfahrung und Expertise in den Verhältnissen des hellenistischen Ostens unter den Senatoren glaubwürdig vertreten, zumal bekannt war, dass Pompeius ihm in dieser Hinsicht nicht das Wasser zu reichen vermochte und vor allem abhängig von den Ratschlägen des Theophanes von Mytilene gewesen war.[134] Daher gab das Gremium dem Licinier recht und ordnete eine Prüfung der Angelegenheit an, so dass der 20 Jahre von Erfolg zu Erfolg eilende und vielgeehrte Pompeius nun erleben musste, wie jede seiner Maßnahmen von seinem alten Widersacher Lucullus, der ihm bereits in der Gunst Sullas voraus gewesen war, eloquent zerpflückt und dann vom Senat abgelehnt wurde, wie etwa die finanziellen Geschenke, die der Feldherr großzügig seinen Soldaten gemacht oder gegenüber einzelnen griechischen Städten in Aussicht gestellt hatte.[135] Die Senatssitzung muss aus Sicht des großen Kriegshelden erneut eine äußerst demütigende Erfahrung gewesen sein; darüber hinaus war ihm allzu deutlich vor Augen geführt worden, dass ihm diese Männer mindestens ebenbürtig waren und er niemals seine Forderungen erfüllt bekäme. Die Ereignisse an diesem Tag ließen in ihm womöglich die Erkenntnis reifen, dass nur mit Hilfe anderer ambitiöser Senatoren, die wie er außerhalb der traditionellen politischen Formen agierten und andere Vorstellungen vom Gang der Politik besaßen, seine Forderungen erfüllt werden konnten. Mit seiner sicherlich umfassenden Stellungnahme zur Neuordnung des hellenistischen Ostens hatte Lucullus sich erfolgreich für die bitteren Stunden im östlichen Galatien gerächt, Pompeius den Weg aus dem Senat gewiesen und sich in diesem letzten großen Auftritt als einer der führenden Männer der Senatorenschaft erwiesen.

Zurückgesetzt und in seinen persönlichen Ansprüchen und sachlichen Forderungen nicht anerkannt, schloss sich Pompeius mit dem reichen Crassus und dem weniger vermögenden, aber in vielerlei Hinsicht außerordentlich begabten Caesar zu einem privaten Dreierbündnis zusammen, das den drei dazu dienen sollte, künftig senatorische Widerstände zu überwinden und ihre persönlichen Interessen regelmäßig durchzusetzen. Caesar war im Jahr 60 v.Chr. aus Spanien zurückgekehrt und hatte wegen der die persönliche Anwesenheit erforderlich machenden Konsulwahlen auf seinen Triumph verzichtet, damit es ihm möglich war, sich für das höchste Amt zu bewerben und die Ziele des Bündnisses umzusetzen.

Die Wahl glückte, und nachdem er 59 v.Chr. sein Amt angetreten hatte, nahm er sich sogleich des Agrargesetzes an, das die Veteranen des Pompeius mit den seit drei Jahren erhofften Landlosen versorgen sollte. Sein Amtskollege Marcus Calpurnius Bibulus sprach sich erwartungsgemäß gegen den Antrag aus. Als der Tag der Abstimmung anstand, begleiteten Bibulus auf seinem Weg zum Forum sein Schwiegervater Cato sowie Lucullus, die ihn in seiner Ablehnung unterstützten. Im Gegensatz zu Afranius schreckte Caesar nicht davor zurück, gewaltsam gegen die drei Männer vorzugehen: Als Bibulus und seine beiden Begleiter auftraten, wurden sie kurzerhand von der von Caesar aufgehetzten Menge von den *rostra*, der Rednerbühne, hinuntergezerrt und nicht nur mit Spott und Häme überzogen, sondern sogar mit Kot beschmutzt. Bibulus und seine Gruppe mussten sich in sein nahe gelegenes Haus am Palatin flüchten, um mit dem Leben davonzukommen. Nach dieser massiven Einschüchterung wurde der Antrag vom Volk ohne Gegenrede beschlossen. Nicht anders verhielt es sich mit dem kurz danach wieder aufgelegten Gesetzesvorschlag zur summarischen Anerkennung aller Verfügungen des Pompeius im hellenistischen Osten. Auch in diesem Fall suchte Lucullus nochmals – und zugleich zum allerletzten Mal, wie sich später herausstellen sollte – Widerstand zu leisten, indem er in einer »Volksversammlung« (*contio*) nochmals Stellung beziehen und seine Vorbehalte gegenüber dem Antrag erläutern wollte. Jedoch war Caesar abermals darauf vorbereitet; wieder hatte er Schlägertrupps aufgeboten, hetzte mit den altbekannten Vorwürfen gegen Lucullus und drohte mit Gewaltanwendung, so dass Lucullus öffentlich zum Schweigen gebracht und erniedrigt wurde.[136] Notgedrungen beugte er sich der Gewalt und gab seinen Widerstand auf.

Im Zusammenhang mit der Vettius-Affäre im Verlauf des Sommers 59 v.Chr. trat Lucullus erneut als politischer Akteur in Erscheinung, wenn auch nicht mehr in ähnlich prominenter Art und Weise. Lucius Vettius, ein berüchtigter Denunziant, der zunächst Catilina zugearbeitet und nach Aufdeckung der Verschwörung die Seiten gewechselt hatte, verdingte sich in der Folgezeit als Handlanger Caesars. Er wurde beauftragt, einen vorgetäuschten Mordanschlag auf Pompeius zu planen, der aber offenbar nur dazu dienen sollte, die Gegner der Triumvirn politisch zu diskreditieren. Deshalb war Vettius an Gaius Scribonius Curio herangetreten, der sich bereits in jungen Jahren offen gegen Pompeius und Caesar gestellt hatte, und hatte ihn vermeintlich um Unterstützung für einen Anschlag auf Pompeius gebeten. Vermutlich sah der Plan vor, dass Vettius, sobald er auf frischer Tat ertappt war, den jungen Curio als seinen Mittäter angeben sollte. Curio offenbarte jedoch seinem gleichnamigen Vater, einem Konsular, das Komplott, der darüber umgehend Pompeius in Kenntnis setzte und die Angelegenheit vor den Senat brachte. Vettius wurde befragt, wobei er zunächst nur die Namen einiger Mittäter preisgab und anschließend über Nacht in Haft gesetzt wurde. Am darauffolgenden Tag wurde er von Caesar auf die *rostra* geführt und gab dort weitere, nun deutlich prominentere Personen an, die angeblich an der Verschwörung gegen Caesar und Pompeius beteiligt gewesen seien. Von dem aufsehenerregenden Vorfall berichtete Cicero wiederum Atticus:[137]

»Tags darauf führte Caesar, derselbe Caesar, der einst als Prätor einen Mann wie Quintus Catulus noch von unten hatte sprechen lassen, Vettius auf die Rostra hinauf und stellte ihn an den Platz, den zu betreten Bibulus, der Konsul, sich nicht hätte einfallen lassen dürfen. Hier äußerte er sich nach freiem Belieben über die ganze Sache, wozu man ihn ja auch geholt und ihm seine Rolle einstudiert hatte. Zunächst überging er nun in seiner Darstellung den Caepio, den er bei seiner Aussage im Senat besonders belastet hatte – es lag eben eine Nacht dazwischen, in der sich jemand für ihn verwandt hatte –; dafür machte er aber jetzt Leute namhaft, gegen die er im Senat noch nicht den leisesten Verdacht geäußert hatte: Lucius Lucullus, der wiederholt den Gaius Fannius zu ihm geschickt habe, denselben Mann, der sich auch an der Anklage gegen Publius Clodius beteiligt hatte, Lucius Domitius, dessen Haus als Sammelplatz für die Attentäter in Aussicht genommen gewesen sei. Mich nannte er nicht mit Namen, ließ aber doch durchblicken, ein redegewandter Konsular und Nachbar des Konsuls habe ihm gesagt, es müsse sich ein Servilius Ahala oder Brutus finden. Als schließlich die Versammlung schon geschlossen war, fügte er, von Vatinius zurückgerufen, noch hinzu, er habe von Curio gehört, mein Schwiegersohn Piso und Marcus Laterensis seien an dem Komplott beteiligt.«

Der Prozess endete abrupt, als berichtet wurde, dass Vettius im Kerker ermordet worden sei – höchstwahrscheinlich auf Veranlassung Caesars, der dieses Komplott erdacht hatte, wie Ciceros bissige Bemerkung über die ihm von Caesar zugewiesene, ausgesucht ehrenvolle Redeposition des Denunzianten auf den *rostra* in der Briefpassage erkennen lässt.

Dass Lucullus in der zweiten Gruppe der von Vettius preisgegebenen, angeblich beteiligten Personen aufgeführt wurde, dürfte niemanden in Rom aufgrund der bekannten langjährigen Feindschaft der beiden Feldherren verwundert haben. Die Vettius-Affäre belegt, dass Lucullus auch im Jahr 59 v. Chr. offenkundig nach wie vor als einer der wichtigen aktiven Opponenten gegen die Machenschaften des Pompeius, Crassus und Caesar angesehen wurde.

Nur wenige Wochen später, im September 59 v. Chr., trat Lucullus nochmals persönlich in der Öffentlichkeit auf – als einer der Geschworenen im Prozess gegen Lucius Valerius Flaccus. In diesem Zusammenhang ist eine Passage in der Rede Ciceros zur Verteidigung des Angeklagten das vorletzte literarische Zeugnis, in dem Lucullus uns nochmals als politisch aktiver Mann begegnet. Darin wandte sich der prominente Verteidiger direkt an seinen Freund:[138]

>»Lucius Lucullus, Du wirst über Lucius Flaccus urteilen: Dir sind, wie ich höre, wegen Deiner außerordentlichen Großzügigkeit und wegen der unschätzbaren Dienste, die Du Deinen Freunden erwiesen hast, recht stattliche Erbschaften zugefallen, als Du mit konsularischen Befugnissen über die Provinz Asia gebotest. Gesetzt, jemand hätte sie für sich beansprucht, hättest Du Dich gefügt?«

In dem Abschnitt sind der Respekt und die Hochachtung für Lucullus deutlich spürbar. Cicero schmeichelt dem angesprochenen Freund und Richter unverkennbar, indem er dessen besondere soziale Qualitäten preist, dessen freigiebige und selbstlose Art, die sich auch und gerade in vielerlei Hilfen an die mit ihm in Asia verbundenen Personen manifestierte und ihm in der Folgezeit von den dankbaren Freunden gleichsam »rückerstattet« wurden.

Schließlich begegnet uns Lucullus ein letztes Mal im Frühjahr 58 v.Chr. Damals geriet Cicero in arge Bedrängnis, da Clodius zum Volkstribun gewählt worden war und das Amt zur Agitation gegen den Konsul von 63 v.Chr. nutzte. Durch bewaffnete Banden sicherte er sich die Hoheit über die Straßen Roms und ließ ein Gesetz vom Volk verabschieden, das vorsah, jeden strafrechtlich verfolgen zu dürfen, der römische Bürger ohne Prozess zum Tod verurteilt hatte. Daraufhin beriet sich Cicero, zumal er auf keine Hilfe von Seiten des Pompeius rechnen konnte, intensiv mit seinen Freunden und Bündnispartnern, zu denen neben Lucius Lentulus und den beiden Konsularen Lucius Torquatus und Marcus Lucullus auch Lucius Lucullus zählte, der entsprechend Erwähnung in den Gesprächen fand. Auch zu dieser Zeit bewegte sich

Lucullus offenbar immer noch im Kreis der ihm verbundenen Politiker. Pompeius suchte eine halbwegs neutrale Position einzunehmen, indem er mitteilen ließ, dass er als Privatmann nicht imstande sei, etwas auszurichten, solange sie keinen Senatsbeschluss (*senatus consultum*) zur Verteidigung der *res publica* fassen sollten. In Plutarchs Cicero-Biographie heißt es:[139]

> »Lucullus riet Cicero zu bleiben, denn er werde die Oberhand behalten. Andere rieten ihm zur Flucht, denn das Volk werde ihn bald wieder herbeiwünschen, wenn es die Tollheit und den Wahnsinn des Clodius überdrüssig geworden sei. Dazu entschloss sich Cicero.«

Der Redner entschied sich für den Gang ins Exil, noch bevor das Gesetz erlassen und eine Anklage erhoben war. Aus späteren Briefen geht hervor, dass er diese Entscheidung später erheblich bereute. Er wurde sich bewusst, dass er dem Rat des Lucullus hätte folgen müssen und der Verbleib in Rom die bessere Wahl gewesen wäre. So deutet er es zumindest in zwei Briefen an Atticus an:[140]

> »Sag' mir also bitte und rund heraus, wie Du meine Lage einschätzt. Ich weiß, eine ganze Reihe eigener Fehlgriffe ist es gewesen, die mich in diese Mühsal gebracht hat; macht irgendein Umstand sie teilweise wieder gut, so will ich weniger bedauern, weiter gelebt zu haben und noch zu leben. [...] Das erste Gesetz traf mich ja überhaupt nicht; hätte ich es gleich nach seiner Veröffentlichung loben oder, was es verdiente, unbeachtet lassen wollen, schaden konnte es mir auf keinen Fall. Das ist der Punkt, wo mir zuerst mein eigenes Urteil gefehlt oder vielmehr geschadet hat. Blind, blind, sage ich, war ich, dass ich Trauerkleider anlegte und beim Volk betteln ging; das musste mir ja zum Verderben ausschlagen, falls man eigentlich überhaupt gar nicht beabsichtigte, gegen

mich persönlich vorzugehen. Doch ich reite schon wieder auf der Vergangenheit herum!«

Die Motive, warum Lucullus Cicero zuriet, in Rom zu verbleiben, lagen auf der Hand: Der Senatsaristokratie war grundsätzlich eher damit gedient, dass ein so erfahrener und gewandter Redner und Politiker wie Cicero in der Stadt blieb. Die Leerstelle wurde noch spürbarer, als nur wenig später auch Cato Rom verlassen musste. Mit der Vertreibung der beiden hartnäckigen und wortmächtigen Gegner des Triumvirats war der Senat mundtot und gefügig gemacht worden, so dass dem in Rom verbliebenen Lucullus keine redegewandten politischen Mitstreiter mehr zur Seite standen. Ohnehin war seit der demütigenden Erfahrung von 59/58 v.Chr. der politische Handlungsspielraum für ihn zunehmend enger geworden. Es hat den Anschein, als ob auch der Licinier zu dieser Zeit politisch weitgehend kaltgestellt war. Bedingt durch das Exil Ciceros und den damit verbundenen Ausfall des wichtigsten zeitgenössischen Gewährsmannes ist zu wenig über die Zeit ab dem Sommer 58 v.Chr. bekannt, um entscheiden zu können, ob Lucullus im Jahr 57 v.Chr. durch die schwierigen Umstände daran gehindert wurde, weiterhin den Senat zu besuchen, oder ob er sich aus Einsicht in die eigene aktuelle Machtlosigkeit zurückzog.[141] Dass er im Auftrag der Triumvirn zwischen Mitte Dezember 57 und 13.Januar 56 v.Chr. vergiftet wurde,[142] spricht dafür, dass er immer noch zu den ersten Rednern im Senat zählte und vor allem für Pompeius nach wie vor ein Ärgernis darstellte.

Der Tod des Lucullus

Der Tod des Lucullus war von merkwürdigen Umständen begleitet und wurde zum Gegenstand vieler Gerüchte und Spekulationen in diffamierender Absicht. Immerhin lässt sich der Zeitraum recht genau eingrenzen: die Zeit zwischen Mitte Dezember 57 und den 13. Januar 56 v. Chr.[143] Nach den Angaben des Cornelius Nepos, die uns Plutarch bewahrt hat, soll Lucullus einer Vergiftung zum Opfer gefallen sein: Kallisthenes, einer der griechischen Freigelassenen, die sich im Umfeld des Lucullus bewegten, soll wegen unerwiderter Liebe einem Getränk ein todbringendes Gift beigemischt haben. Dabei stellt sich zumindest die Frage, ob mit der Erzählung von einer Beziehungstat nicht ein politisch motivierter Giftmord verdeckt werden sollte.[144] Mit einem gezielt gestreuten Gerücht hätten die Gegner der Luculli diese in doppelter Weise getroffen: Eine emotionale Abhängigkeit eines Mitglieds der Senatsaristokratie von einer Person niederen Ranges,[145] durch die Vergiftung vermeintlich belegt, hätte die soziale und moralische Integrität des Verstorbenen diskreditiert. Gleichzeitig wären die politischen Motive, die dem Mord zugrunde gelegen haben könnten, in den Hintergrund getreten und hätten dem Giftanschlag jegliche politische Brisanz genommen.[146]

Bereits zu Lebzeiten des Lucullus war eine Vielzahl von panegyrischen Lobesschriften auf seine militärischen Erfolge (*laudationes*) im Umlauf. Dies erwähnt Cicero ausdrücklich im panegyrischen Vorspann zu seiner im Mai 45 v. Chr. verfassten Abhandlung *Lucullus* und setzt es in scharfen Kontrast zu den der Öffentlichkeit weniger bekannten, weil nicht zutage getretenen philosophischen Interessen des Lucullus, von denen nur wissen konnte, wer wie Cicero über einen engen persönlichen Kontakt und regelmäßigen intellektuellen Austausch mit ihm verfügte:[147]

»Was es durch öffentlichen Ruhm an Lucullus zu verherrlichen galt, das ist im Großen und Ganzen sowohl durch griechische wie auch durch lateinische Schriften allgemein bekannt gemacht worden.«

Heute ist uns keine dieser Darstellungen oder Berichte mehr erhalten. Immerhin lässt sich in diesem Zusammenhang auf das Epos des Archias über den Krieg Roms gegen Mithridates verweisen, das die Taten des Lucullus vermutlich anlässlich des Triumphes von 63 v. Chr. gefeiert hatte:[148]

»Dem Krieg gegen Mithridates, der, langwierig und gefährlich, mit wechselndem Glück auf dem Lande und zur See geführt wurde, hat Archias ein Werk gewidmet, das ihn von Anfang bis Ende darstellt: es würdigt nicht nur Lucullus als Mann von herausragender Tapferkeit und großem Ruhm, sondern auch den guten Ruf des römischen Volkes.«

Die Nutzung dieses Werkes lässt sich auch in der Eingangspassage des zweiten Buches von Ciceros »Akademischen Abhandlungen« nachweisen. Dort heißt es, Lucullus sei als Feldherr auf jeglichem Gebiet der Kriegsführung so herausragend gewesen, »dass selbst (Mithridates) der größte König nach Alexander diesen als eine weitaus fähigere Führungspersönlichkeit ansah, als jeden derjenigen, die er auserwählt hatte«. Treffend ist von Olof Gigon erkannt worden, dass die anerkennenden Worte des Mithridates auf seinen langjährigen Gegner singulär sind.[149] Da ansonsten kein einziger enkomiastischer Vergleich des Mithridates mit Alexander aus der lateinischen Literatur der Zeit Ciceros bekannt ist, müssen sie auf das Epos des Archias über die Mithridatischen Kriege zurückgehen.[150]

In den Zusammenhang der damaligen historiographischen Deutungskämpfe ist auch ein Werk des griechischen Gelehrten und Politikers Theophanes von Mytilene, des Begleiters und Beraters des Pompeius, einzuordnen, das offenbar als ein anti-optimatisches Gegenstück zum Epos des Archias konzipiert war und die Größe des Pompeius panegyrisch feierte. Jedenfalls gibt das einzige aussagekräftige Fragment des Werkes des Theophanes deutlichen Aufschluss über die fragwürdige Glaubwürdigkeit von seiner Tendenzschriftstellerei: Darin macht er den nach Smyrna verbannten Publius Rutilius Rufus für das Massaker an den Römern in Kleinasien verantwortlich.[151] In bösartiger Absicht berichtet Theophanes, dass sich im Geheimarchiv des Mithridates ein Brief des Rutilius Rufus befunden hätte, in dem dieser den pontischen Herrscher zur Ermordung der Römer ermuntert habe[152] – eine Behauptung, der bereits in der Antike kein Glauben geschenkt worden ist, zumal bekannt war, dass der Vater des Theophanes in der Autobiographie des Rutilius Rufus außerordentlich ungünstig beurteilt worden war.[153] Mithin wurde die machtpolitische Degradierung des Lucullus auf historiographischer Ebene durch den gelehrten Politiker und Freund des Pompeius aus Lesbos sicher unterstützt.

Für die Zeit nach der Rückkehr aus dem Osten, erst recht aber für die Zeit nach seinem Triumphzug im Jahr 63 v.Chr., bietet die Überlieferung ein ganz und gar verzerrtes Bild vom Leben des Lucullus, vor allem wenn man dem Bericht Plutarchs folgt: Die kaiserzeitliche Erinnerung ist von dem von popularer Seite stammenden Vorwurf der *luxuria* gleichsam durchtränkt. Gebunden an seine moralphilosophische Zielsetzung, konzentriert sich der griechische Biograph auf die Darstellung der Charakterzeichnung seiner Protagonisten und blendet die Komplexität des politischen Spiels im Senat der späten Republik weitgehend aus. Auf diese Weise ist für ihn etwa eine Erörterung der Stellung des Lucullus im Senat, aber auch dessen politisch wie persönlich enge Verbindung zu Cicero gänzlich entbehrlich. Aufgrund der moralphilosophisch motivierten Betrachtung der Biographien historischer Persönlichkeiten ist für Plutarch vielmehr ein Aspekt weitaus wichtiger – im Fall des Lucullus, dessen unangemessenen Rückzug aus dem politischen Leben zu erzählen. Nach der Rückkehr aus dem Osten hätte sich der Licinier nur noch »einem untätigen Leben und einer sorglosen häuslichen Ruhe hingegeben«, sei infolgedessen »dahingewelkt« und verstorben, »wie die Seeschwämme bei ruhiger See«.[154] Aus dieser Fehleinschätzung – es sei dahingestellt, ob sie beabsichtigt oder unbeabsichtigt war – entstand der Eindruck, als ob einer der führenden politischen Gegner des Pompeius und Caesars sein Leben als zurückgezogener Privatier und luxusliebender Gourmet beschlossen habe.

Dass Lucullus sich bereits im Jahr 59 v.Chr. vom politischen Leben abgewandt haben soll, ist eine haltlose Schlussfolgerung aus dem weitgehenden Schweigen der Quellen. Dass wichtiges Hintergrundwissen über zentrale Vorgänge dieser Jahre fehlt, liegt einerseits im Exil Ciceros begründet – denn er war nur noch begrenzt über die Vorgänge in Rom informiert –, andererseits in der selektiven Auswahl, die Tiro und Atticus nach dem Tod des Redners bei der Durchsicht der Korrespondenz trafen. Die beiden entschieden sich, zahlreiche Briefe von und an politische Freunde auszusortieren, die sich nicht nur auf die Zeit seit 59 v.Chr. bezogen.[155] Berücksichtigt man diese Selektion und die daraus resultierende stark verkürzte und zugleich verzerrte Überlieferung zum Ende der Republik, so wird man kaum noch dem moralisierenden Urteil des boiotischen Gelehrten und Lokalpolitikers Plutarch folgen wollen, der für das oft schwer durchschaubare Geflecht der politischen Verbindungen und Verhältnisse im spätrepublikanischen Rom nur wenig Verständnis aufbrachte.

Vom Siegesmonument zum Symbol des politischen Widerstands

Mit der Darstellung eines sterbenden Hercules hatte Lucullus offenkundig einen bildlichen Ausdruck für das durch Pompeius und dessen Unterstützer erlittene persönliche Unrecht gefunden. Vor allem ließ sich ein solcher Hercules auch als politische Botschaft an die Standesgenossen verstehen, den Kampf gegen übermächtige, die republikanische Senatsherrschaft zersetzende Kräfte bis in den Tod fortzuführen. Nach dem Ableben des Lucullus verstärkte sich sogar die Intensität des Appells: Die Statue wurde zum Monument der Erinnerung an einen politischen Märtyrer der Republik; ihre Entfernung aus dem öffentlichen Raum bezeugt die hohe politische Brisanz, die das von Lucullus öffentlich gestiftete Kunstwerk in sich trug.

Der *Hercules tunicatus* dürfte sich höchstens zehn Jahre lang an seinem ursprünglichen Aufstellungsort in Rom befunden haben. Die erste Entfernung der Statue muss bald nach dem Tod der beiden Luculli erfolgt sein. Nachdem das Triumvirat zwischen Caesar, Crassus und Pompeius gegen den Senat auf Initiative Caesars in Lucca erneuert worden war, drängt sich der Gedanke geradezu auf anzunehmen, dass die Entfernung des Bildnisses eine der Maßnahmen war, die der neue Konsul Pompeius sicherlich im Einvernehmen mit seinem Kollegen Crassus im Laufe seines Amtsjahres (55 v. Chr.) anordnete.[156]

Über die Gründe und Auftraggeber lässt sich in Ermangelung weiterer Nachrichten nur spekulieren: Es ist zu vermuten, dass Pompeius die Gelegenheit nutzen wollte, die Erinnerung an den missliebigen Konkurrenten und führenden politischen Widersacher im Senat zu tilgen. Die Statue dürfte er als öffentliches Ärgernis empfunden haben, dem er mehr oder weniger täglich begegnen musste, sofern er sich in der Hauptstadt aufhielt.[157]

Die Wiederaufstellung im öffentlichen Raum dürfte nur wenige Jahre später erfolgt sein – auf jeden Fall nach dem dritten Konsulat des Pompeius (55 v. Chr.) und solange der Sohn des Lucullus (geb. etwa 65/64 v. Chr.) noch als »Waisenjunge« (*pupillus*) zu bezeichnen war. Es bietet sich an, hier vor allem an das Ende des Jahres 51 v. Chr. zu denken, als der Senat noch hinreichend Macht und Einfluss besaß und die optimatische Seite in Gestalt des jüngeren Cato und des damaligen Konsuls Marcus Claudius Marcellus nochmals lautstark auf sich aufmerksam machte.[158] Für diesen Zeitraum der Wiederaufstellung spricht auch der Umstand, dass Cicero, der sich um das Andenken des Vaters und das Schicksal des jungen Lucullus ansonsten sehr besorgt zeigte, den Vorgang nicht erwähnt und darin offenkundig nicht eingebunden war, was sich mit seiner langen Abwesenheit durch seine Statthalterschaft in Kilikien erklärt.[159]

Ann Kuttner hat zwar zutreffend darauf hingewiesen, dass mit dieser Initiative der Sohn und vor allem sein politisch bedeutsamer Vormund, der jüngere Cato, ihre *pietas* gegenüber dem verstorbenen Vater und Freund erfüllten, indem sie für die Wiederaufstellung sorgten und so das Andenken an Lucullus und an seine Leistungen für den *populus Romanus* wachhielten.[160] Allerdings sind die damit verbundenen politischen Implikationen der Wiederaufstellung des *Hercules tunicatus* im Zentrum Roms weitaus bedeutsamer: Der Antrag des jüngeren Cato im Senat war ein Versuch, auch auf dem Feld der öffentlichen Erinnerung (*memoria*) ein unmissverständliches Zeichen zu setzen und zu signalisieren, dass der Senat nach wie vor bereit war, Widerstand gegen Caesar und seine Unterstützer zu leisten. Mit diesem Beschluss konnte der Porcier noch einmal den Senat hinter sich versammeln und ihm eine eindeutige politische Stellungnahme abringen. Daraus lässt sich zudem ein Argument dafür gewinnen, dass die Statue spätestens jetzt an besonders prominenter Stelle, auf dem Forum Romanum, Aufstellung fand.

Bezeugte schon die Entfernung der Statue ihre immense politische Brisanz, so wurde diese durch ihre Wiederaufstellung sogar noch verstärkt. Vor allem eröffnete sie nach dem Tod beider Lucullus-Brüder – Marcus war nur einige Monate zuvor verstorben – eine neue Deutungsmöglichkeit: Gerade durch die mysteriösen Umstände des plötzlichen Todes wurde die Statue zu einem politischen Vermächtnis des Lucullus, zu einer politischen Anklage. Im schlimmen Ende des Hercules konnte nun auch der überraschende Tod des Lucullus gesehen und verklärt werden. Beim Blick auf die Statue konnte ein Senator das Leiden eines Märtyrers der *res publica* sehen, der für das Fortleben und die Tradition der jahrhundertealten, glorreichen Senatsherrschaft bis zum Ende gekämpft und gelitten hatte und der nur durch die Arglist seiner Widersacher – womöglich durch Vergiftung – zu Fall gebracht worden war und sein Leben verloren hatte.

Sofern die Statue des *Hercules tunicatus* zum Symbol für den politischen Kampf um den Erhalt der alten Senatsherrschaft geworden war, verwundert es nicht, dass es – vermutlich einige Zeit nach der Ermordung Caesars – für nötig befunden wurde, sie ein weiteres Mal den Blicken einer größeren Öffentlichkeit zu entziehen. Diese zweite Entfernung des Monuments dürfte Marcus Antonius zuzuschreiben sein, wahrscheinlich bald nach seinem Sieg bei Philippi im Herbst 42 v. Chr. Mit Befriedigung hatte er die starrsinnigen Anhänger der traditionellen Ordnung der Senatsherrschaft besiegt. In der Schlacht fielen sowohl der Sohn des Lucullus[161] wie auch sein etwa vier Jahre älterer Vetter und der Sohn von Marcus Porcius Cato gleichen Namens. Wer von den auf der Seite der Caesarmörder stehenden Familien nicht bei den Kämpfen umgekommen war, wurde danach von den Schergen des Antonius umgebracht, darunter auch der Sohn des Redners Hortensius.[162] Die Luculli waren Antonius ebenso tief verhasst wie die mit ihnen eng verbundenen Redner Cicero und Hortensius. Man darf daher vermuten, dass es Antonius war, der nach dem Tod der drei Republikaner – von Cato, von dessen Sohn und dem ihm anvertrauten jungen Lucullus – die Statue in seinen privaten Besitz brachte. Sollte die Statue tatsächlich auf dem Forum Romanum in der Nähe der alten Rednerbühne (*rostra*) aufgestellt gewesen sein, so könnte ihre erneute Entfernung aus dem öffentlichen Raum mit der Beseitigung der alten Rednerbühne und ihrer Positionierung an einem neuen Standort zusammengefallen sein.

Die zweite Wiederaufstellung und damit auch die Rehabilitierung des Lucullus erfolgte 14 Jahre später (28 v. Chr.) unter Augustus – vermutlich im Zuge der Planungen für die Auswahl »der nach Verdienst höchsten Männer« (*summi viri*) auf dem Augustus-Forum; denn in diese Galerie der wichtigsten Männer der Republik wurden Lucullus und womöglich auch sein Bruder aufgenommen.[163]

Bei dem in der dritten Inschrift der Basis des *Hercules tunicatus* erwähnten Titus Septimius Sabinus, der für die Restitution der Statue verantwortlich gewesen war, handelt es sich wahrscheinlich um den städtischen Prätor des Jahres 28 v. Chr.[165] In diesem Amt war er auch für die Aufstellung oder Beseitigung von Statuen verantwortlich.[166] Die Eingliederung der beiden Luculli stand

Vom Siegesmonument zum Symbol des politischen Widerstands 259

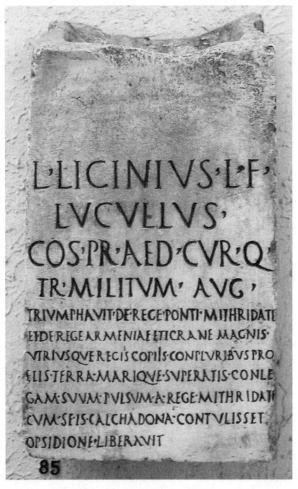

Abb. 18: Rekonstruktion der Basis einer Statue des Lucullus: Im etrurischen Arretium (Arezzo) wurde das Skulpturenprogramm des Augustus-Forums kopiert und auf dem dortigen Forum in verkleinertem Maßstab aufgestellt: »Lucius Licinius Lucullus, Sohn des Lucius; Konsul, Prätor, kurulischer Ädil, Quästor, Militärtribun, Augur. Er feierte einen Triumph über Mithridates, König von Pontos, und Tigranes, König von Armenien. Er besiegte große Truppen der beiden Könige in vielen Schlachten zu Lande und zu Wasser und befreite seinen Kollegen (Cotta) aus einer Belagerung, nachdem dieser von König Mithridates geschlagen sich nach Kalchedon zurückgezogen hatte.«[164]

mit dem allgemeinen Anliegen des Augustus in Einklang, nach Möglichkeit eine Aussöhnung mit der untergegangenen Republik und ihren herausragenden Vertretern zu erreichen. In diesem Sinne schreibt jedenfalls Sueton in seiner Augustus-Vita:[167]

> »Nach den unsterblichen Göttern pflegte er das ehrende Gedenken an die Feldherren, die das römische Reich aus kleinen Anfängen zu solcher Größe gebracht hatten. So stellte er ihre Bauwerke unter Beibehaltung der alten Inschriften wieder her und widmete ihnen allen in den beiden Säulenhallen seines Forums Statuen, die sie in der Tracht von Triumphatoren darstellten. Er ließ dabei durch ein Edikt wissen, es wäre seine Absicht, dass sowohl er selbst, solange er lebe, als auch die Herrscher kommender Zeiten von den Bürgern gleichsam nach ihrem Beispiel beurteilt werden sollten.«

Der Standort, an dem die Statue im Jahr 30 v. Chr. zum dritten Mal aufgestellt wurde, wurde jedoch geändert: Nunmehr war sie nicht mehr in der Nähe der alten Rednerbühne zu sehen, sondern unmittelbar neben den neuen *rostra* vor dem Tempel des vergöttlichten Caesar. In der Leichenrede auf Augustus kam Tiberius auch eigens auf Hercules zu sprechen;[168] denn die Aufstellung der Statue in neuer räumlicher Umgebung legte wiederum eine neue Deutung nahe. Sofern man die Statue des Hercules als Allegorie auf Leiden, Tod und Apotheose verstehen wollte, wurde das Erinnerungsmonument des Lucullus von Augustus abermals umgedeutet: als passende Allegorie auf das Schicksal Caesars. Die Statue wurde nunmehr zum politischen Plädoyer zugunsten des ermordeten Dictators, der wie Hercules zu den Göttern aufgestiegen war – ein solches Nachleben blieb einem Anhänger der Senatsherrschaft wie Lucullus verwehrt.[169]

Die Geschichte der mehrmaligen Aufstellung im und Entfernung der Statue aus dem öffentlichen Raum belegt eindrücklich, wie vieldeutig, politisch brisant und unverständlich ein an und für sich positives *exemplum* zu werden vermochte.[170] Unter veränderten politischen Vorzeichen »funktionierte« die von Lucullus bzw. seinem Sohn und dessen Mentor Cato intendierte Selbstheroisierung nicht mehr. Die Zeit der Bürgerkriege und der Etablierung des Prinzipats führten – durch die Aufstellung der Hercules-Statue an einem neuen Standort – zu einer grundlegenden Bedeutungsverschiebung, die mit der ursprünglichen Aufstellungsintention nichts mehr gemein hatte; denn sogar »republikanisch« gesinnte Senatoren der Kaiserzeit hätten wohl kaum noch Lucullus als positives *exemplum* heranziehen wollen. Die Erinnerung an den Mann, der mehrmals Mithridates und Tigranes besiegt, der wesentlich den senatorischen Widerstand gegen die autokratischen Bestrebungen des Pompeius und Caesars betrieben hatte und der nach seinem Tod von Cato und anderen führenden Verteidigern der Senatsherrschaft zu einem politischen Märtyrer der Republik glorifiziert worden war, war im 1.Jh.n.Chr. nicht nur, aber doch vor allem vom Bild des luxuriösen Feinschmeckers geprägt. Die Gestalt des Lucullus war längst – im Sinne der von Sallust etablierten historiographischen Tradition – zum Sinnbild einer genusssüchtigen, schwach und dekadent gewordenen republikanischen Senatsaristokratie geworden, deren Ende von späteren Epochen nur noch als zwangsläufig und notwendig gedeutet zu werden vermochte.

5

WIE LUCULLUS ÜBERLEBTE –
EINE NACHGESCHICHTE

*Cicero und die Erinnerung
an einen Musteraristokraten*

Gemeinhin hat die moderne Forschung bislang, wenn überhaupt, nur geringfügige Verbindungen zwischen Cicero und dem 117 v.Chr. geborenen und damit elf Jahre älteren Lucius Licinius Lucullus gesehen.[1] Was viele Cicero-Biographen bei der Darstellung ihrer Beziehung entweder gänzlich außer Acht lassen – wie beispielsweise Christian Habicht – oder allenfalls beiläufig thematisieren und ihn unter die »Fischeliebhaber« (*piscinarii*) mit ihren kampanischen Villen einordnen – wie Ronald Syme oder David Shackleton Bailey –, ist die auffällig starke memoriale Wertschätzung, die Cicero Lucullus entgegenbrachte, und die hierin zum Ausdruck kommende große Hochachtung vor dessen militärischen und politischen Leistungen.[2]

Dass man dieses Nahverhältnis übersah, liegt hauptsächlich an den wenigen Zeugnissen, die ein solches ausdrücklich belegen. Besonders schmerzlich ist hierbei der Verlust der Korrespondenz zwischen Cicero und den beiden Lucullus-Brüdern. Auch wenn uns derartige Briefe nicht überliefert sind, bedeutet das keineswegs, dass es solche nicht gegeben hätte.[3] Ein flüchtiger Blick auf die uns überlieferten Briefe Ciceros und ihre Empfänger genügt, um zu erfassen, dass die vorliegenden Briefe sicherlich bloß einen

Bruchteil des ursprünglichen Gesamtumfangs der Korrespondenz abbilden. Beim »Umblick im Trümmerfeld«[4] seiner Briefsammlungen fallen sofort gewichtige Lücken auf, die sich der postumen gründlichen Musterung und Aussonderung politisch brisanter Korrespondenz durch seinen Freund Atticus und seinen Sekretär Tiro verdanken. Weder finden sich darin Briefe an den jüngeren Lutatius Catulus, den jüngeren Cato noch an Hortensius, Caecilius Metellus oder an andere führende Mitglieder des spätrepublikanischen Senats – und eben auch keine Briefe an die beiden Lucullus-Brüder.

Dafür, dass wir gerade im Fall des Lucullus einen umfangreichen Briefwechsel mit Cicero annehmen dürfen, spricht – trotz der unterschiedlichen Herkunft – die Vielzahl der gemeinsamen Interessen und Ansichten, welche die beiden Männer in politischer, sozialer und kultureller Hinsicht miteinander verbanden: An erster Stelle muss hier generell das genannt werden, was ein »aristokratisches Leben«, ein Leben für Ruhm und Ehre (*vita honesta*) ausmachte. So könnte man annehmen, dass Cicero bei Abfassung der an seinen Sohn gerichteten Abhandlung »Vom standesgemäßen Leben« (*De officiis*) die Person des Lucullus geradezu als ideale Verkörperung vor Augen gestanden haben dürfte.[5]

Cicero und Lucullus vereinten wichtige politische Überzeugungen und handlungsleitende Prinzipien, was die Ausübung römischer Herrschaft und senatorischer Politik betraf. Für beide war der Führungsanspruch des Senats als eines meritokratischen Gremiums prinzipiell gleicher, unabhängiger hoher Herren ein zentrales Element ihres persönlichen Selbstverständnisses. Dies bedeutete vor allem, dass sie grundsätzlich alle Bestrebungen und Ansprüche bekämpften, welche die Legitimität des Senats und seines traditionellen Führungsanspruches in Frage stellten und dazu beitrugen, dass ein Einzelner die Senatoren als Kollektiv dauerhaft überragte, Forderungen an sie stellte und sie in ihrem Handlungsspielraum nachhaltig einzuschränken suchte. Ebenso verband sie in außenpolitischer Hinsicht die von Scaevola und Rutilius begründete Tradition einer grundsätzlich rücksichtsvollen und milden Behandlung der Provinzialbevölkerung, die vor den übergriffigen Praktiken der Steuerpächter geschützt werden musste.

Neben der gemeinsamen politischen Überzeugung standen sich Cicero und Lucullus mit ihrer Leidenschaft für die griechische Sprache, Kunst, Literatur und Philosophie oder auch für das Sammeln von Schriften nahe. So sehr Cicero an der verschwenderischen Ausstattung der Villen des Lucullus auch Anstoß nahm, so sehr wird er dessen exquisiten Geschmack und exzellente Sammlungen geschätzt haben.

Über die gemeinsamen kulturellen und intellektuellen Neigungen hinaus teilten die beiden auch eine gemeinsame philosophische Überzeugung:[6] Sie vertraten den Standpunkt des Akademikers Antiochos von Askalon, mit dem sie jeweils persönlich vertraut waren.[7] Cicero hatte ihn während seines sechsmonatigen Aufenthalts in Athen (79 v.Chr.) intensiv gehört und bewunderte ihn zeit seines Lebens.[8] Noch enger war die Beziehung des Lucullus zu dem Akademiker: Er hatte Antiochos im Heerlager Sullas bei Eleusis kennengelernt, nachdem der Philosoph aus Athen vor den Anhängern des Mithridates geflohen war. 87/86 v.Chr. hatte der Gelehrte Lucullus auf dessen Mission begleitet, eine römische Flotte im südöstlichen Mittelmeer aufzubauen. Nach der Eroberung Athens siedelte sich Antiochos dort wieder an und scharte im Gymnasion Ptolemaion Hörer um sich, darunter auch Römer wie Atticus und Varro (83 v.Chr.) oder Cicero, dessen Bruder Quintus und Vetter Lucius sowie Marcus Pupius Piso Frugi Calpurnianus, die sich offenkundig (79 v.Chr.) ein halbes Jahr zu Bildungszwecken im Umkreis des Philosophen aufhielten. 69 v.Chr. schließlich schloss sich Antiochos Lucullus bei dessen Feldzug gegen Tigranes und Mithridates an und erlebte den Sieg bei Tigranokerta, starb jedoch kurz darauf im Winterquartier in der Gordyene.[9]

Infolge des langen Aufenthalts im griechischen Osten ergab sich für Cicero die Möglichkeit des kontinuierlichen persönlichen Austauschs erst nach der erzwungenen Rückkehr des Liciniers nach Italien. Die Zeit der politischen Kooperation in Rom beschränkte sich damit auf ein knappes Jahrzehnt – zwischen 66 v.Chr. und dem Tod des Lucullus zu Beginn des Jahres 56 v.Chr.

In seiner ersten Rede vor dem römischen Volk im Jahr 66 v.Chr., mit der Cicero als Prätor die Zuteilung des Oberkommandos gegen Mithridates an Pompeius unterstützte, stellte sich der Redner dem ersten Anschein nach gegen Lucullus. Eine genaue Analyse des Textes lässt freilich schnell erkennen, dass Cicero Lucullus keineswegs herabsetzte, sondern sogar in Schutz nahm. Gleichwohl wird diese Rede von Teilen der Forschung immer wieder als vermeintlicher Beleg für eine dem Pompeius gewogene Haltung Ciceros herangezogen. Diese Fehldeutung machte es wiederum erforderlich, eine spätere Wandlung Ciceros in seinem Verhältnis zu Lucullus und anderen sogenannten Optimaten anzunehmen.

Obgleich die Ausführungen Ciceros ein kaum verstecktes Loblied auf die Fähigkeiten des Lucullus sind, verzichtete der Redner aus taktischen Gründen auf jegliches kritische Wort zu der seit 68 v.Chr. schrittweise erfolgten Beschneidung der Befugnisse des Liciniers und der anschließenden Abberufung.[10] Daher lässt sich vermuten, dass zwischen Lucullus und Cicero bereits geraume Zeit vor dem Jahr 66 v.Chr. eine gewisse – geistige und politische – Verbundenheit bestanden hatte.

Hatte Cicero also im Jahr 66 v.Chr. noch weitgehend verdeckt zugunsten des Liciniers gesprochen, so setzte er sich drei Jahre später auf dem Höhepunkt seiner bisherigen Laufbahn für ihn ein, als er das Konsulat bekleidete. Der redegewandte neue Konsul agierte vor allem im Sinne der Konservativen im Senat, als er 63 v.Chr. zunächst den Antrag des Volkstribunen Publius Servilius Rullus für die Versorgung der Veteranen des Pompeius mit Land geschickt abwehrte. Ebenso wenig entsprach Cicero den Erwartungen des Pompeius, als er im Sommer den Senat beschließen ließ, Lucullus nicht länger den verdienten Triumph für seine militärischen Taten zu versagen.

In den nächsten Monaten und Jahren zwischen 63 und 57 v. Chr. war die Schnittmenge der politischen Übereinstimmung für Lucullus und Cicero mehr oder weniger vorgegeben: durch den gemeinsamen Kampf gegen Catilina, Clodius und die fortgesetzten autokratischen Bestrebungen des Pompeius. Daraus erwuchs zwangsläufig ein gewisses Maß an politischer Nähe und Verbundenheit in der Gruppe um Catulus, Lucullus, Hortensius und Cato. Die Catilinarische Verschwörung bildete hier nur den Auftakt; die Feindschaft zu Publius Clodius Pulcher ließ Lucullus und Cicero noch enger zusammenrücken, was auch für die gemeinsame Abneigung gegenüber Pompeius gilt. Daher ist kaum vorstellbar, dass die beiden sich nicht intensiv ausgetauscht und längerfristig über ihre Vorhaben verständigt hätten. Aus diesem ehemals dichten politischen Abstimmungsprozess ist letztlich nur eine einzige Episode überliefert, der zufolge sich Cicero 58 v. Chr. mit Lucullus und anderen politisch gleichgesinnten Freunden über die Frage beriet, ob er sich dem Terror des Clodius beugen und ins Exil gehen oder in Rom verbleiben sollte.[11]

Nach dem Tod des Lucullus zu Beginn des Jahres 56 v. Chr. entwickelte sich aus der politischen Freundschaft der beiden Männer eine besondere memoriale Wertschätzung Ciceros für die Persönlichkeit des Liciniers. Das hierbei sicherlich wichtigste, aber gerade von Historikern kaum gewürdigte Dokument der engen politischen und persönlichen Verbindung zwischen dem Redner und Lucullus ist die gleichnamige Schrift (*Lucullus*). Sie ist Teil einer Reihe philosophischer Abhandlungen, die Cicero über zehn Jahre später abfasste, als er sich im politischen Exil und in tiefer Trauer um seine kürzlich verstorbene Tochter Tullia befand. Die erzwungene Mußezeit und Einsamkeit seiner Villa in Astura (Torre Astura) nutzte der Redner, um sich – zwischen März und Juni 45 v. Chr. – seinen bereits in der Jugend gehegten Wunsch zu erfüllen und die Philosophie auch in Rom heimisch werden zu lassen. Zu diesem Zweck ließ er die viele Jahre lang praktizierte Gewohnheit des freundschaftlichen Zusammentreffens und gemeinsamen Austauschs über rhetorische oder philosophische Probleme literarisch wiedererstehen.

Besonders interessant ist die Charakterisierung des Lucullus in Ciceros Schrift *De finibus*, die von ihm kurz nach den *Academica* geschrieben worden ist und ganz den panegyrisch-euphorischen Ton der Vorrede des *Lucullus*, des zweiten Buches der *Academica*, aufnimmt.[12] Darin hebt Cicero nochmals nachdrücklich seine persönliche Nähe zu dem etwa elf Jahre zuvor verstorbenen Freund hervor – »ein Mann, herausragend in jeder Art von praktischer Bewährung, und mit mir durch Freundschaft und in allen seinen Bestrebungen und Überzeugungen eng verbunden«,[13] der ihm deshalb, wie der Redner stolz bekundet, in seinem Testament ausdrücklich seinen Sohn, den jungen Lucullus, ans Herz gelegt habe. Cicero fühlte sich durch diesen letzten Willen seines Freundes verpflichtet, auch nach außen hin für den damals noch jungen Lucullus (*tener*) an der Seite des Vormunds Cato ein »Begleiter« (*socius*) zu sein und ihn auf bedeutsame Aufgaben im Leben angemessen vorzubereiten.

In dieser Zeit konzipierte Cicero auch die zur philosophischen Reflexion ermunternde Schrift *Hortensius* und die sogenannten akademischen Bücher, die ursprünglich eine Dialog-Trilogie bilden sollten.[14] Von ihm wird ein Zusammentreffen der vier Gesprächsteilnehmer Catulus der Jüngere (ca. 120–61 v.Chr.), Lucullus, Hortensius und Cicero im Sommer 62 v.Chr. imaginiert, ein Jahr nach dem ereignisreichen Konsulatsjahr Ciceros.[15] Mit der Abfassung des *Hortensius* strebte Cicero sicherlich keine »Wiedergeburt einer politischen Führungsschicht aus dem Geist der Philosophie als Rettung Roms und des Reiches« an, wie es einmal Hermann Strasburger formuliert hat.[16] Dafür verfolgen die Schriften viel zu offensichtlich das Ziel, dem römischen Publikum philosophische Inhalte nahezubringen. Die Suche nach persönlichem Trost, den der Redner durch die Lektüre und die Abfassung philosophischer Schriften in einer emotionalen Extremsituation empfängt, steht unzweifelhaft im Vordergrund seiner Flucht in die Praxis des Schreibens, die nur Episode blieb.¹⁷ Den Schriften ist unverkennbar auch eine politische Dimension unterlegt: In der Wahl der Titel, der Szenerie und der Gesprächspartner setzte Cicero fort, was er mit der Lobschrift auf den jüngeren Cato begonnen hatte. Er erinnerte nicht nur sich selbst an die gemeinsamen Stunden in kultivierter Atmosphäre, sondern zugleich an ein untergegangenes Zeitalter, an politische Weggefährten, die sich als Redner im Senat und vor dem Volk, als Feldherren und Magistrate für den Erhalt der *res publica* in der traditionellen Form eingesetzt hatten.¹⁸

Dadurch, dass Cicero sich für bekannte Protagonisten des Senats und nicht etwa für Gelehrte entschieden hatte, signalisiert er unmissverständlich, dass die vier – ihn selbst miteingeschlossen – nicht nur in der politischen Praxis, sondern auch in ideeller Hinsicht fest miteinander verbunden waren. Auch wenn sie untereinander keinen Bund bildeten oder formal einem philosophischen Zirkel oder Club angehört hatten, so stellte dieser Personenkreis doch nicht zufällig eine einflussreiche Gruppe im Senat dar. Den Adressaten der Schriften wird mithin eine eindeutige politische Botschaft vermittelt: Auch wenn Cicero nicht offen zum Widerstand gegen die Herrschaft Caesars aufruft, wird von ihm doch mahnend auf die tiefe intellektuelle, vor allem aber politische Verbundenheit der vier Männer hingewiesen – auf ihre gemeinsame Sorge und den gemeinsamen Kampf für eine *res publica* traditioneller Prägung.

Dass diese Deutung zutreffend ist, belegt die Vorrede zu Ciceros im Mai 45 v.Chr. entstandener Schrift *Lucullus*, die in der Form eines panegyrischen Nachrufs auf den verstorbenen Freund die wichtigsten Stationen dessen öffentlichen Wirkens und seiner vielseitig gebildeten Persönlichkeit in Erinnerung ruft. Abgefasst im Exil – gut fünf Jahre nach der ersten Wiederaufstellung der Statue des *Hercules tunicatus* – bezeugt die Schrift, vor allem aber deren historisch selten rezipierte und ausgedeutete Eingangspassage, die außerordentliche starke Verbundenheit Ciceros zu Lucullus. Dass die Abhandlung den Namen des Freundes trägt, hing wohl auch damit zusammen, dass der Licinier mit Cicero die Vorliebe für die philosophische Lehre der Akademie teilte. Sowohl 87/86 v.Chr. auf seiner Reise im östlichen Mittelmeer als auch auf seinem Feldzug gegen Mithridates (69 v.Chr.) wurde er von Antiochos von Askalon, dem damals herausragenden Vertreter der Akademie, begleitet.[19] Auf der politischen Ebene eignete sich die Gestalt des Lucullus im Jahr 45 v.Chr., elf Jahre nach seinem Tod, hervorragend dazu, den Glanz und die Größe der Senatsaristokratie und deren Gegnerschaft zu Caesar zu repräsentieren.[20] Cicero erhebt Lucullus in der Abhandlung geradezu zum Helden einer untergegangenen Epoche und der Republik insgesamt. In dieser Vorrede beginnt er mit dem ersten spektakulären Auftritt vor Gericht, um dann den Verlauf von dessen Ämterlaufbahn (*cursus honorum*) rühmend nachzuzeichnen:[21]

Bereits mit dem ersten Wort der Vorrede (*magnus*) spielt Cicero, von den philologischen Kommentatoren unbemerkt,[22] eine Lobrede auf den großen Pompeius an, dessen Beinamen er in den ersten Charakterisierungen des Lucullus umstandslos auf diesen überträgt. Er würdigt zunächst den Racheprozess der beiden Brüder, die als junge Ankläger eindrucksvoll ihre respektvolle Haltung (*pietas*) gegenüber dem Vater erwiesen hätten. Durch den Sieg in diesem Prozess hätten sie dank ihrer Redekunst frühen Ruhm erlangt (*gloria*). Danach schildert er das Wirken des Lucullus in der Provinz Achaia und Asia als Quästor und Proquästor sowie seine Um- und Weitsicht als Konsul des Jahres 74 v.Chr. Die berühmten militärischen Leistungen als Proconsul schließen sich an: In rhetorischer Übertreibung stellt der Redner ihn als einen Mann dar, der noch in Rom ein vollkommener militärischer Laie gewesen und erst in Asia zum Imperator geworden sei; das Lob steigert sich im dritten Kapitel bis hin zu der angeblichen Äußerung des Mithridates, er kenne aus der Lektüre historischer Werke keinen Feldherrn, der bedeutsamer als Lucullus erscheine. Auf den skandalösen Entzug des Kommandos kommt Cicero nicht zu sprechen: Er begnügt sich damit, geschickt zu formulieren, dass Lucullus über ein außerordentlich hohes Maß an Entschlossenheit und Tatkraft (*virtus*) und Begabung (*ingenium*) verfügt hätte, das er bedauerlicherweise allzu lange nur im Osten unter Beweis hatte stellen können, statt in der heimischen Politik heilsam zu wirken; verantwortlich für das unrühmliche Ende der Heldentaten des Lucullus machte er die ungerechtfertigten Anklagen und Vorwürfe seiner politischen Gegner (*inimicorum calumnia*). Im vierten und letzten Paragraphen der Vorrede schließlich rühmt Cicero die herausragenden intellektuellen Fähigkeiten des Lucullus, der literarische, philosophische und ästhetische Neigungen mit dem politischen Leben zu verbinden gewusst und sogar im Heerlager nicht davon abgelassen hätte, mit den ihn umgebenden Gelehrten wie Antiochos von Askalon philosophische Probleme zu erörtern.[23] Unverkennbar erhebt Cicero hier seinen verstorbenen politischen Mitstreiter Lucullus zu einem glanzvollen Repräsentanten einer untergegangenen Epoche. Mit einer derartigen Vorrede wies er seine Zeit- und Standesgenossen unmissverständlich darauf hin, wem seine Sympathien politisch und auch intellektuell gehörten.

Als Mann von besonderer Vortrefflichkeit (*virtus*), Protagonist aristokratischer Unabhängigkeit und Märtyrer der *res publica* im Sinne der traditionellen Senatsherrschaft begegnet Lucullus auch in einer Passage von *De officiis* (»Über standesgemäßes Verhalten«):[24] Dort kritisiert Cicero die überambitionierten architektonischen Projekte mancher Ritter und Senatoren, die jedes Maß vermissen ließen.[25] Er beklagt sich darüber, dass sich jedermann zwar darum bemühe, die prächtigen Villenbauten des Lucullus nachzubauen, es jedoch niemanden gebe, der sich dessen überragende *virtus* zum Vorbild und Maßstab des eigenen Verhaltens nehmen und sich in gleicher Weise wie Lucullus militärisch und politisch auszeichnen wolle. Vor Augen stand Cicero wohl das, was er in Tusculum als Nachbar des Lucullus zu sehen bekam, dass mancher Ritter oder Freigelassene so prächtig baute, als ob er zu den politischen Protagonisten der Republik zählte.[26] Das hier angesprochene »Übel« lastete Cicero also weniger Lucullus als vielmehr der zeitgenössischen luxuriösen Bauwut und hier insbesondere den auch andernorts von ihm kritisierten ritterlichen *piscinarii* an, die protzig ihren Reichtum demonstrierten, ohne dass sie einen auch nur annähernd ähnlichen Eifer in der Übernahme von Führungs- und Herrschaftsaufgaben an den Tag gelegt hätten.

Zu den »Fischteichliebhabern« (*piscinarii*) zählte Cicero sicherlich nicht Lucullus; denn den Spottnamen verwendete der Redner nur in vier Briefen und ausschließlich in dem eng umgrenzten Zeitraum zwischen dem 20. Januar 60 und 17. April 59 v. Chr.[27] Mit dieser polemischen Bezeichnung bedachte Cicero vielmehr eine Gruppe von Senatoren, die zwar Lucullus oder dem Tullier durchaus nahestanden, über deren politische Zurückhaltung sich jedoch der Redner zeitweilig stark empörte. Der Grund für seine Verärgerung bestand wohl darin, dass ein Teil der Senatorenschaft, zu denen er auch einige »führende Männer« (*principes senatus*) rechnete, sich nicht oder nur zögerlich am Kampf Ciceros um die Behauptung der Senatsherrschaft beteiligen und auch nicht energisch den Machenschaften eines Clodius entgegenstellen wollte. Mit seiner bissigen Charakterisierung solcher Männer meinte Cicero wohl vor allem durchaus einflussreiche Männer wie Lucius Licinius Murena, den langjährigen Legaten des Lucullus, der nach seinem Konsulat von 62 v. Chr. politisch nicht mehr in Erscheinung trat, sondern sich lieber ganz unverhohlen der Fischzucht widmete und den Bau geeigneter Fischzuchtbecken als Ausstattungsmerkmal von Meeresvillen begründet haben soll.[28] Er wie auch beispielsweise der für seinen ausgefallenen Geschmack, seine mit Meerwasser versorgten Fischbecken und seine Austernzucht im Lukriner See bekannte Unternehmer und Immobilienspekulant Gaius Sergius Orata führten nicht zufällig sprechende Beinamen, die ihre Vorliebe für bestimmte Fischarten anzeigten: für die Muräne oder die Goldforelle (*orata*).[29]

Zweifellos bestand zwischen Cicero und dem rund zehn Jahre älteren Lucullus eine enge Beziehung. Nach einer knapp zehnjährigen politischen Zusammenarbeit im Senat, die vor allem

Abb. 19: Die aus neronischer Zeit stammende Bronzebüste aus dem Volubilis (Walīlī/Marokko) zeigt Marcus Porcius Cato den Jüngeren (95–46 v.Chr.), den Freund und engen politischen Weggefährten des Lucullus und Ciceros. Er beging 46 v.Chr. in Utica im Kampf gegen Caesars Truppen in aussichtsloser Lage lieber Selbstmord, als sein Leben der Gnade seines Gegners auszuliefern.

dem gemeinsamen Kampf gegen Pompeius, Clodius und Caesar gewidmet war, genossen Lucullus und ein kleiner Kreis weiterer politischer Unterstützer bei Cicero nach wie vor eine große Wertschätzung, die über die Zeit der politischen Opposition und den Tod hinausreichte. In Erinnerung an seine politischen Freunde führte Cicero sie beim Schreiben erneut zusammen, wenn auch nur in einem imaginären Gespräch, in einer literarischen Vergegenwärtigung der Gesprächsrunden. Bei diesem nun lediglich erinnerten »Freundeskreis« (*amici*) handelte es sich jedoch nicht, was man hervorheben muss, um verstorbene private »Freunde« im heutigen Sinne, sondern vielmehr um politische Wegbegleiter, die sich in ihrem intellektuellen und politischen Vermögen wechselseitig wertschätzten, einander als gleichrangig und ebenbürtig ansahen und respektierten, ohne dass sie eine tiefere emotionale Verbundenheit miteinander vereint hätte oder füreinander entwickelt hätten. Cicero unterscheidet daher sorgsam zwischen *amicissimi* und *viri humani*. Die erste Kategorie von Freunden im engeren Sinne bezeichnete die – modern gesprochen – privaten Freunde, Männer wie Atticus, Nigidius oder Matius, denen Cicero sich auch in seinen Ängsten und Nöten offen anvertraute. Der zweiten Kategorie, dem Kreis der *viri humani*, der durch die politische Praxis und kulturelle Bildung ihm eng verbundenen Freunde, gehörten Catulus, Hortensius, der jüngere Cato und eben auch Lucullus an, deren Wirken nach Auffassung Ciceros nicht in Vergessenheit geraten durfte.

Die Erfindung der Dekadenz

Den enormen Wert verlässlicher politischer Freundschaften, die auf einem überlieferten Kanon gemeinsamer Vorstellungen und Überzeugungen basierten, hebt Cicero auch in einer Passage seiner zwischen 54 und 51 v.Chr. verfassten Abhandlung über das römische Gemeinwesen (*De re publica*) hervor. Darin gibt er eine knappe Einschätzung der Ursachen des politischen Niedergangs der römischen Republik ab[30] und leitet seine Überlegungen mit einem berühmten Vers des Dichters Ennius ein: Eine politische Gemeinschaft werde wesentlich von den Normen und vom Verhalten der führenden Männer getragen. Ennius und Cicero betrachten die Werte, Sitten und Gebräuche (*mores*) und die Männer (*viri*), die sie repräsentieren, als miteinander innerlich verzahnt. Sie bedingen einander in dem Sinne, dass das traditionelle Wertegefüge und Ethos die Persönlichkeiten hervorgebracht hätten, welche Vortrefflichkeit in sozialer, politischer und militärischer, mithin in jeder Hinsicht (*virtus*) verkörperten und deshalb zu Recht in den *exempla*-Erzählungen von ihren vorbildlichen Taten fortlebten. Die Abkehr von dieser glorreichen Tradition wurde nach Auffassung Ciceros im Jahr 87 v.Chr. vollzogen, als dem Terror der Anhänger Cinnas und Marius eine Reihe herausragender *nobiles* zum Opfer gefallen war. Als weitere wesentlichen Stationen des Niedergangs der Senatsherrschaft sieht er die Neuordnungen des Senats unter Sulla und unter Caesar an. Durch wiederholte Verfehlungen der Führungsschicht, durch den Mangel an Einmütigkeit

Die Erfindung der Dekadenz 275

und Einigkeit über die Ziele wurde die *res publica* zugrunde gerichtet: Der Senat in seiner zweifach umgestalteten Form sei daher nur noch dem Namen nach existent, ansonsten ein Schatten seiner früheren Tage. Dieser letzten Generation von Senatoren wirft er die schuldhafte Preisgabe der traditionellen Normen und Praktiken der Vorfahren (*mores maiorum*) vor; die alte, sicherlich idealisierte Form der *res publica* sei damit verloren (*amissa*). Ihr fühlt sich Cicero verbunden und verpflichtet – zu wenige seiner Standesgenossen seien bereit gewesen, diesen Werten zu folgen und sich den Machenschaften eines Caesar energisch entgegenzustellen, um die *res publica* zu retten – so sein düsterer Ausblick im Jahr 51 v.Chr.

Die pessimistische Einschätzung Ciceros wird von dem römischen Historiker Sallust aufgegriffen, jedoch höchst einseitig und nicht sonderlich unparteiisch gedeutet. Aus der Sicht dieses Anhängers und Günstlings Caesars, der im Jahr 50 v.Chr. von den Gegnern des späteren Dictators aus dem Senat verstoßen worden war, ist die *res publica* bereits verloren und untergegangen; mit seiner Darstellung zieht er bereits einen historiographischen Schlussstrich unter die Geschichte der Republik und sucht seinen Adressaten eine abschließende moralisierende Deutung an die Hand zu geben. Den Niedergang schreibt er in plakativer Simplizität und Suggestivität dem moralischen Verfall der römischen Führungsschicht zu.

Dies ist besonders prägnant im sogenannten »Parteienexkurs« in Sallusts »Iugurthinischem Krieg« formuliert.[31] Dort setzt der antike Historiker verschiedene rhetorische Strategien ein, um die Senatsaristokratie wohlkalkuliert herabzusetzen und zu diffamieren. So wird die Gruppe der Aristokraten entweder als die »Wenigen« (*pauci*) oder als »vornehmer Kreis« (*nobilitas*) bezeichnet. Beide Begriffe suggerieren dem Leser eine personelle Einheit, die ebenso wenig gegeben war wie ein einheitlicher Wille und ein festes Programm der etablierten Senatorenschaft. Auf der Konzeption einer verfestigten, sozial wie ideell abgeschotteten adligen Führungsschicht beruht Sallusts dichotomische Scheidung der Bürgerschaft in eine unterdrückte, schwer belastete »Volksmenge« (*populus*) und die habgierige, ganz auf ihren Machterhalt bedachte Herrschaft der Aristokratie (*nobilitas*) – im Sinne zweier gegnerischer »Parteien« (*factiones* oder auch *partes*), welche die *res publica* »auseinanderreißen«. Dabei wird von Sallust gänzlich unzutreffend behauptet, dass es vor der Zerstörung Karthagos in Rom unter den Bürgern keinerlei »Streit um Ruhm und Herrschaft« (*certamen gloriae ac dominationis*) gegeben hätte. Damit unterschlägt er, in welchem Ausmaß die Konkurrenz um Ruhm und Ehre gerade für diese Leistungs- und Verdienstaristokratie konstitutiv gewesen war.

Bereits an dieser Stelle wird sichtbar, dass Sallust an die literarische Tradition der antiken Publizistik anschließt, die darauf abzielte, den politischen Gegner durch Zuschreibung schlechter Eigenschaften herabzuwürdigen. Sein schlichtes dichotomisches Modell der Bürgerschaft verknüpft Sallust zudem mit einer konservativen Dekadenztheorie, der ihrerseits eine individualpsychologische Vorstellung von Dekadenz zugrunde liegt: Moral und Anstand – so die zentralen Elemente seiner Anthropologie – lassen sich letztlich allein durch innere Anspannung und Bündelung aller Kräfte und äußere Disziplinierungsmaßnahmen aufrechterhalten; gibt man diese auf oder verzichtet man auf deren Anwendung, so liefert sich die *res publica* unausweichlich der Herrschaft der Affekte aus und gerät in eine krisenhafte Lage. Ganz genau so stellen sich seiner Vorstellung nach im Seelenhaushalt des Einzelnen Zerfall und Anarchie ein; was die Ordnung einer Bürgerschaft betrifft, so erlahmen Roms Kräfte ohne äußere Zwänge und ohne äußeren Druck. Hier scheint erneut die geschichtsphilosophische Grundannahme durch, dass die *res publica* ursprünglich eine Einheit gewesen sei, die zerbrochen ist.

Dieser Zerfall, der Bruch zwischen *populus* und *nobilitas*, liegt der gesamten Darstellung als weitere Grundannahme zugrunde: Der eine Teil herrscht über den anderen. Durch Missbrauch der Herrschaft stellen sich »Verbrechen« (*scelera*) der *nobilitas* ein. Doch der moralische Niedergang beherrscht nicht alle: In den Gracchenbrüdern überlebt die gute alte Tradition; auch im schlechten Element, in den Reihen der dekadent lebenden *nobilitas* gibt es gute, anständige Bürger, die nicht wie die übrigen »vornehmen Herren« (*nobiles*) nach »unrecht erworbener Macht« (*iniusta potentia*) streben, sondern sich bei den Bürgern um wahren Ruhm und Anerkennung bemühen (*vera gloria*) – durch den Versuch der Wiederherstellung der Rechte des römischen Volkes und durch die Milderung von allgemeinem Elend und Armut.

Die für jedermann sichtbaren, ins Extrem gesteigerten Manifestationen der *luxuria* waren der hauptsächliche Ansatzpunkt der wohlfeilen Kritik der popularen Gegner – auf dem Feld der öffentlichen Rede wie auch auf dem Gebiet der Historiographie: Sie boten die Möglichkeit, den luxuriösen Müßiggang der *nobiles* zu brandmarken und zugleich die politischen und militärischen Verdienste dieser Aristokraten zu verschweigen oder zumindest in ihrer Bedeutsamkeit stark abzuwerten. Demgegenüber konnten die im Senat nicht immer sonderlich geschätzten, weil mit tribunizischer Gewalt durchgesetzten Imperien und daraus erwachsenen Erfolge des Marius oder Pompeius als Manifestationen traditioneller *virtus*, herausragender Tatkraft und militärischer Fähigkeiten propagiert werden. Mit diesen Vorgaben arbeitend, konstruierte Sallust die historische Abwärtsentwicklung der römischen Republik.[32]

Ein derartiges Modell liegt letztlich auch einem Exkurs in Sallusts historischer Monographie *Catilina* zugrunde, allerdings nun auf den Gang der Geschichte übertragen:[33] Als einen entscheidenden Wendepunkt fasst der römische Historiker die Zerstörung Karthagos im Jahr 146 v.Chr. auf. Von da an sei der Wohlstand zur Belastung für das gewonnene Reich geworden; seitdem hätten Hab- und Machtgier die guten Eigenschaften untergraben und schlechte emporwachsen lassen. Dieser Einbruch wird von Sallust metaphorisch beschrieben: als eine Krankheit, die Körper und Geist der *res publica* befallen hat, als eine Form der Hybris, die den moralischen Niedergang einleitet und letztlich tödlich wirkt.

Dieser Geschichtskonzeption zufolge wird ein zuvor gesunder Organismus vom Kopf her geradewegs umgekehrt. Aus einer vormals guten und gerechten Herrschaft erwächst eine ungerechte, aus einem gesunden Staat ein kranker. Sallust nimmt unverkennbar eine rein moralische Bewertung vor. Der Daimon der Gier hält Einzug; das rücksichtslose Streben nach Geld (*avaritia*) und nach möglichst unumschränkter persönlicher Machtfülle (*ambitio*) tritt an die Stelle von Tüchtigkeit und Tugend bzw. Krisenfestigkeit (*virtus*). Auf die goldene Zeit der Ahnen (*maiores*) folgt eine dunkle Zeit des allgemeinen Lasters und der Genusssucht.

Die ernsthafte Erkrankung tritt endgültig in der Herrschaft Sullas zutage: Die Proskriptionen, die öffentliche Bekanntmachung einer Liste von geächteten Bürgern, stellten den schwerwiegendsten Bruch mit der Tradition dar, sie markierten die endgültige Abkehr vom traditionellen Normengefüge und die Etablierung einer neuen Form von Herrschaft, die von Raub, Mord und Habgier gekennzeichnet sei. Aufschlussreich für das selektive historiographische Verfahren Sallusts ist der Umstand, dass er den vorangegangenen marianischen Terror und die wiederholten Rechtsbrüche der ehrgeizigen popularen Politiker vollkommen übergeht und die komplexe Vorgeschichte und Motivlage der grausamen Antwort Sullas außer Acht lässt. Der antike Historiker scheut sich nicht, den Optimaten, da sie einen Mann wie Sulla gewähren ließen, die Verantwortung für den moralischen und auch politischen Bankrott zuzuschreiben. Entsprechend werden gegen Sulla und andere *nobiles* – trotz ihrer unbestrittenen militärischen Erfolge im Bundesgenossenkrieg und auf den Feldzügen im Osten sowie ihrer dabei nachgewiesenen Führungsqualitäten – von Sallust immer wieder zwei Standardvorwürfe erhoben: Als Erster hätte Sulla sein Heer an eine ausschweifende und schwelgerische Lebensweise (*luxuria*) gewöhnt, eine übermäßige Freigebigkeit (*liberalitas*) an den Tag gelegt, die Gebote von Göttern und Menschen gleichermaßen missachtet und so Unrecht und Grausamkeit zur Herrschaft verholfen,[34] zum zweiten seien die Optimaten dafür verantwortlich zu machen, dass fremde kulinarische, intellektuelle und ästhetische Genüsse aus Griechenland in Rom Eingang gefunden und so den Prozess der Verweichlichung und Dekadenz weiter gefördert hätten.[35]

Mit diesem Deutungsmodell ist eine der Wurzeln des popularen Geschichtsbildes erfasst, das die Leistungen der Aristokratie und ihr politisches Führungsvermögen grundsätzlich in Abrede zu stellen, als überholt zu kennzeichnen und vor allem mit dem Vorwurf der Disziplinlosigkeit und Üppigkeit zu verbinden suchte. Damit war zumindest eine in sich stimmige Lesart des historischen Verlaufs der Republik etabliert, welche die Verschärfung des innenpolitischen Kampfes schlüssig erklärte und die nachfolgende Diktatur Caesars als unabänderliche Notwendigkeit erscheinen ließ. Die populare Polemik gegen die *nobiles* und die ihr eigene grobschlächtige Geschichtsdeutung griff die augusteische Propaganda dankbar auf und trug dazu bei, dass sich der rhetorische Topos des Sittenverfalls der alten Aristokratie noch weiter verfestigte.

»Schwelgerei und Habgier«

Die Übernahme der geschilderten popularen Kritik an Mitgliedern der alten republikanischen Führungsschicht in augusteischer Zeit belegt eindrücklich ein Fragment aus dem Werk des Nikolaos von Damaskos, eines griechischen Philosophen und Historikers der peripatetischen Schule: Im 110. Buch seines monumentalen Geschichtswerkes machte der augusteische Gelehrte Lucullus für die allgemeine Hinwendung der Senatsaristokratie zu Luxus und Genussleben verantwortlich und verknüpfte diesen Wandel chronologisch präzise mit der Rückkehr des Feldherrn aus dem hellenistischen Osten. Nach der Abhaltung seines Triumphs sei er »aus seiner altgewohnten besonnenen Haltung in einen aufwendigen Lebensstil abgeglitten«. Er sei damit »für die Römer der Erste« gewesen, »der sie mit jeglicher Form des Genusslebens vertraut gemacht habe, da ihm der Reichtum der beiden Könige Mithridates und Tigranes zugefallen war«.[36]

Der pauschale Verweis auf den allgemeinen moralischen und charakterlichen Verfall der traditionellen republikanischen Führungsschicht kam den augusteischen Zeitgenossen und der entsprechenden Ideologie gerade recht, um die erheblichen Veränderungen in der Zusammensetzung des römischen Senats zu rechtfertigen, die Caesar und Augustus zuungunsten der Familien der alten Senatsaristokratie vorgenommen hatten. Die Übernahme des Dekadenzmodells, das Sallust eingeführt hatte, bereitete den Boden für ein neuartiges Geschichtsbild, das die Erinnerung an die Siege und Taten prominenter Vertreter der alten republikanischen Elite größtenteils auslöschte: Im enorm kostspieligen, sicherlich extrem verfeinerten Lebensstil des Lucullus schien sich aufs Beste die Dekadenzthese Sallusts zu bestätigen.

Das reduzierte, gebrochene Bild von der Gestalt des Lucullus verfestigte sich im weiteren Gedächtnis der Nachwelt. Es sickerte in die kaiserzeitliche Biographik ein und führte zu einer eigenartig ambivalenten Bewertung seiner Person. Auch wenn der unter Tiberius (14–37 n.Chr.) schreibende Historiker Velleius Paterculus Lucullus erkennbar Sympathien entgegenbrachte, so sind schon in seiner »Römischen Geschichte« dessen glänzende Taten vom literarischen Konstrukt der Habgier und Verschwendung überschattet. Der Konflikt zwischen Lucullus und Pompeius wird von Velleius in rhetorischer Vergröberung mit ihren vollends entgegengesetzten Wesensarten erklärt: Lucullus wird zum habgierigen und zugleich Prunk und Luxus liebenden Aristokraten stilisiert, wogegen Pompeius als persönlich bescheidener und unauffälliger Mann charakterisiert wird, der jedoch bedingungslos nach höchstem militärischen Ruhm und Ehren strebte und in dieser Beziehung als der Erste in Rom gelten wollte.[37]

Dieses einfache rhetorisch suggestive Deutungsmuster, das Sallust und seine popularen Vorgänger in die historische Überlieferungswelt gesetzt hatten und das den »Optimaten« vor allem

»Schwelgerei und Habgier« (*luxuria* und *avaritia*) zuschrieb,[38] setzte sich als dominante Vorstellungskonzeption durch. Wie prägend diese für die damalige historische Erinnerung wurde, belegt Plutarchs Lucullus-Biographie, die knapp 100 Jahre nach Sallust ein stark verzerrtes Bild insbesondere vom letzten Lebensabschnitt des Lucullus für dessen Zeit in Rom zwischen seinem Triumphzug von 63 v.Chr. und 59 v.Chr. zeichnete. Sie ist zugleich die zentrale Quelle und Grundlage aller modernen historiographischen Rekonstruktionen seines politischen und militärischen Wirkens. In Plutarchs Werk ist der von zeitgenössischer populärer Seite stammende Vorwurf der *luxuria* bereits ein fester Bestandteil der biographischen Erzählung des Aristokraten. Im Schlusskapitel resümiert der Gelehrte aus dem boiotischen Chaironeia das Leben des Lucullus: »zu Recht« lasse es sich »mit einer alten Komödie vergleichen, in der zunächst politische und militärische Begebenheiten vorkommen, im Anschluss daran aber Trinkgelage und Schmausereien, Gelage, Fackelfeste und alle Arten von Spielereien«. Zu den »Spielereien« des Liciniers rechnete Plutarch »auch die prachtvollen Bauten, die Anlage von Galerien und Bädern, und noch mehr die Gemälde, Skulpturen und anderen Kunstwerke, die er mit großem Eifer und ungeheurem Aufwand sammelte und wofür er das große, in den Feldzügen erworbene Vermögen verschwendete«. Als augenscheinlicher Beweis für einen maßlos luxuriösen Lebensstil, der alle bis dahin geläufigen Vorstellungen und Grenzen überschritten hätte, dienten dem gelehrten Griechen die Gärten des Lucullus, die, »selbst jetzt noch, wo doch der Luxus so überhandgenommen habe, zu den prächtigsten unter den kaiserlichen Gärten« gezählt werden müssten.[39]

Durch die enge Fokussierung seiner Darstellung auf den Charakter und die ethische Bewertung des Feldherrn verkennt Plutarch die Komplexität der politischen Ränkespiele der späten Republik und lässt dadurch die nach wie vor bedeutende Stellung des Lucullus in Rom und dessen politisch wie auch persönlich enge Verbindung zu Cicero in den Hintergrund treten.[40] Bei weniger differenzierten historischen Betrachtern entstand daraus die Vorstellung, dass einer der führenden politischen Gegner des Pompeius und Caesars sein Leben als zurückgezogener Privatier und luxusliebender Gourmet beschlossen hätte. Auf die glorreichen Taten im Sinne römischer Tatkraft und Tüchtigkeit (*virtus*) folgten nach Ansicht Plutarchs der enttäuschende Abstieg und Ausklang, folgten Zeiten, die im Zeichen der »Verschwendungssucht«, der *luxuria* des Lucullus, standen.

Das nachantike Lucullus-Bild

Die moralisierende Kritik Sallusts an der Aristokratie im Allgemeinen und Lucullus im Besonderen begründete eine »populare« historiographische Tradition, die vor allem den Eigennutz, die Habgier, Prachtentfaltung und das Prunkstreben der römischen Aristokratie hervorhob und damit auch das Urteil über Lucullus wenn nicht ungünstig, so doch zumindest zwiespältig werden ließ.

Diese negative Erinnerungstradition griff der Humanismus auf;[41] seitdem schob sich das historisch verzerrte Bild des Gourmets und Prassers immer stärker in den Vordergrund, so dass Lucullus mehr und mehr zum kraftlosen Gegenspieler des Pompeius degradiert wurde. Seither wird seine Gestalt im historischen Gedächtnis der europäischen Geschichte nur in eigenartig entpolitisierter Form erinnert: als Repräsentant einer dekadent gewordenen Senatorenschaft und als Beispiel für eine extreme aristokratische *luxuria*. Daran änderte sich auch mit der Etablierung der modernen geschichtswissenschaftlichen Forschung nichts Wesentliches.[42]

Die Tradition der negativen Schilderung der republikanischen Senatsaristokratie wurde von der modernen Historiographie auf der Grundlage von Sallusts Werk fortgeführt. Dies kam insbesondere in der *Römischen Geschichte* Theodor Mommsens zum Ausdruck. Die dreibändige Darstellung, die zwischen 1854 und 1856 publiziert wurde, begründete den Weltruhm des preußischen Historikers und trug ihm 1902, kurz vor seinem Lebensende, den Nobelpreis für Literatur ein.[43] Mit beißender Verachtung beklagt auch der Ahnherr der deutschen Altertumswissenschaft die Mittelmäßigkeit der Senatsaristokratie und versteht, in eindrucksvoller Knappheit das politische Milieu der nachsullanischen Ära scharfzüngig zu schildern. Sein Urteil über die führenden Köpfe des Senats am Ende der republikanischen Zeit fällt vernichtend aus. »Die Politik dieser Zeit« sei von dem »Koteriewesen in seiner schlimmsten Gestalt« durchdrungen gewesen. Keiner der damaligen Senatoren hätte »sich über die Linie des Gewöhnlichen erhoben«. Die beiden Luculli charakterisiert er zwar als

»tüchtige Offiziere [...], namentlich der ältere, der ein sehr achtbares militärisches Talent mit gründlicher literarischer Bildung und schriftstellerischen Neigungen vereinigte und auch als Mensch ehrenwert erschien. Allein als Staatsmänner waren doch selbst diese besseren Aristokraten nicht viel weniger schlaff und kurzsichtig als die Dutzendsenatoren der Zeit. [...] Männer wie Metellus und Lucius Lucullus waren schon als Feldherren nicht weniger als auf die Erweiterung des römischen Gebiets durch neu unterworfene Könige und Völkerschaften bedacht auf die der endlosen Wildbret-, Geflügel- und Dessertliste der römischen Gastronomie durch neue afrikanische und kleinasiatische Delikatessen und haben den besten Teil ihres Lebens in mehr oder minder geistreichem Müßiggang verdorben. Das traditionelle Geschick und die individuelle Resignation, auf denen alles oligarchische Regiment beruht, waren der verfallenen und künstlich wiederhergestellten römischen Aristokratie dieser Zeit abhandengekommen; ihr galt durchgängig der Cliquengeist als Patriotismus, die Eitelkeit als Ehrgeiz, die Borniertheit als Konsequenz.«[44]

Die rhetorisch brillant formulierte, nahezu durchgängig negativ gehaltene Charakterisierung der römischen Führungsschicht in den letzten Jahrzehnten der damaligen Republik erfüllte in der kompositorischen Anlage des umfangreichen Geschichtswerkes eine wichtige Funktion für den Fortgang der historischen Darstellung; denn sie diente Theodor Mommsen als notwendig düsterer Hintergrund, um in den nachfolgenden Kapiteln mit umso leidenschaftlicherer Parteinahme das Genie Caesars zu feiern, das in überzeitlicher Größe nach Ansicht Mommsens alle und alles überragte.

Unverkennbar basiert auch die Einschätzung Theodor Mommsens auf der Darstellung und dem Urteil Sallusts, wie beispielsweise eine fiktive Rede verdeutlicht, die der antike Historiker im »Iugurthinischen Krieg« Marius in den Mund legt. In ihr grenzt sich Marius, zuvor gerade als Erster seiner Familie zum Konsul gewählt und mit dem Oberbefehl für den Krieg in Numidien betraut, vor dem Volk scharf von den *nobiles*, von den Vertretern bekannter vornehmer Familien, ab. Dabei beansprucht er als im Krieg bestens bewährter Feldherr einen moralischen und politischen Vorrang gegenüber seinen Gegnern und sieht die eigenen Vorzüge, Verdienste und Fähigkeiten in krassem Gegensatz zum grundsätzlichen Unvermögen der Aristokraten und ihren Unzulänglichkeiten.[45]

Vor allem das Ende der Rede des Marius an seine Soldaten zeigt, dass Theodor Mommsen für seine Charakterisierung der Protagonisten dieser Zeit auf die historiographische Schwarzweißmalerei Sallusts zurückgriff. Der antike Historiker nutzt diese Ansprache des Marius an das Volk, um dadurch vor allem die »bessere Gesellschaft« der Senatsaristokratie (*boni*) rhetorisch zu diskreditieren.[46] Er stilisiert Marius zum idealen Feldherrn und Krieger, der auf seine Narben als Nachweise seiner persönlichen Leistungsfähigkeit und Führungskompetenz verweisen kann und keine vornehme Herkunft benötigt, um bei den Soldaten anerkannt zu sein. In seinen militärischen Erfolgen, in seiner körperlichen Stärke, gestählt durch Disziplin und Strapazen, in seinem einfachen, geradlinigen Charakter verkörpert er in zugespitzter Form das genaue Gegenteil dessen, was die »vornehmen Herren« darstellen: Feigheit, Schwäche, Faulheit, Bequemlichkeit, Genusssucht und Geilheit. Voller Verachtung diagnostiziert der Historiker die völlige Verkommenheit der Führungsschicht, die versagt habe, an ihr Ende gekommen sei und nun endlich anderen Kräften das Feld überlassen müsse:[47]

> »Sollen die vornehmen Herren doch das, was sie freut, für wichtig halten: lieben und zechen. Sollen sie doch dort, wo sie ihre Jugend verbracht haben, auch ihr Alter verbringen: bei Gelagen, ganz ihrem Bauch und ihrem geilsten Körperteil ergeben. Schweiß, Staub und anderes dieser Art mögen sie dann aber uns überlassen, denen das lieber ist als feines Essen.«

Die Gestalt des Marius fungiert als Spiegel, den der Historiker einer vermeintlich durchweg korrupten und degenerierten Senatsaristokratie entgegenhält. In dieser harschen, negativen Charakterisierung bestreitet Sallust vehement die Legitimität der alten Elite, die, in Tradition und Gewohnheit erstarrt, nur noch äußerlich der *res publica* voranstehe und sie führe. Mit seiner historiographischen Darstellung, in der Nachzeichnung des fortschreitenden Verfalls und der wachsenden Dekadenzphänomene innerhalb der römischen Führungsschicht, sucht er den Nachweis für die Notwendigkeit eines epochalen politischen Umbruchs zu erbringen.

Der deutsche Protestant Mommsen übernahm das in der Rede pathetisch beschworene Ethos des einfachen und ehrlich agierenden Feldherrn allzu bereitwillig und unkritisch. Dank der herausragenden Bedeutung des Nobelpreisträgers als unumstrittene Autorität auf dem Gebiet der römischen Geschichte hatte dieses stark von Sallust geprägte Urteil eine außerordentlich mächtige Wirkung und Geltung. Sein Urteil schrieb den von antiken Historikern erhobenen Vorwurf der *luxuria* nicht nur fort, sondern trug maßgeblich zur Verfestigung des negativen Rufs des Lucullus und seiner politischen Weggefährten bei. In dieser Perspektivierung wurde Lucullus zum Repräsentanten von Dekadenz und Degeneration, seine Verdienste und die seiner politischen Wegbegleiter gerieten in Vergessenheit. In dieser karikaturhaften Verkürzung ist uns sein Name heutzutage noch geläufig. Der Licinier wurde zum Programm, zum Synonym für ebenso kostspielige wie raffinierte Gastmähler, schließlich zur Projektionsfläche der unterschiedlichsten Phantasien zu einem Leben in müßiger Sorglosigkeit.[48] Entsprechend dieser negativen Überlieferungsintention und -tradition finden bereits in der antiken biographischen Überlieferung immer wieder verschiedene Aspekte seines aufwendigen, extravaganten Lebensstils ausführlich Erwähnung – etwa dass er als Erster die Kirsche in den griechisch-römischen Kulturkreis einführte, dass er über mehrere besonders beeindruckende prächtige Villen in Kampanien verfügte oder dass er an der Planung der berühmten Gartenanlagen mit großen Nymphäen auf dem Pincio maßgeblich beteiligt war.

Die Tradition der negativen Erinnerung an den Feldherrn griff auch Bertolt Brecht auf, als er im Herbst 1939 im schwedischen Exil sein Hörspiel *Das Verhör des Lucullus* schrieb, das die Grundlage für die 1951 gemeinsam mit Paul Dessau erarbeitete Oper *Die Verurteilung des Lucullus* bildete.[49] Was reizte den Dramatiker an dem Licinier? Da ein übermächtig kühner Kriegsheld wie Alexander nicht gepasst hätte, hatte Brecht bewusst eine Person wie Lucullus zur Hauptfigur gewählt: einen Täter und Profiteur einer auf Expansion, Ruhm und Beute ausgelegten Kriegsmaschinerie, die der feinen führenden Gesellschaft reiche Gewinne, exotische Genüsse und Annehmlichkeiten eintrug, einen nicht unsympathischen Erfolgsmenschen, der die ihm gestellten Aufgaben souverän meisterte, aber auch kulturelle und kulinarische Genüsse zutiefst liebte. Dramaturgisch geschickt abstrahiert Brecht vom historischen Lucullus, blendet die komplexe Persönlichkeit und Details von dessen Lebensgeschichte aus. Zur Darstellung bringt er letztlich in extrem verknappter Charakterisierung einen Typus, eine Kombination aus Macht-, Kultur- und Genussmensch, der an seinem Tun nicht zweifelt und die negativen Seiten seines Handelns berufsmäßig auszublenden versteht, der keinen Blick für das Elend des Krieges, für das Leid der Mütter und für die Klagen und Opfer der Söhne hat und eben deshalb – aufgrund seiner lebenslangen Ignoranz – zum Gang ins ewige Dunkel der Unterwelt verurteilt wird.

Brecht wusste um die schillernde Ambivalenz des historischen Lucullus, seine schriftstellerische Perspektive ist jedoch der Sichtweise eines römischen Aristokraten genau entgegengesetzt: Er stellt die soziale Frage, fragt nach den Menschen, welche die militärische Unterwerfung der gesamten Mittelmeerwelt, aber auch das Machtspiel, den Reichtum und luxuriösen Lebensstil der Ritter und Senatoren überhaupt erst ermöglichten. Die Schicksale und Opfer der kleinen Leute bleiben in der Wahrnehmung der Aristokratie und in der Darstellung der antiken Autoren ausgespart, erscheinen ihnen weder erwähnens- noch überlieferungswert. So blieben ihre Geschichten ungeschrieben – ganz im Gegensatz zu Lucullus und anderen großen Männern der Antike, deren Ehren- und Grabmonumente die Erinnerung an ihre Taten noch lange wachhielten.

VOM *VIR SUMMUS* ZUM SCHLEMMER

Wenn am Ende der biographischen Betrachtung Lucullus als ein »Mann ohne Makel« erscheint, so mag dies verwundern, ja enttäuschen; lässt sich doch fragen, welche negativen Charakterzüge, welche politischen oder militärischen Fehlentscheidungen, welches soziale oder politische Fehlverhalten sich anführen lassen. Dass Urteile über persönliche Schwächen, Unzulänglichkeiten oder Fehlverhalten des Protagonisten in der vorliegenden Darstellung weitgehend fehlen, hat seinen Grund vor allem in der nicht nur fragmentarischen, sondern zugleich stark vom antioptimatischen Diskurs geprägten Überlieferungslage. Sie erlaubt es nur selten, über die Dekonstruktion diffamierender Behauptungen hinauszugehen und glaubwürdige und nähere Angaben zum Kontext verschiedener Entscheidungen des Lucullus zu erhalten, die über die bloße Schilderung von Ereignissen, Entscheidungen, Reaktionen und Maßnahmen hinausgingen.

Oder anders formuliert: Weil die erhaltenen Berichte antiker Autoren nicht eng auf Lucullus fokussiert sind und ihn nur sekundär, als einen Mann der zweiten Reihe, in den Blick nehmen, fehlt uns schlichtweg die Quellengrundlage, welche uns ermöglichen würde, die Hinter- und Beweggründe des Liciniers bestimmte Entscheidungen auszuleuchten, verschiedene Handlungsoptionen darzulegen und schließlich angemessene Einschätzungen vorzunehmen. Die Überlieferungen lassen uns in der Regel schlichtweg nicht nah genug an die Persönlichkeit des Lucullus herankommen. Daher lässt sich seine historische Gestalt in großen Teilen nur schemenhaft erfassen und kaum etwas über sein inneres Gepräge sagen.

Nach allem, was wir dennoch von der Person des Lucullus wissen können, war er ein stolzer Repräsentant seines Standes, der seine herausgehobene Rolle und die damit verbundenen politischen Führungsaufgaben ernst nahm, sie zumindest so ausfüllte, dass er von seinen Zeitgenossen als vorbildlicher Aristokrat bewertet werden konnte: als »guter und anständiger« (*vir bonus*), »ehrenwerter« (*vir honestus*), »höchst bedeutsamer Mann« (*vir summus*), wie ihn Cicero in seiner Schrift »Über standesgemäßes Verhalten« (*De officiis*) nicht nur wegen der persönlichen Verbundenheit zu ihm lobend charakterisierte und panegyrisch überhöhte. Lucullus erfüllte alle Erwartungen, wurde allen Anforderungen gerecht, verkörperte mustergültig den Aristokraten.

So vorbildhaft viele seiner militärischen und politischen Taten auch sein mochten, so außergewöhnlich sein Werdegang, so exquisit und ausgefallen sein Lebensstil war, so breit und vielfältig seine intellektuellen und ästhetischen Ansprüche und Interessen waren – all dies bot die Möglichkeit zu höchst unterschiedlicher Wahrnehmung, Deutung und Bewertung seiner Person und brachte – neben dem großen Lob der Zeitgenossen und Nachwelt für seine politischen und militärischen Leistungen – verschiedene diffamierende Gerüchte und Anekdoten hervor, die neidvoll vor allem sein luxuriöses Villenleben thematisierten. So wurde die Figur bereits in der antiken Überlieferung janusköpfig: Einerseits konnte Lucullus als Beispiel eines hervorragenden Feldherrn und exemplarischen, wenn nicht idealen Vertreters der spätrepublikanischen Senatsaristokratie dienen, andererseits durch sein in vielerlei Hinsicht extravagantes und exzeptionelles Auftreten als extremes Beispiel einer dekadent gewordenen Aristokratie gelten.[1] Das von Pompeius und verschiedenen Volkstribunen verbreitete Narrativ und später von Sallust historiographisch ausgestaltete, diffamierende Zerrbild vom hochnäsigen, militärisch unfähigen und dem Luxusleben zugeneigten *nobilis*[2] entfaltete letztlich eine weitaus stärkere Wirkung als die Einschätzung Ciceros und unterband jede Form fortgesetzter Heroisierung.

Die gewaltigen machtpolitischen Veränderungen und die damit verbundenen personellen wie auch ideellen Wandlungsprozesse, welche die Senatsaristokratie durchlief, sorgten innerhalb weniger Jahrzehnte dafür, dass Lucullus, der von Cicero zehn Jahre nach seinem Tod noch zum politischen Märtyrer im Kampf um die republikanische Freiheit stilisiert und von Augustus bedenkenlos in die lange Reihe der »bedeutendsten Männer« (*summi viri*) aufgenommen worden war,[3] nun in vielen historiographischen Darstellungen zu einer weitgehend entpolitisierten Figur verkürzt und zu einem genusssüchtigen Schlemmer umgedeutet wurde. Seit der frühen Kaiserzeit konnte von seinem Leben entweder im Sinne eines positiven oder negativen *exemplum* erzählt werden.

Der Biograph Plutarch griff um 100 n.Chr. die von Sallust begründete, plausibel wirkende und längst stereotyp gewordene Erzählung von Lucullus auf und zeigte, wie in diesem Lebensgang vortreffliche Taten und wenig vorbildhaftes Genussstreben, öffentlicher Glanz und zurückgezogene Dekadenz, Tugend und Laster dicht beieinanderlagen. Seine historischen Lebensbeschreibungen gestaltete der griechische Gelehrte als Charakterbilder, die politische und militärische Erfolge, Glanz und Ruhm, Scheitern und Elend nachzeichneten und eine gemeinsame Kultur, Tradition und Größe der porträtierten griechischen und römischen Helden konstruierten. Dazu gehörte für ihn ganz wesentlich auch ein Mann wie Lucullus, der ebenso gut Griechisch wie Latein sprach und schrieb, der sich in seinem Leben ebenso lange im griechischen Osten wie in Italien aufgehalten und sich zudem um Chaironeia, die Heimatstadt Plutarchs, verdient gemacht hatte und dort bis in die Kaiserzeit hinein als Wohltäter der Stadt verehrt wurde.

Ein weiteres Nachleben des Lucullus gab es eigentlich nicht, da er weniger als Einzelpersönlichkeit Interesse fand als vielmehr als Wortführer und Repräsentant seines Standes.[4] In seiner schillernden Ambivalenz und in der Komplexität seiner Interessen und Talente war er für die Nachwelt schwer zu fassen und nur sehr bedingt attraktiv: zu gering sein äußerer Erfolg, zu schwerwiegend seine Degradierung durch Pompeius, und dennoch bildete er eine beinahe ideale Verkörperung einer untergegangenen alten republikanischen Welt, für deren Glanz und Größe sich in der Kaiserzeit und Spätantike nur noch wenige, im Mittelalter niemand mehr interessierte.

Erst als Plutarch von den Humanisten als moralische Instanz wiederentdeckt und in den folgenden Jahrhunderten in den Adelshäusern und an den Höfen der Monarchen ein vielfach gelesener Autor wurde, rückte auch Lucullus wieder in den Blickpunkt. Plutarchs Werk verdankt Lucullus sein Überleben in der Erinnerung der Nachwelt. Die Lektüre geriet einseitig, da man sich bis ins 19.Jh. hinein lieber an den Taten siegreicher Feldherren und Alleinherrscher wie Alexander oder Caesar ergötzte und diese zu Vorbildern erklärte. Da störte ein republikanischer Feldherr nur. Er blieb ein Mann der vornehmen alten Führungsschicht, deren Dekadenz noch der Nobelpreisträger Theodor Mommsen, der titanenhafte Ahnherr der modernen deutschen Altertums- und Geschichtswissenschaft, heftig geißelte, womit er Lucullus und die Gruppe der Verteidiger der Senatsherrschaft für lange Zeit in Misskredit brachte.

Die erwähnte Kritik Brechts an der Verehrung großer Männer ist nicht wirkungslos geblieben: Heute begegnen wir den Erzählungen vom Glanz und Elend historischer Persönlichkeiten mit Skepsis, weil wir nach den Voraussetzungen solcher »Erfolge« fragen, nach den ihnen zugrunde liegenden Strukturen von Herrschaft und Reichtum, und diese nicht als gegeben hinnehmen.

Dennoch sollten wir den historischen Lucullus neu aufleben und ihn nicht in das Nichts des historischen Vergessens stürzen lassen: Weil zumindest der historische Lucullus – anders als die von Brecht konzipierte Figur – wie kaum ein anderer damaliger Akteur die Senatsaristokratie der späten Republik repräsentierte, indem er deren Lebensstil, eine »ehrenwerte« Lebensweise (*vita honesta*), nicht bloß äußerlich kultivierte, sondern sie in seiner rhetorischen und philosophischen Bildung, seinem politischen und militärischen Wirken wie auch im Privaten verkörperte, so wie es Cicero, sein Freund und politischer Wegbegleiter, in seiner Abhandlung über »standesgemäßes Verhalten« (*De officiis*) darlegte: Lucullus führte ein Leben, in dem soziale, militärische und politische Führung wie auch professionelle Expertise auf vielerlei Gebieten und persönlicher Genuss miteinander vereint waren. Im Sinne der Tradition der römischen *res publica* und in der Behauptung der Herrschaft der Senatsaristokratie praktizierte er eine *vita activa*. In einer solchen war er es von Jugend auf gewohnt, im Licht der Öffentlichkeit zu stehen, Führungs- und Herrschaftsaufgaben zu übernehmen, sich gemäß der römischen Auffassung von *virtus* Bewährungs-, Krisen- und Notsituationen auszusetzen, in ihnen die eigene physische und intellektuelle Wehrhaftigkeit unter Beweis zu stellen und sich in der politischen Praxis – auch nach der Marginalisierung – als risikofreudig, agil, beharrlich und vor allem »sturmfest« (Max Weber) zu zeigen.[5]

Als Aristokrat war Lucullus es gewohnt, seinen Standes- und Zeitgenossen seine überlegene Kennerschaft zu demonstrieren und sie an vielfältigen intellektuellen, ästhetischen oder kulinarischen Genüssen teilhaben zu lassen. Keineswegs einsam, still und privat genoss er seine Annehmlichkeiten, wie Brecht und die moderne Rezeption ihm – in bürgerlicher Geringschätzung aristokratischer Gepflogenheiten – gerne unterstellt haben: Seinen Reichtum verbarg der Licinier nicht. Seine geistigen Interessen stellte er ostentativ zur Schau, wenn er manchem Gebildeten die Türen zu seiner üppig bestückten privaten Bibliothek in Tusculum offenhielt. Buchrollen, Gemälde, Skulpturen und andere Produkte von Geist und Kunst sammelte, zeigte und erklärte er. Seinen feinen Gaumen, der von seinen Köchen durch raffinierte Speisen bei Laune gehalten wurde, verhehlte er nicht. Gerne präsentierte er sich als glänzender Gastgeber in verschiedenen Villen in spektakulärer Lage mit mehreren Speisesälen, atemberaubenden Ausblicken, weitläufigen Gartenanlagen, mit raffiniert gestalteten Volieren, unter- und oberirdischen Kanälen, aufwendigen Grotten,

Wasserspielen und mit Zuchtbecken exotischer Fische. Kurzum: Lucullus setzte militärisch, politisch, kulturell und auch kulinarisch Maßstäbe. Die Pracht seiner Villen und Gärten war nicht nur bei Zeitgenossen legendär, sie blieb auch in der Erinnerung der Nachwelt: Die Kaiser übernahmen manche seiner Anlagen und nahmen sich die Ausstattung seiner Bauten zum Vorbild.

Mit seinem exquisiten Geschmack provozierte und reizte er zu Lebzeiten seine Gegner. Sein ästhetischer Sinn, seine verfeinerte Lebenskultur, seine umfassenden Erfahrungen und Kenntnisse, die über das bloß Funktionale, über die politische und militärische Praxis weit hinausreichten, waren seine fein geschliffenen Waffen, mit denen er bei seinen politischen Kontrahenten Neid, Eifersucht, Unterlegenheitsgefühle zu erregen vermochte. Indem er seinen verfeinerten Lebensstil auslebte, zeigte und ausspielte, wies er seine Gegenspieler unbarmherzig auf ihre Ignoranz, Mängel und Begrenztheiten hin. Diese spielerisch-provokante Haltung gegenüber seinen Gegnern spiegelt sich eindrucksvoll in der Aufstellung eines leidenden Hercules im Zentrum Roms – ein statuarisches Vermächtnis, wie es Rom bis dahin nie gesehen hatte und auch später niemals mehr sehen sollte.

Und heute? Mit der Zurschaustellung seines verfeinerten Lebensstils taugt Lucullus sicherlich nicht als Vorbild – etwa als Gegenentwurf zu allem Nivellierten, Populistischen und Vulgären –, wichtiger ist womöglich seine grundsätzlich widerständige Haltung gegenüber allem Agitatorischen, Bevormundenden und Autokratischen, dem er seine aristokratische Überzeugung vom Wert von Bildung, kultivierten Umgangsformen, persönlicher Unabhängigkeit und politischer Freiheit vehement entgegenstellte.

ANHANG

Einige Bemerkungen zur antiken Überlieferung

Jegliche Beschäftigung mit der Person des Lucullus hat von der Biographie des Römers durch Plutarch auszugehen, die der umfassend gebildete Gelehrte aus Chaironeia (um 50-120 n.Chr.), ein Anhänger der platonischen Akademie, mit derjenigen des Kimon parallelisiert. Die Biographie gliedert sich in drei Teile: In den Kapiteln 1 bis 6 schildert er sehr gerafft die Zeit bis zur Übernahme des Kommandos im Krieg gegen Mithridates, in den Kapiteln 6 bis 37 den Feldzug und von 38 bis 43 – abermals sehr knapp gefasst – das Leben des Liciniers bis zu seinem Tod. In seiner Darstellung erwähnt er folgende Autoren oder Werke, die er zur Abfassung seiner Darstellung eingesehen oder sekundär benutzt hatte: die Memoiren Sullas (23,6), zwei Briefe des Lucullus an den Senat (26,7; 35,6), einen Bericht des ihn auf dem Feldzug von 74 bis 69 v.Chr. begleitenden Philosophen Antiochos von Askalon (28,8), Cicero (42,4), Sallust (11,6; 33,3), Horaz (39,5), Gaius Nepos (43,2), Strabons Historien (28,8), und Livius (28,8; 31,9).[1] Als einzige Autoren werden Sallust und Livius zweimal erwähnt. Dabei ist, was allgemein akzeptiert ist, Sallusts Werk als hauptsächliches Referenzwerk anzusehen, insbesondere für die Erzählung des Krieges gegen den pontischen König.

Sallust schrieb »Historien«: fünf Bücher, die chronologisch an das Werk des Sisenna anknüpfen und die Ereignisse zwischen 78 und 66 v.Chr. schildern, also vom Konsulat des Lucius Lutatius Catulus bis zur Übertragung des Oberbefehls gegen den pontischen König an Pompeius. Dabei steht Lucullus im vierten, Pompeius im fünften Buch im Mittelpunkt. Seine Darstellung wiederum fußt offenbar wesentlich auf dem Geschichtswerk des Poseidonios von Apameia (um 135–50 v.Chr.), das 52 Bücher umfasste und im expliziten Anschluss an Polybios den Zeitraum von 145 v.Chr. bis zu Sullas Diktatur behandelt (FGrH 87). Von ihm übernahm Sallust das Motiv der Dekadenz der römischen Führungsschicht, die nach dem Kimbernkrieg die einfache, sittenstrenge Lebensweise aufgegeben hätte.[2]

Eine wertvolle Ergänzung und nützliches Korrektiv zu den Angaben Plutarchs bietet das historiographische Werk von Appian aus Alexandria (ca. 90–160 n.Chr.). Im zwölften Buch behandelt er den Krieg gegen Mithridates und in den Büchern 13 bis 17 die Zeit von 133 bis 35 v.Chr – diese fünf Bücher berichten über die römischen Bürgerkriege, wovon die ersten beiden Bände für das Leben des Lucullus relevant sind.[3] Als Vorlagen griff er dabei sicherlich auf die historischen Werke des Poseidonios, Dionysios von Halikarnass, Livius, Sallust oder Asinius Pollio zurück, ohne seine Quellen freilich explizit zu nennen – mit Ausnahme des Letztgenannten, auf den er ein einziges Mal verweist (Bürgerkriegsbuch 2 [14], 82 [346]).

Erst ab dem Kriegsjahr 68 v.Chr. – für das Vorjahr nur in kümmerlichen Bruchstücken – tritt als zusätzliche Quelle die »Römische Geschichte« des Senators und Konsuls Cassius Dio Cocceianus aus dem bithynischen Nikaia (ca. 155–235 n.Chr.) hinzu, deren insgesamt 80 Bücher die Ereignisse von der Gründung Roms bis zur Konsulatszeit des Autors (229 n.Chr.) erzählen. Im 35.Buch, in dem die Lokalgeschichte des Memnon von Herakleia endet (FGrH 434) – mit den Gesandtschaften des Tigranes und Lucullus zum parthischen König –, setzt der uns erhaltene Bericht des Cassius Dio ein: das 36.Buch, das ebenso wie die Darstellung Plutarchs hauptsächlich auf den »Historien« Sallusts basiert. An Stellen, wo Cassius Dio von Sallust und Plutarch abweicht, folgt er offensichtlich einer anderen Vorlage.

Die aufgeführten historischen Werke von Sallust, Plutarch, Cassius Dio und Appian dürften, ohne dass wir dies im Einzelnen eindeutig nachweisen könnten, wiederum viele Informationen aus zwei anderen Werke verwertet haben: aus den Memoiren des Rutilius Rufus (156–75 v.Chr.) und Sullas. Rufus war einer der Senatsmehrheit nahestehenden und sie wohlwollend beurteilenden Konsulare (Konsul 105 v.Chr.), der während seines Exils in Mytilene und Smyrna fünf Bücher über sein Leben (*De vita sua*) in griechischer Sprache schrieb. Seine Memoiren wurden von Cicero, der ihn 78 v.Chr. besuchte, Velleius Paterculus und Seneca gelesen und sehr geschätzt. Noch ausführlicher waren die Memoiren Sullas in 22 Büchern, deren Fertigstellung er – bereits schwer erkrankt am Lebensende – Lucullus gewidmet und anvertraut hatte.

Die nachantike Rezeption der Gestalt des Lucullus

Sein Überleben in der Erinnerung der Nachwelt verdankt Lucullus dem Werk Plutarchs, insbesondere der Rezeption von dessen Parallelbiographien, die erst durch die Humanisten im späten 14. und 15.Jh. wiederentdeckt wurden. Von diesen Gelehrten wurden die Schriften ediert und zunächst ins Lateinische, im 16.Jh. ins Deutsche, Italienische, Spanische, Englische und Französische übersetzt. Erst seitdem fanden sie weite Beachtung. Rasch wurden die Heldengeschichten Bestandteil der Pflichtlektüre der Fürstenhöfe und gebildeten Schichten in ganz Europa. Im Laufe des 17. und 18.Jh.s avancierte Plutarch zum meistgelesenen Autor der Antike, seine Viten dienten der moralischen Orientierung und bildeten den zentralen Bezugsrahmen erst des Adels, dann auch des Bürgertums.[4] Dass im Zuge der damaligen Beschäftigung mit den charakterlichen Vorzügen und Nachteilen großer Männer der Antike die Figur des Lucullus die Phantasie der Leserschaft nur bedingt beflügelte, lag daran, dass ihm auch in der historischen Erinnerung erneut die allseits bekannten Protagonisten der Republik im Wege standen: Bis ins 19.Jh. hinein ergötzte man sich lieber an den Taten siegreicher Feldherren und Alleinherrscher;

Caesar und Pompeius, Marius oder Sulla wurden zu Vorbildern und Ikonen der Macht, wogegen Cicero und der jüngere Cato als Sinnbilder eines standhaften republikanischen Widerstands, aber auch des politischen Scheiterns gedeutet wurden. Alle sechs Genannten ließen Lucullus in den Schatten treten, für ihn blieb in der weiteren Rezeptionsgeschichte nur der Platz eines Mannes der zweiten Reihe übrig, der sich resigniert aus dem politischen Leben zurückzog und ein beschauliches Landleben voller Muße und Genüsse führte. In diesem Sinne wurde seine Gestalt etwa in der von Ignazio Maria Conti (1699?–1759) im Jahr 1738 für den Wiener Hof geschriebenen Oper mit dem Titel *Il delizioso ritiro scielto da Lucullo, console Romano* aufgegriffen. Die Oper war von Graf Johann Adam von Questenberg in Auftrag gegeben und von Conti zu dem von dem damals in Brünn tätigen Impresario Filippo Neri del Fantasia verfassten Libretto komponiert worden. Sie war immerhin so bekannt, dass 15 Jahre später Leopold van Gehlen eine deutsche Übersetzung des Libretto anfertigte.[5]

Forschungsgeschichte

Die wissenschaftliche Beschäftigung mit Lucullus im deutschsprachigen Raum setzte mit Wilhelm Drumanns *Geschichte Roms* (Königsberg 1838, IV 119–182 zu den Luculli)[6] und Theodor Mommsens *Römischer Geschichte* III 78 ein, die sich beide mit abgewogenem Urteil intensiv mit dem Kontrahenten des Pompeius auseinandersetzten. Darauf fußt auch die Dissertation von Nicolaas Johannes Beversen, *De L. Licinii vita ac moribus commentatio*, Gorinchem 1888. Weitaus bekannter sind die *Römischen Charakterköpfe* (Leipzig 1918) von Theodor Birt, der zu Beginn des 20.Jh. die Tradition von Plutarchs Biographik aufgriff und ausgewählte Protagonisten der Republik und Kaiserzeit einem breiten bürgerlichen Publikum bekannt machte. Während er auf eine Darstellung des jüngeren Cato verzichtete, nahm er Lucullus in seine historische

Porträtsammlung auf und erlebte einen großen verlegerischen Erfolg: 1922 erschien die 5. Auflage.

Den Beginn der modernen Forschungsgeschichte markiert der umfangreiche RE-Artikel von Matthias Gelzer (1926) und dessen prosopographische Beschäftigung mit der Nobilität der römischen Republik. Daran schlossen sich eine wissenschaftlich fundierte Darstellung von Mario Villoresi (*Lucullo*, Florenz 1939) sowie die stärker von der Fachwissenschaft rezipierte Monographie von Jules Van Ooteghem (1959) an. Diese bildete das Pendant zu der von ihm fünf Jahre zuvor veröffentlichten Pompeius-Biographie (1954). Darin hebt Van Ooteghem die Leistungen des Lucullus als Feldherr, sein Wirken als Diplomat, indem er den Exzessen der *publicani* energisch entgegentrat, sowie die Bedeutsamkeit seiner intellektuellen Interessen hervor, die ihn als Patron von Dichtern und Gelehrten, aber auch als Stifter einer halböffentlichen Bibliothek hervortreten ließen.

Eine Generation später wurde von Arthur Keaveney das bis heute gültige Standardwerk vorgelegt (1992), das 2013 eine zweite Auflage erlebte.[7] Wie im Fall von Van Ooteghem erwuchs die Auseinandersetzung mit Lucullus aus einer vorangegangenen Biographie Sullas (1983), in der Keaveney den Feldherrn in seinem aristokratischen Denken zu rehabilitieren suchte. Dies setzte er in der Monographie zu Lucullus fort, in der er dessen militärische und politische Bedeutsamkeit hervorhebt, seine aufrechte Haltung als loyaler Wegbegleiter und Vertrauter Sullas nachzuweisen und auch Plutarchs Darstellung vom unrühmlichen Rückzug aus dem öffentlichen Leben und der persönlichen Degeneration zum Schlemmer zu widerlegen sucht. Jedoch unterlässt auch Keaveney eine generelle Kritik der Überlieferung, folgt vielmehr leichtgläubig den Schilderungen der Quellen, die er – wie Walter Eder es in seiner Rezension formuliert hat – »ohne Rücksicht auf Genre und Entstehungszeit benutzt«, so dass er ihn wie viele andere vor und nach ihm gleichfalls nicht auf eine Stufe mit Sulla, Pompeius und Caesar stellen möchte (Keaveney 1992, 180 f.). Er schildert ihn als einen zwar fähigen, durchaus skrupellosen Militär, dem allerdings die Fortune eines Sulla, die bissige Beharrlichkeit eines Pompeius oder die geniale Intuition eines Caesar gefehlt hätte (181). Ähnlich wie Metellus hätte er sich ins innere Exil begeben und sich aus dem öffentlichen Leben immer stärker zurückgezogen. Keaveney misst ihn am Machthunger eines Sulla, Pompeius oder Caesar und beurteilt ihn deshalb als eine epigonale Erscheinung, als »*follower rather than a leader*« (174).

Mit dieser Deutung und diesen Werturteilen über die charakterlichen und körperlichen Vorzüge und Defizite bleibt Keaveney – vielsagend ist sein lebhafter, aber umschreibender, bisweilen kryptisch formulierender Stil, der die klare Aussage scheut – an die moralische Geschichtsschreibung Plutarchs gebunden und hebt sich in vielerlei Hinsicht nur bedingt von anderen konventionellen Beurteilungen in den historischen Darstellungen anderer moderner Historiker ab, die gerne zu einzelnen militärischen und politischen Entscheidungen Lob und Tadel verteilen.[8]

Die Studie von Manuel Tröster (2008) nähert sich dem Leben und Wirken des Lucullus durch eine eingehende Analyse von Plutarchs Lucullus-Vita an. Sie ergänzt das traditionelle Bild des konservativen Optimaten, der durch seinen luxuriösen Lebensstil scheitert, entwickelt durch eine eingehende Analyse der Quelle ein differenziertes Bild von Lucullus und eine angemessene Einordnung in die spätrepublikanische Führungsschicht. Tröster kann überzeugend nachweisen, dass die verzerrte Rezeption als degenerierter Schlemmer wesentlich auf die politischen Gegner zurückgeht, die diffamierende Gerüchte und Geschichten vom aufwendigen Lebensstil des Feldherrn in Umlauf brachten, und dass diese *luxuria*-Anekdoten von der römischen *exempla*-Literatur aufgegriffen und weiterverbreitet worden sind. Dazu gehört etwa die Legende, dass sich Lucullus mit seinen Soldaten überworfen hätte – eine Erzählung, die Plutarch mangels anderer plausibler Erklärungen heranzieht, um das militärische Scheitern des Liciniers zu erklären (105). Überbetont erscheint mir jedoch die unterstellte große Nähe zum Volk: Lucullus zeigte sich jovial und leutselig und war beliebt, ohne dass er dessen Nähe fortwährend gesucht hätte.

Neuerdings hat die Beschäftigung mit Lucullus sogar eine gewisse Blüte erfahren: Das 2019 erschienene Werk von Lee Fratantuono richtet sich an eine breite Sachbuchleserschaft, der er, wie er betont, einen der bemerkenswertesten Männer der späten Republik vorstellen möchte. Darüber geht die Biographie jedoch nicht hinaus, vielmehr erklärt Fratantuono sogar ausdrücklich, dass seine Biographie zu Lucullus bloß als Ergänzung zu Keaveneys Biographie aufzufassen sei. Er beschränkt das Ziel seiner Darstellung darauf, Lucullus vor allem durch seine militärischen Leistungen herauszustellen. Quellenkritische Überlegungen, wie sie etwa Tröster angestellt hat, und Diffamierungskampagnen der politischen Gegner ignoriert er und führt das ausbleibende Erinnern an Lucullus unter anderem darauf zurück, dass es diesem nicht gelungen sei, den Niedergang der damaligen politischen Kultur und vor allem die damit einhergehende und um sich greifende Gewalt als Mittel der politischen Auseinandersetzung wirksam einzudämmen. Seine konservative Haltung habe es ihm unmöglich gemacht, ähnlich skrupel- und rücksichtslos aufzutreten wie Pompeius oder Caesar, so dass er – wie Cato und dessen Unterstützer – anachronistisch in seinem Handeln gewirkt habe. Unter Würdigung seiner moralischen Integrität, wie sie sich etwa in der Zurückweisung der militärischen Unterstützung durch Fimbria manifestierte, und durch seine engen Verbindungen zu Kunst, Literatur und Philosophie verkörperte er nach Fratantuono die großen Qualitäten der Senatsaristokratie der untergegangenen Republik.

Einen knapp gefassten Überblick bietet schließlich die gleichfalls 2019 erschienene Biographie von Yann Le Bohec, einem Fachmann für kaiserzeitliche Militärgeschichte. Wie bereits der Titel *Lucullus. Général et gastronome* verrät, ist das Buch an eine breite Leserschaft gerichtet; es hat seine besondere Stärke in der Darstellung der Feldzüge (die Seiten 85–220). Bei Abfassung von *De officiis* (»Vom standesgemäßen Leben«) dürfte Cicero die Person des Lucullus als geradezu ideale Verkörperung der wichtigsten Tugenden vor Augen gestanden haben. In diesem Sinne hat Christopher Lundgreen kürzlich (2019) Lucullus treffend als einen Musteraristokraten bezeichnet.[9]

Zeittafel zum Leben des Lucullus

(Alle Jahreszahlen beziehen sich auf die Zeit vor Christi Geburt, falls nicht ausdrücklich angegeben)

118 (?)	Geburt
91–89	Lucullus im Bundesgenossenkrieg
88	Sullas Marsch auf Rom
87–84	Zweiter Mithridatischer Krieg
87–83	Herrschaft Cinnas
74	Konsulat des Lucullus
74	Tod Nikomedes' IV. von Bithynien
74–63	Dritter Mithridatischer Krieg
74–67	Lucullus im Krieg gegen Mithridates VI. von Pontos und Tigranes II. von Armenien
74	Marcus Aurelius Cotta und Lucullus werden als Konsuln zur Kriegsführung bestimmt
73	Einfall Mithridates' VI. in Bithynien – Niederlage Cottas in der Seeschlacht von Chalkedon – Belagerung von Kyzikos durch das pontische Heer – römische Siege in den Schlachten am Rhyndakos und am Granikos/Aisopos
72	Sieg des Lucullus in der Seeschlacht bei Tenedos – Rückgewinnung der Kontrolle über Bithynien – Lucullus erobert mehrere Städte an der südlichen Schwarzmeerküste – Einfall in pontisches Gebiet

71	Schlacht bei Kabeira – Flucht des Mithridates nach Armenien
70	Konsulat des Pompeius und Crassus – Appius Claudius Pulcher als Gesandter des Lucullus bei Tigranes II. – Lucullus wird das Kommando über die Provinz Asia entzogen (an Publius Cornelius Dolabella, seit 68)
69–66	Krieg Roms mit Tigranes II.
69	Sieg des Lucullus in der Schlacht bei Tigranokerta – Lucullus wird das Kommando über die Provinz Cilicia entzogen (an Quintus Marcius Rex)
68	Sieg des Lucullus in der Schlacht am Fluss Arsanias (?) – Umkehr des Heeres am Ararat wegen des frühzeitigen Wintereinbruchs – Mithridates erobert pontische Gebiete zurück – Publius Cornelius Dolabella Statthalter der Provinz Asia
67	Lucullus wird das Kommando über die Provinz Bithynia et Pontus entzogen (an Manlius Acilius Glabrio) – Pompeius wird das Kommando im Kampf gegen die Seeräuber im östlichen Mittelmeer übertragen – Mithridates siegt in der Schlacht bei Zela über Triarius – Zusammentreffen von Lucullus und Pompeius
66–56	Lucullus in Rom und Italien
56	Tod des Lucullus

Könige

Könige von Pontos
120–63   Mithridates VI.

Könige des Bosporanischen Reiches
108–70   Mithridates I. (= Mithridates VI. von Pontos)
71–65   Machares
65–63   Mithridates I. (= Mithridates VI. von Pontos) (zweite Herrschaft)
63   Pharnakes

Könige von Armenien
95–55   Tigranes II. der Große

Könige von Bithynien
94–74   Nikomedes IV.
seit 74 Annexion des Königreichs durch Rom

Könige von Kappadokien
95   Ariarathes IX.
95–63   Ariobarzanes I.

Könige von Kommagene
109–70   Mithridates I.
70–38   Antiochos I.

Könige der Iberer
78–63   Artokes

Parthische Könige
87–80   Mithridates III.
80–75   Orodes I.
78–61   Arsakes XVI.

91–69	Sinatrukes
69–58	Phraates III.

Seleukidische Könige

87–82	Antiochos XII. Dionysos
83–69	Seleukos VII.
um 83	Annexion durch Tigranes II. von Armenien
82–69	Kleopatra II. Selene
69–64	Antiochos XIII. Asiatikos
65–64	Philipp II. Philorhomaios
64	Annexion des Königreichs durch Pompeius

Ptolemäische Könige

116–107	Ptolemaios IX. Soter II.
107–88	Ptolemaios X. Alexander I.
88–81	Ptolemaios IX. Soter II.
81–80	Kleopatra Berenike III.
80	Ptolemaios XI. Alexander II.
80–58	Ptolemaios XII. Neos Dionysos
58–57	Kleopatra VI. Tryphaina
58–55	Berenike IV.
55–51	Ptolemaios XII. Neos Dionysos

Könige von Zypern

80–58	Ptolemaios

ANMERKUNGEN

Eine knappe Bemerkung zu den Anmerkungen: Im ersten Kapitel habe ich sie auf einige wenige Hinweise beschränkt, die eher den Charakter von zusätzlichen Erläuterungen und Hinweisen haben. Wer sich näher mit der Geschichte der römischen Republik beschäftigen möchte und eine eingehende, quellenbasierte Darstellung sucht, dem seien die folgenden verlässlichen Werke empfohlen: Bringmann 2002; Bringmann 2003b; Christ 2005; Walter 2017.

Vorwort

1 Umfassend zum Zeitraum von der Rückkehr nach Rom bis zu seinem Tod (57/56 v. Chr.): Keaveney 1992, 129–165.

1 Die Republik: Eine kurze Geschichte von
Aufstieg und Spaltung

1 Plut. Cic. 48. Der Schilderung bei Plutarch liegt offensichtlich ein Bericht zugrunde, der auf einen Cicero nahestehenden Augenzeugen zurückgehen muss: Homeyer 1964, 13–15.
2 Lepidus erhielt Spanien und die Gallia Narbonensis zugesprochen, Antonius die beiden übrigen gallischen Provinzen, Octavian Africa, Sizilien und Sardinien, die ihm jedoch von Sextus, dem Sohn des Pompeius, streitig gemacht wurden.
3 Als ausschließlich kulinarische Genüsse liebender Privatier ging er entsprechend in die Küchen- und Kochgeschichte ein, siehe beispielsweise den Duden-Eintrag zu »lukullisch« (https://www.duden.de/rechtschreibung/lukullisch).
4 So fand Lucullus etwa keine Berücksichtigung unter den »Großen Gestalten der römischen Republik«: Hölkeskamp / Stein-Hölkeskamp 2000.

5 Grundlegend und umfassend zur republikanischen Erinnerungskultur: Walter 2004.
6 Zur Dekonstruktion der *populares-optimates*-Antithese: Robb 2010, bes. 113–166. Aufrührer wie Cinna oder Catilina wurden nicht als *populares*, sondern als *seditiosi* bezeichnet.
7 Weder auf die Gruppe dieser Optimaten im Gesamten noch auf einzelne Vertreter kann hier umfassend eingegangen werden. Sie finden im Folgenden nur Erwähnung, sofern sie für die Biographie des Lucullus von Bedeutung sind. Zum römischen Verständnis von *amicitia*: Brunt 1988.
8 Siehe etwa Cic. rep. 2,33,57. Zur Diskussion um die Rolle des Volkes in der politischen Praxis siehe den Sammelband von Jehne 1995; Hölkeskamp 2004 (a); vgl. auch Jehne 2000; Jehne 2003.
9 Zur Hierarchie im Senat: Meier 1984; Ryan 1998.
10 Besonders prägnant: Walter 2017, 60–62.
11 Zu den gesetzgebenden Verfahren: Sandberg 2001. Zu den Ämterwahlen: Yakobson 1999.
12 Hölkeskamp 1995; Pina Polo 1996; Morstein-Marx 2004. Eine Prosopographie der berühmtesten Redner der späten Republik bietet Ciceros rhetorische Schrift *Brutus*: Sumner 1973. Zur »Menge« des Volkes: Millar 1998.
13 Siehe hierzu umfassend: Deniaux 1993.
14 Polyb. 6,11,11; 6,18,1 f.
15 Umfassend zur historischen Entwicklung des Senats in republikanischer Zeit: Bonnefond-Coudry 1989.
16 Grundlegend hierzu nach wie vor: Gelzer 1912.
17 Zu den Krisensymptomen: Maschek 2020.
18 Militärische Expertise erwarb man ausschließlich durch praktische Erfahrung und Nachahmung im familiären Bereich: Scholz 2011, 221–260; vgl. auch Rosenstein 1990; Horsmann 1991. Die Ausdifferenzierung ergab sich aus pragmatischen Gründen: Die politische und rednerische Praxis in Rom und länger währende militärische Aufgaben außerhalb Italiens waren zunehmend schwerer miteinander zu vereinen. Talent und biographische Zufälle führten zur Ausbildung unterschiedlicher Schwerpunkte. Extreme Ausprägungen wie Pompeius und Cicero waren die Ausnahme. Der militärische Erfolg blieb das vorherrschende Distinktionsmerkmal. Dies belegen etwa das Streben des Crassus nach militärischem Ruhm, was in der Katastrophe in Parthien endete, Ciceros vergebliche Bemühung, einen Triumph für einige Gefechte in Kilikien zugesprochen zu bekommen,

oder seine Aussagen in seiner Schrift *De officiis* (2,45), wo die militärische Bewährung als erste und wichtigste Form »ehrenwerter« Betätigung genannt wird.

19 Der Begriff Morgen oder Joch (*iugerum*) bezeichnete ursprünglich die Fläche, die von einem Ochsengespann an einem Tag gepflügt werden konnte.

20 Die durch das licinisch-sextische Ackergesetz eigentlich bestimmte Obergrenze des Landbesitzes einer Familie auf 500 Joch (126 ha = 1,26 km²) wurde von vielen Vermögenden ignoriert.

21 Genaue Zahlen für den Grundbesitz eines Senators lassen sich nur wenige angeben: Für Scipio Africanus kann man 4800 *iugera* errechnen (1211 ha = 12 km²), für Aemilius Paullus 1200 *iugera* (300 ha = 3 km²) oder für Scipio Aemilianus 3800 (900 ha = knapp 10 km²). Archäologisch sind allerdings Latifundien mit geschlossenen Flächen von über 500 *iugera* erst für die Zeit Ciceros sicher nachzuweisen.

22 Nur wenige Zahlen sind bekannt: 209 v.Chr. kamen 30000 Sklaven aus Tarent, 177 v.Chr. 1700 aus Sardinien, 167 v.Chr. 150000 aus Epeiros und 146 v.Chr. 50000 Sklaven aus Karthago. Gebildete Hausklaven oder gute Handwerker konnten im 1.Jh.v.Chr. zum Preis von rund 1500 Denaren erworben werden. Sie waren allerdings nicht typisch für die Belegschaft eines Landgutes.

23 Zum Zusammenhang von Kleinbauerntum und der Entwicklung der Bürgerzahlen: De Ligt 2012, 40–192. Auch Koloniegründungen auf italischem Boden änderten nichts an dem grundsätzlichen Strukturproblem: Zwar wurden im Zeitraum zwischen 218 und 169 v.Chr. weitere Siedler mehreren bereits bestehenden Kolonien nachträglich zugeführt, jedoch hatte dies keine nennenswerte Wirkung, da die römischen Kolonien nur wenige zusätzliche Siedler erhielten – in der Regel 300, nur in Ausnahmefällen 2000. Höher fielen die Zahlen im Fall der latinischen Kolonien aus mit 2000, 3000 oder sogar 6000 Kolonisten. Dass diese beiden Kolonisationsphasen keine Fortsetzung und Ausweitung erfuhren, weder mit der nötigen Entschlossenheit noch mit kalkulierter Voraussicht auf den langfristigen Nutzen solcher Maßnahmen vom Senat verfolgt wurden, verwundert; denn mit der Verarmung der Kleinbauern und der Aufgabe vieler kleiner Bauernstellen stand auch das in den langwierigen Kriegen bewährte Milizsystem auf dem Spiel oder geriet zumindest allmählich ins Wanken.

24 Vgl. Shatzman 1975. Im Zeitraum zwischen 200 und 150 v.Chr. flossen etwa 380 Millionen Denare nach Rom: 150 Millionen Denare an

Kriegsentschädigungen, darüber hinaus ungefähr 100 Millionen Denare an Beutegeldern sowie Steuern aus den Provinzen in Höhe von rund 130 Millionen Denaren. Die Beutegelder wurden auf drei Gruppen verteilt: Ein Drittel wurde dem Staatsschatz zugeführt, ein Drittel unter den Soldaten verteilt, und ein Drittel floss dem persönlichen Vermögen des Feldherrn zu.

25 Wenige Beispiele hierfür sind überliefert. Als Erster wird Manlius Vulso mit seinem Kleinasienfeldzug von 189 v.Chr. angeführt: Polyb. 21,34,3 ff.; Liv. 38,12,1 ff. Lucius Aemilius Paullus (Liv. 39,10) soll bei seinem Tod 370 000 Denare besessen haben, und Scipio imstande gewesen sein, seinen beiden Töchtern ein Vermögen von jeweils 300 000 Denaren als Erbe zu hinterlassen (Polyb. 31,27,1 ff.). Dass dies eine beträchtliche Summe darstellte, wird daran ersichtlich, dass noch im 1.Jh.v.Chr. das Mindestvermögen 100 000 Denare betrug, um in den Ritter- und Senatorenstand aufgenommen zu werden. Zum Vergleich: Das Jahresgehalt eines Centurionen belief sich auf 2500 bis 10 000 Denare, ein Arbeiter erhielt in der frühen Kaiserzeit etwa einen Denar als Tageslohn.

26 Im Jahr 50 v.Chr. bemerkte Cicero in einem Brief an Atticus nur beiläufig: »Die reichen Städte geben riesige Gelder aus, damit sie keine Soldaten im Winterquartier nehmen müssen, so die Städte auf Zypern, die 200 Talente zahlen« (Cic. Att. 5,21,7) – dies ergab nur in diesem einen Fall eine Gesamtsumme von 1 200 000 Denaren.

27 Liv. 21,63,3 f. (= Elster, Nr. 83). Die *Lex Claudia de nave senatorum* untersagte 218 v.Chr., bei Ausbruch des Zweiten Punischen Kriegs, allen Senatoren, Schiffe zu besitzen, die mehr als 300 Amphoren befördern konnten. Der Durchschnitt bei Transportschiffen betrug etwa 3000 Amphoren. Die Ad-hoc-Maßnahme im Krieg schloss die »Väter« von allen Transport- und Fernhandelsgeschäften aus. Siehe hierzu: Bringmann 2003a; Linke 2016.

28 Zu dieser Gruppe: Badian 1997.

29 Zu den Rittern siehe das klassische Werk von Nicolet 1974.

30 Die Unerfahrenheit der militärischen Neulinge wiederum führte zu hohen Verlusten. So fielen etwa 200 000 Soldaten in den zermürbenden Kämpfen in Spanien im Verlauf von 30 Jahren.

31 Sein gleichnamiger Vater (geb. um 220, gest. 150 v.Chr.) war als Volkstribun am Sturz der Scipionen-Brüder (Publius Cornelius Scipio Africanus und Lucius Cornelius Scipio Asiaticus) 187/184 v.Chr. maßgeblich beteiligt gewesen und hatte sich als zweimaliger Konsul (177 und 163 v.Chr.) in Spanien militärisch ausgezeichnet. Mit über 50 Jahren

hatte er Cornelia, die damals zwanzigjährige Tochter des Africanus, des Siegers von Zama, geheiratet.
32 Vier Jahre zuvor (137 v.Chr.) hatte Tiberius – im Alter von 25 Jahren – als Quästor im Auftrag seines glücklosen Oberbefehlshabers Gaius Hostilius Mancinus einen Kapitulationsvertrag mit den Bewohnern von Numantia ausgehandelt, der zwar die in Bedrängnis geratenen römischen Legionen vor der Vernichtung bewahrte, jedoch nach seiner Rückkehr als »spanischer Schandfrieden« galt. Analog zum Vorgehen in den Samnitenkriegen wurde von seinen politischen Gegnern gefordert, alle an diesem schmählichen Frieden beteiligten Personen in Fesseln zu legen und den Feinden auszuliefern. Das Volk beschloss, mit Mancinus so zu verfahren, Tiberius Gracchus nahm es von den Anschuldigungen ausdrücklich aus. Schon hier stand die Menge fest auf seiner Seite. Scipio Aemilianus, der sich eigentlich wie sein Freund Laelius den Reformplänen gegenüber aufgeschlossen zeigte, war gleichfalls bereit, Mancinus zu opfern. Allerdings rückte er nach dieser Episode von Tiberius ab, für den es damit aussichtslos wurde, seine politischen Ambitionen weiter zu verfolgen.
33 Seine große Überredungskraft lässt sich aus den wenigen bei Plutarch bewahrten Fragmenten erkennen: Bringmann 2003b, 150 (= ORF 149; 151).
34 Der Staatsnotstand, ein *senatus consultum ultimum*, wurde damals noch nicht ausgerufen; erstmals geschah das im Jahr 121 v.Chr.; vgl. Ungern-Sternberg 1970. Vielmehr genügte es damals, dass Nasica auf die alte *evocatio*-Formel zurückgreifend rief, ihm möge folgen, wer die *res publica* erhalten sehen wolle.
35 Durch die einzige durchgeführte Landverteilung war die Zahl der Bürger gerade einmal um 900 angestiegen, wie die Volkszählung des Jahres 131/130 v.Chr. ergab. Statt einer wirklichen Agrarreform hielt man nach wie vor am System des Milizheeres fest und setzte abermals das Mindestvermögen herab. Dadurch gelang es gemäß den Angaben des Livius, das Wehrpotential noch einmal um 76 000 im Jahr 125/124 v.Chr. zu erhöhen – von 318 823 auf 394 736. Vgl. Brunt 1971, 80.
36 122 v.Chr. gelang es Gaius, sich ein weiteres Mal zum Volkstribunen wählen zu lassen. Offenkundig hatte er es erreicht, die Iteration des Volkstribunats zu legalisieren – wir können dies mangels entsprechender Quellenaussagen nur vermuten. Sofern sich dies tatsächlich so verhalten haben sollte, wäre hier erstmals das Prinzip des Verbots der direkten Wiederwahl in ein Amt, ein grundlegendes Kontrollprinzip der magistratischen Gewalt, aufgegeben worden.

37 Die Vorwürfe bezogen sich vor allem auf Lucius Calpurnius Bestia, der als Konsul von III v.Chr. den Krieg in Nordafrika führte; vgl. Gruen 1968, 139–145; Alexander 1990, Nr. 52.
38 Zum Begriff und zur Geschichte der Popularen siehe immer noch die klassische Studie von Martin 1965; vgl. Meier 1965.
39 Zum Scheitern seiner Bewerbungen um die kurulische und plebeische Ädilität: Plut. Mar. 5; vgl. Badian 1964, 146; Labitzke 2012, 37 f.
40 Badian 1958, 194 f.
41 Zur Ausrüstung und Bewaffnung des republikanischen Heeres: Feugère 1993, 75–108; Bishop / Coulston 50–72.
42 Dies war verbunden mit der Absenkung des Mindestvermögens für Wehrfähige, das von ursprünglich 11 000 Asses zunächst auf 4000 Asses, dann auf nur noch 1500 Asses reduziert wurde, bis schließlich auch die Kosten für die Panzerung der Soldaten von der Bürgerschaft übernommen wurden; vgl. Brunt 1971, 44–90. Für gewichtige Änderungen im römischen Heer hatte bereits Rutilius Rufus gesorgt, indem er als Konsul des Jahres 105 v.Chr. die Lehrmeister der Gladiatoren aus der Schule des Gaius Aurelius Scaurus neue Übungen zur Verbesserung der Kampfkraft im Nahkampf konzipieren und in die reguläre Ausbildung der Legionäre eingehen ließ (vgl. etwa Val. Max. 2,3,2). Von einer Marianischen Heeresreform kann keine Rede sein, wie neuerdings Cadiou 2018 dargelegt hat; vgl. Bell 1965.
43 Harmand 1967; Aigner 1974.
44 Zu den Veränderungen der triumphalen Praxis seit den Erfolgen des Marius: Lange 2016, 71–94.
45 Zu den Fragmenten der autobiographischen Schrift: Scholz / Walter 2013, 70–79. Zur Biographie des Marius: Münzer 1930.
46 Zu den Tempelbauten, die nach der Mitte des 2. Jh. v.Chr. in Rom entstanden: Reusser 1993, 83–86; Aberson 1995, 153–156.
47 Zur Biographie: Münzer 1927. Zu den literarischen Ambitionen: Bardon 1950; Perutelli 1990. Generell zur Senatsaristokratie und ihren Beziehungen zu Literaten und Gelehrten: Crawford 1978.
48 Plut. Mar. 23,5 f. (Ü nach Ziegler). Zum apologetischen Charakter der Schrift: Marasco 1984; vgl. Lewis 1974.
49 Liv. Per. 68.
50 Zur Schlacht: Labitzke 2012, 138–153. Dass in Ariminum (Rimini) ausschließlich Marius aus Dankbarkeit für die Rettung vor einem drohenden Einfall der Kimbern geehrt wurde, kann nicht als Beleg für die These genommen werden, Marius allein sei als Sieger über diese

anzusehen. Die Ehrung könnte vielmehr auch durch die Ansiedlung von Teilen seines Heeres im *ager Gallicus* motiviert gewesen sein.
51 Val. Max. 5,8,4. Zur ethischen Zielsetzung des Werks des Valerius Maximus: Skidmore 1996. Ganz anders der jüngere Catulus (geb. ca. 121 v.Chr.), der dem Vater weitaus größere Ehre machte: Nach der anfänglichen Bewährung im Kampf gegen die Kimbern tritt er in der Überlieferung zwar fast ausschließlich als ziviler Politiker, Redner und Wortführer des Senats in Erscheinung, gleichwohl schlug er zusammen mit Pompeius im Jahr 77 v.Chr. Marcus Aemilius Lepidus, den Gegner der sullanischen Reformen und abtrünnigen Proconsul, zunächst in einer Schlacht an der Milvischen Brücke und dann in einer zweiten Schlacht bei Cosa. Der jüngere Catulus hatte eine erfolgreiche politische »Angleichung an das väterliche Vorbild« (*aemulatio patris*), einen nacheifernden Wettbewerb mit dem Vater, betrieben.
52 Plut. Mar. 26,5 f. = FRM Sulla F 6 (eigene Ü).
53 Flor. 1,38,14–18.
54 Flor. 1,38,15.
55 Plut. Mar. 27,6 f. = FRM Catulus F 3 (Ü nach Ziegler). Anders z.B. Labitzke 2012, 147 f., der an dieser Stelle der mariusfreundlichen Überlieferung folgt.
56 Zur Säulenhalle und zum Tempel: Plin. nat. 17,2 mit Richardson 1992, 123, 156. Beide Bauten, die *monumenta Catuli*, wurden aus dem Teil der Beute finanziert, der dem Feldherrn persönlich zufiel. Der Bau der Halle stellte insofern eine politische Provokation dar, als sie auf dem konfiszierten Grundstück des 121 v.Chr. ermordeten Volkstribunen und Gracchenanhängers Marcus Fulvius Flaccus errichtet worden war: Hölscher 1980, 355 f.

2 Die Diffamierung der Aristokratie

1 So zumindest Fest. ep. 222. Die Licinii Luculli sind überhaupt erst seit etwa 200 v.Chr. fassbar. Die Paeligner hatten ihr Siedlungsgebiet östlich von Rom in den Abruzzen.
2 Shatzman 1972, 201 f. Unklar muss bleiben, ob sein Vater der für das Jahr 202 v.Chr. bezeugte kurulische Ädil oder der Volkstribun namens Gaius Lucullus im Jahr 196 v.Chr. gewesen war. Ansonsten ist ein weiterer Lucullus als Volkstribun für 110 v.Chr. belegt, ebenso ein Marcus Licinius Lucullus als *praetor peregrinus* im Jahr 186 v.Chr., im Jahr des Bacchanalienfrevels.

3 Die wichtigsten Städte der spanischen Vaccaei waren Cauca (Coca), Intercatia (Villalpardo) und Pallantia (Palencia).
4 Bravi 2014, 42–45, am Westabhang des Kapitols.
5 Liv. 38,48,15.
6 Zu diesen beiden Baustiftungen der Kimbernkriege in Rom: Lauter 1980/81.
7 Plan mit der hypothetischen Lokalisierung des Tempels der *Felicitas* im Velabrum: Bravi 2014, 43 Abb. 5.
8 Strab. 8,6,23. Weitere Belege und Diskussion bei Bravi 2014, 42–45.
9 Plut. Luc. 39,1. Es ist unklar, auf welchen Lucullus dieser Auftrag zurückgeht. Am wahrscheinlichsten ist es, an den jüngeren Lucullus zu denken. Er hatte dem Künstler 1 Million Sesterzen für die Anfertigung der Statue der Felicitas in Aussicht gestellt. Arkesilaos dürfte nicht verarmt sein, denn er fertigte 44 v.Chr. im Auftrag Caesars die berühmte Statue der Venus Genetrix an: Plin. nat. 35,155; 36,33; 41.
10 Wie etwa in einer Inschrift aus Fanum (Fano), in der seine Aufsicht und Durchführung der Wiederherstellung von Landzuweisungen vermutlich im Jahr 82/81 v.Chr. dokumentiert sind, die 50 Jahre zuvor die Ackerkommission unter Licinius Crassus, Appius Claudius und Gaius Gracchus vorgenommen hatten: CIL 11,6331 (= CIL 1,719 = ILLRP 474). Dass der Licinier bereits im Alter von etwa 34 Jahren ein proprätorisches Kommando erhielt, wird der Bürgerkriegssituation nach der Rückkehr Sullas aus dem Osten geschuldet gewesen sein. Sein Cousin Quintus Caecilius Metellus Pius führte damals in Norditalien das Oberkommando, um die Anhänger des Marius und des Cinna in Norditalien niederzuschlagen.
11 Frontin. strat. 4,1,12; vgl. auch 4,1,11: *Q. Metellus consul, quamvis nulla lege impediretur, quin filium contubernalem perpetuum haberet, maluit tamen eum in ordine merere*. Die Belege zeigen, dass es nicht nur legal, sondern auch üblich war, dass die Söhne von Senatoren ihren Militärdienst als *contubernales* eines Feldherrn ableisteten.
12 Cic. de orat. 3,68: *Carneadem a se adulescente Athenis iam adfectum senectute multos dies auditum esse dicebat*.
13 Sall. Iug. 64,4; vgl. Plut. Mar. 8,6.
14 Vgl. Fiedler 1965. Der neue römische Feldherr führte eine Heeresreform durch, besetzte die Stadt Vaga (bei Beja/Tunesien) und siegte am Fluss Muthul. Im darauffolgenden Jahr brachte er als Proconsul Iugurtha eine weitere Niederlage bei und nahm die Stadt Thala (Tāla) ein. Eine weitere Schlacht bei Zama (Jama) vermochte noch keine endgültige Entscheidung herbeizuführen.

15 In diesem Sinne siehe die überzeugende Dekonstruktion der Version der Erzählung durch Sallust: Parker 2001.
16 Alexander 1990, Nr. 69; vgl. Gruen 1968, Nr. 94. Keaveney 1992, 5 f. vermutet schwerwiegende Vergehen im Laufe der Zeit der Amtsführung, die es dem auf rechtliche Sorgfalt bedachten Metellus schwergemacht hätten, seinen Schwager in dieser Weise öffentlich zu unterstützen – doch auch dies muss eine, wenn auch wohlbegründete, Spekulation bleiben. Die Überlieferung zu den Motiven der Ablehnung ist jedenfalls weder eindeutig noch ausreichend, um daraus einen schwerwiegenden Gegensatz oder sogar eine Entfremdung zwischen den Luculli und Metellus abzuleiten.
17 Alexander 1990, Nr. 70; vgl. Gruen 1968, Nr. 104.
18 Badian 1964, 43; vgl. Kallet-Marx 1990, 133. Allgemein zum Gerichtspatronat: David 1992.
19 Liv. per. 69: *ibique audiendo et legendo magnos viros avocabatur*. Vgl. Plut. Mar. 29,10: ἐν Ῥόδῳ φιλοσοφῶν διῃτήθη. Von dort siedelte er nach Tralleis über, bevor er nach kaum einjähriger Abwesenheit nach Rom zurückkehrte (Val. Max. 4,1,13; [Aurel. Vict.] vir. ill. 62,3).
20 Coskun 2010, 65–70. Zu den literarischen und philosophischen Interessen der Senatsaristokratie am Ende der Republik: Badian 1985; Rawson 1985.
21 So stammte Eupolemos, ein Klient und Freund des Lucullus, der ihn während des Dritten Mithridatischen Krieges begleitete, aus einer angesehenen Familie aus Kalakte (Caronia Marina).
22 Cic. Arch. 26.
23 Dies geschah beispielsweise, als Pius während seines Proconsulats von 79 bis 71 v. Chr. im Kampf gegen Sertorius in Spanien dem in schwerfälligem und fremdartigem Latein vortragenden Dichter Quintus Fabius aus Sagunt das römische Bürgerrecht verlieh: Cic. Balb. 50.
24 Scaurus hatte einen Sieg über die Ligurer errungen und einen Triumph abgehalten, war Konsul (115 v. Chr.), Zensor (109 v. Chr.) und damit einer der Wortführer im Senat (*princeps senatus*) geworden. Zum politischen Wirken: Bates 1986. Zu den autobiographischen Werken des Scaurus und Catulus: Scholz / Walter 2013, 49–58 (Scaurus); 71–79 (Catulus); vgl. generell: Scholz 2007, 392–396.
25 Plut. Luc. 1,2; vgl. auch Cic. off. 2,50 (die beiden hätten ihn *ulciscendi gratia* angeklagt). Eine Generation später nutzte der junge Caesar auf ähnliche Weise einen Prozess, um sich auf dem Forum auszuzeichnen und einen Namen bei der Senatorenschaft zu machen – im Prozess gegen Dolabella (77 v. Chr.).

26 Keaveney 1992, 38, aufgrund einer Neudeutung von Cic. Arch. 6.
27 Zusammen mit seinem Bruder Gnaeus; siehe den berühmten Brief bei Gell. 15,13,6.
28 Zur Bedeutung des Reitens und der militärischen Bewährung im Erziehungsgang der Senatsaristokratie: Scholz 2011, 212–215, 242–246. Aufschlussreich ist das Beispiel von Ciceros Sohn, der sich bereits als junger Mann (geb. 67/66 v.Chr.) als Führer eines 300 Reiter umfassenden Kontingents (*ala*) im Heer des Pompeius im Juni 49 (Cic. De off. 2,45) und Ende 44/43 v.Chr. unter Marcus Iunius Brutus in Makedonien auszeichnete (Scholz 2011, 345f.). Generell zur republikanischen Reiterei und ihrem Einsatz im Kampf: McCall 2002; Petitjean 2022; vgl. auch Sidnell 2006.
29 Zur Aufzucht und zum Training mit den Pferden: Hyland 2012.
30 So jedenfalls das Elogium auf Lucullus aus Arretium (Arezzo): Inscr. Ital. 13,3,84. Nur ein Klischee ist die ihm nachgesagte militärische Unerfahrenheit: Schütz 1994 (a), 42.
31 Plut. Luc. 2,1: Lucullus habe damals außerordentlichen Mut (*tolmé*) und Verstand (*sýnesis*) gezeigt. Die Wertung geht offensichtlich auf eine zeitgenössische optimatenfreundliche Quelle zurück: Scardigli 1979, 104. Zum Bundesgenossenkrieg: Dart 2014.
32 Führungsaufgaben gab es in einer etwa 5000 Mann starken Legion zur Genüge, da deren Führungspersonal neben den Militärtribunen auch noch in der Kaiserzeit ausschließlich aus dem Legaten, dem *praefectus castrorum* und den mit dem Kommando über ihre jeweilige *centuria* sicher ausgelasteten *centuriones* bestand.
33 Keaveney 1992, 211 A. 4; vgl. Schütz 1994 (a), 52.
34 Keaveney 2005, 56f.
35 Als Gefolgsmann Sullas eroberte Metellus Pius 88 v.Chr. das apulische Venusia (Venosa) und besiegte den marsischen Feldherrn Quintus Poppaedius Silo, der im Schlachtverlauf umkam; vgl. Mühlberghuber 2015, 26. Den Kampf gegen die Samniten musste er jedoch abbrechen und nach Rom zurückeilen, als sich Marius gegen den Konsul Sulla erhoben hatte. Die Überlieferungslage zur Rolle des Metellus im Bundesgenossenkrieg, der 89 oder 88 die Prätur bekleidete, ist unklar. Offenbar führte er 88 v.Chr. ein unabhängiges Kommando.
36 Broughton 1968, II 254; vgl. Cic. Brut. 228. Zu den logistischen Aufgaben im römischen Heer siehe umfassend: Roth 1999.
37 Um *118–67 v.Chr.; Prätor 78 v.Chr. Fragmente und Kommentar: Beck/Walter, FRH II 241–313; FRH 16. Zur Biographie: FRH 2 241 mit Anm. 1 (mit weiterführender Literatur).

38 Broughton MRR 2, 254; vgl. Cic. Brut. 228. Zur Person: Dyck 2008; Münzer 1913.
39 Alexander 1990, Nr. 177; Alexander 1976.
40 Zum Bildungsgrad der beiden letztgenannten Politiker: Meyer 1970, 178–188.
41 Zugunsten der Provinzialen in Africa: Cic. de orat. 3,229; Brut. 229.
42 Cic. Brut. 1; Phil. 2,14; fam. 3,8,9 (= 70 SB).
43 Cic. Verr. 2,24; de orat. 3,228.
44 Cic. Brut. 304.
45 Plut. Luc. 1,7 (Ü nach Konrat Ziegler). Zur Stelle: Münzer 1914a, 196–204; Carena / Manfredini / Piccirilli 1983, 274f. Vgl. Cic. Att. 1,19,10 = FGrH 185 T 2. Zur Abfassung einer Geschichte des Bundesgenossenkrieges passt es, dass Cicero Lucullus in seiner Schrift *Hortensius* als Fürsprecher der Geschichtsschreibung auftreten lässt. Zur literarischen Bildung des Lucullus siehe ansonsten: Plut. Luc. 33; Cic. ac. 2,4; Brut. 222.
46 Sall. Iug. 95,2; zu Person und Werk: Beck / Walter, FRH II 246–313. Die beiden anderen Beiträge zur Wette mögen in seine eigene historiographische Darstellung dieses Zeitraums von 91 bis 79 v.Chr. eingegangen sein.
47 Vell. 2,16,3 = HRR II p. 9: *cuius (sc. Minatii Magi) de virtutibus cum alii, tum maxime dilucide Q. Hortensius in annalibus suis rettulit*. Zum Nachweis, dass es sich dabei um ein rasch abgefasstes historisches Epos handelte: Münzer 1914a, 198–204.
48 Vgl. Cic. Arch. 6. Entsprechend ehrt ihn Cicero, indem er das zweite Buch der ersten Bearbeitung der *Academica* mit seinem Namen betitelte.
49 Cic. Verr. 1,58; Hortensius Fr. 20; Plin. nat. 34,48; 35,130.
50 Zur Episode des literarischen Wettstreits: Münzer 1914a, 199 f.
51 Zur Person des Atticus umfassend: Perlwitz 1992.
52 Cic. Att. 1,19,10.
53 Zur Beendigung des Bundesgenossenkrieges siehe den konzisen Überblick bei Christ 2000, 179–185.
54 Dass beide Seiten durch ihr aggressives Vorgehen ihren Anteil am Ausbruch des Krieges hatten, betont McGing 2009; vgl. Hind 2008.
55 Plut. Sull. 5.
56 Zur Problematik der quantitativen Angaben zur Stärke des pontischen Heeres: Pillonel 2006. Zur Biographie des Mithridates: Reinach 1895; Strobel 1996; Hind 2008; Matyszak 2008; Højte 2009; Mayor 2011.

57 Zur antirömischen Propaganda des Mithridates: Salomone Gaggero 1976; Glew 1977 (a + b); McGing 1986, 89–107; Russo 2009; Gatzke 2013; Bugh 2014.
58 Marek 1988 verbindet den Widerstand in Karien plausibel damit, dass die Region noch nicht provinzialisiert war.
59 Die Römer verfügten über keine Flotte im östlichen Mittelmeer. Lediglich mächtige Seehandelsstädte wie Rhodos oder Kyzikos besaßen nennenswerte Kontingente an Schiffen, die freilich auch sie erst mobilisieren mussten.
60 Zu diesen Ereignissen um Sulpicius Rufus: Keaveney 2005, 45–49.
61 Die Summe erscheint außerordentlich gering, allerdings waren zahlreiche Senatoren wegen der hohen Ausgaben, die mit der Bewerbung um höhere Ämter traditionell verbunden waren (für besonders spektakuläre Spiele, Fürsorge um die verschiedenen Gruppen der eigenen Klienten, Bestechungen etc.), stark verschuldet. Die Maßnahme traf vor allem viele hochrangige Wortführer im Senat wie überhaupt die ruinöse Tradition, sich für eine erfolgreiche Ämterlaufbahn (*cursus honorum*) wegen der enormen Konkurrenz innerhalb der Senatsaristokratie verschulden zu müssen.
62 App. BC 1,56; Plut. Mar. 34,1; Sull. 8,2.
63 Thonemann 2004 hat mit Hinweis auf die inschriftliche Ehrung des Quästors Lucullus in Hypata überzeugend nachgewiesen, dass dies nur auf das Jahr 87 v.Chr. zu beziehen ist; zustimmend: Pina Polo / Díaz Fernández 2019, 274 f. (gegen z.B. Badian 1970, 16; Keaveney 1983, 63).
64 Zu Sullas Dilemma vor dem Marsch auf Rom: Keaveney 2005, 50–63. Seine Einschätzung der Lage leitet er zutreffend ein: »The truth is Sulla had little choice« (50).
65 Da Lucullus wahrscheinlich erst im Folgejahr (87 v.Chr.) die Quästur bekleidete (gegen Keaveney 2005, 52), könnte es sich um Quintus Lutatius Catulus, den späteren Konsul von 78 v.Chr., gehandelt haben. Dies schließt nicht aus, dass sich Lucullus und sein Bruder im Heer Sullas befanden.
66 Grundlegend zur Person des Pompeius Strabo: Gelzer 1963.
67 Zur Übersetzung des Ausdrucks (πραότης und εὐστάθεια): Schütz 1994 (a), 53 f. Anm. 4.
68 Mommsen 1887, 561–570.
69 Zum topischen Vorwurf, viele der *nobiles* hätten ihre militärische Kompetenz nicht im Heerlager und auf dem Schlachtfeld erworben, sondern sich bloß angelesen: Cic. Font. 43; Sall. Iug. 85,12 f.; Cic. fam. 9,25,1; vgl. Schütz 1994 (a), 42. Cicero Imp. Pomp. 28 verstärkt an-

scheinend dieses Klischee, wenn er in seiner Würdigung des Lucullus diesen zum Zeitpunkt der Übertragung des Kommandos im Dritten Mithridatischen Krieg als »in militärischen Dingen unerfahren« (*rei militaris rudis*) bezeichnet; allerdings dient ihm diese Bemerkung dazu, die Größe der Erfolge des Lucullus umso stärker zu betonen. Er verkehrt so die populare Diffamierung in das Gegenteil.

70 Zu einem Legaten Sullas in Messene: Dohnicht / Heil 2004.
71 Auf die Rekrutierung der Epheben, die unter der Herrschaft des Medeios in Athen erfolgte, mag sich die in einer Rede Athenions (Athen. 5,213 D) genannte »Leere« in den Gymnasien beziehen.
72 Plut. Luc. 11,8. Fälschlicherweise interpretiert Plutarch dies als eine Anweisung des Lucullus.
73 Ausführlich zu dieser Episode in Chaironeia, die Plutarch als bloße Beziehungstat schildert (Plut. Cim. 1,2–2,2): Mackay 2000; vgl. Ma 2013, 60 f.; Börm 2019, 142–145; Giroux 2022.
74 IG IX 2,38 (= Syll.³ 743; Van Ooteghem 1959 [Nr. 7] 20). In diesem Sinne bereits: Siedentopf 1968, 27. Bei einem aus dem boiotischen Koroneia stammenden Statuenkopf eines älteren Mannes ist zumindest eine Identifizierung mit Lucullus in Erwägung zu ziehen: Fittschen 2011.
75 Medeios III, Sohn des Medeios, aus dem Demos Piräus: PAA 648035 (= PA 10098).
76 Die Eteobutaden bekleideten die Priesterämter des Poseidon Erechtheus und der Athena Polias, die Eumolpiden hatten neben den Kerykes die führenden Priesterämter bei den Mysterien in Eleusis inne: Mikalson 1998, 159 f., 218; Mikalson 2010, 83; vgl. Antela-Bernárdez / Verdejo Manchado 2013, 136.
77 Die Abbildung der Göttin Roma als Münzsymbol auf den Silbertetradrachmenprägungen aus dem Jahr 90/89 und auch 89/88 v. Chr. proklamiert die Loyalität zu Rom: Habicht 1995, 246.
78 Diese nach dem Persereinfall für die Geschichte der Stadt folgenreichste Episode wird bei Athenaios ausführlich dargelegt, beruhend auf einer längeren Passage aus den Historien des Poseidonios. Freilich ist der Bericht tendenziös und bleibt an vielen Stellen unklar, so dass anzunehmen ist, dass die Erzählung bei Athenaios nur einen stark gekürzten Auszug aus dem historischen Werk des stoischen Philosophen darstellt: Bringmann 1997. Zur historischen Gestalt: Antela Bernárdez 2015.
79 IG II² 1714 mit Badian 1976, 112.
80 Poseidonios FGrH 87 F 36.
81 Dabei wurden der ursprünglich aus Teos stammende Apellikon und

Gorgias als städtische Münzmeister eingesetzt. Bei Apellikon handelte es sich um den Mann, der in Skepsis/Troas die berühmte Bibliothek des Aristoteles und Theophrast erworben hatte. Apellikon: PAA 140490 (= PA 1343). Siehe die Liste der Münzmeister: Habicht 1995, 292 Emission Nr. 77. Zu den Prägungen unter Mithridates: Amela Valverde 2013. Apellikon hatte zwar das athenische Bürgerrecht erworben, wurde aber danach verdächtigt, sich an zweifelhaften Geschäften beteiligt zu haben, so dass er Athen wieder verließ. Zusammen mit Athenion kehrte er wieder nach Athen zurück. Etwa 85 oder 84 v. Chr. muss er verstorben sein.

82 Poseidonios FGrH 87 F 36 = Athen. 5,213 E.
83 In einer später entstandenen Archontenliste (IG II² 1713) wurde für das Jahr 88/87 v. Chr. der Eintrag »*anarchía* – ohne Archon« gemacht, da der pontische König als Amtsinhaber mittlerweile untragbar geworden war: Habicht 1976.
84 Der ostentativen »Verneigung« vor dem König von Pontos als dem neuen Schutzherrn Athens schloss sich etwa auch der athenische Verband der Schauspielergilde an, die sogenannten dionysischen Techniten. Sie feierten den König als Neos Dionysos, als leibhaftige Vergegenwärtigung des Gottes: Habicht 1995, 278 f.
85 Zu den Belastungen des Krieges für die Zivilbevölkerung: Ñaco del Hoyo /Antela / Arrayás / Busquets 2009.
86 Behr 1993, 8 f.; Holz 2009, 195 f.
87 Plut. Sull. 19 mit Rödel-Braune 2015, 124 f., die auf M 18 (Plut. Sull. 19,6) und M 20 (Plin. nat. 4,7) ihres Katalogs verweist.
88 Besonders prononciert etwa Eckert 2016, dagegen betont bereits Rödel-Braune 2015, 123 die realpolitische Notwendigkeit der Anordnungen Sullas.
89 Sayar / Siewert / Täuber 1994, 121.
90 Siehe die inschriftlich bezeugten Beispiele bei Sherk 1969, Nr. 18 (Heiligtum von Stratonikeia), 23 (Heiligtum von Oropos).
91 Plut. Luc. 2,1 f. Der wahrscheinlichste Prägeort ist die Burg von Korinth (Akrokorinth). Zu den Prägungen: Assenmaker 2017; Marsura 2015.
92 Marcus Terentius Varro Lucullus war vermutlich im Jahr 86 Quästor (im Alter von 31 Jahren) und danach bis 83 v. Chr. Proquästor: Ryan 1995 (a); Pina Polo / Díaz Fernández 2019, 54 Anm. 19.
93 PAA 166430 (= PA 1737).
94 Zur Belagerung des Piräus und der Stadt Athen: App. Mithr. 12,30–40; vgl. Antela-Bernárdez 2009.

95 Plut. Sull. 13,4f. (Ü nach Ziegler).
96 Unklar bleibt die Angabe bei Paus. 1,20,6, demzufolge Sulla den Tag der Einnahme nicht miterlebt haben soll, da er sich dem pontischen Landheer unter Taxilos, einem weiteren Feldherrn des Mithridates, entgegenstellen wollte. Mit einem größeren Teil seines Heeres hätte sich Sulla deshalb nach Boiotien begeben, während der kleinere Teil die Belagerung Athens fortgesetzt hätte.
97 Plut. Sull. 14,9. Sollte der mehrmalige Archon Medeios beim Umsturz in Athen umgekommen sein, könnte es sich bei dem an dieser Stelle erwähnten Medeios um einen gleichnamigen Sohn gehandelt haben.
98 Plut. Mor. 202E; vgl. Plut. Sull. 14,9.
99 Ausführlich zur Selbstdarstellung Sullas: Behr 1993.
100 App. Mithr. 12,39.
101 Dabei erlitt auch das Odeion Schäden, für welche die antiken Quellen einerseits Aristion (Appian), andererseits Sulla (Pausanias) verantwortlich machen. Bemerkenswerterweise berichten beide antiken Autoren, dass damit die Absicht verbunden gewesen sei, dem Kriegsgegner zu schaden. So war Aristion darauf aus, dem Sulla keinerlei Holz zu hinterlassen, damit dieser es nicht zu Belagerungszwecken verwenden konnte.
102 Vgl. Parigi 2019 a + b. John Camp bewertet die Zerstörungen unter Sulla als geringfügig (2001, 184f.): »There is no clear evidence of the deliberate or systematic destruction of buildings as occurred in Peiraieus«). In diesem Punkt kann ich daher Christian Habicht (1995, 310 mit Anm. 47) nicht folgen, der die Empörung des Pausanias über die vermeintlich besondere Grausamkeit Sullas für berechtigt hält: Der kaiserzeitliche Reiseschriftsteller (1,20,7) tradiert an dieser Stelle das zu seiner Zeit bereits verfestigte negative Bild von Sulla als grausamem Schlächter und unterstellt ihm einen besonderen Hass auf die Athener. Dass er nach der Eroberung jeden zehnten der im Kerameikos in Gewahrsam genommenen Aristion-Anhänger hinrichten ließ, taugt nicht als Beleg für eine ausgeprägte Rachsucht (Paus. 1,20,6), sondern entspricht der üblichen Bestrafungspraxis gegenüber dem Gegner bei einer Eroberung.
103 Ehrung Sullas auf der Agora in Athen: IG II² 4103 = SEG 24,214; Umbenennung der *Theseia* in *Sulleia*: SEG 13,279. Zusammenstellung der Ehrungen von Römern in Athen: Habicht 1997; vgl. die Ehrung römischer Magistrate in Kleinasien: Thériault 2012.
104 In diesem Sinne bereits Day 1942, 128. Kritisch beurteilt die »Milde« Sullas Thein 2014.

105 Statuenehrung Sullas auf der Agora: IG II² 4103 mit BE 1969,163 = Parigi 2019, Nr. 1.13 (mit Foto).
106 Zu dieser Prägung: Habicht 1976, 140 f. Generell zu den Prägungen in den Mithridatischen Kriegen: Callatay 1997.
107 Statuenehrung des Lucullus, gefunden auf der Akropolis: IG II² 4104 = Parigi 2019, Nr. 6.125. Unwahrscheinlich ist eine Datierung der Aufstellung in die Zeit nach 71 v. Chr.
108 Statuenehrung des Lucullus auf der Agora: IG II² 4105 = SEG 29,179.
109 Die Platte aus pentelischem Marmor, welche die Ehrung der Licinia durch den Demos bezeugt, wurde auf der Athener Akropolis gefunden: IG II² 4233 (EM 7196) = Parigi 2019, Nr. 1.112; Kajava 1990, 70 f.; 113 f. Nr. 15.
110 Fragmente der Säule fanden sich unmittelbar vor der Nordwestecke der Attalos-Stoa auf der Agora: Hesperia 23, 1954, 254 f. Nr. 36, Agora 18 H408; vgl. Jordan-Ruwe 1995, 48 f. (= Parigi 2019, Nr. 1.11).
111 Statue des Bruders des Lucullus in Athen: SEG 14,135; vgl. auch Kuin 2017. Als Konsul vermittelte Marcus den Bürgern von Oropos die frohe Botschaft, dass der Senat den Streit zwischen der Bürgerschaft und dem Heiligtum und den römischen Steuerpächtern zugunsten der Griechen entschieden hatte (IG VII 413).
112 Zurückzuweisen ist die Darstellung bei Fündling 2010, 82 f. (»eine Serie von Morden, aus denen die spätere Überlieferung ein riesiges Gemetzel machte; sogar die Erfindung der Proskriptionen wollte man später Marius und Cinna in die Schuhe schieben«). Die *dominatio* Cinnas sei zur »Schreckensherrschaft stilisiert worden« (83). Eine überzeugende Erklärung für seine pauschale Zurückweisung der Glaubwürdigkeit der Berichte über den Terror Cinnas bietet er nicht. Zum Ausmaß des Terrors: Lovano 2002, 45–50. Proskriptionen: Val. Max. 4,3,14.
113 Zu Antiochos siehe das Standardwerk: Glucker 1978; vgl. die Skizze von Barnes 1989.
114 Glucker 1978, 26 f., geht von ausschließlich politischen Motiven aus, die Lucullus dazu bewogen hätten, Antiochos in der Funktion als Berater auf der Reise mitzunehmen. Ein derart instrumentelles Verhältnis ist nicht bezeugt. Der abermalige Entschluss, den Römer auch beim Feldzug in Armenien zu begleiten, spricht eindeutig dagegen. Eine gründliche Erörterung des Verhältnisses zwischen dem Philosophen und Lucullus bietet: Hatzimichali 2012; vgl. Blank 2007.
115 Cic. Acad. Pr. 11. Alle drei Namen sind korrupt überliefert, also nicht P. et C. Selii oder Tetrilius: Passehl 2017.

116 Zur Reise des Lucullus zum Zweck der Sammlung einer Flotte: Keaveney 1992, 20–22. Zur Belagerung von Rhodos durch Mithridates: Peyras 2010.
117 Vgl. Rotroff 2014.
118 Plut. Luc. 2,3 f., der ihn vor allem in den Kategorien beschreibt, welche die akademische Tradition in Orientierung an die Platon-Schüler und ihre vermeintlichen politischen Interventionen ihm vorgab, suchte auch Lucullus als philosophisch-gebildeten Reformer und Gesetzgeber darzustellen.
119 Vgl. Börm 2019, 133. Bemühungen verschiedener Forscher, Antiochos eine Mitwirkung oder zumindest starke Einflussnahme in Form einer Politikberatung auf die von Lucullus getroffenen Maßnahmen zuzuschreiben, stehen in der (bereits in der vorangehenden Anmerkung angeführten) Tradition des Philosophenherrscher-Konzepts, welche die politische Praxis als grundsätzlich beratungsbedürftig darstellt und bewertet. Diese Deutungstradition erschwert es erheblich, historisch angemessen verschiedene politische Entscheidungen zu interpretieren, für die eine Anwesenheit eines Philosophen bezeugt ist.
120 Keaveney 1992, 22 f.
121 Zur schwierigen Lage des ptolemäischen Reiches: Huß 2001, 654–661.
122 Plut. Luc. 3,1 mit Zwierlein-Diehl 2007, 108.
123 Allerdings ist die Gründung einer philosophischen Schule in Alexandria eine Fiktion der modernen Forschung: Hatzimichali 24.
124 Reste des römischen Siegesmonuments der Schlacht von Chaironeia haben sich erhalten: Camp / Ierardi 1992; vgl. auch hierzu die Diskussion bei Assenmaker 2013; Kountouri / Petrochilos / Zoumbaki 2018.
125 Plut. Sull. 21,2 (Ü nach Ziegler). Auch diese Episode mitsamt dem Ausspruch dürfte Plutarch den Memoiren Sullas entnommen haben.
126 App. Mithr. 56,226 nennt als weitere Stationen des Lucullus Zypern, Phönizien, Rhodos und Pamphylien (στόλον δέ τινα νεῶν ἀγείρας ἀπό τε Κύπρου καὶ Φοινίκης καὶ Ῥόδου καὶ Παμφυλίας). Da Kriegsschiffe zyprischer Städte im 1. Jh. v. Chr. ansonsten nicht bezeugt sind, ist es möglich, dass Appian in dieser Passage Reisestationen mit flottenstellenden Regionen verwechselte. Zu dieser Zeit, im Sommer 86 v. Chr., sprach wohl eine Gesandtschaft der ostkilikischen Stadt Mopsuhestia bei Lucullus vor und bat ihn, dem dortigen Isis- und Sarapis-Heiligtum die Asylie zu bestätigen: Sayar / Siewert / Taeuber 1994.
127 Liv. Per. 80; Val. Max. 9,11,2. Er war auch für einen Mordanschlag auf

den angesehenen Quintus Mucius Scaevola verantwortlich. Zum Versuch einer Ehrenrettung Fimbrias, die schwer nachvollziehbar ist: Muñiz Coello 1995/96. Fimbria wird man vielmehr mit einem skrupellos agierenden Mann wie Catilina vergleichen müssen. Allgemein zu Deserteuren: Wolff 2009.

128 Fündling 2010, 90 verweist auf die Bestätigung des Wechsels des Oberbefehls durch den Senat, ohne jedoch zu erwähnen, dass dieser den Weisungen Cinnas Folge leisten musste.

129 Durrbach 1921–1923, 243 f., Nr. 154 = ID 1620 = ILLRP 362. Auf der Basis der Statue des Lucullus im Apollon-Heiligtum von Delos stand geschrieben: »(Die Statue des) Lucius Licinius Lucullus, Sohn des Lucius, den Proquästor, (haben gesetzt) das athenische Volk und die Italiker und Griechen, die auf der Insel Handel treiben« (eigene Ü). Zur Proquästur des Lucullus von 86 bis 81 v.Chr.: Kreiler 2006. Zur politischen Situation auf Delos zu Beginn des 1.Jh.v.Chr.: Verdejao Manchado / Antela-Bernárdez 2015.

130 Vgl. Börm 2019, 141 f. (mit weiteren Beispielen).

131 Strab. 14,1,42.

132 Sofern man dem Bericht des Poseidonios in diesem Punkt Glauben schenken mag: Athen. 5,50.

133 Strab. 13,1,66; vgl. Börm 2019, 141 f.

134 Vgl. Santangelo 2007; Niebergall 2008; Niebergall 2011.

135 Bereits im Frühjahr 85 v.Chr. hatten sich Sulla und Archelaos, der griechische Feldherr in pontischen Diensten, beim Apollon-Tempel in der Nähe des boiotischen Delion zu einer ersten Friedensverhandlung zusammengefunden.

136 App. Mithr. 60; vgl. Münzer 1914b, 1215 f.

137 E 77; 81–87; 102 f. Rödel-Braune; Ameling 1989. In diesem Zusammenhang wird wohl auch eine Gesandtschaft aus Rhodos zu Lucullus gereist sein (IG XII 1,48 = Syll.³ 745). Zur veränderten Haltung der Städte gegenüber Rom: McDougall 1991.

138 Demzufolge war Lucullus nicht an den Proskriptionen beteiligt: Plut. Luc. 4,4.

139 Plut. Luc. 4,2 (ἐπιπλεύσας ἐκράτησε μάχῃ) deutet Cichorius 1888, 5 als Auseinandersetzung zur See.

140 Bei der Abfolge der Statthalterschaften der Provinz Asia folge ich der plausiblen Rekonstruktion von Keaveney 1992, 182–187 (84–81 v.Chr.: Murena, 80 v.Chr.: Claudius Nero, 79 v.Chr.: Thermus).

141 Suet. Iul. 2; vgl. Broughton 1968, II 76; Taylor 1941.

142 Näheres bei: Bernstein 1998, 301 f.

143 So die berechtigte Vermutung von Keaveney 1992, 36 f. (gegen andere Hypothesen).
144 FRM Sulla, Scholz / Walter 2013, 97 f.
145 Vgl. Plut. Luc. 1,4 = FRM Sulla F 1 Scholz / Walter. Denkbar ist eine von Sulla in zwei Sprachen vorgenommene Redaktion der Memoiren. Sullas Zweisprachigkeit ist bezeugt: Sall. Iug. 95,3. Auch Cicero verfasste seine Schrift über das eigene Konsulatsjahr (63 v.Chr.) in Griechisch und Latein.
146 Ausführlich zu Sullas Memoiren: FRM Sulla, Scholz / Walter 2013, 80–135; Scholz 2003. Seit dieser für Pompeius enttäuschenden Entscheidung Sullas scheint sich die Rivalität zwischen ihm und Lucullus kontinuierlich verstärkt zu haben, zumal es Pompeius an den breiten Bildungsinteressen eines Lucullus fehlte, die diesen für Sulla als Gesprächspartner interessant gemacht hatten. Zum Werdegang des Pompeius vor und nach 79 v.Chr.: Keaveney 1982; Vervaet 2009.
147 Gruen 1974, 39.
148 Gruen 1974, 36 (»In all of the instances recounted above, the initiative for reform legislation and liberal measures came from the senate and its representatives. This includes, of course, also the military commissions discussed earlier, those of Pompey, Lucullus, and Antonius. The bulk of them, for reasons already explained, belong in the later part of the 70s. Sulla had instituted a system whereby the state would be run by an oligarchy buttressed by an expanded governing class and operating within established institutions«).
149 Sall. hist. 3,48,6–11.

3 Der entrissene Sieg im Osten

1 Zur Person Cottas: Klebs 1896.
2 Zur Geschichte des pontischen Reiches: McGing 1986, 13–88; Marek 2010, 333–343.
3 Zum Aufstieg des Mithridates und zu seinen Kriegen gegen Rom: Memnon von Heraklei, FGrH 434 F 22; vgl. App. Mithr. 10–30.
4 Zu Sertorius: Spann 1987.
5 Sall. hist. 4,20; 4,69; Eutr. 6,6; App. civ. 1,111. Vgl. zum Beginn des Dritten Mithridatischen Krieges: Stern 1922. Zum weiteren Verlauf: McGing 1984; McGing 1986, 132–167; Sherwin White 1994; Marek 2010, 354–364.
6 Sherwin-White 1984, 159–166.
7 Zu Vatias Feldzug gegen die Seeräuber: Maróti 1989.

8 Sall. hist. 3,19; Plut. Luc. 7,2 f. Dass Lucullus konsequent und streng sein Heer führte und die Städte nach Möglichkeit schonte, belegt die beiläufige Bemerkung, dass er die Soldaten während des langen Feldzugs nicht ein einziges Mal in einer befreundeten griechischen Stadt Quartier beziehen ließ (Plut. Luc. 33,4).
9 Vgl. Keaveney 1992, 78–83.
10 Keaveney 1992, 82 f. Der Erfolg über Marcus Marius ist vermutlich Gaius Salluvius Naso zuzuschreiben, einem Offizier des Lucullus.
11 Plut. Luc. 12,1; App. Mithr. 76,330; vgl. Scherling 1927.
12 Tuchelt 1979, 115 f. (mit Abb. 7). Nur ein Teil des Sockels dieses Siegesmonuments wurde aufgefunden – ein 2,30 m breites marmornes Relief, dessen untere Hälfte bis 0,90 m erhalten ist und ursprünglich etwa 1,50 m hoch gewesen sein muss.
13 Zur Person und Herkunft des Sornatius: Guidobaldi 1996.
14 Mit viel Geld erkaufte sich Mithridates die Unterstützung des mit ihm befreundeten Archons Lamachos und den Zutritt zur Stadt. Dieser arrangierte dort einen festlichen Empfang des Königs und die anschließende Stationierung einer von Konnakorex befehligten Garnison von 4000 Soldaten in der Stadt: Memnon von Herakleia 29,3 f.
15 Lucullus dürfte über Ankyra (Ankara) marschiert, dann östlich über den Halys (Kızılırmak) gesetzt sein. Anschließend könnte er über Yozgat nach Çorum und Osmancık gelangt sein (oder über Merzifon und Havsa), danach in nordöstlicher Richtung die Straße nach Amisos (Samsun) genommen haben.
16 Am Nordwestrand des heutiges Dorfes Kaleköy sind noch heute einige Mauerstrukturen zu erkennen.
17 Dieses Massaker überlebte nur eine Schwester des Mithridates namens Nyssa, die sich zufällig in Kabeira aufhielt und dort von den Römern gefangen genommen wurde.
18 Plut. Luc. 24–36.
19 Zur Einnahme von Amisos: Arrayás Morales 2011.
20 Plut. Luc. 19,4 f. (Ü nach Ziegler); vgl. Keaveney 1992, 92 f.
21 Plut. Luc. 19,8 f. Zu Tyrannion und Lucullus, die eine bibliophile Freundschaft gepflegt haben dürften: Johnson 2012, 473 f. Ob die Stadt Amisos und die von Mithridates gegründete Vorstadt Eupatoreia von Lucullus unterschiedlich behandelt wurden, geht nicht klar aus der Überlieferung hervor. Aus der vermeintlichen Differenz schließt Keaveney 1992, 93 meines Erachtens zu Unrecht auf eine privilegierte Behandlung von Griechen durch den »Philhellenen« Lucullus.
22 Memnon von Herakleia 35,1–4.

23 Zur Einnahme und Plünderung von Herakleia, das von Cotta in Brand gesetzt wurde: Memnon von Herakleia 35,7–9.
24 Vgl. Keaveney 1992, 85.
25 Memnon von Herakleia 37,4–6.
26 Strab. 12,4,3 (= M 32 Rödel-Braune).
27 Cass. Dio 54,7,6 (= M 33 Rödel-Braune). Diesen privilegierten Status als »freie Stadt« (*civitas libera*) verlor Kyzikos allerdings bereits wieder unter Tiberius, weil die »Verehrung des vergöttlichten Augustus« vernachlässigt worden und es daher zu Gewalttaten gegen römische Bürger gekommen sei: Tac. ann. 4,35.
28 Cic. Imp. Pomp. 21; App. Mithr. 83, 370–372.
29 App. Mithr. 83,373 f.; Plut. Luc. 19,5.
30 Plut. Luc. 19,6; App. Mithr. 83.
31 Plut. Luc. 23,1 (= M 37 Rödel-Braune, undatiert).
32 Leschhorn 1993, 157–169.
33 Lucullus erhielt Ehrungen vom Koinon der Anianer in Hypata, Athen, Delos, Delphi, Chaironeia, Ephesos, Magnesia, Synnada, Thyateira, Chios, Andros und Kolophon (in Klaros)(E 77; 81–87; 102 f. Rödel-Braune; Ameling 1989). Vgl. auch Mrozek 1966.
34 Plut. Luc. 12,1. Vgl. Thériault 2012.
35 Näheres bei: Leschhorn 1993, 157–169. So wählten auch Sinope und Abonuteichos, zwei weitere paphlagonische Städte an der Südküste des Schwarzen Meeres, im späten 2. Jh. n. Chr. die Eroberungen des Lucullus zum Ausgangspunkt ihrer Zeitrechnung.
36 Ausführlich zu den drei Regionen Sophene, Gordyene und Adiabene: Marciak 2017.
37 Zum Zerfall der seleukidischen Herrschaft: Grainger 2015.
38 In der Nähe der modernen Kömürhan-Brücke: Marciak 2017, 99 f.
39 Plut. Luc. 24 f.; App. Mithr. 84. Weitere Belege: Keaveney 1992, 234.
40 In diesem Sinne zu Recht: Keaveney 1992, 106. Deshalb war Lucullus sehr darauf bedacht, dass sein Heer sich von Plünderungen auf dem Land fernhielt, so dass sich sein Heer gleichermaßen wie die lokale Bevölkerung neutral verhielt und man sich beiderseits unbehelligt begegnete.
41 Zur Identifizierung von Tigranokerta mit dem mittelalterlichen Arzan: Sinclair 1987, 361–365 (mit der älteren Literatur); Sinclair 1994/95. Anders: Syme 1988, 245–251, der sich für Silvan ausspricht.
42 Strab. 11,14,1; vgl. Eckhardt 1909, 412 (12).
43 Jedenfalls wurde der erste Sieg über den armenischen König bis in augusteische Zeit legendär: Augusteische Historiker wie Strabon

oder Livius feierten Lucullus für seinen Sieg über ein riesiges gegnerisches Heer, das nach Livius die Größe des römischen Heeres um das Zwanzigfache übertroffen haben soll (Plut. Luc. 28,7). Zum Umfang des pontischen Heeres: Couvenhes 2009. Verdächtig wirkt auch der Synchronismus, dass die Schlacht bei Tigranokerta mit dem Jahrestag der römischen Niederlage bei Arausio (Orange) am 6. Oktober 105 v. Chr. zusammengefallen sein soll. Eine historiographische Erfindung wird zumindest der von Plutarch (Luc. 27,7) überlieferte Ausspruch sein, dass Lucullus auf Hinweis auf diese Koinzidenz seinen Offizieren geantwortet haben soll, dass sie nun Gelegenheit hätten, diesen römischen Unglückstag zu einem Glückstag zu machen. Vgl. Rosenstein 1990, 81 f.

44 Plut. Luc. 28,1; 28,3 f. (Ü nach Ziegler).
45 Scardigli 1979, 104 f. meint, dass die Episode auf das Werk Sallusts zurückgeht. Die Überhöhung des römischen Feldherrn korrespondiert verdächtig mit der Schilderung des Hochmuts des armenischen Königs, der im Blick auf die bescheidene Größe des gegnerischen Heeres spöttisch bemerkt haben soll: »Sofern die Römer als Gesandte kommen, sind sie zu viele; sofern sie als Soldaten kommen, sind es zu wenige.« (Plut. Luc. 27,4; eigene Ü). Die Anekdote kann kaum historische Glaubwürdigkeit beanspruchen. In ihr spiegelt sich vielmehr eine prorömische historiographische Darstellung, die sich darum bemühte, römische *virtus* mit barbarischem Hochmut zu kontrastieren und darin eine schlüssige Erklärung für die armenische Niederlage zu bieten. Zu dieser tendenziösen Schilderung passt auch die Episode, die davon berichtet, dass Tigranes auf seiner Flucht sein Diadem an seinen Sohn übergeben, der es wiederum an einen Sklaven weitergereicht haben und, nachdem dieser in römische Gefangenschaft geraten war, die Herrscherinsignie in den Besitz des Lucullus gekommen sein soll (Plut. Luc. 28,5 f.). Vgl. Manning / Schropp 2019.
46 Der Herrschaftsbereich der Gordyene erstreckte sich ungefähr von den Bergen südlich des Flusses Bohtan bis zum Oberlauf des Tigris, das Gebiet zwischen den Flüssen Batman und Khabur. Möglicherweise war das Königreich in der Periode des Zerfalls der seleukidischen Herrschaft zwischen 140 und 122/121 v. Chr. hervorgegangen: Marciak 2017, 423 f.
47 Plut. Luc. 29,8 (Ü nach Ziegler).
48 Sall. hist. 4,12; Plut. Luc. 30; App. Mithr. 87.
49 Siehe auch die Schilderung bei Cass. Dio 36,1–3, die auf einem von Sallust ersonnenen Brief beruht und wenig glaubhaft ist (Eckhardt

1910, 59f. [193 f.]; vgl. Ballesteros Pastor 1996, 251–257). Die Überlieferungslage zu den beiden Gesandtschaften an den Partherkönig ist grundsätzlich zu unklar, um daraus Motive der Beteiligten ableiten zu können. Zur Chronologie der parthischen Herrscher (bis 55 v.Chr.): Assar 2008.

50 Plut. Luc. 30. Der Plan eines Partherfeldzuges geht auf ein von den Gegnern des Lucullus in Rom verbreitetes Gerücht zurück (so Eckhardt 1910, 61 [195]), dem Plutarch, Eutrop leichtfertig Glauben schenkten. Bezeichnenderweise wissen Cassius Dio, Appian und Memnon nichts von einer entsprechenden Absicht: Bulin 1983, 81–85. Zur Diskussion um das Vorhaben: Keaveney 1981; vgl. Debevoise 1938. Zur Darstellung der Parther im Werk Plutarchs: Hartmann 2008.

51 Plut. Luc. 30,4.

52 Die antike Anlage befand sich auf einem Hügel, oberhalb des Klosters Khor Virap, in der Nähe des heutigen Dorfes Lusarat.

53 Vgl. Eckhardt 1910, 72–74 (206–208).

54 Zur Identifizierung des Schlachtortes: Eckhardt 1910, 88–90.

55 App. Mithr. 87 gibt 70 000 Soldaten und 35 000 Reiter an, was stark übertrieben sein wird – so schon Eckhardt 1910, 63 (197).

56 Plut. Luc. 31; App. Mithr. 87; Cass. Dio 35,4 f.

57 Die Charakterisierung von Artaxata als »armenisches Karthago« (Plut. Luc. 32) verweist darauf, dass der Abschnitt vermutlich auf Sallusts »Historien« zurückgeht.

58 Plut. Luc. 32; Cass. Dio 35,6 f.

59 Williams 1984. Davon ist ein weiteres, weitaus berühmteres Gesetz, das Gabinius eingebracht hatte, zu unterscheiden – die *lex Gabinia*, die Pompeius das Kommando über 500 Schiffe (mit 120 000 Fußsoldaten und 5000 Reitern) für den Kampf gegen die Seeräuber im Mittelmeer übertrug: Vervaet 2011.

60 Zur »Geschichte« der Fimbrianer: Wolff 2013.

61 Erst später, nachdem er von dem 20-jährigen Publius Fonteius im Jahr 59 v.Chr. mit Hilfe des Pontifex maximus Iulius Caesar adoptiert worden war, wechselte er in den Plebeierstand und nannte sich seitdem Clodius: Sommer 2023.

62 Plut. Luc. 34,1 f.; vgl. Cass. Dio 36,14,1 f.

63 Plut. Luc. 34,3 f. (Ü nach Ziegler). Sommer 2023, 100–104 legt plausibel dar, dass die Rede rein fiktiv ist und aus Sallusts »Historien« stammt. Zum Laufbahnbeginn des Clodius: Mulroy 1988.

64 Cass. Dio 36,14,4; Plut. Luc. 34,1 f. Tatum 1999, 48 (vgl. auch Tatum 1991) folgt hier unkritisch der Auffassung Plutarchs.

65 Cic. har. resp. 42.
66 So treffend: Sommer 2023, 105 f.
67 Tröster 2009.
68 Plut. Luc. 35; Cass. Dio 35,9–13; App. Mithr. 88 f.
69 Cass. Dio 35,16 f.
70 Auch diese Episode kann als Beleg dafür gewertet werden, dass Lucullus nach wie vor über hohes Ansehen bei den Soldaten verfügte.
71 Zur *lex Cornelia de maiestate*: Letzner 2000, 284 f. (mit Bezug auf Cic. fam. 3,6,3).
72 Plut. Luc. 35. Zu den Bittgesten des Feldherrn in dieser Ausnahmesituation: Flaig 2004, 110–115. Speziell zur Rolle der Fimbrianer: Guidetti / Lundgreen 2024. Die Episode belegt meiner Auffassung nach die starke Verbundenheit der Soldaten zu ihrem Feldherrn Lucullus, nicht das Gegenteil. Zumindest sollte in Erwägung gezogen werden, dass es sich bei den drei Meutereien im Heer des Lucullus bei näherer Betrachtung um Erfindungen der pompeiusfreundlichen Propaganda gehandelt haben könnte.
73 Zu diesem Abschnitt des Feldzugs: Strobel 1997.
74 Vgl. Gelzer 1959, 90–92; Seager 2002, 54–56.
75 Plut. Pomp. 31 und Luc. 36; vgl. Cass. Dio 36,46.
76 Plut. Pomp. 31,4–7 (Ü nach Ziegler).
77 So bereits die ansprechende Vermutung von Eckhardt 1910, 66 (200), der für den Stimmungsumschwung die Aktivitäten der »Finanzwelt« verantwortlich macht; so auch Gelzer 1959, 76.
78 Zu Strabons familiärer Verbindung: Engels 1999, 17–21.
79 Strab. 12,3,33 (Ü nach Radt).
80 Vgl. die Zusammenfassung des in der *lex Gabinia* bestimmten Aufgabenbereiches des Pompeius im Werk des zur Zeit des Tiberius schreibenden Velleius Paterculus: Vell. Pat. 2,31,1–4.
81 Pompeius siedelte die Seeräuber in Soloi (das zu seinen Ehren in Pompeiopolis umbenannt wurde), Mallos und Adana an; vgl. Deuling 2020.
82 Zu dieser Gruppe siehe ausführlich: Wiseman 1971.
83 Vgl. Gelzer 1969, 55–57.
84 Gelzer 1969, 56.
85 Cic. Imp. Pomp. 44.
86 Cic. Imp. Pomp. 18–29 (Ü nach Fuhrmann). Zu den Händlern im Osten: Hatzfeld 1919; Badian 1997.
87 Zum Verhältnis Sullas zu den *publicani* in Asia: Brunt 1956. Zur direkten Besteuerung in Kleinasien: De Ligt 2004.

88 Vgl. Jehne 1995, 51–76.
89 Vell. Pat. 2,11,2.
90 Bernhardt 1971, 139; ähnlich Mrozek 1962/63. Siehe grundsätzlich hierzu: Ferrary 1988.
91 Tröster 2005 (b), 93. Begründungslos wird von Manuel Tröster ein in sich konsistentes Muster und Vorgehen in außenpolitischen Maßnahmen seitens römischer Magistrate vorausgesetzt, das es wohl in dieser Form nie gegeben hat. Wie viele andere Forscher blendet auch er schlichtweg die unnachgiebigen innenpolitischen Auseinandersetzungen zwischen den Teilen des Senats aus, die eine konservativ gemäßigte und auf Ausgleich mit der provinzialen Bevölkerung bedachte Haltung einnahmen, und den Senatoren, die in enger Kooperation mit großen Geldgebern standen und vor allem darauf aus waren, gerade die reiche Provinz Asia für ihre kurzfristigen Investitionsinteressen auszubeuten.
92 Zu den Hintergründen des Prozesses gegen Rutilius Rufus: Kallet-Marx 1990.
93 Cic. Imp. Pomp. 4,12,19; App. Mithr. 414.
94 Die Seite der Unterstützer des Lucullus im Senat sah in Pompeius nur den ungerechtfertigten Nutznießer der Intrige gegen Lucullus, was sich etwa auch in der Begrüßungsszene zwischen Pompeius und Lucullus in Galatien widerspiegelt (Plut. Pomp. 31,2f.).
95 Ehrungen für Pompeius sind über Mytilene auf Lesbos hinaus (E 123–140 Rödel-Braune) in Side, Demetrias, Theben, Ilion, Keos, Klaros, Philadelpheia, Samos, Argos, Delos und Pompeiopolis bezeugt (E 116–122; 141–145 Rödel-Braune).
96 Schäfer 2000, 65 f. Anderson 1963, 38 hat es wahrscheinlich gemacht, dass er zu den vier Gefährten zählte, die zusammen mit Pompeius das Lager bei Pharsalos verließen (Cic. Att. 5,11: *Valet autem auctoritas eius apud illum plurimum.* Vgl. auch Cic. Att. 2,5,1; 2,10,2; 2,17,3; Arch. 24).
97 Zur Rolle von Theophanes bei der Befreiung von Mytilene: Anastasiadis 1995. Dieser lokale Kult zu Ehren des Pompeius könnte allerdings, was Louis Robert zu bedenken gibt, womöglich erst posthum erfolgt sein, als die Bürger von Mytilene sich von Augustus die Bestätigung der von Theophanes initiierten und dem Pompeius zugestandenen Privilegien zugunsten Mytilenes erhofften, so bereits Laqueur 1934, 2093 f. Zum Verhältnis des gelehrten Politikers zu Pompeius siehe auch Gold 1985; Santangelo 2018; Muñiz Coello 2020.

4 Zurück in Rom: Politik, Triumph und erlesene Genüsse

1 Varro rust. 3,16,2.
2 Cic. Flacc. 85.
3 Sofern von dieser Praxis abgewichen wurde, wurde dies in der Öffentlichkeit nicht nur aufmerksam zur Kenntnis genommen, sondern auch beklagt. Dies zeigt das Beispiel des Quintus Caecilius, des Onkels des Atticus, der sich an die Norm nicht hielt und Atticus statt Lucullus als Erben einsetzte, was ihm als mangelnde Pflichterfüllung vorgeworfen wurde (Val. Max. 7,8,5).
4 So soll etwa Pompeius dem *aerarium* 200 Millionen Sesterzen zugeführt haben. Vgl. hierzu vor allem: Bradford 1999; Shatzman 1972, 192, 202 f.
5 Vgl. die treffenden Bemerkungen von Stein-Hölkeskamp 2019, 51–56 zu Lucullus als Kunstkenner und Kunstsammler.
6 Dass die *villae maritimae* nicht bloß als Rückzugsorte für eine kostspielige Mußezeit (*otium*) aufgefasst werden sollten, hat Marzano 2007, 14 f. betont. Ausführlich zu den ökonomischen Aspekten der Meeresvillen: Lafon 2001, 127–186.
7 Derartige Kenntnisse setzen jedenfalls die Nachrichten voraus, die davon berichten, dass er seine Villen mit Säulen und weiterer Baudekoration aus bis dahin in Rom und Italien weitgehend unbekannten Marmorsorten ausschmückte. Vgl. Stein-Hölkeskamp 2019, 53.
8 Siehe hierzu die leider nur sehr allgemein formulierte Bemerkung Plutarchs (Plut. Luc. 40,1): »Recht protzig war die tägliche Tafel, die Lucullus bereitstellte und bei der er nicht nur durch purpurne Decken, edelsteinbesetzte Becher, musikalische oder tänzerische Darbietungen, sondern auch durch das Auftischen der verschiedensten, mit raffinierter Kunst bereiteten Leckerbissen und Delikatessen den Neid der einfältigen Menge erregte«. (Ü. nach Ziegler). Vgl. Plut. Luc. 39,2; Plin. nat. 36,49.
9 Vgl. vor allem Plut. Luc. 41,5: »Denn für jedes seiner Speisezimmer war anscheinend ein fester Betrag für das Essen festgelegt, das dort aufgetragen wurde, und jeder Raum hatte ein eigenes Budget und eine eigene Ausstattung, so dass seine Sklaven, wenn sie hörten, wo er zu speisen wünschte, genau wussten, welcher finanzieller Aufwand ein Essen haben sollte, und wie die Dekorationen und Arrangements aussehen sollten. Die üblichen Kosten für ein Abendessen im (Raum) Apollo betrug 50 000 Drachmen« (eigene Übersetzung).
10 Plut. Luc. 40,2.

11 Plut. Pomp. 46,1.
12 Der Senat als Gremium kann jedenfalls an dieser Stelle nicht gemeint sein, da Lucullus ihn wegen des *pomerium*-Verbots nicht aufgesucht haben konnte.
13 Cic. Mil. 73; Plut. Cic. 29,4; vgl. Cass. Dio 37,46,1f.
14 Harders 2007. Zur Wiederverheiratungspraxis allgemein: Humbert 1972.
15 Plut. Cat. min. 29; vgl. Ryan 1995 (b)
16 Morel, FPL 91; Plin. epist. 5,3,5.
17 Catull 10,29f.
18 Vgl. das scharfe Urteil von Friedrich Münzer (1931, 610): »Er ließ sich in seiner öffentlichen Tätigkeit immer nur durch seinen eigenen Vorteil leiten und nahm auf Verwandte und Freunde keinerlei Rücksicht.«
19 Vgl. Pina Polo / Díaz Fernández 2019, 54 Anm.19.
20 Plut. Cat. min. 29,5; vgl. Bellemore 1995.
21 Plut. Luc. 37,1.
22 Plut. Cat. min. 6,1.
23 Die Allianz wurde im Jahr 65 v.Chr. erneut offensichtlich, als eine Reihe prominenter Senatoren Gaius Cornelius vor Gericht zog: Dieser war 67 v.Chr. Volkstribun und damit Kollege des popular auftretenden Aulus Gabinius gewesen, der die *lex Gabinia* vor das Volk gebracht hatte, die Pompeius den Oberbefehl im Krieg gegen die Piraten zusprach (zur Person: Badian 1959; Williams 1973). Zum Problem der Piraterie im östlichen Mittelmeer: Pohl 1993; De Souza 1999. Im Prozess traten nun – offenbar im Rahmen einer konzertierten Aktion – Metellus Pius, der jüngere Quintus Lutatius Catulus, Marcus Lucullus, Hortensius und Marcus Lepidus gemeinsam als Belastungszeugen auf und warfen ihre gesamte politische und soziale Autorität zu Lasten des angeklagten Cornelius in die Waagschale.
24 Münzer 1897 zu Cass. Dio 36,19,3.
25 Cic. Brut. 247. Liebesgedichte: Ov. trist. 2,433 f.; Plin. epist. 5,3,5; Gell. 19,9,7.
26 Widmung an Memmius: Lukr. 1,24–27 (»Für den Memmiersohn, meinen Freund, der nach deinem Willen, Göttin (Venus), mit allen Gaben geschmückt alle anderen übertrifft. Umso mehr also verleihe ich meinen Worten beständige Schönheit«. [Ü: Klaus Binder]). Zu den römischen Epikureern: Castner 1988.
27 Lukr. 2,1–13; 2,23–28; 2,34–45 (Ü nach Binder).
28 Natürlich stand hier die bekannte Phaiaken-Episode Pate (Hom. Od.

7,100 f.), doch das Nachfolgende wird auffällig konkretisiert, erneut im profanen Sinne (*aedes* – Gemächer).

29 Das Adjektiv »ärmlich-plebeisch« (*plebeius*) wird von Lukrez nur noch ein weiteres Mal, im fünften Buch des Lehrgedichts, verwendet.

30 Vers 40 f. (*tuas legiones per loca campi fervere cum videas*) bezieht sich auf Kämpfe und Wettspiele, die zu Übungszwecken auf dem Marsfeld von Soldaten und vor allem jungen Männern abgehalten wurden. Siehe hierzu Cic. de orat. 2,84; Scholz 2011, 279–299.

31 Zur Villenanlage auf dem Pincio und den *horti Luculliani*: Kaster 1974; Broise / Jolivet 1987; Moneti 1993; Broise / Jolivet 1994; Broise 1998; Broise / Jolivet 2002.

32 »Lychnouchoi« waren Bronzestatuen von jungen Männern (Epheben/ Mellepheben), die Leuchter trugen, welche bei Gastmählern aufgestellt wurden. Ein bekanntes Beispiel ist der Idolino aus Florenz: Beschi 2000, 19–22 Abb. 11.

33 Lukr. 2,323–332 (Ü nach Binder). Auch hierzu lassen sich Parallelen aus den homerischen Epen angeben: Hom. Il. 2,457 f.; 19,362 f.; Od. 14,267 f.

34 Der Ausdruck von Vers 41 wird an dieser Stelle wiederholt und bestätigt durch die außerordentlich konkrete Schilderung: die Bezugnahme auf das Marsfeld als Ort der Sammlung und des militärischen Trainings der Legionen.

35 Lukr. 5,1423–1433 (Ü nach Binder).

36 In diesem Sinne auch Stein-Hölkeskamp 2005, 169, die dem Dekadenzschema Plutarchs folgt (vom Feldherr zum »Anführer in allen Fragen des Luxus«); vgl. Dunbabin 2004.

37 Suet. Iul. Caes. 46.

38 Anders Stein-Hölkeskamp 2019, 52 (»Er scheute keine Mühe und keine Kosten, immer neue Villen hinzuzukaufen«). Generell fällt es schwer, die Frage nach der Zahl der Villen eines Senators klar zu beantworten: 10 bis 20 solcher Villen scheinen üblich gewesen zu sein, da die acht bezeugten Anwesen Ciceros, darunter luxuriöse Villenanlagen (in Tusculum, Formiae, später zudem in Puteoli und Astura) und Villen mit landwirtschaftlicher Ausrichtung (in Arpinum und Cumae), aber auch kleine Häuser und *deversoria* (wie in Antium), eher das untere Limit dargestellt haben dürften (Shatzman 1975, 403–409). Die vermögenderen Senatoren werden vermutlich eine weitaus größere Zahl besessen haben. Vgl. zu dieser Frage: Shatzman 1975, 444–454 (mit einer Liste der belegten »Proprietors from Sulla to Augustus«); Rawson 1976.

39 Vgl. Flach 1996, I 265f.
40 So richtig die Beobachtung ist, dass sich die römische Oberschicht den hellenistischen Lebensstil aneignete, so wichtig ist es, sich klarzumachen, dass sich in diesen Bauten nicht mehr als ein Anspruch auf die Zugehörigkeit zur führenden Schicht Roms manifestierte. Ein Freigelassener mochte durch den Bau besonders großer und prunkvoller Villen und eines entsprechenden Lebensstils an Prestige und informellem Einfluss gewinnen, jedoch vermochte er dadurch nicht die Kluft zur politisch führenden Senatorenschaft zu überbrücken. Dies galt auch für Senatoren in spätrepublikanischer Zeit: Auch ein noch so üppiger, »imperialer« Lebensstil führte nicht zu dem Maß an Ansehen, das dem Prestige, das man aus der Übernahme politischer und militärischer Führungsaufgaben gewann, auch nur annähernd äquivalent gewesen wäre. Darüber hinaus galt nach wie vor, dass derjenige, der politisch reüssieren wollte, seine *luxuria* nicht allzu deutlich demonstrieren sollte, da dies leicht zu einem willkommenen Angriffspunkt für einen politischen Kontrahenten werden konnte.
41 Strab. 5,3,12.
42 Varro rust. 1,13,7.
43 Eine Statuenbasis für Quintus Caecilius Metellus wurde in Tusculum aufgefunden, bei der es sich um eine augusteische Kopie eines älteren Originals zu handeln scheint: CIL 14,2600. Zur damaligen Villenbebauung: McCracken 1934, 59–62.
44 Plin. nat. 36,49.
45 Zur Identifizierung des Grabbaues als Monument der zweiten Hälfte des 1.Jh.v.Chr., welcher der einzige Grabbau in dieser Gegend ist: McCracken 1942, 332–335.
46 Fellmann 1957, 68f. Nach McCracken 1942, 333f. wies der Tambour einen inneren Durchmesser von 26,68m und eine Höhe von 8,43m (mit Abschlussgesims) auf. Die leicht vorspringende Sockelzone steht – heute noch gut sichtbar – auf einem umlaufenden Grundstein, der nur auf der der Straße zugewandten Schauseite im Südwesten des Monuments rechteckig ausgeführt ist.
47 Nimmt man einen Böschungswinkel von 30° und die Aufstellung einer Statue auf einer zylinderförmigen Basis an, so ergibt sich daraus eine Höhe des Tumulus von 30 römischen Fuß (= 8,89m).
48 McCracken 1942, 339. Die für den ambitionierten Villenbau zur Verfügung stehende Fläche war begrenzt: An der Nordostecke reichte die Villa sehr nahe an die antike Straße heran, während an der gegenüberliegenden Seite der bebaubaren Fläche durch eine Schlucht von

beträchtlicher Tiefe natürliche Grenzen gesetzt waren. An keiner Seite konnte die Villa sich weiter ausdehnen, und auch den Hang hinauf konnte nicht gebaut werden, da dort, in Richtung der heutigen Villa Muti, der Hügel steil ansteigt.

49 Verbindet man den Torrione di Micara mit diesem großen Becken zu einer geraden Linie, die südwestlich der Via di Salè verläuft, so könnte man entweder das Gelände, das die Via Piscaro umläuft, oder das nördlich des Beckens gelegene der Villa des Lucullus zusprechen.

50 Varro rust. 3,4,3. Im Gespräch zwischen Axius und dem Senator Merula werden drei verschiedene Arten von Vogelhäusern unterschieden, die sich als Elemente der modernen Villenkultur etabliert hätten. Zu den beiden Vogelhäusern des Lucullus und Varro: Stein-Hölkeskamp 2005, 170–172.

51 Plut. Luc. 39. Die Stadtvilla war wegen ihrer aufwendigen Gartenanlagen, ihrer luxuriösen Ausstattung und ihrer exquisiten und extrem kostspieligen Küche berühmt, die Villa in Tusculum für ihren weiten Ausblick und ihre Bibliothek, das Neapolitanum für seine großflächigen Gärten und aufwendigen Fischzuchtanlagen bekannt, die beiden Villen auf Nesis und Kap Misenum für ihre exponierte und zugleich schwer zugängliche Lage.

52 Architektonische »Pracht« (*magnificentia*) verkörperten Villen, deren Ausstattung das gewöhnliche Maß überstieg. Mit diesem lateinischen Terminus wurden von Zeitgenossen wie Cicero Villen bezeichnet, die über mehrere Speisesäle verfügten, prächtig mit Fresken und buntfarbigen Marmorsorten geschmückt waren, Außenterrassen mit einem weiten, atemberaubenden Blick sowie weitläufige Gartenanlagen mit Brunnen, Grotten und Meeresfischbecken boten.

53 Der Bericht Strabons (13,1,54) über den weiteren Verbleib der Werke des Aristoteles ist ungenau, was die Rolle des Tyrannion betrifft. Der Gelehrte kam meines Erachtens nicht bereits 86/85 v.Chr. nach Rom, sondern erst 20 Jahre später. Der sorgsame Umgang mit den beschädigten Manuskripten der aristotelischen Werke und die Nähe zu Lucullus ließen ihn zu einem gefragten Fachmann werden, der sich offenbar im Haushalt des Lucullus in Tusculum aufhielt. Nach dessen Tod (Anfang 56 v.Chr.) siedelte der Gelehrte in den Haushalt Ciceros über, der ihn einerseits seine infolge des Exils in Mitleidenschaft gezogenen Bücherbestände sichten und reparieren ließ (*dissignatio*), andererseits mit der Erziehung des jüngeren Quintus Cicero beauftragte. Bis Herbst 54 v.Chr. unterrichtete er die Söhne der beiden Cicero-Brüder. Vgl. Christes 1979, 27–38.

54 Zu den öffentlichen Spielen des Faustus Sulla (mit Bewirtung und Geldgeschenken an das Volk): Cass. Dio 37,51,4.
55 Da Lucullus sich bis 66 v.Chr. und Faustus bis 62 v.Chr. im griechischen Osten aufhielten, kann der Licinier die Bibliothek des Apellikon frühestens bei der Rückkehr seines Ziehsohnes erworben haben. Zur Geldnot des Faustus: Plut. Cic. 27,6; vgl. apophth. Cic. 13. Zu den Beständen des Faustus in Ciceros Villa bei Cumae: Cic. Att. 4,10,1 (Cumanum, am 22.April 55 v.Chr.: »Ich weide mich hier [in meinem Cumanum] an Faustus' Bücherschätzen.«).
56 Nur bedingt nachvollziehbar sind die Aussagen von Luciano Canfora zu Faustus und zum Verbleib der aristotelischen Werke (1988, 66): »Von Schuldenbergen umgeben sah er (Faustus) sich gezwungen, seinen ganzen Besitz zu verkaufen – die väterliche Bibliothek eingeschlossen. Und auf diese Weise verschwanden die Schriftrollen des Aristoteles für immer.«
57 Plut. Luc. 42 (Ü nach Ziegler) schildert die Bibliophilie, die intellektuellen Interessen und philosophische Ausrichtung des Lucullus. Die Stelle kann sich durchaus auch auf die Stadtvilla des Lucullus und deren Bibliothek auf dem Pincio beziehen. Allerdings erscheint diese in den Anekdoten um Lucullus eher als Ort politischer Zusammenkünfte, Gesellschaften und Gastmähler. Cic. fin. 3,7–10 spricht eindeutig gegen eine Identifizierung mit der Stadtvilla auf dem Pincio.
58 Cic. fin. 3,10 (Ü nach Gigon): *commentarios quosdam, inquam, Aristotelios, quos hic sciebam esse, veni ut auferrem, quos legerem, dum essem otiosus; quod quidem nobis non saepe contingit.*
59 Cic. fin. 3,7–10 (Ü nach Gigon). Zur Bibliothek des Lucullus: Dix 2000. Dass Cicero hier recht prononciert erwähnt, er habe nicht erwartet, Cato dort vorzufinden, ist nicht dahingehend auszulegen, dass man Cato dort eigentlich nie oder selten begegnen konnte. Der Redner lässt hier vielmehr indirekt anklingen, dass er nicht wissen konnte, wann die politischen *officia* einem Cato den Rückzug und die Befriedigung seines Lesehungers erlaubten. Das Aufeinandertreffen wird von Cicero als unerwartet charakterisiert, weil für beide galt, dass sie, tief verstrickt in der zeitgenössischen Politik, nur selten Zeit und Gelegenheit fanden, ihren geistigen Interessen in der gewünschten Intensität und Dauer nachzugehen. Nur aus moderner Sicht erscheint dies paradox: Obgleich beide sich von ihren persönlichen Talenten her zu philosophischer Lektüre, Reflexion und Schriftstellerei berufen fühlten, ließen sie sich nicht von ihren Neigungen, sondern von ihren sozialen und politischen Verpflichtungen (*officia*) bestimmen. Die Notwendigkeit

zur Pflichterfüllung gegenüber dem Gemeinwohl gewichteten beide höher als alle persönlichen Wünsche und Bestrebungen. Durch die Darstellung dieser Szene als eine unerwartete, d.h. außerordentlich unwahrscheinliche Begegnung wird von Cicero der seltene Fall des gleichzeitigen *otium* zweier so vielbeschäftigter Politiker als große Ausnahme für beide Protagonisten charakterisiert und so indirekt auf das Primat der Politik in ihrem persönlichen Wirken verwiesen.

60 Eine Lokalisierung der Villa auf dem Monte di Procida ist meiner Auffassung nach ausgeschlossen, da diese Lage – wo auch immer sich die Villa befunden haben mag – kaum ein derart hohes Kaufangebot hervorgerufen hätte. Es muss sich um einen Platz gehandelt haben, der ganz besonders hervorstach. Plut. Mar. 34,2 gibt als Ortsangabe περὶ Μισηνούς (»in der Nähe von [Hafen und Ort] Misenum«). Eine große, aus dem Tuffstein herausgehauene Zisterne (Grotta della Dragonara) mit kreuzförmig gebauten Galerien und zwölf Pfeilern, die das Gewölbe trugen, diente der Villa und dem Flottenstützpunkt als Wasserreservoir. Darüber hinaus befinden sich westlich der Grotta mehrere Tuffsteinhöhlen, die bereits in republikanischer Zeit als Wasser- und Fischbecken genutzt wurden. Die Zuschreibung der Fischbecken als zur Villa des Lucullus zugehörig bleibt freilich hypothetisch: Benini / Ferrari / Lamagna 2008; vgl. Borriello / D'Ambrosio 1979, 27–29, 153–155. Allgemein zu den republikanischen Villen am Golf von Neapel: D'Arms 1970, 172 (Katalog der für die Zeit von 75–31 v.Chr. bezeugten Villen: 171–201).

61 Verg. Aen. 6,164–167; 6,171–174; 6,232–235: »Aeolus' Sohn Misenus; kein anderer konnte so trefflich / Männer zum Werke des Mars entflammen mit schmetterndem Erze. / Hektors, des Helden, Begleiter war er, in Hektors Gefolge / zog er zum Kampf, erkennbar weithin an Signalhorn und Lanze. […] Jetzt aber hatte ihn, als übers Meer sein Muschelhorn laut der / Tor ließ tönen und so zum Wettkampf reizte die Götter, / neidisch Triton gepackt – sofern es Glauben verdient – und / zwischen Klippen den Mann versenkt im Gischte der Wogen. […] Fromm aber wölbte Aeneas dem Freunde ein mächtiges Grabmal, / legte darauf des Helden Gerät, Trompete und Ruder, / unten am ragenden Berg, der jetzt nach jenem ›Misenus‹ / heißt und ewig bewahrt durch Zeitenwandel den Namen« (Ü nach Götte). Eine andere, von Strabon überlieferte Tradition sah in Misenus einen Gefährten des Odysseus, der in Kampanien umkam.

62 Auf dem Gelände und in der Umgebung des heutigen Agriturismo »Il Cetrangolo«.

63 Das Plateau ließ Raum für den Bau einer Villa, die als Anlage nicht mehr als etwa 280 m in der Länge und etwa 50 bis 60 m in der Breite einnahm.
64 Plut. Mar. 34,2, der darin vorschnell einen Beleg für den damals schnell wuchernden Luxus sah. Nach der Rekonstruktion der Besitzgeschichte von Badian 1973 verkaufte Lucullus die Villa wieder an den älteren Curio; Badian stützt sich aber dabei auf Belege (Cic. Att. 1,16,10; Cic. Clod. et Cur., fr. 20), aus denen nicht hervorgeht, um welche Villa es sich handelte. Vgl. D'Arms 1968. Zur Kritik der Wertung Plutarchs: Tröster 2008 (b), 74 f. Shatzman 1975, 35 schätzt den Gesamtwert der Anwesen des Cicero auf rund 13 Millionen Sesterzen, den des Lucullus auf 100 Millionen, den des Pompeius und Crassus auf 200 Millionen.
65 Plin. nat. 36,103. Des Weiteren ist von Cicero bekannt, dass er im Jahr 62 v.Chr. dem geschäftstüchtigen Marcus Licinius Crassus für den Erwerb einer Villa auf dem Palatinshügel mit Blick auf das Forum 3,5 Millionen Sesterzen zahlen musste.
66 Phaedr. fab. 2,5,7–10: *Caesar Tiberius cum petens Neapolim / in Misenensem villam venisset suam, / quae monte summo posita Luculli manu / prospectat Siculum et respicit Tuscum mare* (Ü: Holzberg, vom Vf. leicht modifiziert). Sterbeort des Tiberius: Tac. Ann. 6,50.
67 Zwischen dem Festland und der Insel liegt der Felsen Leimon (später Chioppino, Coppino oder auch Isola del Lazzaretto genannt), den im 1.Jh.n.Chr. der römische Ritter Pollio Felix vermutlich kurz nach dem Tod des jüngeren Lucullus zusammen mit der Insel erwarb.
68 Stat. Silv. 2,77 f.
69 Einen Eindruck von einer solchen römischen Meeresvilla vermittelt eine zumindest im Grundriss und in den Substruktionen gut erhaltene Villa bei Sorrent, die als die von dem Dichter Statius beschriebene Anlage identifiziert wurde, was allerdings unsicher ist. Siehe https://www.youtube.com/watch?v=Roo3Px43yYM/
70 Stat. Silv. 3,1,148 (*silvaque quae fixam pelago Nesida coronat*); Plin. nat, 19,146 (Spargel); Athen. 9,401 A = Poseidonios F 61 (Kaninchen).
71 Jolivet 1987, 897–902 und Lafon 2001, 93 f. haben vermutet, dass sich in diesem Kraterbecken die Fischzuchtbecken des Lucullus befunden hätten; dagegen stehen die Aussagen der literarischen Quellen – so zu Recht Keaveney 1992, 246; vgl. Wallace-Hadrill 1998, 4–6.
72 Die Villa auf dem Kraterrand von Kap Misenum und die große Villa bei Neapel sind allerdings nicht in den erhaltenen Briefen Ciceros erwähnt.

73 Insofern war der jüngere Lucullus gleichsam ein Halbbruder des Brutus.
74 Dies setzt zumindest Cic. Phil. 10,8 (*in insula clarissimi adulescentis, Cn. Luculli, propinqui sui*) voraus. Beloch 1890, 82 hat die Stelle hingegen irrtümlich auf das Neapolitanum bezogen.
75 Cic. Att. 16,1,1; 16,3,6; 16,4,1.
76 Cic. Acad. Pr. 2,9 (Neapolitanum).
77 https://www.vesuviolive.it/cultura-napoletana/archeologia-vesuvio/311800-villa-di-licinio-lucullo-napoli/
78 Im Untergeschoss des Castel dell'Ovo haben sich im sogenannten »Saal der Säulen« einige Säulen erhalten, die unter Umständen zu einem Thermenbereich der Villa gehörten: Pappone / Aucelli 2019.
79 Plin. nat. 9,170. Zur Verkaufssumme: Beloch 1890, 298.
80 Plut. Luc. 39,3 (Ü nach Ziegler). Daran schließt sich die Bemerkung an: »Der Stoiker Tubero, als er das alles sah, nannte ihn einen Xerxes in der Toga.« Plin. nat. 9,170 (vgl. Vell. Pat. 2,33) schreibt diesen Ausspruch Pompeius zu, was weitaus besser passt; denn damit rückte er den verhassten Gegner in die Nähe eines luxusliebenden Despoten, der seine persönlichen monströsen Vorhaben, die bloß der Erfüllung eigensüchtiger Bedürfnisse dienten, rücksichtslos verfolgt, nicht aber das Allgemeinwohl bedacht und die bescheidene Lebensart der vormaligen römischen Aristokratie hinter sich gelassen habe. Dies liegt auf einer Linie mit der »altrömischen« Kritik an der übertriebenen Ausstattung der Villen seitens Varros. Zum schwierigen Verhältnis zwischen Varro und Cicero: Rösch-Binde 1998.
81 Varro rust. 3,17,9.
82 Zur legendenhaften Einführung des Süßkirschbaums (*cerasus*) nach Italien durch Lucullus: Servius zu Verg. Georg. 2,18; Plin. nat. 15,30; Athen. 2,50 F; vgl. Olck 1921, 512 f. Erstmals erwähnt ist die *cerasus* bei: Varro rust. 1,39,2 (37 v.Chr.).
83 Zur Vorliebe römischer Villenbesitzer für Fischzüchtungen siehe den Überblick: Belelli Marchesini / Blanck 1999.
84 Vgl. die detaillierten Angaben von Beloch 1890, 298: »Lucullus hatte keine Kosten gescheut, seine Villa zur prächtigsten der ganzen Gegend zu machen. Besonders berühmt und bewundert waren die Fischbehälter; es waren Grotten in den Tuffeis gehauen, die durch Kanäle mit dem Meer in Verbindung standen. [...] Reste dieser Piscinen sind noch heute zu sehen unter der Kirche S. Maria a Cappella an der Via Chiaja. Noch zu Pontano's Zeit sollen sich an der Küste von Chiatamone Ueberbleibsel der Piscinen gefunden haben. [Carlo] Celano

[1856/1860, 5, 550] erzählt, in seiner Jugend sei die Strada Chiatamone eingestürzt, und darunter eine gewölbte Grotte zum Vorschein gekommen, die mit dem Meer communicirt habe; sie sei aber bald wieder zugeschüttet worden. Ein anderer Rest der Villa Lucull's sind wohl die Mauern von *opus lateritium*, die nach Fabio Giordano unter dem Arsenal gefunden sind«.

85 Cic. Luc. 3.
86 Zu den Stationen des Triumphzugs: Itgenshorst 2005, 195 f.
87 Plut. Luc. 37, bes. 37,2 f. (Zitat).
88 Sidon. 2,158 ff. mit Hölscher 1980, 353 f. Zum Beinamen *Ponticus*, der Lucullus mit dem Triumph zugesprochen wurde: Thomas 1977.
89 Generell erhielten die Centurionen und Reiter mehr als die einfachen Soldaten, die Reiter gewöhnlich am meisten. In den Quellen ist häufig vom Zwei- oder Dreifachen die Rede (Szaivert / Wolters 2005, 141–149 mit einer Zusammenstellung der Quellenbelege). Die Summen, die ausgezahlt wurden, stiegen beständig an und waren häufig ein großer Streitpunkt zwischen Feldherr und Soldaten, da der Anteil der Soldaten, auch derjenige der höheren Ränge, als zu niedrig empfunden wurde. Beim Triumph des Scipio über Antiochos III. (Liv. 37,59,3 ff.) wurden 25 Denare an jeden Soldaten ausgezahlt, der doppelte Betrag an jeden Centurio und der dreifache an jeden Reiter. Bei seinem Triumph Ende September 61 v. Chr. ließ Pompeius jedem Soldaten 6000 Sesterzen (= 1500 Denare) zukommen, wobei die höheren Ränge entsprechend höhere Donative erhielten. Insgesamt verteilte er 384 Millionen Sesterzen (Plut. Pomp. 45,4; App. Mithr. 116), der Staat erhielt davon 200 Millionen Sesterzen, die Legaten und Quästoren 100 Millionen (Plin. nat. 37,16). Die Spitze der Donative stellten die 2500 Denare (= 10 000 Sesterzen) dar, die Octavian seinen Soldaten 43 v. Chr. auszahlen ließ (Cass. Dio 46,46,6 und App. BC 3,12,88). Die 950 Drachmen (Denare), die Lucullus seinen Soldaten auszahlte, sind demzufolge als durchaus üblich anzusehen (Plut. Luc. 37).
90 Diod. 4,21,4 spricht von εὐωχίαι (»Speisungen«), die Lucullus zu Ehren des Hercules veranstaltet hätte. Ob diese mit der von Plutarch (Luc. 37) erwähnten großen Speisung aus Anlass des Triumphs von Lucullus zu identifizieren sind, ist möglich, aber unsicher. In jedem Fall sehr vergleichbar ist die in Plutarchs *Sulla* 35,1 bezeugte Festspeisung, die gleichfalls mit der im Vorgängerkapitel (Plut. Sull. 34) berichteten Triumphfeier in Zusammenhang stehen könnte, ohne dass sich dies positiv beweisen lässt.

91 Plut. Luc. 38f.
92 Keaveney 1992, 136.
93 Keaveney 1992, 135.
94 Die Datierung Plutarchs vor dem Triumph des Lucullus ist nicht korrekt: Plut. Cat. min. 21; 29,3.
95 Cic. Mur. 9 (20).
96 Hervorgehoben durch Cicero am Ende seiner Rede: Flacc. 41 (89f.). Zu den Laufbahnen unterlegener Kandidaten: Broughton 1991.
97 Cic. Att. 12,21,1 (23 Kasten). In diesem Brief vom 17. März 45 v. Chr. listet Cicero die in der Sitzung anwesenden Konsulare in der Reihenfolge auf, in der sie vom Sitzungsleiter zur Stellungnahme aufgefordert wurden – Hortensius ist nicht erwähnt, da er offenbar nicht an der Sitzung teilgenommen hatte. Vor ihnen sprachen die beiden designierten Konsuln (Silanus und Murena), nach ihnen die designierten Prätoren, danach die Prätoren und gewesenen Prätoren: Shackleton Bailey 1966, IV 360.
98 Cic. Arch. 11.
99 Diese Personen, außerdem noch Quintus Metellus Numidicus, sein Sohn Metellus Pius und Marcus Aemilius, werden zumindest in Cic. Arch. 6 als Freunde und Gastgeber des Archias aufgeführt.
100 Coskun 2010, 28: »... vermutlich stand hinter dem Prozeß eine Intrige seitens der Anhänger des Pompeius«.
101 Cic. Arch. 8.
102 Plin. nat. 34,93 (eigene Ü): *In mentione statuarum est et una non praetereunda, quamquam auctoris incerti, iuxta rostra, Hercules tunicati, sola eo habitu Romae, torva facie sentiensque suprema tunicae. in hac tres sunt tituli: L. Luculli imperatoris de manubiis / alter: / pupillum Luculli filium ex S. C. dedicasse, / tertius: / T. Septimium Sabinum aed. cur. ex privato in publicem restituisse. / tot certaminum tantaeque dignationis simulacrum id fuit.*
103 Zur Interpretation und Übersetzung des Begriffs *certamina* im Sinne »politisch motivierter Auseinandersetzungen«: Scholz 2011, 221f. Anm. 9.
104 Zur Aufstellung: Scholz 2021, 218–223. Zur Seltenheit des Motivs: Strocka 2009, 100f. Zu den Bezugnahmen auf Hercules in Rom: Kuttner 2016, 13–15.
105 Vgl. Ritter 1995.
106 Die knappe Formulierung der ersten Inschrift ist vergleichbar mit derjenigen des Lucius Munatius Plancus (ILLRP 431): *L. Plancus L. f. co(n)s(ul), | imp(erator) iter(um) de manib(iis).* Die Inschrift stammt

von einer Basis, auf der gleichfalls eine Götterstatue aufgestellt war. Sie stand vermutlich im Inneren des Saturn-Tempels und wurde mit dem Gebäude konsekriert (nach 40 v.Chr.). Zum Beuteanteil eines römischen Feldherrn: Shatzman 1972.

107 So bereits Kuttner 2016, 7–12, die zu Recht darauf hinweist, dass ein siegreicher Feldherr, dem ein Triumphzug erlaubt wurde, keinen Senatsbeschluss benötigte, um anschließend Beutestücke öffentlich auszustellen (gegen Strocka 2009, 102 und Pape 1975, 48 f., die annehmen, dass die Weihung einer Statue aus Privatbesitz an eine Gottheit einen Senatsbeschluss erforderte). Die Statue war offenbar nicht das einzige Siegesdenkmal, das Lucullus Rom hinterließ. Vgl. Plin. nat. 35,155 f. (*Felicitas*, wenn auch nicht fertiggestellt); *horti Lucilliani*: Plut. Luc. 39,2 und Frontin. aq. 22,2; in Tac. Ann. 11,1,1; Cass. Dio 61,31,5 auch *horti Asiatici*.

108 Zum verzögerten Triumphzug: Cic. Acad. 2,3; vgl. Itgenshorst 2005, 353 f.; Keaveney 1992, 129–136. Zur besonderen Profilierung des Lucullus durch einen extravaganten Lebensstil und exquisite Genüsse in der Senatsaristokratie: Lundgreen 2019, 114–116.

109 Die Abberufung des Lucullus wurde vor allem seitens der römischen Finanzelite betrieben, die dessen Erfolge mit Hilfe ihres politischen Sprachrohrs, des Volkstribunen Gabinius, diskreditierte und populistisch eine düstere Prognose verbreitete (Cic. Imp. Pomp. 4,12,19; App. Mithr. 414), das verbündete Kappadokien werde bald erobert, Bithynien gebrandschatzt, und Mithridates werde erneut Asia heimsuchen. Siehe hierzu ausführlich: Keaveney 1992, 120–128.

110 Zur Verwendung des Begriffs, der auf die *auctoritas* der Statue (siehe auch Plin. nat. 35,22), aber auch auf deren *dignitas publica* (hohe Bedeutung in der Öffentlichkeit) anspielt, vgl. Tac. Hist. 1,19; 1,52.

111 Der leidende Held, der sich in Schmerzen verzehrt, ist kein klassisches, sondern erst ein hellenistisches Sujet. Gleichwohl blieb die Darstellung des Ertragens physischer und psychischer Schmerzen, das den Betrachter zum Mitleidenden macht, ein ausgesprochen selten gewähltes Motiv: Stewart 2006, 127–155.

112 Ganz ähnlich charakterisierte Shakespeare – auf der Basis der Plutarch-Vita – Marcus Antonius, den unterlegenen Gegner Octavians, als Philhellenen und Herakles. Entsprechend ließ er ihn in seiner Tragödie *Antonius und Cleopatra* nach der Niederlage bei Actium voller Verzweiflung und Wut den Vers sprechen (4,12): »*The shirt of Nessus is upon me*«.

113 Plut. Luc. 38.

114 Keaveney 2009, 142 folgt der schlichten Einschätzung Plutarchs und deutet sie unnötig psychologisierend aus: Lucullus sei in den Jahren des Wartens seine Machtlosigkeit vor Augen geführt worden und habe sich seitdem verbittert jeglicher politischen Aktivität enthalten. Zu Plutarchs Darstellungsmethodik und den Biographien aus der Epoche der späten römischen Republik: Hillard 1987; vgl. Lavery 1993/94; Swain 1995; Pelling 2002; Nikolaidis 2008. Zur Charakterisierung des Lucullus: Swain 1992; Tröster 2008 (b).
115 Vgl. Hillman 1993, 212.
116 Plut. Luc. 42. Diesen sehr pauschalen Einschätzungen steht durchaus nicht entgegen, dass Lucullus bereits 65 v.Chr. als Gläubiger in einem Vermögensprozess gegen Aulus Caninus Satyrus auftrat (Cic. Att. 1,10,3).
117 Cic. Att. 1,14; 1,16,2. Zum Bona Dea-Skandal: Moreau 1982; Sommer 2023, 131–158.
118 Cic. Att. 1,13,2. Zur Person Pisos: Broege 1969; Englisch 1979.
119 Cic. Att. 1,14 vom 13.Februar 61 v.Chr., vgl. auch Cic. Att. 1,18.
120 Im Circus Flaminius wurden traditionell die Feste und Spiele der Plebeier sowie Wochenmärkte abgehalten: Viscogliosi 1993.
121 Im späteren Prozess gegen Clodius warf er ihr keinen Ehebruch vor, sondern rechtfertigte die Scheidung mit dem Verweis, dass durch die Affäre seine Ehe und damit auch sein Name übler Nachrede ausgesetzt gewesen sei.
122 Cic. Att. 1,14,5: »Clodius versuchte es nun mit öffentlichen Reden vor dem Gesindel, wobei er Lucullus, Hortensius, Gaius Piso und den Konsul Messalla mit beleidigenden Schmähungen überschüttet; mir [Cicero] wirft er nur mein ewiges ›Ich habe erfahren‹ an den Kopf« (Ü. nach Kasten). Vgl. auch Cic. Att. 1,13,3; 1,14,2; 1,16,2–4.
123 Cic. Att. 1,14,5.
124 In dem bereits erwähnten Brief an Atticus (Cic. Att. 1,16,5) kritisierte Cicero die »Ärmlichkeit und Verworfenheit der Geschworenen«. Er fährt dann fort: »Dass es so kommen konnte, hat Hortensius mit seinem Vorschlag verschuldet, der aus der Befürchtung, (der Volkstribun) Fufius würde bei dem Senatsbeschluss eingebrachten Gesetzesantrag sein Veto einlegen, nicht sah, dass es besser gewesen wäre, man hätte ihn ohne Gerichtsverfahren in Schmutz und Schande verkommen lassen, als das Urteil einem unzuverlässigen Gerichtshof anheimzugeben. Doch von Hass verblendet, konnte er die Sache gar nicht schnell genug vor Gericht bringen« (Ü nach Kasten). Die Passage verdeutlicht, dass Cicero bewusst darauf verzichtet hatte, die Anklage

zu übernehmen, da er frühzeitig um die Bestechlichkeit der Geschworenen und so um die Aussichtslosigkeit des Vorhabens wusste.
125 Plut. Cic. 29,6.
126 Gelzer 1959, 121–138; Seager 2002, 75–85; vgl. auch Girardet 1991.
127 Vor allem Cato und Lucullus traten in diesen Jahren mehrfach als entschiedene Gegner der Vorhaben popularer Politiker hervor: De Libero 1992, 21, 39, 73.
128 Cic. Att. 1,18,3.
129 In der Forschung hat man versucht, in einer Anekdote, die Plutarch uns von einer auf Vermittlung Ciceros zustande gekommenen abendlichen Zusammenkunft zwischen Lucullus und Pompeius berichtet, die etwa im Sommer 61 v.Chr. anzusetzen wäre, einen wahren Kern zu entdecken (Plut. Luc. 41; in diesem Sinne etwa Tröster 2008 (b), 60, 102; Hillman 1991; Hillman 1993, 225; Hillman 1994). Dies ist allerdings im Blick auf die geschilderte, damals sehr enge Verbindung des Liciniers mit Cato auszuschließen. Auch wenn zwischen Lucullus und Pompeius keine offene Feindschaft (*inimicitia*) bestanden haben mag, so wird man die Beziehung doch zumindest als eine Vorstufe hierzu bewerten müssen. Darüber hinaus dürfte spätestens seit der scharfen verbalen Auseinandersetzung der beiden Feldherren im galatischen Podanala eine persönliche Einladung des Lucullus an Pompeius auszuschließen sein. Vielmehr wird man für die Erzählung einer solchen Anekdote mit Versöhnungscharakter einerseits die Unterhaltungsabsicht, andererseits das Bemühen des kaiserzeitlichen Autors hervorheben müssen, die allseits bekannte, tiefsitzende Verstimmung zwischen den beiden Politikern gleichsam ihres politischen Kerns zu berauben, um aus dem Unverhältnis der beiden eine persönliche Nähe zu konstruieren, die zugleich das Narrativ von Lucullus als zurückgezogenem Schlemmer aufrief.
130 Cic. Att. 1,18 (mit Erwähnung des Agrargesetzes, das der Volkstribun Lucius Flavius einbrachte); Plut. Luc. 42; Cat. min. 31; Cass. Dio 37,49,1f.; vgl. Keaveney 1992, 141.
131 Vell. Pat. 2,40; vgl. Keaveney 2009, 141. Cass. Dio 37,49,1 verkennt diese politische Frontstellung des Metellus Celer gegenüber Pompeius, der von ihm dargestellt wird, als ob er die Wahl des Metellus gefördert und dann von diesem persönlich enttäuscht worden sei. Tatsächlich wird Metellus der Kandidat der *boni* gewesen sein und sich schon lange gegen die Ambitionen des Pompeius gestellt haben, während sein Kollege Lucius Afranius, Legat im Krieg gegen Mithridates, der Favorit des Pompeius gewesen sein dürfte.

132 Cic. Att. 1,18,7 (vom 20. Januar 60 v. Chr.).
133 Cass. Dio 37,49,4 f. (Ü nach Veh).
134 Cass. Dio 37,49–50,1.
135 Vell. Pat. 2,40,6: »Man wollte nicht zulassen, dass Pompeius seine Versprechen gegenüber einzelnen Städten erfüllte oder an verdiente Soldaten nach seinem Gutdünken Belohnungen auszahlte« (Ü nach Giebel).
136 Plut. Luc. 42; Pomp. 48; vgl. Cass. Dio 38,7,5; Keaveney 1992, 160.
137 Cic. Att. 2,24,3 f.
138 Cic. Flacc. 85; vgl. Keaveney 1992, 157.
139 Plut. Cic. 31,5.
140 Cic. Att. 3,8,4; 3,15,5.
141 Dass Lucullus seitdem keine Erwähnung mehr in den uns vorliegenden Quellen findet, muss nicht viel bedeuten, weil wir davon ausgehen müssen, dass der gesamte Briefwechsel zwischen Cicero und Lucullus, der nicht unbedeutend gewesen sein kann, von Atticus und Tiro aus politischen Gründen für die Briefauswahl in Gänze aussortiert wurde.
142 Zur Eingrenzung des Todesdatums: Bennett 1972, 314.
143 In einem Brief vom 13. Januar 56 v. Chr. (Cic. fam. 1,1,3) verzichtet Cicero erstmals bei der Erwähnung des Bruders von Lucullus auf das Praenomen »Marcus«, das er bis dahin in seiner Korrespondenz immer genannt hatte: Bennett 1972.
144 Plut. Luc. 43,1 f. (aus einer Lucullus-Biographie des Cornelius Nepos?); vgl. Mor. 792BC. Denkbar wäre jedoch auch, dass die von Nepos erzählte Geschichte um die Vergiftung des Lucullus unter Bezugnahme auf den *Hercules tunicatus* erfunden worden war.
145 Während eine gleichgeschlechtliche sexuelle Beziehung zu einem Freigelassenen kein Skandalon darstellte, weil es eine geläufige Praxis war, wurde die emotionale Bindung und Gebundenheit an einen solchen Geschlechtspartner als problematisch empfunden, weil dadurch die ranghöhere Person ihre Unabhängigkeit und Dominanz verlor.
146 Eine Passage in Ciceros Tusculanen (2,20–22) thematisiert das unglückliche Ende des Hercules: Darin wendet sich der leidvoll sterbende Hercules an seinen Sohn und fordert ihn auf, den Vater zu betrauern und laut Klage über seinen unverdienten und schlimmen Tod zu führen. Der Anblick der Statue des *Hercules tunicatus* wird dem Redner vertraut gewesen sein.
147 Cic. Luc. 2,4.

148 Cic. Arch. 21 (*Mithridaticum vero bellum magnum atque difficile et in multa varietate terra marique versatum totum ab hoc expressum est; qui libri non modo L. Lucullum, fortissimum et clarissimum virum, verum etiam populi Romani nomen inlustrant*); FGrH 186.
149 Gigon 1962, 231 Anm. 1.
150 Cic. Acad. Pr. 2 (Luc.) 3 (*ut ille rex post Alexandrum maxumus hunc a se maiorem ducem cognitum quam quemquam eorum quos legisset fateretur*).
151 FGrH 188.
152 Plut. Pomp. 37.
153 Plutarch griff vermutlich mittels der Lektüre der Werke des Timagenes von Alexandria und des Asinius Pollio auf das Werk des Theophanes zurück. Die Behauptung, dass diese Geschichte auf Timagenes, einen Gegner des Theophanes, zurückgehen mag, der ihn hätte böswillig belasten wollen, ist reine Spekulation. Die von dem Mytilener initiierten maßlosen Ehren für Pompeius legen vielmehr nahe, dass er den Pompeius panegyrisch darstellen und Lucullus und dessen senatorische Freunde wie Rutilius herabsetzen wollte.
154 Plut. Mor. 792B.
155 Es liegt ganz auf der Linie dieser Missdeutungen, wenn der ansonsten sehr differenziert urteilende Arthur Keaveney die letzte Phase des Lebens dieses führenden Mannes im Senat (*princeps senatus*) folgendermaßen charakterisiert – in offensichtlich unkritischer Übernahme des Urteil Plutarchs, das Athenaios wiederholt: »He was falling apart. He was like a sponge rotting at the bottom of the sea« (Keaveney 1992, 142). Ähnlich unkritisch gegenüber der Überlieferung bleibt Wylie 1994, vorsichtiger Stein-Hölkeskamp 2019, 29 (»Lucullus zog sich ab dem Jahre 63 v. Chr. nach einigen Rückschlägen und Enttäuschungen weitgehend aus dem politischen Leben zurück, um sich in den verbleibenden Jahren seines Lebens vornehmlich einer ›Karriere der Extravaganz‹ hinzugeben«). Skeptisch gegenüber der Konstruktion Plutarchs bereits: Tröster 2008 (b), 70–72.
156 Dies steht im Einklang mit dem negativen Urteil der beiden über Lucullus (z. B. Plut. Luc. 38; Pomp. 48; vgl. auch Mor. 204B; 785F) und ihren Bemühungen, im gemeinsamen Konsulatsjahr die Wahl des mit Lucullus eng verbundenen jüngeren Cato zum Prätor zu verhindern: Fehrle 1983, 168.
157 Bei dieser Maßnahme könnte dem Pompeius der verschlagene Publius Vatinius behilflich gewesen sein, ein treuer Anhänger Caesars, der sich bereits in seiner Quästur skandalös bereichert hatte: Cic. Vatin. 11 f. Zur Biographie: Gundel 1955.

158 Zum Konsulat des Marcus Claudius Marcellus: Fehrle 1983, 220–224; Drogula 2017, 232–235. Zur Annahme einer absichtsvollen Wiederaufstellung der Statue im Jahr 51 v.Chr. passt die von Cicero (fin. 3,2,7 ff.) berichtete Begegnung Ciceros mit Cato im Jahr 52 v.Chr., als der junge Lucullus im Alter eines *puer* war. Die Vormundschaft des Porciers über den jungen Lucullus: Varro rust. 3,2,17.

159 Strocka 2009, 102 weist darauf hin, ohne dies als zusätzliches Argument für die zeitliche Eingrenzung der Aufstellung des Hercules auf das Jahr 51 v.Chr. zu nutzen.

160 Zu dem mit der Wiederaufstellung verbundenen Wandel des Siegesmonuments zu einem Monument des familiären Gedenkens und zugleich des politischen Widerstands: Kuttner 2016, 21 f.

161 Unter Umständen ist der Sohn des Lucullus mit einem Quattuorvir in Interamna (Terni in Umbrien) zu identifizieren: Bispham 2007, 321–323. Zur Biographie des Sohnes des Marcus Terentius Varro Lucullus: Hinard 1990.

162 Siehe hierzu ausführlich (mit Belegen): Hinard 1985a, 528–531.

163 Zur Aufstellung der *summi viri* auf dem Augustus-Forum: Spannagel 1999; Johnson 2001; Shaya 2013.

164 Die Statuenbasis aus Arretium (Arezzo): CIL 11,1832 p. 1274 (= ILS 60 = InscrIt 13,3,84). Diese und andere in Format und Schriftart nahezu identischen Inschriften weisen darauf hin, dass in Arretium offensichtlich das Statuenprogramm des Augustus-Forums mit den Bildnissen der »besten Männer« (*summi viri*), die sich im besonderen Maße um die Republik verdient gemacht hatten, kopiert worden war: Shaya 2013, 88.

165 PIR^2 S 479. Im Jahr 30 v.Chr. war er Ädil gewesen.

166 Dalla Rosa 2018, 57 Anm. 22. Vgl. Kuttner 2016, 5 (»He [sc. Sabinus] looked after it for Republican monumental heritage and public artistic patrimony«).

167 Suet. Aug. 31,5 (Ü nach Wittstock).

168 Die Leichenrede des Tiberius: Cass. Dio 56,35,1–41,9. Darin wird Augustus mit Hercules verglichen: Cass. Dio 56,36,3–5. Ansprechend vermutet Strocka 2009, 105, dass Tiberius, als er von den neuen *rostra* vor dem Tempel des vergöttlichten Caesar sprach, leicht mit einer Geste auf die Hercules-Statue zu seiner rechten Seite verweisen konnte.

169 Zu dieser Deutung ausführlich: Strocka 2009, 103–106; vgl. Scholz 2021, 231 f.

170 Die Exzeptionalität der Aufstellung einer solchen Statue und deren

sich mehrfach verändernden Deutungsangeboten verkennt Keaveney 1992, 136, der die Aufstellung und Wiederaufstellungen im öffentlichen Raum bloß referiert.

5 Wie Lucullus überlebte – eine Nachgeschichte

1 In Klaus Bringmanns Cicero-Biographie (2010) kommt Lucullus beispielsweise zwar immerhin sechsmal zur Erwähnung, der Autor sieht aber keine nähere Verbindung des Redners zu dem Licinier, sondern konstatiert sogar einen politischen Gegensatz (beispielsweise im Frühjahr 60 v. Chr.).
2 Habicht 1990; Syme 1964, 44 (mit Verweis auf Cic. Att. 1,19,6; 1,20,3); Shackleton Bailey 1971.
3 Geringe Spuren der Korrespondenz lassen sich etwa in Plutarchs Lucullus-Vita finden. So kannte entweder er selbst oder die Lucullus-freundliche Vorlage einen Brief des Feldherrn, in dem dieser von seinem Zusammentreffen mit Pompeius in Galatien berichtete (Plut. Pomp. 31; Luc. 36).
4 Der Titel eines berühmten Aufsatzes von Strasburger 1977, der sich allerdings auf die Fragmente der Werke der griechischen Historiker bezieht.
5 Die Schrift *De officiis* ist als eine grundlegende Reflexion über das rechte Leben bzw. über die »Pflichten und Aufgaben« eines Mitglieds der republikanischen Senatsaristokratie aufzufassen – im Sinne eines standesgemäßen Lebens. Die Abhandlung ist als repräsentativ zu betrachten, da ihre Aussagen mit den wenigen übrigen expliziten Normen übereinstimmen, wie sie sich etwa den Scipionen-Inschriften entnehmen lassen: Scholz 2011, 32–72; vgl. auch Heilmann 1982. Zur Frage, in welchem Maße die Schrift Ciceros von Panaitios' Περὶ τοῦ καθήκοντος (»Über [ethisch] angemessenes Verhalten«) abhängt: Wiemer 2016.
6 Zur Rolle der Philosophie in Ciceros Briefen: Griffin 1995; vgl. auch Rawson 1989.
7 Glucker 1978; vgl. Barnes 1989.
8 Cic. Brut. 315.
9 Antiochos dürfte sich auch mit Atticus bereits im römischen Heerlager vor Athen angefreundet haben. Der Ritter betrieb in Rom wie in Athen in großem Stil Geldgeschäfte und ließ der athenischen Bevölkerung mehrere Getreidespenden zukommen, was sich in eine

Reihe von Wohltaten einordnen lässt, die Sulla und andere Römer wie der jüngere Catulus Athen in den Jahren nach der Eroberung von 86 v.Chr. hatten zukommen lassen.

10 Cic. Imp. Pomp. 4,10 u. 8,20–26. Zu den äußeren Umständen der Rede: Gelzer 1969, 55–57.

11 Grundsätzlich zur Rolle des Clodius in der römischen Innenpolitik: Benner 1987; Sommer 2023.

12 In diesem Gespräch über die Frage, wie man Erkenntnis über das höchste Gut und das größte Übel erlangen könne, verteidigen Cicero und Lucullus den Standpunkt des Antiochos gegenüber den Ansichten der Stoiker, denen sich Cato zurechnete.

13 Cic. fin. 3,8 (*vir cum virtutibus omnibus excellens, tum mecum et amicitia et omni voluntate sententiaque coniunctus*).

14 Im ersten Dialog *Hortensius* hielt Cicero ein einleitendes Loblied auf die philosophische Praxis und rief zur dauerhaften gemeinschaftlichen Ausübung auf, so wie es die Rahmung der drei Dialoge widerspiegelt. Die beiden anschließenden Dialoge *Catulus* und *Lucullus* behandelten epistemologische Fragen und legten die diesbezügliche Haltung der drei großen philosophischen Schulen Athens, also der Stoiker, Epikureer und der Akademiker, dar. Zur komplexen Entstehungsgeschichte der *Academica* und Gestaltung der Szenerie: Gigon 1962.

15 Zum Verhältnis Ciceros zu Hortensius: Dyck 2008. Die vier Politiker treffen sich an drei aufeinanderfolgenden Tagen: Ort des ersten Zusammentreffens der Schrift *Hortensius* ist die mit einer riesigen Bibliothek ausgestattete Villa des Lucullus in Tusculum; das zweite Gespräch der *Academica* (= Schrift *Catulus*) findet mehrere Tage später in Cumae statt – in der Villa des Catulus – und wiederum einige Tage später die dritte Erörterung der vier Männer in Bauli in der Villa des Hortensius (= Schrift *Lucullus*). Hierbei stellt sich Cicero selbst dar, wie er aus seiner Villa in Pompeji im Golf von Neapel zur Meeresvilla des Hortensius hinüberfährt.

16 Strasburger 1968, 55.

17 Auch wenn Strasburger 1968 der Überwindung der persönlichen Trauer um die geliebte Tochter Tullia deutlich zu wenig Rechnung trägt, sollte man die zweifelsohne inhärente politische Dimension dieser Schriften ernst nehmen.

18 Was verband die politischen Weggefährten miteinander, die er als vier Gesprächspartner auftreten ließ? Alle vier hatten im Bundesgenossenkrieg (89/88 v.Chr.) gekämpft, hatten den dortigen Feldherrnconsilien angehört, besaßen mehr oder minder enge Verbindungen zu Sulla

(84–78 v. Chr.) oder zählten zumindest zur Anhängerschaft der traditionellen Senatsherrschaft, die unter dem Terrorregime Cinnas (87–84 v. Chr.) vertrieben oder ermordet worden war. Alle vier hatten sich in den Wirren der Catilinarischen Verschwörung geschlossen gegen die Machenschaften der Umstürzler gestellt, hatten das höchste Staatsamt, das Konsulat, erlangt. Seitdem gehörten sie zu den Wortführern und angesehensten Personen im Senat und zu den herausragend gebildeten Römern ihrer Zeit: Sie alle repräsentierten den Typus der ebenso traditionsbewussten wie hellenistisch gebildeten Senatorenschaft, die sich in der Terminologie Ciceros durch »Prinzipienfestigkeit« (*constantia*), »Kunst- und Feinsinnigkeit« (*elegantia*) und »Bildung und kultivierte Umgangsformen« (*humanitas*) miteinander verbunden zeigte.

19 Zur Entstehungsgeschichte der Vorreden: Reinhardt 2023, 295–298.
20 Siehe auch die Einschätzung Caesars durch seine Zeitgenossen: Strasburger 1968.
21 Cic. Acad. 2,1–4. Zur Interpretation der Passage: Haltenhoff 1998; Tröster 2008 (b), 31f.; Reinhardt 2023, 303–308.
22 Bemerkenswert ist auch die doppelte Verwendung von *magnus* zu Beginn der Würdigung: *magnum ingenium L. Luculli magnumque … studium*. Auch der neue Kommentar von Reinhardt 2023, 303 erwägt nicht die Möglichkeit der Bezugnahme auf Pompeius.
23 Aufschlussreich ist ein anderes Gedankenspiel: Cicero wäre es gewiss nicht in den Sinn gekommen, ein ähnliches Loblied auf Pompeius Magnus anzustimmen. Die Rede zugunsten der Übertragung des Oberbefehls taugt jedenfalls nicht dazu, eine besonders enge Verbindung zwischen Cicero und Pompeius anzunehmen.
24 Cic. off. 1,140.
25 Zur Stelle, die häufig zu Ungunsten von Lucullus gedeutet wird: Dyck 1996, 318f. Cicero moniert lediglich, dass Pracht und Aufwand beim Bau einer Villa eigentlich dem entsprechen sollten, was man anerkanntermaßen darstellt. Das Domizil solle im Sinne des *decorum* den Rang eines Mannes angemessen widerspiegeln. Demzufolge dürfe ein unbedeutender Kaufmann nicht prächtiger bauen als ein herausragender Feldherr mit großen Verdiensten um die römische *res publica* wie Lucullus.
26 Auch wenn der Redner in seiner Abhandlung über die Gesetze (*De legibus*) den *principes* wie den Luculli eine Mitschuld zusprach, da sie, indem sie eine *vita luxuriosa* vorgelebt hätten, ihrer Vorbildfunktion als *principes* nicht gerecht geworden seien, so belastete dies

nur unwesentlich die politische Nähe und Freundschaft, die Cicero mit Lucullus verband, vor allem minderte dies nicht die große Wertschätzung, die er dem Licinier entgegenbrachte. Davon wissen wir aus einer anekdotisch überlieferten Antwort des Lucullus, der, angesprochen auf die beeindruckende Größe und Ausstattung seiner Villa in Tusculum (Cic. leg. 3,30), dem Fragesteller entgegnete, dass er sich nur darum bemühe, mit seinen Nachbarn mitzuhalten, einem Ritter und einem Freigelassenen. Zur Stelle: Dyck 2004, 522.

27 Cic. Att. 1,18,6; 1,20,3; 2,1,7; 2,9,1. Keine der Passagen legt es eindeutig nahe, dass diese Bezeichnung auf Lucullus zu beziehen ist. Dies schließt vor allem der erste Beleg für diese Charakterisierung aus (Cic. Att. 1,18,6 vom 20. Januar 60 v. Chr.), denn dort wird einige Sätze zuvor auf die beiden Luculli namentlich angespielt – verschlüsselt spricht Cicero von Menelaos und Agamemnon –, erst danach kommt er auf die übrigen inaktiven Senatoren zu sprechen, die er als »Dummköpfe« (*stulti*) tituliert, die sich stärker um ihre *piscina* (Fischzuchtbecken) sorgten als um das Wohl der *res publica*. Sie werden von ihm in den anderen Passagen als »Freunde« des Atticus, als »glückliche«, weil vermögende, Männer charakterisiert, ohne dass sie jedoch namentlich genannt werden, weshalb sie nicht sicher zu identifizieren sind.

28 Vgl. die Vermutung von Stein-Hölkeskamp 2005, 167.

29 Varro rust. 3,3,10. Weil Sergius Orata nicht nur Feinschmecker war (Val. Max. 9,1,1), sondern auch Unternehmer, der durch die Austernzucht berühmt und reich geworden war, wurde ihm von Plinius habgierige Gewinnsucht vorgeworfen (Plin. nat. 9,168).

30 Cic. rep. 5,2 f.

31 Sall. Iug. 41,1–42,5. Siehe generell hierzu die Bemerkungen von Syme 1964, 138–177.

32 Syme 1964, 170 f. bleibt merkwürdig deskriptiv und unentschieden. Auch wenn er an der Angemessenheit von Sallusts Bewertungsmaßstäben zweifelt, verzichtet er darauf, das simplifizierte Erklärungsmodell gründlich zu dekonstruieren. Typisch für die weitgehend unkritische Haltung gegenüber den Kategorien und Vorannahmen der historiographischen Praxis Sallusts ist beispielsweise die Bemerkung von Martin Jehne (2006, 89): »Selbst wenn bei Sallust manches übertrieben sein dürfte, um seiner Kernthese von der moralischen Verkommenheit der Führungsschicht und ihrer unstillbaren Habsucht Durchschlagskraft zu verleihen, so ist doch zweifellos nicht alles einfach aus der Luft gegriffen.« Vgl. demgegenüber die kritische Bewertung Sallusts bei Löffl 2014, bes. 171–180.

33 Sall. Cat. 10,1–12,5. Zur Schrift allgemein siehe die eindrucksvolle Skizze von Syme 1964, 60–82. Zur Terminierung dieses Wendepunktes auf das Jahr 146 v.Chr.: Shaw 2022, 148–152; Vassiliades 2020, 69–81; Biesinger 2016, 97 mit Anm. 24.
34 Vgl. Biesinger 2016, 116. Zur Tradition der *luxuria*-Kritik in der griechischen Literatur: Gorman / Gorman 2014.
35 Zur durchaus differenzierten Bewertung des Lucullus durch Sallust: Tröster 2008 (b), 116 f. Dass es sich dabei um nicht mehr als einen wenig originellen Diffamierungstopos handelt, wird deutlich, wenn der in augusteischer Zeit schreibende Historiker Livius ganz Ähnliches über Gnaeus Manlius Vulso und dessen Rückkehr 187 v.Chr. nach Rom berichtet: Er habe nach seinem gemeinsam mit dem pergamenischen König Eumenes II. errungenen Sieg über die Galater die beutegierigen Soldaten zu weich und nachlässig behandelt und es als Erster geduldet, dass die Soldaten an verweichlichter Lebensweise und Luxusgütern Gefallen gefunden und so eine fremdartige Lebensweise in Rom etabliert hätten (Liv. 39,1; 39,6,3–9). Ausführlich zur Genese und Entwicklung dieses Dekadenztopos: Bringmann 1977.
36 Athen. 12,543 AB = FGrH 90 F 77; vgl. auch Athen. 6,274 EF mit ähnlicher Formulierung: Tröster 2008 (b), 49.
37 Vell. Pat. 2,33; vgl. Tröster 2008 (b), 25, 67 f.
38 Zur Abfolge von *avaritia* und *luxuria* im Verfallsschema Sallusts siehe z.B.: Shaw 1975, bes. 193.
39 Plut. Luc. 39,2.
40 Siehe in diesem Sinne etwa: Mastrorosa 2016, 244, die für das »chiaroscuro image« des Lucullus dessen zeitgenössischen politischen Gegner verantwortlich macht.
41 In der nach Plutarch einsetzenden Rezeption wurde die Gestalt des Lucullus in historiographischer Hinsicht nicht mehr erweitert. Das Bild von ihm »erstarrte« gewissermaßen und wurde bloß noch in verkürzter und verfestigter Form tradiert. Zu einer über Cicero vermittelten Rezeption der Gestalt des Lucullus bei Machiavelli: Piccirilli 1991.
42 Das suggestive Deutungsangebot Sallusts, der die Dekadenz und Arroganz der »Wenigen« (*pauci / nobilitas*) der Missachtung und Instrumentalisierung des Volkes (*plebs / populus*) gegenüberstellt, wird in der heutigen, von Demokratie und Rechtsstaatlichkeit geprägten Welt selbstverständlich als weitaus plausibler und attraktiver empfunden als die Einnahme der Perspektive der Senatsaristokratie. Doch sollte eine demokratische Einstellung nicht dazu führen, die Über-

lieferung zu geschichtlichen Ereignissen, Institutionen und Personen nur im Sinne der eigenen politischen Präferenzen zu betrachten und zu bewerten.

43 Zur *Römischen Geschichte*: Rebenich 2006.
44 Mommsen 1931, 79.
45 Sall. Iug. 85,29–43.
46 Vgl. Parker 2001.
47 Sall. Iug. 85,41.
48 Treffend hat Ronald Syme (1939, 23) dieses grotesk verzerrte Image des Lucullus in der für ihn typischen, die taciteische Lakonie nachahmenden Diktion zusammengefasst: »[Lucullus] transmitted to posterity not the memory of talent and integrity, but the eternal exemplar of luxury.«
49 Vgl. Lucchesi 1993. Es gab Vorarbeiten Brechts zur Figur des Lucullus. Für ein viertes, später nicht fertiggestelltes Buch zu den »Geschäften des Herrn Julius Caesar« hatte er 1938 ursprünglich einen »Nekrolog der bürgerlichen Freiheit« vorgesehen, in dem Lucullus als Gesprächspartner auftritt. Im darauffolgenden Jahr schrieb Brecht eine Novelle mit dem Titel *Die Trophäen des Lucullus*«. Auf der Grundlage des von Bertolt Brecht verfassten Libretto schuf Paul Dessau die Oper *Die Verurteilung des Lucullus*. Deren erste Version wurde am 17. März 1951 in einer geschlossenen Veranstaltung uraufgeführt (im Admiralspalast-Provisorium der Deutschen Staatsoper Berlin). Eine redigierte Fassung wurde am 12. Oktober 1951 gespielt. Auf Brechts Hörspiel *Das Verhör des Lucullus* (in der Übersetzung von Hoffman Reynolds Hays) griff 1947 Roger Sessions zurück, als er seinerseits eine Oper *The Trial of Lucullus* (in einem Akt mit 13 Szenen) komponierte, die im gleichen Jahr in Berkeley uraufgeführt wurde. Ausführlich hierzu: Calico 2002, Preuß 2007.

Vom vir summus *zum Schlemmer*

1 Vgl. Pena 2014. Siehe auch die eigenartig ambivalente Bewertung seiner Person durch Velleius Paterculus (2,33,1; 4): Im Kampf gegen Mithridates »(1) [...] hatte Lucullus große und denkwürdige Taten vollbracht [...] Daß er den Krieg noch nicht gänzlich beendet hatte, lag eher daran, daß er es nicht wollte, als daß er es nicht konnte. Er, der sonst nur Lob verdiente und im Krieg fast unüberwindbar war, ließ sich von seiner Habgier (*cupido*) beherrschen [...] Lucullus,

ansonsten ein großartiger Mann, (hat) diesen verschwenderischen Luxus bei Bauten, Gastmählern und Ausstattung eingeführt. Er hatte Dämme ins Meer gebaut, Berge durchstochen, um das Meer ins Landesinnere zu leiten, und Pompeius Magnus pflegte ihn deshalb nicht ohne Witz den römischen Xerxes zu nennen« (Ü nach Giebel).

2 Siehe etwa die vielzitierten Passagen: Sall. Iug. 41,1–42,5; Cat. 10–12. Vgl. Lundgreen 2019, 116 f.
3 Vgl. Abb. 18, eine Statuenbasis aus Arretium (Arezzo), welche die militärischen und politischen Erfolge des Lucullus knapp zusammenfasst: CIL 11,1832 (p. 1274) = ILS 60 = InscrIt 13,3,84.
4 Der römische Feldherr Gnaeus Domitius Corbulo wurde 58 n.Chr. von Nero nach Armenien entsandt, um dort den mit den Parthern verbündeten Tiridates I. zu stürzen und den romfreundlichen Tigranes VI. einzusetzen. Dabei eroberte er nochmals Tigranokerta und auch Artaxata. Zur Frage der Vergleichbarkeit des Lucullus mit Corbulo: Ash 2011.
5 In der Persönlichkeit und Biographie des Lucullus lässt sich somit in besonders klarer Ausprägung der spezifische Habitus der römischen Kultur fassen. Zu den Elementen des römischen Habitus, verstanden als ein kulturell bedingtes, tiefsitzendes Denk- und Handlungsmuster: Scholz 2011, 354–356, 369–372.

Anhang

1 Peter 1865, 106–109. Auch Cornelius Nepos, ein Freund des Atticus, fasste eine Biographie des Lucullus ab, die jedoch nicht überliefert ist (Plut. Luc. 43,1 f.).
2 Diod. 37,3–9, der auf Poseidonios beruht; vgl. Bringmann 1977, 38–40.
3 Die lange Zeit sehr ungünstige Einschätzung des Werkes und seines Quellenwerts ist in jüngerer Zeit zu Recht revidiert worden; siehe etwa Goldmann 1988.
4 Pade 2010; Xenophontos / Oikonomopoulou 2019.
5 Der Titel des deutschen Libretto: *Das von Lucullus, dem römischen Consul, erwehlte angenehme Land-Leben* (1753); vgl. Perutková 2018, 131. Eine romanhafte Nacherzählung des Feldzugs des Konsuls in den Osten bietet Bravetta (1938).
6 Drumann 1908/09.
7 Die Monographie von Arthur Keaveney zu Lucullus wird hier nach den Seiten der ersten, in den Bibliotheken häufig vorhandenen Auf-

lage zitiert. Dies erscheint auch insofern sinnvoll, als am Text keine Veränderungen vorgenommen, jedoch um ein lesenswertes Postscriptum ergänzt wurde (Keaveney 2013, 287–310).

8 Ähnlich ist beispielsweise die Biographie von Jens Fündling zu Sulla zu beurteilen.

9 Der in den Villen demonstrierte Luxus war allerdings kein alternativer Weg, um an Macht und Einfluss zu gewinnen und dadurch einen erleichterten Zugang zu politischer Bedeutsamkeit und zur Senatsaristokratie zu erlangen, wie Roy 2023 behauptet. Der Reichtum des Lucullus war letztlich nicht anstößig, da ihm herausragende politische und militärische Leistungen vorangegangen waren. Daher war es in seinem Fall gerechtfertigt, dass er die Früchte seines Wirkens genoss, wohingegen es im Fall vermögender Ritter und Freigelassenen – zumindest aus Sicht der Senatsaristokratie – als anstößig galt, wenn sie ihren extremen Luxus zur Schau stellten, ohne dass sie sich politisch oder militärisch hervorgetan hatten.

DANKSAGUNG

Meinen Dank aussprechen möchte ich all denjenigen, die mich bei meiner mehr als zehnjährigen Beschäftigung mit der Überlieferung und dem Wirken der historischen Gestalt des Lucullus und anderer »vergessener Aristokraten« auf diese oder jene Weise unterstützt, mich mit Büchern und Quellen versorgt, mit mir diskutiert und mich inspiriert haben – in ganz unterschiedlicher Intensität und bei unterschiedlichen Gelegenheiten, die mir vor allem unterschiedliche Perspektiven auf die Zeit eröffnet haben, was in die Arbeit am Manuskript in vielfältiger Weise eingegangen ist: den Mitarbeitern und Hilfskräften in der Abteilung Alte Geschichte am Historischen Institut der Universität Stuttgart (Jonas Scherr, Kjara Barletta, Nadine Böttcher, Michael Feindert, David Eibeck, Lars Kärcher, Tamara Schwegler), besonders hervorheben will ich dabei Christian Winkle, mit dem ich in vielen gemeinsamen Seminarsitzungen – und auch darüber hinaus – Quellen und Probleme zur späten römischen Republik immer wieder ausgiebig diskutiert habe, und Daniel Kah, der große Teile des Manuskripts gelesen und darin manche Unklarheit und unzutreffende Aussage entdeckt hat. Verena Stappmanns bin ich außerordentlich dankbar für die aufwendige Erstellung der Karten.

Kurz vor dem Abschluss des Manuskripts hatte ich die Gelegenheit, im Rahmen zweier Blockseminare mit Michael Sommer, meinem Oldenburger Kollegen, zentrale Fragen zu Lucullus und Clodius nochmals gründlich zu durchdenken und zu diskutieren. Dafür und für seine Gastfreundschaft bin ich ihm sehr dankbar. Großen Dank schulde ich schließlich Jonas Scherr und Anabelle Thurn, die verschiedene Kapitel nochmals kritisch gelesen und kommentiert haben, sowie Christoph Selzer und Julian Hermann, die das Buchprojekt im Klett-Cotta-Verlag über einen langen Zeitraum mit großer Geduld, Sprach- und Sachverstand betreut, mich aber auch mit ihrer Begeisterung für die gewählte Thematik klug und gewissenhaft geleitet und beraten haben. Die letzte und größte Danksagung gilt abermals meiner Frau Xenia, die mich in bewährter Weise in der langen Entstehungszeit des Manuskripts (auch durchaus »lukullisch«!) unterstützt und immer wieder darin ermutigt hat, das Vorhaben fortzuführen und zu einem lesbaren Abschluss zu bringen.

LITERATUR

Aufgeführt sind bis 2023 erschienene Monographien und Beiträge, die gänzlich oder in Teilaspekten die Person des Lucullus thematisieren, sowie ausgewählte Grundlagenwerke zur Geschichte der späten römischen Republik und hellenistischen Geschichte.

Allgemeine Hilfsmittel, Quellensammlungen und Standardwerke

LTUR   Steinby, Eva Margareta (Hrsg.): *Lexicon topographicum urbis Romae*, 6 Bde., Rom 1993–2000

PA   Kirchner, Johannes: *Prosopographia Attica*, 2 Bde., Berlin 1901–1903

PAA   Traill, John S.: *Persons of Ancient Athens*, 22 Bde., Toronto 1994–2016

RE   *Real-Encyclopädie der classischen Altertumswissenschaften*, 83 Bde., 1893–1980

Antike Autoren – Texte und Übersetzungen

Athenaios: *Das Gelehrtenmahl*, eingeleitet und übersetzt von Claus Friedrich, kommentiert von Thomas Nothers, 5 Bde., Stuttgart 1998–2001

Cassius Dio: *Römische Geschichte*, übersetzt von Otto Veh, eingeleitet von Gerhard Wirth, 5 Bde., Zürich / München 1985–1987

Marcus Tullius Cicero: *Die politischen Reden*. Lateinisch-deutsch, herausgegeben, übersetzt und erläutert von Manfred Fuhrmann, 3 Bde., München 1993

Marcus Tullius Cicero: *Atticus-Briefe*. Lateinisch-deutsch, ed. Helmut Kasten, Darmstadt ²1976

Marcus Tullius Cicero: *Hortensius. Lucullus. Academici Libri*. Lateinisch-deutsch, herausgegeben, übersetzt und kommentiert von Laila Straume-Zimmermann, Ferdinand Broemser und Olof Gigon, München / Zürich 1990

Marcus Tullius Cicero: *De finibus bonorum et malorum*. Lateinisch-deutsch, herausgegeben, übersetzt und kommentiert von Olof Gigon und Laila Straume-Zimmermann, München / Zürich 1988

Marcus Tullius Cicero: *De oratore. Über den Redner*. Lateinisch-deutsch, übersetzt und herausgegeben von Harald Merklin, Stuttgart ³1997

Marcus Tullius Cicero: *De officiis. Vom rechten Handeln*. Lateinisch-deutsch, herausgegeben und übersetzt von Karl Büchner, München / Zürich ⁴1994

Marcus Tullius Cicero: *Letters to Atticus*, edited by D.R. Shackleton Bailey, 7 Bde., Cambridge 1965–1970

Marcus Tullius Cicero: *Epistulae ad familiares*, edited by D.R. Shackleton Bailey, 2 Bde., Cambridge 1977

Marcus Tullius Cicero: *Epistulae ad Quintum fratrem et M. Brutum*, edited by D.R. Shackleton Bailey, Cambridge 1980

Marcus Tullius Cicero: *The Correspondence of Cicero*, 6 Bde., edited by Robert Y. Tyrell / Louis C. Purser, Dublin / London ²/³1904–1933

Cornelius Nepos: *A Selection, Including the Lives of Cato and Atticus. Translated with Introduction and Commentary*, by Nicholas Horsfall, Oxford 1989

Titus Livius: *Römische Geschichte*. Lateinisch-deutsch, herausgegeben von Hans Jürgen Hillen, 11 Bde., München etc. 1987–2007

Titus Lucretius Carus: *[De rerum natura.] Welt aus Atomen*. Lateinisch-deutsch, eingeleitet und übersetzt von Karl Büchner, Zürich 1956

Lukrez: *Über die Natur der Dinge*, übersetzt von Klaus Binder, Berlin 2014

C. Plinius Secundus, d.Ä.: *Naturkunde*. Lateinisch-deutsch, herausgegeben und übersetzt von Roderich König u.a., 32 Bde., München / Zürich etc. 1973–2004

Plutarch: *Große Griechen und Römer I–VI*, übersetzt, eingeleitet und erläutert von Konrat Ziegler, 6 Bde., München 1954–1965

Plutarco: *Le vite di Cimone e di Lucullo*, a cura di Carlo Carena, Mario Manfredini e Luigi Piccirilli, Mailand 1990

Plutarco: *Cimone-Lucullo*, introduzione e note di Stefania Fuscagni e Barbara Scardigli, traduzioni di Stefania Fuscagni e Beatrice Mugelli, Mailand 1989

Polybios: *Geschichte*, übersetzt von Hans Drexler, 2 Bde., Zürich 1961–1963

McGushin, Peter: *Sallust. The Histories*. Translated with Introduction and Commentary, 2 Bde., Oxford 1992–1994

Strabon: *Geographika*, mit Text und Übersetzung herausgegeben von Stefan Radt, 6 Bde., Göttingen 2002–2005

Sueton: *Kaiserbiographien*. Lateinisch-deutsch, von Otto Wittstock, Berlin 1993

Valerius Maximus: *Facta et dicta memorabilia. Denkwürdige Taten und Worte*. Lateinisch-deutsch, übersetzt und herausgegeben von Ursula Blank-Sangmeister, Stuttgart 1991

Valerius Maximus: *Memorable Deeds and Sayings*, edited and translated by D.R. Shackleton-Bailey, Cambridge (Mass.) / London 2000

Marcus Terentius Varro: *Gespräche über die Landwirtschaft*. Lateinisch-deutsch, herausgegeben, übersetzt und erläutert von Dieter Flach, 3 Bde., Darmstadt 1996–2002

Velleius Paterculus: *Historia Romana. Römische Geschichte*. Lateinisch-deutsch, übersetzt und herausgegeben von Marion Giebel, Stuttgart 1992

Fragmentsammlungen

FGrH   Felix Jacoby, *Die Fragmente der griechischen Historiker*, 3 Teile in 15 Bänden, Berlin / Leiden 1923–1958

FRH   Hans Beck / Uwe Walter, *Die frühen römischen Historiker*, 2 Bde., Darmstadt 2001–2004

HRR   Herrmann Peter, *Historicorum Romanorum Reliquiae* I² 1914; II 1906 (ND mit bibliographischen Ergänzungen von J. Kroymann, Leipzig 1967)

FRM   Peter Scholz / Uwe Walter: *Die römischen Memoiren*. Text, Übersetzung und Kommentar (unter Mitarbeit von Christian Winkle), Berlin 2013

ORF   *Oratorum Romanorum Fragmenta liberae rei publicae*, edidit Henrica Malcovati, 3 Bde., Turin ⁴1976–1979

Inschriftensammlungen

CIL   *Corpus Inscriptionum Latinarum*, Berlin 1862 ff.

ILS   Hermann Dessau, *Inscriptiones Latinae Selectae*, 3 Bde., Berlin 1892–1916

ILLRP   *Inscriptiones Latinae liberae rei publicae*, curavit Attilius Degrassi, 2 Bde., Florenz I² 1965; II 1963

InscrIt   *Inscriptiones Italiae* 13, fasc. 1. *Fasti consulares et triumphales*; fasc. 3. *Elogia*, Rom 1947; 1937

Forschungsliteratur

Aberson, Michel: *Temples votifs et butin de guerre dans la Rome républicaine*, Rom 1994
Aigner, Heribert: *Die Soldaten als Machtfaktor in der ausgehenden römischen Republik*, Innsbruck 1974
Alexander, Michael C.: *Trials in the Late Roman Republic, 149 BC to 50 BC*, Toronto 1990
Amela Valverde, Luis: *Monedas emitidas a nombre de Mitridates VI del Ponto en Atenas*, in: Omni 6, 2013, 47–58
Amela Valverde, Luis: *Lúculo y la luxuria. Una nota a Plut. Luc. 38, 5–42*, in: Lluís Pons Pujol / Jordi Pérez González (Hrsg.), De luxuria propagata romana aetate. Roman Luxury in its Many Forms, Oxford 2023, 25–59
Ameling, Walter: *Lucius Licinius Lucullus in Chios?*, in: Zeitschrift für Papyrologie und Epigraphik 77, 1989, 98–100
Anastasiadis, Vasileios I.: *Theophanes and Mytilene's Freedom Reconsidered*, in: Tekmeria 1, 1995, 1–14
Anderson, William S.: *Pompey, His Friends, and the Literature of the First Century B.C.*, Berkeley / Los Angeles 1963
Antela-Bernárdez, Borja: *Sila no vino a aprender historia antigua. El asedio de Atenas en 87/6 A.C.*, in: Revue des Études Anciennes 111, 2009, 475–492
Antela-Bernárdez, Borja / Verdejo Manchado, Javier: *Medeios at the gymnaium*, in: Zeitschrift für Papyrologie und Epigraphik 186, 2013, 134–140
Antela-Bernárdez, Borja: *Athenion of Athens Revisited*, Klio 97, 2015, 59–80
Antela-Bernárdez, Borja: *The Last Tyrants of Athens*, in: Dialogues d'histoire ancienne 21, 2021, 199–213
Antonelli, Giuseppe: *Lucullo*, Rom 1989
Arrayás Morales, Isaías: *Destruction et restauration d'une ville pontique pendant les guerres mithridatiques. Le cas de Amisos (Plut. Luc., XIX)*, in: Revue des Études Anciennes 113, 2011, 431–446
Ash, Rhiannon: *Following in the Footsteps of Lucullus? Tacitus' Characterisation of Corbulo*, in: Arethusa 39, 2006, 355–375
Assar, Gholam R. Farhad: *A Revised Parthian Chronology of the Period 91–55 BC*, in: Parthica 8, 2008, 55–104
Assenmaker, Pierre: *Les trophées syllaniens de Chéronée? Une relecture de Plutarque, Vie de Sylla 19, 9–10 à la lumière des découvertes archéologique*s, in: Latomus 72, 2013, 946–955
Assenmaker, Pierre: *La frappe monétaire syllanienne dans le Péloponnèse durant la première guerre mithridatique. Retour sur les monnaies »luculliennes«*,

in: Charles Doyen / Eva Apostolou (Hrsg.), La monnaie dans le Péloponnèse, Paris 2017, 411–424

Badian, Ernst: *The Early Career of A. Gabinius (Consul 58 B.C.)*, in: Philologus 103, 1959, 87–99

Badian, Ernst: *Marius and the Nobles*, in: Durham University Journal 25, 1964, 141–154

Badian, Ernst: *Studies in Greek and Roman History*, Oxford 1964

Badian, Ernst: *Marius' Villas. The Testimony of the Slave and the Knave*, in: Journal of Roman Studies 63, 1973, 121–132

Badian, Ernst: *Rome, Athens and Mithridates*, in: American Journal of Ancient History 1, 1976, 105–128

Badian, Ernst: *Römischer Imperialismus in der späten Republik*, übers. von Gerhard Wirth, Stuttgart 1980

Badian, Ernst: *Foreign Clientelae (264–70 B.C.)*, Oxford ²1984

Badian, Ernst: *Nobiles amici. Art and Literature in an Aristocratic Society*, in: Classical Philology 80, 1985, 341–357

Badian, Ernst: *Zöllner und Sünder. Unternehmer im Dienst der römischen Republik*, übers. von Wolfgang Will / Stephen Cox, Darmstadt 1997

Bardon, Henry: *Q. Lutatius Catulus et son »cercle littéraire«*, in: Études Classiques 18, 1950, 145–164

Ballesteros Pastor, Luis: *Mitrídates Eupátor, rey del Ponto*, Granada 1996

Ballesteros Pastor, Luis: *Aspectos contrastantes en la tradición sobre L. Licinio Lúculo*, in: Gerión 17, 1999, 331–343

Barnes, Jonathan: *Antiochus of Ascalon*, in: Griffin / Barnes 1989, 51–96

Bates, Richard L.: *Rex in Senatu. A Political Biography of M. Aemilius Scaurus*, in: Proceedings of the American Philosophical Society 130, 1986, 251–288

Behr, Holger: *Die Selbstdarstellung Sullas. Ein aristokratischer Politiker zwischen persönlichem Führungsanspruch und Standessolidarität*, Frankfurt am Main 1993

Belelli Marchesini, Barbara / Blanck, Horst: *Piscinarii. Römische Villenbesitzer und ihre Fischliebhaberei*, Mainz 1999

Bell, M.J.W.: *Tactical Reform in the Roman Republican Army*, in: Historia 14, 1965, 402–442

Bellemore, Jane: *Cato the Younger in the East in 66 B.C.*, in: Historia 44, 1995, 376–379

Beloch, Carl Julius: *Campanien. Geschichte und Topographie des antiken Neapel und seiner Umgebung*, Breslau 1890

Benini, Alessandra / Ferrari, Graziano / Lamagna, Raffaella: *Le peschiere di Lucullo (Miseno – Napoli)*, in: Opera Ipogea 10, 2008, 159–168

Benner, Herbert: *Die Politik des P. Clodius Pulcher. Untersuchungen zur Denaturierung des Clientelwesens in der ausgehenden römischen Republik*, Stuttgart 1987

Bennett, William H.: *The Date of the Death of Lucullus*, in: Classical Review N.S.22, 1972, 314

Bernhardt, Rainer: *Imperium und Eleutheria. Die römische Politik gegenüber den freien Städten des griechischen Ostens*, Diss. Hamburg 1971

Bernhardt, Rainer: *Polis und römische Herrschaft in der späten Republik (149–31 v. Chr.)*, Berlin 1985

Bernstein, Frank: *Ludi Publici. Untersuchungen zur Entstehung und Entwicklung der öffentlichen Spiele im republikanischen Rom*, Stuttgart 1998

Beschi, Luigi: *L'Idolino di Pesaro e gli altri bronzi del suo contesto archeologico*, in: Studia Oliveriana 20, 2000, 9–26

Beversen, Nicolaas Johannes: *De L. Licinii vita ac moribus commentatio*, Gorinchem 1888

Biesinger, Benjamin: *Römische Dekadenzdiskurse. Untersuchungen zur römischen Geschichtsschreibung und ihren Kontexten (2. Jahrhundert v. Chr. bis 2. Jahrhundert n. Chr.)*, Stuttgart 2016

Bishop, M.C. / Coulston, J.C.N.: *Roman Military Equipment from the Punic Wars to the Fall of Rome*, Oxford ²2006

Bispham, Edward: *From Asculum to Actium. The Municipalization of Italy from the Social War to Augustus*, Oxford 2007

Blank, D.L.: *The Life of Antiochos of Ascalon in Philodemos' History of the Academy and a Tale of two Letters*, in: Zeitschrift für Papyrologie und Epigraphik 162, 2007, 87–93

Blösel, Wolfgang / Hölkeskamp, Karl-Joachim (Hrsg.): *Von der* militia equestris *zur* militia urbana. *Prominenzrollen und Karrierefelder im antiken Rom*, Stuttgart 2011

Börm, Hennig: *Mordende Mitbürger. Stasis und Bürgerkrieg in griechischen Poleis des Hellenismus*, Stuttgart 2019

Bonnefond-Coudry, Marianne: *Le sénat de la république romaine de la guerre d'Hannibal à Auguste. Pratiques délibératives et prise de décision*, Rom 1989

Borriello, Mariorosaria / Ambrosio, Antonio: *Baiae – Misenum. Forma Italiae 1.14*, Florenz 1979

Bradford, James: *Ex qua quod vellent facerent: Roman Magistrates' Authority over* praeda *and* manubiae, in: Transactions of the American Philological Association 129, 1999, 85–116

Bravetta, Vittorio Emanuele: *Lucullo*, Mailand 1938

Bravi, Alessandra: *Griechische Kunstwerke im politischen Leben Roms und Konstantinopels*, Berlin 2014

Brennan, T. Corey: *The Praetorship in the Roman Republic*, 2 Bde., Oxford 2000–2001

Bringmann, Klaus: *Weltherrschaft und innere Krise Roms im Spiegel der Geschichtsschreibung des zweiten und ersten Jahrhunderts v.Chr.*, in: Antike & Abendland 23, 1977, 28–49

Bringmann, Klaus: *Poseidonios and Athenion: A Study in Hellenistic Historiography*, in: Paul Cartledge / Peter Garnsey / Erich Gruen (Hrsg.), Hellenistic Constructs. Essays in Culture, History and Historiography, London 1997, 145–158

Bringmann, Klaus: *Geschichte der Römischen Republik. Von den Anfängen bis Augustus*, München 2002

Bringmann, Klaus: *Zur Überlieferung und zum Entstehungsgrund der lex Claudia de nave senatoris*, in: Klio 85, 2003, 312–321 (a)

Bringmann, Klaus: *Krise und Ende der römischen Republik (133–42 v.Chr.)*, Berlin / Boston 2003 (b)

Bringmann, Klaus: *Cicero*, Darmstadt 2010

Broise, Henri: *Pincio (jardins de Lucullus)*, in: Mélanges d'Archéologie et d'Histoire de l'École française de Rome 110, 1998, 492–495

Broise, Henri / Jolivet, Vincent: *Recherches sur les jardins de Lucullus*, in: L'Urbs. Espace urbain et histoire (Ier siècle av. J.-C. – IIIe siècle ap. J.-C.), Rom / Paris 1987, 747–761

Broise, Henri / Jolivet, Vincent: *Des jardins de Lucullus au Palais des Pincii*, in: Revue Archéologique N.S. 1, 1994, 188–198

Broise, Henri / Jolivet, Vincent: *Villa Medici-Trinità dei Monti. Lo scavo degli horti Luculliani*, in: Bullettino della Commissione Archeologica Comunale di Roma 103, 2002, 165–171

Broughton, T. Robert S.: *The Magistrates of the Roman Republic*, 3 Bde., I–II New York ²1968; III Atlanta 1986

Broughton, T. Robert S.: *Candidates Defeated in Roman Elections: Some Ancient Roman »Also-Rans«*, in: Transactions of the American Philosophical Society 81, 1991, 1–64

Brunt, Peter A.: *Sulla and the Asian Publicani*, in: Latomus 15, 1956, 17–25

Brunt, Peter A.: *Italian Manpower (225 B.C. – A.D. 14)*, Oxford ²1987

Brunt, Peter A.: *Amicitia in the Late Roman Republic*, in: ders., The Fall of the Roman Republic and Related Essays, Oxford 1988, 351–381

Büchner, Karl: *M. Tullius Cicero, De Re Publica. Kommentar*, Heidelberg 1984

Bugh, Glen R.: *Mithridates the Great and the Freedom of the Greeks*, in: Victor Cojocaru / Altay Coşkun / Mădălina Dana (Hrsg.), Interconnectivity in the Mediterranean and Pontic World during the Hellenistic and Roman Periods, Cluj-Napoca 2014, 383–395

Bulin, Rudolf K.: *Untersuchungen zur Politik und Kriegsführung Roms im Osten von 100–68 v. Chr.*, Frankfurt am Main u. a. 1983

Cadiou, François: *L'armée imaginaire. Les soldats prolétaires dans les légions romaines au dernier siècle de la république*, Paris 2018

Calico, Joe: *The Trial, the Condemnation, the Cover-up. Behind the Scenes of Brecht/Dessau's Lucullus Opera(s)*, in: Cambridge Opera Journal 14, 2002, 313–342

Camp, John M. / Ierardi, Michael u. a.: *A Trophy from the Battle of Chaironeia of 86 BC*, in: American Journal of Archaeology 96, 1992, 443–455

Camp, John M.: *The Archaeology of Athens*, New Haven / London 2001

Campbell, Brian / Tritle, Lawrence A. (Hrsg.): *The Oxford Handbook of Warfare in the Classical World*, Oxford 2012

Canfora, Luciano: *Die verschwundene Bibliothek. Das Wissen der Welt und der Brand von Alexandria*, übers. von Andreas Beyer / Hugo Beyer, Berlin 1988

Castner, Catherine J.: *Prosopography of Roman Epicureans from the Second Century B. C. to the Second Century A. D.*, Frankfurt am Main 1988.

Cébeillac-Gervasoni, Mireille: *Les »Bourgeoisies« italiennes aux IIe et Ier siècles av. J.-C.*, Paris / Neapel 1983

Celano, Carlo: *Notizie del bello e dell'antico e del curioso della citta di Napoli*, 5 Bde., Neapel 1856–1860

Christ, Karl: *Krise und Untergang der römischen Republik*, Darmstadt ^{4}2000

Christ, Karl: *Sulla*, München 2002

Christes, Johannes: *Sklaven und Freigelassene als Grammatiker und Philologen im antiken Rom*, Wiesbaden 1979

Cichorius, Conrad: *Rom und Mytilene*, Leipzig 1888

Coarelli, Filippo: *Alessandro, i Licinii e Lanuvio*, in: L'Art décoratif à Rome à la fin de la République et au début du principat, Paris 1981, 229–281

Coarelli, Filippo: *Lazio*, Rom / Bari 1982

Coarelli, Filippo: *Rom. Ein archäologischer Führer*, Mainz 2000

Coşkun, Altay: *Cicero und das römische Bürgerrecht. Die Verteidigung des Dichters Archias. Einleitung, Text, Übersetzung und historisch-philologische Kommentierungen*, Göttingen 2010

Couvenhes, Jean-Christophe: *L'armée de Mithridate VI Eupator d'après Plutarque, Vie de Lucullus, VII, 4–6*, in: Hadrien Bru / François Kirbihler / Stéphane Lebreton (Hrsg.), L'Asie Mineure dans l'Antiquité. Échanges, populations et territoires, Rennes 2009, 415–438

Crawford, Michael H.: *Greek Intellectuals and the Roman Aristocracy*, in: P. D. A. Garnsey / C. R. Whittaker (Hrsg.), Imperialism in the Ancient World, Cambridge 1978, 193–208

Dalla Rosa, Alberto: *Roms städtische Autoritäten unter Augustus: eine Revolution?*, in: Peter Eich / Katharina Woijecech (Hrsg.), Die Verwaltung der Stadt Rom in der hohen Kaiserzeit, Paderborn 2018, 51–77

D'Arms, John H.: *The Campanian Villas of C. Marius and the Sullan Confiscations*, in: Classical Quarterly 18, 1968, 185–188

D'Arms, John H.: *Romans on the Bay of Naples. A Social and Cultural Study of the Villas and Their Owners from 150 B.C. to A.D. 400*, Cambridge 1970

Damon, C. / Mackay, C.S.: *On the Prosecution of C. Antonius in 76 B.C.*, in: Historia 44, 1995, 37–55

Dart, Christopher J.: *The Social War, 91 to 88 BCE. A History of the Italian Insurgency against the Roman Republic*, Abingdon / New York 2014

David, Jean-Michel: *Le patronat judiciaire au dernier siècle de la république romaine*, Rom 1992

David, Jean-Michel / Dondin, Monique: *Dion Cassius XXXVI 41,1–2. Conduites symboliques et comportements exemplaires de Lucullus, Acilius Glabrio et Papirius Carbo (78–67 a.C.)*, in: Mélanges d'Archéologie et d'Histoire de l'École française de Rome 92, 1980, 199–213

Day, John: *An Economic History of Athens Under Roman Domination*, New York 1942

Debevoise, Neilson C.: *A Political History of Parthia*, Chicago 1938

De Blois, Lukas: *The Roman Army and Politics in the First Century B.C.*, Amsterdam 1987

De Blois, Lukas: *Army and General in the Late Roman Republic*, in: Erdkamp 2007, 164–179

De Callataÿ, Francois: *L'Histoire des guerres mithridatiques vue par les monnaies*, Louvain-la-Neuve 1997

De Libero, Loretana: *Obstruktion. Politische Praktiken im Senat und in der Volksversammlung der ausgehenden Republik (70–49 v.Chr.)*, Stuttgart 1992

De Ligt, Luuk: *Direct Taxation in Western Asia Minor*, in: ders.u.a. (Hrsg.), Roman Rule and Civic Life. Local and Regional Perspectives, Amsterdam 2004, 77–93

De Ligt, Luuk: Peasants, *Citizens and Soldiers. Studies in the Demographic History of Roman Italy, 225 BC – AD 100*, Cambridge 2012

De Souza, Philip: *Piracy in the Graeco-Roman World*, Cambridge 1999

Deniaux, Elizabeth: *Clientèles et pouvoirs à l'époque de Cicéron*, Rom / Paris 1993

Deuling, Judy K.: *Pompey and the Pirates. Settling the Seleucids Once and for All*, in: Roland Oetjen (Hrsg.), New Perspectives in Seleucid History, Archaeology and Numismatics. Studies in Honor of Getzel M. Cohen, Berlin / Boston 2020, 756–764

Dix, T. Keith: *The Library of Lucullus*, in: Athenaeum 88, 2000, 441–464
Dohnicht, Markus / Heil, Matthäus: *Ein Legat Sullas in Messenien*, in: Zeitschrift für Papyrologie und Epigraphik 147, 2004, 235–242
Dondin-Payre, Monique: *Exercice du pouvoir et continuité gentilice. Les Acilii Glabriones*, Rom / Paris 1993
Drogula, Fred K., *Cato the Younger. A Life at the Collapse of the Roman Republic*, Oxford 2017
Drumann, Wilhelm: *Geschichte Roms in seinem Uebergange von der republikanischen zur monarchischen Verfassung* IV, Königsberg 1838
Dunbabin, Katherine: *The Roman Banquet. Images of Conviviality*, Cambridge 2004
Durrbach, Félix: *Choix d'inscriptions de Délos*, 2 Bde., Paris 1921–1923
Dyck, Andrew R.: *A Commentary on Cicero, De officiis*, Ann Arbor 1996
Dyck, Andrew R.: *A Commentary on Cicero, De legibus*, Ann Arbor 2004
Dyck, Andrew R.: *Rivals into Partners. Hortensius and Cicero*, in: Historia 57, 2008, 142–173
Eckert, Alexandra: *Lucius Cornelius Sulla in der antiken Erinnerung. Jener Mörder, der sich Felix nannte*, Berlin 2016
Eckhardt, Kurt: *Die armenischen Feldzüge des Lukullus*, in: Klio 9, 1909, 400–412; 10, 1910, 72–115, 192–231
Erdkamp, Paul (Hrsg.): *A Companion to the Roman Army*, Malden (Mass.) 2007
Evans, Richard J.: *Gaius Marius. A Political Biography*, Pretoria 1994
Evans, Richard J.: *Roman Conquests. Asia Minor, Syria and Armenia*, Barnsley 2011
Fehrle, Rudolf: *Cato Uticensis*, Darmstadt 1983
Fellmann, Rudolf: *Das Grab des Lucius Munatius Plancus bei Gaeta*, Basel 1957
Ferrary, Jean-Louis: *Philhellénisme et impérialisme. Aspects idéologiques de la conquête romaine du monde hellénistique de la seconde guerre de Macédoine à la guerre contre Mithridate*, Rom 1988
Ferrary, Jean-Louis: *Les inscriptions du sanctuaire de Claros*, in: Bulletin de correspondance hellénique 124, 2000, 331–376
Feugère, Michel: *Les Armes des Romains*, Paris 1993
Feugère, Michel (Hrsg.): *L'Équipement militaire et l'armement de la République (IVe – Ier s. avant J.-C.)*, London 2000
Fiedler, Peter: *Die beiden Überfallschlachten auf Metellus und Marius im Bellum Iugurthinum des Sallust*, in: Wiener Studien 78, 1965, 108–127
Finkele, Simone: *Substrat antiker Tradierung. Brechts Feldherrenmodell Lukullus*, Würzburg 2011

Fittschen, Klaus: *Zum Bildnis eines älteren Mannes aus Koroneia in Theben*, in: Semeli Pingiatoglou u.a. (Hrsg.), Namata (Festschrift für Demetrios Pandermalis), Thessaloniki 2011, 99–105

Flaig, Egon: *Politisierte Lebensführung und ästhetische Kultur. Eine semiotische Untersuchung am römischen Adel*, in: Historische Anthropologie 1, 1993, 193–217

Flaig, Egon: *Entscheidung und Konsens. Zu den Feldern der politischen Kommunikation zwischen Aristokratie und Plebs*, in: Jehne 1995, 77–127

Flaig, Egon: *Zwingende Gesten in der römischen Politik*, in: Erhard Chvojka / Richard van Dülmen / Vera Jung (Hrsg.), Neue Blicke. Historische Anthropologie in der Praxis, Wien / Köln / Weimar 1997, 33–50

Flower, Harriet I. (Hrsg.): *The Cambridge Companion to the Roman Republic*, Cambridge ²2014

Fontana, Federica: *Sepulcrum. L. Licinius Lucullus*, in: Eva Margareta Steinby (Hrsg.), Lexicon topographicum urbis Romae IV, Rom 1999, 291–292

Fratantuono, Lee: *Lucullus. The Life and Campaigns of a Roman Conqueror*, Barnsley 2017

Fündling, Jörg: *Sulla*, Darmstadt 2010

Gabba, Emilio: *Esercito e società nella tarda Repubblica romana*, Florenz 1973

Gatzke, Andrea F.: *The Propaganda of Insurgency. Mithridates VI and the »Freeing of the Greeks« in 88 BCE*, in: Ancient World 44, 2013, 66–79

Gelzer, Matthias: *Die Nobilität der römischen Republik*, Freiburg 1912 (Stuttgart ²1983)

Gelzer, Matthias: *L. Licinius Lucullus (104)*, in: RE XIII 1, 1926, 376–414

Gelzer, Matthias: *Pompeius*, München ²1959 (Stuttgart ³1984)

Gelzer, Matthias: *Cäsar. Der Politiker und Staatsmann*, Wiesbaden ⁶1960 (Stuttgart ⁸2008)

Gelzer, Matthias: *Cn. Pompeius Strabo und der Aufstieg seines Sohnes Magnus*, in: ders., Kleine Schriften II, Wiesbaden 1963, 146–189

Gelzer, Matthias: *Cicero. Ein biographischer Versuch*, Wiesbaden 1969 (Stuttgart ²2014)

Gigon, Olof: *Die Szenerie des ciceronischen Hortensius*, in: Philologus 106, 1962, 222–245

Girardet, Klaus M.: *Der Triumph des Pompeius im Jahre 61 v.Chr. – Ex Asia?*, in: Zeitschrift für Papyrologie und Epigraphik 89, 1991, 201–215

Giroux, Chandra: *Silence of the Lions. Exploring Plutarch's Omissions on Chaeronea*, in: Jeffrey Beneker / Craig Cooper / Noreen Humble / Frances B. Titchener (Hrsg.), Plutarch's Unexpected Silences. Suppression and Selection in the *Lives* and *Moralia*, Leiden / Boston 2022, 188–209

Glew, Dennis: *Mithridates Eupator and Rome. A Study of the Background of the First Mithradatic War*, in: Athenaeum N.S. 55, 1977, 380–404 (a)

Glew, Dennis: *The Selling of the King. A Note on Mithridates Eupator's Propaganda in 88 B.C.*, in: Hermes 105, 1977, 253–256 (b)

Glucker, John: *Antiochus and the Late Academy*, Göttingen 1978

Gold, Barbara K.: *Pompey and Theophanes of Mytilene*, in: American Journal of Philology 106, 1985, 312–327

Goldmann, Bernhard: *Einheitlichkeit und Eigenständigkeit der Historia Romana des Appian*, Hildesheim u.a. 1988

Gorman, Robert J. / Gorman, Vanessa B.: *Corrupting Luxury in Ancient Greek Literature*, Ann Arbor 2014

Grainger, John D.: *The Fall of the Seleukid Empire, 187–75 BC*, Barnsley 2015

Griffin, Miriam T.: *Philosophical Badinage in Cicero's Letters to His Friends*, in: Jonathan G.F. Powell (Hrsg.), *Cicero the Philosopher. Twelve Papers*, Oxford 1995, 325–346

Griffin, Miriam T. / Barnes, Jonathan (Hrsg.): *Philosophia Togata*, Oxford 1989

Gruen, Erich S.: *Politics and the Courts in 104 B.C.*, in: Transactions and Proceedings of the American Philological Association 95, 1964, 99–110

Gruen, Erich S.: *Roman Politics and the Criminal Courts, 149–70 B.C.*, Cambridge (Mass.) 1968

Gruen, Erich S.: *Some Political Trials of the Late Republic: Political and Prosopographical Problems*, in: Athenaeum 49, 1971, 54–69

Gruen, Erich S.: *The Last Generation of the Roman Republic*, Berkeley / Los Angeles / London 1974

Gruen, Erich S.: *The Hellenistic World and the Coming of Rome*, 2 Bde., Berkeley / Los Angeles / London 1984

Gruen, Erich S.: *Studies in Greek Culture and Roman Policy*, Leiden 1990

Guidetti, Fabio / Lundgreen, Christopher: *Fimbriani. Nota a Plutarco, Lucullo 35.3–8*, in: Hermes 152, 2024, 81–99

Guidobaldi, Maria Paola: *C. Sornatius C.f. Vel. Barba. Una breve nota sul legato di Lucullo in Asia*, in: Cahiers du Centre Gustave Glotz 7, 1996, 263–268

Guse, Felix: *Die Feldzüge des dritten Mithradatischen Krieges in Pontos und Armenien*, in: Klio 20, 1926, 332–343

Habicht, Christian: *»Anarchie« (88/7) 2. Die Darstellung der Tyrannenmörder auf den Silbermünzen Athens*, in: Chiron 6, 1976, 127–142

Habicht, Christian: *Cicero. Der Politiker*, München 1990

Habicht, Christian: *Athen. Die Geschichte der Stadt in hellenistischer Zeit*, München 1995

Habicht, Christian: *Roman Citizens in Athens (228–31 B.C.)*, in: Hoff / Rotroff 1997, 9–17

Haltenhoff, Andreas: *Kritik der akademischen Skepsis. Ein Kommentar zu Cicero, Lucullus 1–62*, Frankfurt am Main 1998

Harders, Ann-Cathrin: *Die verwandtschaftlichen Beziehungen der Servilia, Ehefrau des L. Lucullus. Schwester oder Nichte des Cato Uticensis?*, in: Historia 56, 2007, 453–461

Harmand, Jacques: *L'armée et le soldat à Rome de 107 à 50 avant notre ère*, Paris 1967

Hartmann, Elke: *Zur Semantik des Seitensprungs. Ehebruch als politische Waffe in der späten römischen Republik*, in: Historische Anthropologie 23, 2015, 229–252

Hartmann, Udo: *Das Bild der Parther bei Plutarch*, in: Historia 56, 2008, 426–452

Hatzfeld, Jean: *Les Trafiquants italiens dans l'Orient hellénistique*, Paris 1919

Hatzimichali, Myrto: *Antiochus' Biography*, in: David Sedley (Hrsg.), The Philosophy of Antiochus, Cambridge 2012, 9–30

Heftner, Herbert: *Plutarch und der Aufstieg des Pompeius. Ein historischer Kommentar zu Plutarchs Pompeiusvita I. Kapitel 1–45*, Frankfurt am Main 1995

Heftner, Herbert: *Der Aufstieg Roms. Vom Pyrrhoskrieg zum Fall von Karthago (280–146 v. Chr.)*, Regensburg 1997

Heilmann, Willibald: *Ethische Reflexion und römische Lebenswirklichkeit in Ciceros Schrift De officiis. Ein literatursoziologischer Versuch*, Wiesbaden 1982

Hesberg, Henner von: *Das Augustus-Mausoleum in Rom und die Verehrung der römischen Herrscher*, in: Dietrich Boschung / Alfred Schäfer / Marcus Trier (Hrsg.), Erinnerte Macht. Antike Herrschergräber in transkultureller Perspektive, Leiden / Boston 2021, 137–174

Hillard, Thomas W.: *Plutarch's Late-Republican Lives. Between the Lines*, in: Antichthon 21, 1987, 19–48

Hillman, Thomas P.: *The Alleged* inimicitiae *of Pompeius and Lucullus: 78–74*, in: Classical Philology 86, 1991, 315–318

Hillman, Thomas P.: *When Did Lucullus Retire?*, in: Historia 42, 1993, 211–228

Hillman, Thomas P.: *Hodie apud Lucullum Pompeius cenat. Neglected History at Plutarch, Lucullus 41, 4–7*, in: Carl Deroux (Hrsg.), Studies in Latin Literature and Roman History VII, Brüssel 1994, 190–201

Hinard, Francois: *Proscriptions de la Rome républicaine*, Rom 1985 (a)

Hinard, Francois: *Sylla*, Paris 1985 (b)

Hinard, François: *M. Terentius Varro Lucullus, fils du consul de 73 a.C.*, in: Latomus 49, 1990, 421–424

Hind, John G.F.: *Mithridates*, in: Cambridge Ancient History IX², Cambridge 1992, 129–164

Hölkeskamp, Karl-Joachim: *Oratoris maxima scaena: Reden vor dem Volk in der politischen Kultur*, in: Jehne 1995, 11–49

Hölkeskamp, Karl-Joachim: *Rekonstruktionen einer Republik. Die politische Kultur des antiken Rom und die Forschung der letzten Jahrzehnte*, München 2004 (a)

Hölkeskamp, Karl-Joachim: *Senatus Populusque Romanus. Die politische Kultur der Republik – Dimensionen und Deutungen*, Stuttgart 2004 (b)

Hölkeskamp, Karl-Joachim: *Konsens und Konkurrenz. Die politische Kultur der römischen Republik in neuer Sicht*, in: Klio 88, 2006, 360–396

Hölkeskamp, Karl-Joachim / Stein-Hölkeskamp, Elke: *Von Romulus zu Augustus. Große Gestalten der römischen Republik*, München 2000

Hölscher, Tonio: *Römische Siegesdenkmäler der späten Republik*, in: Herbert A. Cahn (Hrsg.), Tainia. Festschrift für Roland Hampe, Mainz 1980, 351–371

Hölscher, Tonio: *Staatsdenkmal und Publikum vom Untergang der Republik bis zur Festigung des Kaisertums in Rom*, Konstanz 1984

Hölscher, Tonio: *Die Alten vor Augen. Politische Denkmäler und öffentliches Gedächtnis im republikanischen Rom*, in: Gert Melville (Hrsg.), Institutionalität und Symbolisierung. Verstetigungen kultureller Ordnungsmuster in Vergangenheit und Gegenwart, Köln 2001, 183–211

Hölscher, Tonio: *Denkmäler und Konsens. Die sensible Balance von Verdienst und Macht*, in: Karl-Joachim Hölkeskamp (Hrsg.), Eine politische Kultur (in) der Krise?, München 2009, 161–181

Hoff, Michael C. / Rotroff, Susan I. (Hrsg.): *The Romanization of Athens*, Oxford 1997

Hofmann-Löbl, Iris: *Die Calpurnii. Politisches Wirken und familiäre Kontinuität*, Frankfurt/Main u. a. 1996

Højte, Jakob M. (Hrsg.): *Mithridates VI. and the Pontic Kingdom*, Aarhus / Lancaster / Oakville 2009

Hollstein, Wilhelm: *Die stadtrömische Münzprägung der Jahre 78–50 v. Chr. Zwischen politischer Aktualität und Familienthematik. Kommentar und Bibliographie*, München 1993

Holz, Susann: *Kriegsbeute und Beutekunst*, in: Marianne Coudry / Michel Humm (Hrsg.), Praeda. Burin de guerre et société dans la Rome républicaine / Kriegsbeute und Gesellschaft im republikanischen Rom, 2009, 187–206

Homeyer, Helene: *Die antiken Berichte über den Tod Ciceros und ihre Quellen*, Baden-Baden 1964

Hopkins, Keith / Burton, Graham: *Political Succession in the Late Republic*

(249–50 BC), in: Keith Hopkins, Death and Renewal. Sociological Studies in Roman History II, Cambridge 1983, 31–119

Horsmann, Gerhard: *Untersuchungen zur militärischen Ausbildung im republikanischen und kaiserzeitlichen Rom*, Boppard am Rhein 1991

Humbert, Michel: *Le remariage à Rome. Étude d'histoire juridique et sociale*, Mailand 1972

Huß, Werner: *Ägypten in hellenistischer Zeit (332–30 v.Chr.)*, München 2001

Hyland, Ann: *Equus. The Horse in the Roman World*, London 1990

Hyland, Ann: *Breeding and Keeping a Warhorse*, in: Campbell / Tritle 2012, 493–511 (a)

Hyland, Ann: *The Development and Training of Cavalry in Greece and Rome*, in: Campbell / Tritle 2012, 512–526 (b)

Itgenshorst, Tanja: *Tota illa pompa. Der Triumph in der römischen Republik*, Göttingen 2005

Jehne, Martin (Hrsg.): *Demokratie in Rom? Die Rolle des Volkes in der Politik der römischen Republik*, Stuttgart 1995

Jehne, Martin: *Die Beeinflussung von Entscheidungen durch »Bestechung«. Zur Funktion des ambitus in der römischen Republik*, in: Jehne 1995, 51–76

Jehne, Martin: *Jovialität und Freiheit. Zur Institutionalität der Beziehungen zwischen Ober- und Unterschichten in der römischen Politik*, in: Bernhard Linke / Michael Stemmler (Hrsg.), Mos maiorum. Untersuchungen zu den Formen der Identitätsfindung und Stabilisierung in der römischen Republik, Stuttgart 2000, 207–235

Jehne, Martin: *Integrationsrituale in der römischen Republik. Zur einbindenden Wirkung der Volksversammlungen*, in: Karl-Joachim Hölkeskamp / Jörn Rüsen / Elke Stein-Hölkeskamp / Heinrich Theodor Grütter (Hrsg.), Sinn (in) der Antike. Orientierungssysteme, Leitbilder und Wertkonzepte im Altertum, Mainz 2003, 279–298

Jehne, Martin: *Die römische Republik*, München 2006

Johnson, Brad: *The Elogia of the Augustan Forum*, Hamilton / Ontario 2001

Johnson, William A.: *Cicero and Tyrannio*, in: Classical World 105, 2012, 471–477

Jolivet, Vincent: *Xerxes togatus. Lucullus en Campanie*, in: Mélanges d'archéologie et d'histoire de l'École française de Rome 99, 1987, 875–904

Jordan-Ruwe, Martina: *Das Säulenmonument. Zur Geschichte der erhöhten Aufstellung antiker Porträtstatuen*, Bonn 1995

Kajava, Mika: *Roman Senatorial Women and the Greek East. Epigraphic Evidence from the Republican and Augustan Periods*, in: Heikki Solin / Mika Kajava (Hrsg.), Roman Eastern Policy and Other Studies in Roman History, Helsinki 1990, 59–124

Kallet-Marx, Robert: *The Trial of Rutilius Rufus*, in: Phoenix 44, 1990, 129–139
Kaster, Gert: *Die Gärten des Lucullus. Entwicklung und Bedeutung der Bebauung des Pincio-Hügels in Rom*, München 1974
Keaveney, Arthur: *Roman Treaties with Parthia, circa 95 – circa 64 B.C.*, in: American Journal of Philology 102, 1981, 195–204
Keaveney, Arthur: *Young Pompey: 106–79 B.C.*, in: L'Antiquité classique 51, 1982, 111–139
Keaveney, Arthur: *Lucullus. A Life*, London / New York 1992 (Piscataway ²2013)
Keaveney, Arthur: *Sulla. The last Republican*, London / New York ²2005
Keppie, Lawrence: *The Making of the Roman Army*, London ²1998
Klebs, Elimar: *Marcus Aurelius Cotta (107)*, in: RE II 2, 1896, 2487–2489
Kountouri, Elena / Petrochilos, Nikolaos / Zoumbaki, Sophia: *The Tropaion of Sulla over Mithridates VI Eupator: A First Approach*, in: Valentina di Napoli u.a. (Hrsg.), What's New in Roman Greece? Recent Work on the Greek Mainland and the Islands in the Roman Period, Athen 2018, 359–368
Kreiler, Bernd E.: *Der Prokonsul Lentulus, der Imperator Murena und der Proquästor Lucullus*, in: Tyche 21, 2006, 73–82
Kuin, Inger N.I.: *Anchoring Political Change in Post-Sullan Athens*, in: Tamara M. Dijkstra u.a. (Hrsg.), Strategies of Remembering in Greece under Rome (100 BC – 100 AD), Leiden 2017, 157–168
Kunkel, Wolfgang / Wittmann, Roland: *Staatsordnung und Staatspraxis der römischen Republik II. Magistratur*, München 1995
Kuttner, Ann: *A Tortured Image. The Biography of Lucullus' Dying Hercules*, in: California Italian Studies 6, 2016, 1–25
Labitzke, Marcel: *Marius. Der verleumdete Retter Roms*, Münster 2012
Lafon, Xavier: *Villa maritima. Recherches sur les villas littorales de l'Italie romaine (IIIe siècle av. J.-C. – IIIe siècle ap. J.-C.)*, Rom 2001
Lange, Carsten Hjort: *Triumphs in the Age of Civil War. The Late Republic and the Adaptability of Triumphal Tradition*, London 2016
Laqueur, Richard: *Theophanes (1)*, in: RE V A 2, 1934, 2090–2127
Lauter, Hans: *Porticus Metelli – Porticus Octaviae. Die baulichen Reste*, in: Bullettino della Commissione Archeologica Comunale di Roma 87, 1980/81, 37–46
Lavery, Gerald B.: *Plutarch's Lucullus and the Living Bond of Biography*, in: Classical Journal 89, 1993/94, 261–273
Le Bohec, Yann: *Lucullus. Général et gastronome*, Paris 2019
Leschhorn, Wolfgang: *Antike Ären. Zeitrechnung, Politik und Geschichte im Schwarzmeerraum und in Kleinasien nördlich des Tauros*, Stuttgart 1993

Lewis, R. Geoffrey: *Catulus and the Cimbri*, in: Hermes 102, 1974, 90–109
Lichtenberger, Achim / Schreiber, Torben / Zardaryan, Mkrtich H.: *First Results and Perspectives of a New Archaeological Project in the Armenian Capital Artaxata. From Artashes-Artaxias I to Roman Imperialism*, in: Electrum 28, 2021, 245–276
Löffl, Josef: *Negotiatores in Cirta. Sallusts Iugurtha und der Weg in den jugurthinischen Krieg*, Berlin 2014
Lucchesi, Joachim (Hrsg.): *Das Verhör in der Oper. Die Debatte um die Aufführung »Das Verhör des Lukullus« von Bertolt Brecht und Paul Dessau*, Berlin 1993
Lundgreen, Christoph: *Lucullus und die politische Kultur der römischen Republik. Konkurrenz und Distinktion zwischen Feldherren, Feinschmeckern und Fischteichbesitzern*, in: Hans Beck / Karl-Joachim Hölkeskamp (Hrsg.), Verlierer und Aussteiger in der »Konkurrenz unter Anwesenden«. Agonalität in der politischen Kultur des antiken Rom, Stuttgart 2019, 81–126
Ma, John: *Statues and Cities. Honorific Portraits and Civic Identity in the Hellenistic World*, Oxford / New York 2013
Mackay, Christopher S.: *Damon of Chaeronea. The Loyalties of a Boeotian Town during the First Mithridatic War*, in: Klio 82, 2000, 91–106
Magie, David: *Roman Rule in Asia Minor*, Princeton 1950
Manning, Sean / Schropp, Jack W.G.: *»Too Many for an Embassy, too Few for an Army«. On the Origin and Scope of a Tigranic Dictum*, in: Zeitschrift für Papyrologie und Epigraphik 212, 2019, 83–88
Marasco, Gabriele: *L'apologia di Q. Lutazio Catulo e la tradizione sulla guerra cimbrica*, in: Giornale Filologico Ferrarese 7, 1984, 75–84
Marciak, Michał: *Sophene, Gordyene, and Adiabene. Three Regna Minora of Northern Mesopotamia between East and West*, Leiden / Boston 2017
Marek, Christian: *Karien im Ersten Mithradatischen Krieg*, in: Peter Kneissl / Volker Losemann (Hrsg.), Alte Geschichte und Wissenschaftsgeschichte. Festschrift für Karl Christ, Darmstadt 1988, 285–308
Marek, Christian: *Geschichte Kleinasiens in der Antike*, München 2010
Maróti, Egon: *Der Feldzug des P. Servilius Vatia gegen die Seeräuber Südanatoliens*, in: Acta Antiqua Academiae Scientiarum Hungaricae 32, 1989, 309–316
Marsura, Stefania: *Nummi Luculliani. Lucio Licinio Lucullo, quaestor di Silla*, in: Tomaso M. Lucchelli / Francesca Rohr Vio (Hrsg.), Viri militares. Rappresentazione e propaganda tra Repubblica e Principato, Triest 2015, 43–59
Martin, Jochen: *Die Popularen in der Geschichte der späten Republik*, Diss. München 1965

Marzano, Annalisa: *Roman Villas in Central Italy. A Social and Economic History*, Leiden / Boston 2007

Maschek, Dominik: *Die vielen Gesichter der Krise. Archäologische und historische Perspektiven auf das spätrepublikanische Italien*, in: Matijević 2020, 33–58

Mastrocinque, Attilio: *Studi sulle guerre mitridatiche*, Stuttgart 1999

Mastrorosa, Ida Gilda: *Lucullus en »clair-obscur«. Mérites et extravagances d'un citoyen de la Rome républicaine durant l'époque impériale*, in: Stéphane Benoist / Anne Daguet-Gagey / Christine Hoët-van Cauwenberghe (Hrsg.), Une mémoire en actes. Espaces, figures et discours dans le monde romain, Villeneuve d'Ascq 2016, 243–263

Matijević, Krešimir (Hrsg.), *Wirtschaft und Gesellschaft in der späten Römischen Republik. Fachwissenschaftliche und fachdidaktische Aspekte*, Gutenberg 2020

Matyszak, Philip: *Mithridates the Great: Rome's Indomitable Enemy*, Barnsley 2008

Mayor, Adrienne: *Pontisches Gift. Die Legende von Mithridates, Roms größtem Feind*, übers. von Helmut Dierlamm / Norbert Juraschitz, Stuttgart 2011

McCall, Jeremiah B.: *The Cavalry of the Roman Republic. Cavalry Combat and Elite Reputation in the Middle and Late Republic*, London / New York 2002

McCracken, George: *History of Ancient Tusculum*, Princeton 1934

McCracken, George: *The Villa and the Tomb of Lucullus at Tusculum*, in: American Journal of Archaeology 46, 1942, 325–340

McDougall, Iain: *From Sulla to Pompey: the Transformation of the Attitude of the East Towards Rome*, in: Cahiers des études anciennes 26, 1991, 59–71

McGing, Brian C.: *The Date of the Outbreak of the Third Mithridatic War*, in: Phoenix 38, 1984, 12–18

McGing, Brian C.: *The Foreign Policy of Mithridates VI Eupator, King of Pontus*, Leiden 1986

McGing, Brian C.: *The Ephesian Customs Law and the Third Mithridatic War*, in: Zeitschrift für Papyrologie und Epigraphik 109, 1995, 283–288

McGing, Brian C.: *Mithridates VI Eupator: Victim or Aggressor?*, in: Højte 2009, 203–216

Meier, Christian: *populares*, in: RE Supplement X, 1965, 549–615

Meier, Christan: *Die Ersten unter den Ersten des Senats. Beobachtungen zur Willensbildung im römischen Senat*, in: Dieter Nörr / Dieter Simon (Hrsg.), Gedächtnisschrift für Wolfgang Kunkel, Frankfurt am Main 1984, 185–205 (= Meier 2024, 237–253)

Meier, Christian: *Res publica amissa. Eine Studie zu Verfassung und Geschichte der späten römischen Republik*, Frankfurt am Main ³1997

Meier, Christian: *Ausgewählte Schriften* I. *Zur römischen Geschichte*, hrsg. von Wilfried Nippel / Stefan Rebenich, Stuttgart 2024

Meyer, Rolf-Dieter: *Literarische Fiktion und historischer Gehalt in Ciceros De oratore*, Diss. Freiburg 1970

Mikalson, Jon D.: *Religion in Hellenistic Athens*, Berkeley / Los Angeles 1998

Mikalson, Jon D.: *Ancient Greek Religion*, Chichester / Malden 2010

Millar, Fergus: *The Crowd in Rome in the Late Republic*, Ann Arbor 1998

Mommsen, Theodor: *Römische Geschichte* III, Berlin ^{14}1931

Mommsen, Theodor: *Römisches Staatsrecht* II, Berlin ^{3}1887

Moneti, Andrea: *Forma e posizione della villa degli Horti Lucullani secondo I rilievi rinascimentali. La loro influenza sui progetti del Belvedere e delle ville Madama, Barbaro e Aldobrandini*, in: Palladio 12, 1993, 5–24; 13, 1994, 5–18

Moreau, Philippe: *Clodiana religio. Un procès politique en 61 av. J.-C.*, Paris 1982

Morrell, Kit: *Pompey, Cato and the Governance of the Roman Empire*, Oxford 2017

Morstein-Marx, Robert: *Mass Oratory and Political Power in the Late Roman Republic*, Cambridge 2004

Mrozek, Stanislaw: *Le philhellénisme de Lucius Licinius Lucullus*, in: Filomata 1962/63, 308–314

Mrozek, Stanislaw: *De L. Licinio Lucullo provinciae Asiae administratore*, in: Meander 21, 1966, 117–126

Mühlberghuber, Michael: *Untersuchungen zu Leben, Karriere und Persönlichkeit des Q. Caecilius Metellus Pius (cos. 80 v.Chr.). Seine Rolle im Sertoriuskrieg (80–71 v.Chr.)*, Wien 2015

Münzer, Friedrich: *Beiträge zur Quellenkritik der Naturgeschichte des Plinius*, Berlin 1897 (ND Hildesheim 1988)

Münzer, Friedrich: *Caecilius (87)*, in: RE III 1, 1897, 1210–1212

Münzer, Friedrich: *Hortensius (13)*, in: RE VIII 2, 1913, 2470–2481

Münzer, Friedrich: *Hortensius und Cicero bei historischen Studien*, in: Hermes 49, 1914, 196–213 (a)

Münzer, Friedrich: *Rutilius (34)*, in: RE I A 1, 1914, 1269–1280 (b)

Münzer, Friedrich: *Licinius (113)*, in: RE XIII 1, 1926, 428–435

Münzer, Friedrich: *Licinius (123)*, in: RE XIII 1, 1926, 446–449

Münzer, Friedrich: *Lutatius Catulus (7)*, in: RE XIII 2, 1927, 2072–2082

Münzer, Friedrich: *Marius (15)*, in: RE XIV 2, 1930, 1811–1815

Münzer, Friedrich: *Memmius (8)*, in: RE XV 1, 1931, 609–616

Muñiz Coello, Joaquín: *C. Flavius Fimbria, consular y legado en la provincia de Asia (86/84 a. de C.)*, in: Studia historica. Historia antigua 13/14, 1995/96, 257–276

Muñiz Coello, Joaquín: *Teófanes de Mitilene y Cn. Pompeyo. Aspectos de una relación desafortunada*, in: Onoba 8, 2020, 101–116

Ñaco del Hoyo, Toni / Antela-Bernárdez, Borja / Arrayás, Isaías / Busquets, Salvador: *The Impact of the Roman Intervention in Greece and Asia Minor upon Civilians (88–63 B. C.)*, in: Borja Antela-Bernárdez / Toni Ñaco del Hoyo (Hrsg.), Transforming Historical Landscapes in the Ancient Empires, Oxford 2009, 33–51

Nicolet, Claude: *Armée et société à Rome sous la République. À propos de l'ordre équestre*, in: Jean-Paul Brisson (Hrsg.), Problèmes de la guerre à Rome, Paris 1969, 117–156

Nicolet, Claude: *L'ordre équestre à l'époque républicaine (312–43 av. J.-C.)*, 2 Bde., Paris 1974

Nicolet, Claude: *Rome et la conquête du monde méditerranéen*, Paris ⁴1991

Niebergall, Axel: *Rom und die griechischen Eliten im Ersten Mithradatischen Krieg*, in: Altay Coşkun (Hrsg.), Freundschaft und Gefolgschaft in den auswärtigen Beziehungen der Römer (2. Jahrhundert v. Chr. – 1. Jahrhundert n. Chr.), Frankfurt am Main u. a. 2008, 65–87

Niebergall, Axel: *Die lokalen Eliten der griechischen Städte Kleinasiens und Mithradates VI Eupator zu Beginn des ersten Römisch-Pontischen Krieges*, in: Hermes 139, 2011, 1–20

Nikolaidis, Anastasios G. (Hrsg.): *The Unity of Plutarch's Work*, Berlin / New York 2008

Olck, Franz: *Kirschbaum*, in: RE XI 1, 1921, 509–515

Pade, Marianne: *Plutarch (Plutarchos von Chaironeia)*, in: Christine Walde (Hrsg.), Der Neue Pauly Supplemente VII. Rezeption der antiken Literatur. Kulturhistorisches Werklexikon, Stuttgart / Weimar 2010, 739–748

Pape, Margrit: *Griechische Kunstwerke aus Kriegsbeute und ihre öffentliche Aufstellung in Rom. Von der Eroberung von Syrakus bis in augusteische Zeit*, Diss. Hamburg 1975

Pappone, Gerardo / Aucelli, Pietro P. C.: *A Detailed Reconstruction of the Roman Landscape and the Submerged Archaeological Structure at »Castel dell'Ovo islet« (Naples, Southern Italy)*, in: Geosciences 9, 2019, Nr. 170 [DOI:10.3390/geosciences9040170]

Parigi, Caterina: *Athen und die Plünderung durch Sulla: archäologische und topographische Überlegungen*, in: Johannes Fouquet u. a. (Hrsg.), Argonautica. Festschrift für Reinhard Stupperich, Marsberg / Padberg 2019, 157–173 (a)

Parigi, Caterina: *Atene e il sacco di Silla. Evidenze archeologiche e topografiche fra l'86 e il 27 a. C.*, Wiesbaden 2019 (b)

Parker, Victor: *Sallust and the Victor of the Jugurthine War*, in: Tyche 16, 2001, 111–125
Passehl, Mark: *Praenestine Clients of Lucullus*, 2017 [https://www.academia.edu/31655640/Praenestine_clients_of_Lucullus]
Paul, George M.: *A Historical Commentary on Sallust's* Bellum Iugurthinum, Liverpool 1984
Pelling, Christopher: *Plutarch's Method of Work in the Roman Lives*, in: Journal of Hellenic Studies 99, 1979, 74–96 (= Pelling 2002, 1–44)
Pelling, Christopher: *Plutarch and Roman Politics*, in: I.S. Moxon u.a. (Hrsg.), Past Perspectives. Studies in Greek and Roman Historical Writing, Cambridge 1986, 159–187 (= Pelling 2002, 207–236)
Pelling, Christopher: *Aspects of Plutarch's Characterisation*, in: Illinois Classical Studies 13, 1988, 237–274 (= Pelling 2002, 283–300)
Pelling, Christopher: *Plutarch and History. Eighteen Studies*, Oakville / London / Swansea 2002.
Pena, Abel N.: *Les extravagances de Lucullus. Écart ou norme dans les Vies de Plutarque?*, in: Paul-Augustin Deproost (Hrsg.), Extravagances. Écarts et normes dans les textes grecs et latines, Paris / Montreal 2014, 39–54
Perlwitz, Olaf: *Titus Pomponius Atticus. Untersuchungen zur Person eines einflußreichen Ritters in der ausgehenden römischen Republik*, Stuttgart 1992
Perutelli, Alessandro: *Lutatio Catulo poeta*, in: Rivista di Filologia e di Istruzione Classica 118, 1990, 257–277
Perutková, Jana: *Die glückliche Vorbedeutung and Aristheus. Unknown Libretti of German-language Operas Performed in the Kärntnertortheater in Vienna in 1741*, in: Musicologica Brunensia 53, 2018, 123–155
Peter, Hermann: *Die Quellen Plutarchs in den Biographien der Römer*, Halle 1865
Petitjean, Maxime: *Le combat de cavalerie dans le monde romain*, Leuven 2022
Peyras, Jean: *Le siège de Rhodes par Mithridate (88 av. J.-C.)*, in: Nicolas Faucherre / Isabelle Pimouguet-Pédarros (Hrsg.), Les sièges de Rhodes de l'Antiquité à la période moderne, Rennes 2010, 157–174
Piccirilli, Luigi: *L. Licinio Lucullo in Cicerone e in Machiavelli. Nota ai Discorsi III 13, 13*, in: Giornale storico della letteratura italiana 168, 1991, 223–227
Pillonel, Cédric: *Les guerres mithridatiques. Essai de quantification des armées pontiques*, in: Jean-Nicolas Corvisier (Hrsg.), Guerre et démographie dans le monde antique, Arras 2006, 115–126
Pina Polo, Francisco: *Contra arma verbis. Der Redner vor dem Volk in der römischen Republik*, Stuttgart 1996
Pina Polo, Francisco / Díaz Fernández, Alejandro: *The Quaestorship in the Roman Republic*, Berlin / Boston 2019

Pohl, Hartel: *Die römische Politik und die Piraterie im östlichen Mittelmeerraum vom 3. bis zum 1.Jh.v.Chr.*, Berlin 1993

Preuß, Thorsten: *Brechts »Lukullus« und seine Vertonungen durch Paul Dessau und Roger Sessions. Werk und Ideologie*, Würzburg 2007

Rawson, Elisabeth: *The Ciceronian Aristocracy and its Properties*, in: Moses I. Finley (Hrsg.), Studies in Roman Property, Cambridge 1976, 85–102 (= Rawson 1991, 204–222)

Rawson, Elisabeth: *Intellectual Life in the Late Roman Republic*, Baltimore / London 1985

Rawson, Elisabeth: *Roman Rulers and the Philosophic Adviser*, in: Griffin / Barnes 1989, 233–257

Rawson, Elisabeth: *Roman Culture and Society. Collected Papers*, Oxford 1991

Rebenich, Stefan: *Theodor Mommsens »Römische Geschichte«*, in: Elke Stein-Hölkeskamp / Karl-Joachim Hölkeskamp (Hrsg.), Erinnerungsorte der Antike. Die römische Welt, München 2006, 660–676

Reinach, Théodore: *Mithridates Eupator. König von Pontos*, Leipzig 1895

Reinhardt, Tobias: *Cicero's Academici Libri and Lucullus*, Oxford 2023

Reusser, Christoph: *Der Fidestempel auf dem Kapitol in Rom und seine Ausstattung*, Rom 1993

Richardson, Lawrence Jr.: *A New Topographical Dictionary of Ancient Rome*, Baltimore / London 1992

Ritter, Stefan: *Hercules in der römischen Kunst von den Anfängen bis Augustus*, Heidelberg 1995

Robb, Maggie A.: *Beyond Populares and Optimates. Political Language in the Late Republic*, Stuttgart 2010

Rödel-Braune, Caroline: *Im Osten nichts Neues? Stiftungen und Ehrungen römischer Magistrate im Osten des Römischen Reiches vom Ende des 3.Jahrhunderts v.Chr. bis zum Ende der Augusteischen Zeit*, Heidelberg 2015

Rösch-Binde, Christiane: *Vom deinos aner zum dilegentissimus investigator antiquitatis. Zur komplexen Beziehung zwischen M.T. Cicero und M.T. Varro*, München 1998

Rosenstein, Nathan S.: *Imperatores victi. Military Defeat and Aristocratic Competition in the Middle and Late Republic*, Berkeley / Los Angeles / Oxford 1990

Roth, Jonathan P.: *The Logistics of the Roman Army at War (264 B.C. – A.D. 235)*, Leiden / Boston / Köln 1999

Rotroff, Susan I.: *Sulla and the Pirates*, in: Pia Guldager Bilde / Mark L. Lawall (Hrsg.), Pottery, Peoples and Places. Study and Interpretation of Late Hellenistic Pottery, Aarhus / Lancaster / Bristol (Conn.) 2014, 83–109

Roy, Alyson: *Privatizing Power in the Late Roman Republic. The Case of L. Licinius Lucullus*, in: Ancient History Bulletin 37, 2023, 1–19

Russo, Federico: *Aspetti e temi della propaganda antiromana di Mitridate VI Eupatore*, in: Rivista di cultura classica e medioevale 51, 2009, 373–401

Ryan, Francis X.: *The Early Career of M. Terentius Varro Lucullus*, in: Eos 83, 1995, 141–145 (a)

Ryan, Francis X.: *The Tribunate of C. Memmius L. f.*, in: Hermes 123, 1995, 293–302 (b)

Ryan, Francis X.: *Rank and Participation in the Republican Senate*, Stuttgart 1998

Sandberg, Kaj: *Magistrates and Assemblies. A Study of Legislative Practices in Republican Rome*, Rom 2001

Santangelo, Federico: *Sulla, the Elites and the Empire. A Study of Roman Policies in Italy and the Greek East*, Leiden / Boston 2007

Santangelo, Federico: *Teofane di Mitilene. Testimonianze e frammenti*, Tivoli 2015

Santangelo, Federico: *Theophanes of Mytilene, Cicero and Pompey's Inner Circle*, in: Henriette van der Blom / Christa Gray / Catherine Steel (Hrsg.), Institutions and Ideology in Republican Rome. Speech, Audience and Decision, Cambridge 2018, 128–146

Sauron, Gilles: *L'Art romain des conquêtes aux guerres civiles*, Paris 2013

Sayar, Mustafa H. / Siewert, Peter / Taeuber, Hans: *Asylie-Erklärungen des Sulla und des Lucullus für das Isis- und Sarapisheiligtum von Mopsuhestia (Ostkilikien)*, in: Tyche 9, 1994, 113–130

Scardigli, Barbara: *Die Römerbiographien Plutarchs*, München 1979

Schäfer, Nadja: *Die Einbeziehung der Provinzialen in den Reichsdienst in augusteischer Zeit*, Stuttgart 2000

Scherling, Karl: *Lucullea, Spiele zu Ehren des L. Licinius Lucullus in Kleinasien*, in: RE XIII 2, 1927, 1705–1706

Schleussner, Bernhard: *Die Legaten der Römischen Republik. Decem legati und ständige Hilfsgesandte*, München 1978

Scholz, Peter: *Sullas commentarii – eine literarische Rechtfertigung. Zu Wesen und Funktion der autobiographischen Schriften in der späten römischen Republik*, in: Ulrich Eigler / Ulrich Gotter / Nino Luraghi / Uwe Walter (Hrsg.), Formen römischer Geschichtsschreibung von den Anfängen bis Livius. Gattungen, Autoren, Kontexte, Darmstadt 2003, 172–195

Scholz, Peter, *Autobiographische Schriften in der griechischen und römischen Kultur. Ein »Unterschied der Volksindividualität?«*, in: Michael Erler / Stefan Schorn (Hrsg.), Die hellenistische Biographie, Berlin 2007, 385–405

Scholz, Peter: *Den Vätern folgen. Sozialisation und Erziehung der republikanischen Senatsaristokratie*, Berlin 2011
Scholz, Peter: *Der Hercules tunicatus des Lucullus. Ein extravagantes Siegesmonument und sein politisches Erinnerungs- und Deutungspotential*, in: Sebastian Bauer / Philipp Brockkötter (Hrsg.), Heroisches Handeln zwischen Exemplarität und Exzeptionalität in der griechisch-römischen Antike, Stuttgart 2021, 217–236
Schütz, Günter: *Licinius Lucullus. Studien zu den frühen Jahren eines Nobilis (117–75 v. Chr.)*, Diss. Regensburg 1994 (a)
Schütz, Günter: *Aufklärung eines epigraphischen Missverständnisses*, in: Zeitschrift für Papyrologie und Epigraphik 104, 1994, 199–200 (b)
Seager, Robin: *Pompey the Great. A Political Biography*, Oxford ²2002
Sehlmeyer, Markus: *Stadtrömische Ehrenstatuen der republikanischen Zeit. Historizität und Kontext von Symbolen nobilitären Standesbewußtseins*, Stuttgart 1999
Shackleton Bailey, D. R.: *Cicero*, London 1971
Shatzman, Israel: *The Roman General's Authority over Booty*, in: Historia 21, 1972, 177–205
Shatzman, Israel: *Senatorial Wealth and Roman Politics*, Brüssel 1975
Shaw, Brent D.: *Debt in Sallust*, in: Latomus 34, 1975, 187–196
Shaw, Edwin: *Sallust and the Fall of the Republic. Historiography and Intellectual Life at Rome*, Leiden / Boston 2022
Shaya, Josephine: *The Public Life of Monuments: The* Summi Viri *of the Forum of Augustus*, in: American Journal of Archaeology 117, 2013, 83–110
Sherk, Robert K.: *Roman Documents from the Greek East: Senatus Consulta and Epistulae to the Age of Augustus*, Baltimore 1969
Sherwin-White, A. N.: *Roman Foreign Policy in the East 168 B.C. to A.D. 1*, London 1984
Sherwin-White, A. N.: *Lucullus, Pompey and the East*, in: Cambridge Ancient History IX², Cambridge 1994, 229–273
Sidnell, Philip: *Warhorse. Cavalry in Ancient Warfare*, London / New York 2006
Sinclair, Thomas A.: *Eastern Turkey. An Architectural and Archaeological Survey*, London 1987
Sinclair, Thomas A.: *The Site of Tigranocerta*, in: Revue des études arméniennes 25, 1994/95, 183–253
Skidmore, Clive: *Practical Ethics for Roman Gentlemen. The Work of Valerius Maximus*, Exeter 1996
Smith, Richard E.: *Service in the Post-Marian Roman Army*, Manchester 1958
Smith, Roland R.: *Hellenistic Royal Portraits*, Oxford 1988

Sommer, Michael: *Volkstribun. Die Verführung der Massen und der Untergang der Römischen Republik*, Stuttgart 2023

Spann, Philip O.: *Quintus Sertorius and the Legacy of Sulla*, Fayetteville 1987

Spannagel, Martin: *Exemplaria principis. Untersuchungen zu Entstehung und Ausstattung des Augustusforums*, Heidelberg 1999

Stein-Hölkeskamp, Elke: *Das römische Gastmahl. Eine Kulturgeschichte*, München 2005

Stein-Hölkeskamp, Elke: *Die feinen Unterschiede. Kultur, Kunst und Konsum im antiken Rom*, Berlin 2019

Stern, C. Martin: *Lucullus und die mithridatische Offensive in der Propontis, 73–72 v. Chr.*, Diss. Leipzig 1922

Stewart, Andrew: *Baroque Classics. The Tragic Muse and the Exemplum*, in: James Porter (Hrsg.), Classical Pasts. The Classical Traditions of Greece and Rome, Princeton 2006, 127–155

Strasburger, Hermann: *Caesar im Urteil seiner Zeitgenossen*, Darmstadt 1968

Strasburger, Hermann: *Umblick im Trümmerfeld der griechischen Geschichtsschreibung*, in: Historiographia antiqua, Festschrift für Willy Peremans, Leuven 1977, 3–52 (= Strasburger 1990, 169–218)

Strasburger, Hermann: *Studien zur Alten Geschichte* III, hrsg. von Walter Schmitthenner / Renate Zoepffel, Hildesheim / New York 1990

Strobel, Karl: *Mithridates VI. Eupator von Pontos*, in: Ktèma 21, 1996, 55–94

Strobel, Karl: *Galatica I. Beiträge zur historischen Geographie und Geschichte Ostgalatiens*, in: Orbis Terrarum 3, 1997, 131–153

Strocka, Volker Michael: *Der Hercules tunicatus auf dem Forum Romanum. Plin. nat. 34,93*, in: Ralph Einicke / Stephan Lehmann / Henryk Löhr (Hrsg.), Zurück zum Gegenstand. Festschrift für Andreas E. Furtwängler, Langenweißbach 2009, 99–110

Sumner, Graham V.: *The Orators in Cicero's Brutus: Prosopography and Chronology*, Toronto 1973

Suolahti, Jaako: *The Junior Officers of the Roman Army in the Republican Period. A Study in Social Structure*, Helsinki 1955

Swain, Simon: *Plutarch's Characterization of Lucullus*, in: Rheinisches Museum 1992, 307–316

Swain, Simon: *Hellenic Culture and the Roman Heroes of Plutarch*, in: Barbara Scardigli (Hrsg.), Essays on Plutarch's Lives, Oxford 1995, 229–264

Syme, Ronald: *The Roman Revolution*, Oxford 1939

Syme, Ronald: *Sallust*, Berkeley / Los Angeles 1964

Syme, Ronald: *The Augustan Aristocracy*, Oxford 1986

Syme, Ronald: *Roman Papers* IV, Oxford 1988

Szaivert, Wolfgang / Wolters, Reinhard: *Löhne, Preise, Werte. Quellen zur römischen Geldwirtschaft*, Darmstadt 2005

Tatum, W. Jeffrey: *Lucullus and Clodius at Nisibis (Plutarch, Lucullus 33–34)*, in: Athenaeum 79, 1991, 569–579

Tatum, W. Jeffrey: *The Patrician Tribune. P. Clodius Pulcher*, Chapel Hill 1999

Taylor, Lilly Ross: *Caesar's Early Career*, in: Classical Philology 36, 1941, 113–132

Thein, Alexander: *Reflecting on Sulla's Clemency*, in: Historia 63, 2014, 166–186

Thériault, Guy: *Culte des évergètes (magistrats) romains et* agônes *en Asie Mineure*, in: Koray Konuk (Hrsg.), Stephanèphoros. De l'économie antique à l'Asie Mineure. Hommages à Raymond Descat, Bordeaux 2012, 377–388

Thomas, Richard F.: *L. Lucullus' Triumphal Agnomen*, in: American Journal for Ancient History 2, 1977, 172

Thonemann, Peter J.: *The Date of Lucullus' Quaestorship*, in: Zeitschrift für Papyrologie und Epigraphik 149, 2004, 80–82

Totelin, Laurence: *Botanizing Rulers and their Herbal Subjects. Plants and Political Power in Greek and Latin Literature*, in: Phoenix 66, 2012, 122–144

Tröster, Manuel: *Aspetti della tecnica biografica di Plutarco. A proposito della* τρυφή *di Lucullo*, in: Maia 56, 2004, 483–499

Tröster, Manuel: *Hellenism and Tryphê in Plutarch's Life of Lucullus*, in: Lukas de Blois (Hrsg.), The Statesman in Plutarch's Works II, Leiden 2005, 303–313 (a)

Tröster, Manuel: *Lucullus. His Foreign Amici, and the Shadow of Pompey*, in: Altay Coşkun (Hrsg.), Roms auswärtige Freunde in der späten Republik und im frühen Prinzipat, Göttingen 2005, 91–111 (b)

Tröster, Manuel: *Struggling with the Plêthos. Politics and Military Leadership in Plutarch's Life of Lucullus*, in: Nikolaidis 2008, 387–402 (a)

Tröster, Manuel: *Themes, Character and Politics in Plutarch's Life of Lucullus. The Construction of a Roman Aristocrat*, Stuttgart 2008 (b)

Tröster, Manuel: *Roman Hegemony and Non-State Violence. A Fresh Look at Pompey's Campaign against the Pirates*, in: Greece & Rome II 56, 2009, 14–33

Tuchelt, Klaus: *Frühe Denkmäler Roms in Kleinasien. Beiträge zur archäologischen Überlieferung aus der Zeit der Republik und des Augustus I. Roma und Promagistrate*, Tübingen 1979

Ungern-Sternberg, Jürgen von: *Untersuchungen zum spätrepublikanischen Notstandsrecht. Senatus consultum ultimum und* hostis-*Erklärung*, München 1970

Van Ooteghem, Jules: *Pompée le Grand, bâtisseur d'empire*, Brüssel 1954

Van Ooteghem, Jules: *Lucius Licinius Lucullus*, Brüssel 1959
Vassiliades, Georgios: *La res publica et sa décadence, de Salluste à Tite-Live*, Bordeaux 2020
Verdejao Manchado, Javier / Antela-Bernárdez, Borja: *Pro-Mithridatic and Pro-Roman Tendencies in Delos in the Early First Century BC. The Case of Dikaios of Ionidai (ID 2039 and 2040)*, in: Dialogues d'Histoire Ancienne 41, 2015, 117–126
Vervaet, Frederik J.: *Pompeius' Career from 79 to 70 B.C.*, in: Klio 91, 2009, 406–434
Vervaet, Frederik J.: *Reducing Senatorial Control over Provincial Commanders. A Forgotten Gabinian Law of 67 BCE*, in: Olivier Hekster / Ted Kaizer (Hrsg.), Frontiers in the Roman World, Leiden 2011, 265–290
Villoresi, Mario: *Lucullo*, Florenz 1939
Viscogliosi, Alessandro: *Circus Flaminius*, in: Eva Margareta Steinby (Hrsg.), Lexicon topographicum urbis Romae I, Rom 1993, 269–272
Von der Mühll, Friedrich: *Hortensius (13)*, in: RE VIII 2, 1913, 2470–2481
Wallace-Hadrill, Andrew: *The Villa as Cultural Symbol*, in: Alfred Frazer (Hrsg.), The Roman Villa. *Villa Urbana*, Philadelphia 1998, 43–53
Walter, Uwe: *Memoria und res publica. Zur Geschichtskultur im republikanischen Rom*, Frankfurt am Main 2004
Walter, Uwe: *Politische Ordnung in der römischen Republik*, Berlin / Boston 2017
Walter, Uwe: *Doomed to extinction? Alte und neue Bilder der späten Republik*, in: Matijević 2020, 11–32
Ward, Allen M.: *Caesar and the Pirates*, in: Classical Philology 70, 1975, 267–268
Wiemer, Hans-Ulrich: *Römische Aristokraten oder griechische Honoratioren? Kontext und Adressaten der Verhaltenslehre des Stoikers Panaitios*, in: Chiron 46, 2016, 1–45
Willekes, Carolyn: *The Horse in the Ancient World. From Bucephalus to the Hippodrome*, London / New York 2015
Williams, Richard S.: *Aulus Gabinius. A Political Biography*, Diss. Michigan 1973
Williams, Richard S.: *The Appointment of Glabrio (cos. 67) to the Eastern Command*, in: Phoenix 38, 1984, 221–234
Wiseman, Timothy P.: *New Men in the Roman Senate, 139 B.C. – A.D. 14*, Oxford / London 1971
Wolff, Catherine: *Déserteurs et transfuges dans l'armée romaine à l'époque républicaine*, Neapel 2009
Wolff, Catherine: *Les légions de Fimbria*, in: Latomus 72, 2013, 338–349

Wussow, Sabine: *Die Persönlichkeit des Cato Uticensis – Zwischen stoischer Moralphilosophie und republikanischem Politikverständnis*, Diss. Düsseldorf 2004

Wylie, Graham J.: *Lucullus Daemoniac*, in: L'Antiquité classique 63, 1994, 109–119

Xenophontos, Sophia / Oikonomopoulou, Katerina (Hrsg.), *Brill's Companion to the Reception of Plutarch*, Leiden / Boston 2019

Yakobson, Alexander: *Elections and Electioneering in Rome. A Study in the Political System of the Late Republic*, Stuttgart 1999

Zecchini, Giuseppe / Schettino, Maria Teresa (Hrsg.): *L'Età di Silla*, Rom 2017

Zwierlein-Diehl, Elisabeth: *Antike Gemmen und ihr Nachleben,* Berlin 2007

BILDNACHWEIS

Abbildungen

1: The Cambridge Companion to the Age of Augustus
2: mauritius images / Peter Horree / Alamy / Alamy Stock Photos
3: Peter Scholz
4: mauritius images / Azoor Photo / Alamy / Alamy Stock Photos
5: S. Tariverdieva
6: Berlin, Münzkabinett der Staatlichen Museen, Foto: Bernhard Weisser
7: Klaus Tuchelt / WASMUTH Verlag GmbH
8: Münzkabinett der Staatlichen Museen, Foto: Dirk Sonnenwald
9: akg-images
10: mauritius images / World Book Inc.
11: Archäologisches Institut der Universität Göttingen, Foto: Stephan Eckardt
12: mauritius images / Art Collection 2 / Alamy / Alamy Stock Photos
13: Torrione di Micara, Frascati / unbekannter Fotograf
14: Henner von Hesberg / Oliver Bruderer (Basel).
15: mauritius images / Barbara Boensch / imageBROKER
16: mauritius images / Federikk / Alamy / Alamy Stock Photos
17: Yale University Art Gallery
18: S. Tariverdieva
19: mauritius images / TopFoto

Karten

1: Rudolf Hungreder, Leinfelden-Echterdingen
2: Verena Stappmanns, Wiesbaden
3: Verena Stappmanns, Wiesbaden

REGISTER

Geographie

A

Abonuteichos 327
Abruzzen 313
Abydos (Nara) 114
Achäer / Achäischer Bund 89
Actium
  Schlacht von 343
Adana 330
Adiabene, Landschaft in Armenien 144, 160, 327
Adramyttion (Edremit) 113
Adrasteia 131
Africa, Provinz 76, 123, 180, 221, 307, 317
Ägäis 85, 89, 112, 114
Agora von Athen *siehe* Athen
Ägypten 105, 107, 110, 145, 305, 323
Aisopos (Gönen)
  Schlacht am 131, 302
Aitoler / Aitolischer Bund 89
Akrokorinth *siehe* Korinth
Akropolis *siehe* Athen
Albaner, Volk im Kaukasus 149
Albaner Berge, Italien 80
Alexandria 107, 189, 323
  Mouseion 108
Amaseia (Amasya) 113, 135, 140f., 169
Amastris (Amasra) 127, 140, 143
Ambronen 52, 57

Amisos (Samsun) 101, 127, 135, 137–140, 142, 144, 160, 326
  Belagerung von 135
Andros 117, 327
Anianer 91, 327
Ankyra (Ankara) 326
Antiocheia (Antakya) 69, 144, 146, 228
Antium (Anzio)
  Villa des Cicero 334
Apulien 73, 78
Aquae Sextiae (Aix-en-Provence)
  Schlacht von 57
Araber, in Mesopotamien 144
Ararat (Ağrı Dağı) 158, 303
Arausio (Orange)
  Schlacht von 53 f., 57, 328
Arbela (Erbil) 144
Argos 331
Ariminum (Rimini) 312
Arktonnesos (Kapıdağ) 130
Armenien 144, 146, 148, 156, 192, 223, 303 f., 322, 355
Arpinum (Arpino) 51, 56, 172, 174, 222
  Villa des Cicero 334
Arretium (Arezzo) 259, 316, 348, 355
Arsanias (Murat), Arm des Euphrat 157 f.
  Schlacht am 157 f., 303

A

Artaxata (Artaschat) 146, 156f., 159, 163, 165, 329, 355
Arzan am Yanarsu 149, 327
Asculum (Ascoli) 76
Asia, Provinz 10, 66, 94, 116, 118f., 129, 131, 133, 143f., 147, 170, 177, 179–181, 184, 189, 192, 249, 270, 303, 324, 330f., 343
Askalon (Aschkelon) 105
Astura (Torre Astura)
  Villa des Cicero 16, 267, 334
Athen 66, 90, 92–95, 97–99, 101–103, 109f., 138f., 189, 265, 319–322, 327, 350
  Agora 94, 101–103, 321f.
    Attalos-Stoa 103, 322
  Akropolis 100, 102, 322
    Belagerung der 100
  Asklepios-Heiligtum 100
  Belagerung von 92, 96, 98–101, 105, 209, 320f., 349
  Erechtheion 100
  Gymnasia
    Akademie 98
    Lykeion 93
    Ptolemaion 265
  Kerameikos 321
    Dipylontor 100
    Pompeion 100
  Lange Mauern 98
  Odeion des Perikles 100, 321
  Piräus 92, 109
    Belagerung des 98f., 320
    Munychia, Festung 92, 98
Atropatene, Landschaft in Armenien 144, 149
Attalos-Stoa *siehe* Athen – Agora
Attika 93f., 96, 138
Aventin *siehe* Rom

B

Baiae (Bacoli) 214
Batman, Fluss in Armenien 151, 328
Bauli (Bacoli)
  Villa des Hortensius 350
Berkeley 354
Berlin 354
Bithynien 77, 115, 129f., 133, 164, 174, 181, 302, 304, 343
Bithynien und Pontos, Provinz 160, 164, 170, 191, 303
Bohtan, Fluss in der Gordyene 328
Boiotien 87, 90, 92, 96, 109, 321
Bononia (Bologna) 17
Bosporanisches Reich 135, 141, 304
Bovianum (Popoli) 77
Brundisium (Brindisi) 87
Brünn 298

C

Caieta (Gaeta) 15f., 207
Capo Circeo 16
Capo Coroglio 216
Capo Miseno 213, 216
  Villa des Lucullus 213–216, 338f.
Capua 67
Castel dell'Ovo *siehe* Neapel
Castel Nuovo *siehe* Neapel
Cauca (Coca) 62, 314
Chaironeia 90f., 291, 319, 327
  Schlacht von 91f., 109, 118, 323
Chaldäer *siehe* Kalyber
Chalkedon / (Üsküdar)
  Seeschlacht von 130, 259, 302
Chalkis 109
Charput 149
Chios 113, 117, 327
Cilicia Pedias siehe Kilikien
Cilicia Trachea siehe Kilikien

Geographie 391

Circus Flaminius *siehe* Rom
Circus Maximus *siehe* Rom
Çorum 326
Cosa
 Schlacht bei 313
Cumae / Kyme (Bacoli)
 Villa des Catulus 350
 Villa des Cicero 334, 337

D
Dalmater 65
Dardanellen (Hellespont) 114
Dardaner 127
Dardanos in der Troas 115, 129
Delion, Stadt in Boiotien 324
Delos 86, 95, 99, 101, 112, 189, 324, 327, 331
Delphi 91, 97f., 109, 327
Demetrias (Volos) 99, 331
Dipylon tor *siehe* Athen – Kerameikos
Diyarbakir 149
Doğubeyazıt 158

E
Elaia (Kazıkbağları) 119
Eleusis 98f., 104, 265
 Mysterien 319
Epeiros 87, 309
Ephesos (Selçuk) 85, 113, 116f., 137, 141f., 147, 182, 327
Epidauros 97f.
Erivan 156
Esquilin *siehe* Rom
Eteobutaden 93, 319
Etsch 57
Euboia 94, 109
Eumolpiden 93, 319
Eupatoreia, Festung in Pontos 136

Eupatoreia, Vorstadt von Amisos 135, 137f., 326
Euphrat 148f., 157

F
Fanum (Fano) 314
Florenz 334
Formiae (Formia) 15f.
 Villa des Cicero 16f., 334
Forum Romanum *siehe* Rom
Frascati 206f.
Fuciner See 72

G
Gaeta *siehe* Caieta
Galatien / Galater 128, 153, 166f., 244f., 331, 349, 353
Gallia Narbonensis, Provinz 53f., 307
Gallipoli *siehe* Thrakische Chersones
Golf von Neapel 195, 203, 213–216, 338, 350
Gordyene, Landschaft in Armenien 144, 153, 155, 164f., 265, 327f.
Granikos (Biga Çayı)
 Schlacht am 131, 302
Griechenland 10, 63, 78f., 87, 90, 94f., 103, 105, 110, 113f., 118, 129, 279
Großmedien, Landschaft in Armenien 149
Grotta della Dragonara *siehe* Misenum

H
Halys (Kızılırmak) 165f., 326
Hasru 149
Havsa 326
Hellespont 114, 128, 135, 140 *siehe auch* Dardanellen
Herakleia (Policoro) 69, 228f., 327

Herakleia Pontike (Karadeniz Ereğli) 135, 139, 296
Heruler 103
horti Luculliani siehe Rom – Pincio
Hypata 91, 318, 327

I

Iberer, Volk im Kaukasus 149, 304
Ida-Gebirge 241
Ilion (Hisarlık Tepe) 112, 116, 134, 331
Imbros (Gökçeada) 101
Interamna (Terni) 348
Intercatia (Villalpardo) 314
Iris (Yeşilırmak / Tassanluc), Fluss in Pontos 136, 163 f.
Isaurien 131
Ischia 214
Italien 16, 28, 34 f., 44, 54, 57, 61, 76, 78, 96, 115 f., 118 f., 127, 145, 161, 182, 266, 340

K

Kabeira (Niksar) 136 f., 326
  Belagerung von 163
  Schlacht von 163, 303
Kainon, Festung in der Nähe von Kabeira 136
Kalakte (Caronia Marina) 315
Kalchedon siehe Chalkedon
Kalyber (Chaldäer), Stamm im Pontosraum 137
Kalykadnos (Göksu), Fluss in Kilikien 110
Kampanien 35, 80, 194, 209, 215, 286, 338
Kapitol siehe Rom
Kappadokien 77, 128, 136, 144 f., 148, 153, 165 f., 181, 304, 343
Karakilissa, Ebene am Arsanias 158

Karien 318
Karthago 43 f., 159, 309
Keltiberer 61
Keos (Kea) 331
Kerasos / Pharnakeia (Giresun) 137, 140, 188, 219
Kerykes 319
Khabur, Fluss in der Gordyene 328
Khor Virap, Kloster bei Erivan 329
Kilikien 98, 110, 145, 147, 166, 172, 174, 184, 256, 308
  Provinz 118, 129 f., 145, 160, 165, 170, 176, 303
Kimbern 49, 52, 54 f., 57, 68, 93, 312 f.
Kios (Gemlik) 134, 142
Klaros 117, 327, 331
Kleinarmenien 128, 137
Kleinasien 78, 87, 93 f., 111, 113 f., 117, 127, 143, 181 f., 220, 228, 234, 253, 321, 330
Knidos 112
Kolcher, Volk in Kaukasus 149
Kolophon (Değirmendere) 113, 327
Komana (Şarköy) 136
Komisene, Landschaft in Armenien 149
Kommagene 304
Kömürhan-Brücke 327
Korinth
  Akrokorinth 99, 320
Kos 108, 112
Kreta 106, 193, 221
Kyme siehe Cumae
Kypsela am Hebros (İpsala) 114
Kyrene / Kyrenaika 106 f.
Kyzikos (Balız) 130, 133 f., 142 f., 318, 327
  Belagerung von 130 f., 223, 302

Geographie

L

Lampsakos (Lapseki) 131
Largo Argentina *siehe* Rom – Marsfeld
Latium 35
Laurentum 83
Leimon (Chioppino) 339
Lekton in der Troas (Baba)
 Schlacht von 114
Lemnos 101, 134
Lesbos 86, 111, 118, 183, 254, 331
Levante 105, 110
Ligurer 44, 315
Lopadion (Uluabat) 131
Lucca 256
Lukaner 120
Lusarat *siehe* Khor Virap
Lusitaner 62
Lykaonien 147
Lykos (Kelkit), Fluss in Pontos 136, 163

M

Magnesia am Mäander 117, 327
Makedonien 43, 114
 Provinz 16, 87, 90, 102 f., 127, 316
Malasia (Malatya) 148
Mallos (Kızıltahta) 330
Marmarameer / Propontis 130, 134, 142
Marsfeld *siehe* Rom
Massalia (Marseille) 176
Mausoleum des Augustus *siehe* Rom – Marsfeld
Mazaka (Kayseri) 146
Megaris (Megalia) 218
Melos, Insel 206
Merzifon 326
Mesopotamien 149, 154, 159
Messene 319

Milvische Brücke *siehe* Rom
Misenum (Miseno) 209, 214–216, 338
 Grotta della Dragonara 338
 Villa des Lucullus 336
Mont'Echia *siehe* Neapel
Monte di Procida 214, 338
Monte Orlando *siehe* Caieta
Mopsuhestia 98, 142, 323
Mouseion *siehe* Alexandria
Munychia *siehe* Athen – Piräus
Muş 156 f.
Muthul, Fluss in Tunesien
 Schlacht am 314
Mygdonien, Landschaft in Mesopotamien 159
Mysien 131
Mytilene 86, 111, 118 f., 166, 183 f., 245, 253, 297, 331, 347

N

Neapel 209, 215 f., 218
 Castel dell'Ovo / Piazza Municipi 218, 340
 Castel Nuovo 218
 Mont'Echia (Pizzofalcone in Chiatamone) 218
 Villa des Lucullus 217–220, 336, 339
Nemi-See
 Villa Caesars 202
Nesis (Nisida), Insel im Golf von Neapel 209, 216 f.
 Villa des Lucullus 216 f., 336
Nikaia (İznik) 134, 296
Nikomedeia (İzmit) 111, 134 f.
 Belagerung von 135
Ninos / Ninive 144
Nisibis (Nusaybin) 159 f., 164, 192
Nola 78 f., 81, 83, 87, 89

Noreia
 Schlacht von 53
Numantia (Numancia) 51
 Belagerung von 311
Numidien 50, 66, 284
Nysa (Sultanhisar) 118

O
Olympia 97f., 109
Orchistene, Landschaft in Armenien 149
Orchomenos 90
 Schlacht von 109
Oropos 320, 322
Osmancık 326
Ostia 215

P
Paeligner 61, 313
Palatin *siehe* Rom
Pallantia (Palencia) 314
Pamphylien 323
Panormos (Palermo) 76
Paphlagonien 77, 115, 128, 133
Parion (Kemer) 131
Parma 60
Parther / Partherreich 144, 155f., 304, 329, 355
Patnos 158
Peloponnes 89
Pergamon (Bergama) 94, 111, 115
 Asklepios-Heiligtum 115
Persien 219
Pharnakeia *siehe* Kerasos
Pharsalos
 Schlacht von 331
Philadelpheia 331
Philippi (Krinides) 217
 Schlacht von 258
Phönizien 323

Phrygien 77, 128f., 131
Piazza Municipio *siehe* Neapel
Picenum 86
Pincio *siehe* Rom
Piräus *siehe* Athen
Pisidien 131
Pitane (Çandarlı) 111
Pizzofalcone *siehe* Neapel
Po 57
Podanala, Festung im östlichen Galatien 166, 244, 345
Pompeiopolis *siehe* Soloi
Pompeiopolis (Taşköprü) 331
pons Sublicius siehe Rom
Pontos 77, 127, 142, 165f., 169, 304
porta Collina siehe Rom
porta Esquilina siehe Rom
Porto Paone 216
Posilippus, Berg am Golf von Neapel 216
Praeneste (Palestrina) 106, 120
Propontis *siehe* Marmarameer
Prusias am Hypios (Konuralp) 134, 142
Puteoli (Pozzuoli) 122, 214, 216
 Villa des Cicero 216, 334

R
Rhodos 68, 85, 106, 110, 112, 117, 189, 318, 323 f.
 Belagerung von 323
Rhonetal
 Schlacht im 53
Rhyndakos, Fluss in Kleinasien
 Schlacht am 302
Rom 47f., 60, 62, 66, 68, 79, 81–83, 86, 89, 104, 115, 119, 121f., 168, 172, 183, 186f., 190, 193–195, 201, 205f., 210f., 213, 215, 223f., 229, 233, 249–251, 255, 267, 281

Augustus-Forum 19, 258–260
Aventin 48
Circus Flaminius 223, 237
Circus Maximus 223
Esquilin 83
　Tempel der Tellus 83
Forum Boarium 223
Forum Romanum 20, 26, 80, 83,
　89, 172, 179, 229f., 232, 238, 246,
　256–258, 294, 339
　rostra, Rednerbühne 104, 230,
　　247, 258, 348
　Saturn-Tempel 343
　Tempel des Castor und Pollux
　　65
　Tempel des vergöttlichten
　　Caesar 260, 348
Kapitol 45, 62, 65, 223
　Tempel der Fides 45
　Tempel der Ops opifera 65
　Tempel des Jupiter Optimus
　　Maximus 223
Marsfeld 56, 194f., 197, 200, 221,
　223, 334
　Largo Argentina 60
　Mausoleum des Augustus
　　207
　Tempel der Fortuna 56, 60
Milvische Brücke
　Schlacht an der 313
Palatin 56, 60, 246
　Villa des Cicero 339
　Villa des Scaurus 215
Pincio 194f., 197, 233
　horti Luculliani 233, 286, 334,
　　343
　Villa des Lucullus 198–201, 203,
　　334, 336f.
pomerium 11, 192
Pompeius-Theater 173

pons Sublicius 83
porta Collina 83
　Schlacht an der 119
porta Esquilina 83
porticus Metelli 62
Velabrum 62, 314
　Tempel der Felicitas 62f.

S
Sacriportus (Colleferro)
　Schlacht von 119
Samniten 73, 78, 90, 120, 316
Samos 112, 331
Sangarios (Sakarya) 130
Sardinien, Provinz 307, 309
Seleukidenreich 145, 305
Side (Selimiye) 331
Siirt 153, 156
Sinope (Sinop) 127, 135, 137, 140–142,
　327
　Belagerung von 135
Sivas (Sebasteia Megalopolis) 136,
　148, 165
Sizilien 69
　Provinz 67, 71f., 175f., 307
Skepsis (Bayramiç) 210, 320
Skotios, Berg bei Zela 163
Skyros 101
Smyrna (İzmir) 253, 297
Soloi / Pompeiopolis (Mersin) 172,
　330
Sophene, Landschaft in Armenien
　144, 149, 153, 327
Sorrent
　römische Villa 339
Spanien 43, 49, 62, 69, 124, 129, 131,
　140, 161, 170, 177, 315
　Provinz 43, 51, 61, 124, 126f., 246,
　　307, 310
Stratonikeia (Eskihisar) 97, 116, 320

Synnada (Şuhut) 117f., 327
Syrien 110, 154, 183

T
Täbris 159
Talaura (Turhal) 137, 163f.
Tarent (Taranto) 309
Taurisker 53
Taurosgebirge 149f., 156, 159
Tenedos (Bozcaada)
  Seeschlacht von 114, 140, 302
Teos (Sığacık) 319
Teutonen 49, 52, 55, 57, 68
Thala (Tāla, Tunesien) 314
Theben 92, 98, 109, 331
Themiskyra (Terme) 135
  Belagerung von 135
Thermopylen 91
Thespiai 63
Thessaler / Thessalien 89, 109, 111
Thraker / Thrakien 90, 114
Thrakische Chersones (Gallipoli / Gelibolu) 114
Thyateira (Akhisar) 115, 117, 327
Tibarener, Stamm im Pontosraum 137
Tiber 197
Tieion (Filyos) 140
Tigranokerta (Arzan am Yanarsu oder Silvan, aramäisch Mîyâfâriqîn) 144, 146, 149f., 153, 192, 327, 355
  Belagerung von 150–152
  Schlacht von 151f., 157f., 265, 303, 328
Tigris 149, 156, 328
Tolosa (Toulouse)
  Schlacht bei 53
Tomisa (Malatya Izollou) 148

Tralleis (Aydın) 68, 113, 315
Trapezunt (Trabzon) 128, 140
  Belagerung von 135
Troja 112
Trokmer 166
Tusculum (Frascati) 16, 204–208, 210, 271, 293, 335
Torrione di Micara, Grabmal des Lucullus 206–208
Villa des Cicero 212, 334
Villa des Lucullus 203, 206–209, 336, 352
  Bibliothek 209–213, 337, 350
Tutak 158

U
Utica 216, 273

V
Vaccaei, Stamm in Spanien 62
Vaga (Beja, Tunesien) 314
Vansee 159
Velabrum siehe Rom
Venusia (Venosa) 316
Vercellae (Vercelli) 60
  Schlacht von 55f., 58–60
Vesuv 214, 218
Volubilis (Walīlī) 273

Y
Yanarsu (Garzansu), Fluss in Armenien 149, 151, 153
Yozgat 326

Z
Zama (Jama, Tunesien) 311
  Schlacht bei 314
Zela (Zile) 163, 181
  Schlacht von 163, 182, 303
Zypern 107f., 110, 305, 310, 323

Personen

A

Acilius Glabrio, Manlius (Konsul 67 v.Chr.) 160, 164, 166, 174, 227, 303
Adherbal, Bruder Iugurthas 50
Aelius Tubero, Stoiker 340
Aemilius Lepidus, Marcus (Konsul 78 v.Chr.), Vater des Triumvirn 123, 167, 313, 333
Aemilius Lepidus, Marcus (Konsul 46 und 42 v.Chr.), Triumvir 18, 307
Aemilius Lepidus Livianus, Marmercus (Konsul 77 v.Chr.) 126, 227
Aemilius Paullus, Lucius (Konsul 182 und 168 v.Chr.) 39, 309 f.
Aemilius Scaurus, Marcus, d.Ä. (Konsul 115 v.Chr.) 60, 70, 181, 315
Aemilius Scaurus, Marcus, d. J. 58
Afranius, Lucius, Legat im Krieg gegen Mithridates 246, 345
Alexander III. der Große 78, 94, 107, 127, 129 f., 147, 183, 240, 253, 286, 292
Amphikrates von Athen, Redner 146
Annaeus Seneca, Lucius (Suffektkonsul 55 n.Chr.), Philosoph 297
Antonius, Marcus (Konsul 99 v.Chr.), Redner, Großvater des Triumvirn 74, 104
Antonius, Marcus (Konsul 44 v.Chr.), Triumvir 17 f., 104, 258, 307, 343
Antiochos III. der Große, Seleukidenkönig 43, 341
Antiochos IV., Seleukidenkönig 143
Antiochos VIII. Gryphos, Seleukidenkönig 145
Antiochos XII. Dionysos, Seleukidenkönig 305
Antiochos XIII. Asiatikos, Seleukidenkönig 305
Antiochos von Askalon, Philosoph 105, 107 f., 138 f., 152, 265, 270 f., 295, 304, 322 f., 349 f.
Apellikon von Teos, Buchrollensammler und Politiker 209 f., 319, 337
Appian von Alexandria, Historiker 296, 323 f., 329
Appuleius Saturninus, Lucius, Volkstribun 68
Aquillius, Manius (Konsul 101 v.Chr.) 72, 77, 86, 93 f., 118
Archelaos, General Mithridates' VI. 90–92, 99, 109, 112, 324
Archias von Antiocheia (Aulus Licinius Archias), Dichter 56, 68 f., 228, 252 f., 342
Ariarathes IX., König von Kappadokien, Sohn Mithridates' VI. 77, 128, 145, 153, 304
Ariobarzanes I. Philorhomaios, König von Kappadokien 77, 145, 153, 165, 304
Aristion, Nachfolger des Athenion 99–101, 113, 138 f., 321
Aristogeiton, athenischer Tyrannenmörder 101
Aristoteles von Stageira, Philosoph 93, 211, 320, 336 f.
Arkesilaos, Bildhauer 63, 314
Arsakes XVI., Partherkönig 304

Artanes, Herrscher über die Sophene und Rivale Artaxias' I. 144

Artaxias / Artashes I., Begründer der armenischen Herrscherdynastie 144, 156, 159

Artokes, König der Iberer 304

Asinius Pollio, Gaius (Konsul 40 v.Chr.), Historiker 296, 347

Athenaios von Naukratis, Literat 201, 319, 347

Athenion, Tyrann von Athen 93–95, 99, 103, 209, 319 f.

Atilia, erste Ehefrau Catos, d. J. 216

Atticus *siehe* Pomponius Atticus, Titus

Augustus, Kaiser 9, 19 f., 59, 201, 207, 258, 260, 280, 291, 327, 331, 348 *siehe auch* Octavian

Aurelius Cotta, Gaius (Konsul 75 v.Chr.), Redner 74, 227

Aurelius Cotta, Marcus (Konsul 74 v.Chr.), Amtskollege des Lucullus 124 f., 127, 130, 135, 139, 259, 302, 325, 327

Aurelius Scaurus, Gaius, Besitzer einer Gladiatorenschule 312

Axius, Gesprächspartner in Varros *De re rustica* 219, 336

B

Bagoas, General Tigranes' II. 145

Beversen, Nicolaas Johannes 298

Bibulus *siehe* Calpurnius Bibulus, Marcus

Birt, Theodor 298

Bocchus I., König von Mauretanien 52

Bravetta, Vittorio Emanuele 355

Brecht, Bertolt 286 f., 292 f., 354

Bruttius Sura, Quintus, Legat des Sentius 87, 90

Brutus *siehe* Iunius Brutus

C

Caecilia Metella Calva, Mutter des Lucullus 63

Caecilia Metella Dalmatica, vierte Ehefrau Sullas 65, 73, 104

Caecilius, Quintus, Onkel des Atticus 332

Caecilius Metellus, Lucius (Konsul 119 v.Chr.), Onkel des Lucullus und Vater der Caecilia Metella Dalmatica 65

Caecilius Metellus Calvus, Lucius (Konsul 142 v.Chr.), Vater der Caecilia Metella Calva 63, 65

Caecilius Metellus Celer, Quintus (Konsul 60 v.Chr.) 242–244, 345

Caecilius Metellus Creticus, Quintus (Konsul 69 v.Chr.) 193, 221, 242

Caecilius Metellus Diadematus, Lucius (Konsul 117 v.Chr.) 65

Caecilius Metellus Macedonicus, Quintus (Konsul 146 v.Chr.) 62

Caecilius Metellus Numidicus, Quintus (Konsul 109 v.Chr.) 22, 51, 65–69, 71, 314 f., 342

Caecilius Metellus Pius, Quintus (Konsul 80 v.Chr.) 314–316, 333, 342

Caesar *siehe* Iulius Caesar, Gaius

Calpurnius Bestia, Lucius (Konsul 111 v.Chr.) 51, 312

Calpurnius Bibulus, Marcus (Konsul 59 v.Chr.) 11, 246 f.

Calpurnius Piso, Gaius (Konsul 67 v.Chr.) 227, 344

Camp, John 321

Canfora, Luciano 337
Caninus Satyrus, Aulus 344
Cassius Dio Cocceianus (Konsul
 229 n.Chr.), Historiker 162, 228,
 244, 296, 329
Cassius Longinus, Lucius
 (Konsul 107 v.Chr.) 53
Catilina *siehe* Sergius Catilina,
 Lucius
Cato *siehe* Porcius Cato
Catull *siehe* Valerius Catullus, Gaius
Catulus *siehe* Lutatius Catulus,
 Quintus
Cicero *siehe* Tullius Cicero, Marcus
Cinna *siehe* Cornelius Cinna
Claudius Marcellus, Marcus
 (Konsul 51 v.Chr.) 256, 348
Claudius Nero, Gaius, Statthalter in
 Asia 119, 324
Claudius Pulcher, Appius
 (Konsul 143 v.Chr.) 44, 314
Claudius Pulcher, Appius
 (Konsul 79 v.Chr.), Vater des
 Clodius 122
Claudius Pulcher, Appius (Konsul
 54 v.Chr.), älterer Bruder des
 Clodius 140, 144, 148, 154, 160, 303
Clodia, Schwester des Clodius 162,
 185, 190
Clodius Pulcher, Publius, Volks-
 tribun 11, 160–162, 165, 190, 215,
 235–240, 248–250, 267, 272f., 329,
 344, 350
Conti, Ignazio Maria 298
Corbulo *siehe* Domitius Corbulo,
 Gnaeus
Cornelia, Mutter der Gracchen 56,
 311
Cornelia Fausta, Tochter Sullas 186,
 191, 214f.

Cornelius Cethegus, Publius,
 Anhänger des Marius 123
Cornelius Cinna, Lucius
 (Konsul 87–84 v.Chr.) 86, 89f., 96,
 103f., 110, 115f., 120, 122, 124, 129, 175,
 221, 274, 302, 322, 324
Cornelius Dolabella, Gnaeus,
 Statthalter in Kilikien 176, 303, 315
Cornelius Merula, *flamen Dialis* 104
Cornelius Nepos, Biograph 252,
 295, 346
Cornelius Scipio Aemilianus,
 Publius (Konsul 147 und 134
 v.Chr.) 44, 49, 51, 65, 309, 311
Cornelius Scipio Africanus, Publius
 (Konsul 205 und 194 v.Chr.) 39,
 309f.
Cornelius Scipio Asiaticus, Lucius
 (Konsul 190 v.Chr.) 310, 341
Cornelius Scipio Metellus Pius,
 Quintus (Konsul 80 v.Chr.) 66,
 69, 73f., 78, 90, 167, 180, 228, 264,
 283
Cornelius Scipio Nasica Serapio,
 Publius (Konsul 138 v.Chr.) 45, 311
Cornelius Sisenna, Lucius,
 Historiker 73–75, 295
Cornelius Sulla, Faustus, Sohn
 Sullas 123, 186, 210, 337
Cornelius Sulla Felix, Lucius
 (Konsul 88 und 80 v.Chr.),
 Diktator 9f., 18, 52, 58–61, 65, 73,
 75–83, 86f., 89–92, 95–101, 103f.,
 108–116, 118–125, 129, 137–139, 145,
 168, 175, 185f., 191f., 203, 209–211,
 214, 221, 228, 245, 265, 274, 278,
 295–299, 302, 314, 316, 320–325, 330,
 350, 356
Cosconius, Gaius, Statthalter in
 Makedonien 102

Crassus *siehe* Licinius Crassus, Marcus
Curio *siehe* Scribonius Curio, Gaius

D
Damagoras, rhodischer Admiral 114
Damon, kurzzeitiger Tyrann und Umsturzführer aus Chaironeia 91
Deiotaros, Galaterfürst 131
Dessau, Paul 286, 354
Diës, athenischer Kaufmann 95
Diodoros, Rhetor in Adramyttion, Anhänger Mithridates' VI. 113
Dionysios Thrax aus Rhodos, Grammatiker 139
Dionysios von Halikarnassos, Historiker 296
Domitian, Kaiser 173
Domitius Ahenobarbus, Gnaeus (Konsul 122 v.Chr.) 65
Domitius Ahenobarbus, Lucius (Konsul 94 v.Chr.) 71f.
Domitius Ahenobarbus, Lucius (Konsul 54 v.Chr.) 248
Domitius Corbulo, Gnaeus (Suffektkonsul 39 n.Chr.), Feldherr Neros 355
Drumann, Wilhelm 298
Drusus *siehe* Livius Drusus, Marcus

E
Eder, Walter 299
Ennius, Quintus, Dichter 75, 274
Epicadus, Sekretär Sullas 123
Epigonos, Vertrauensmann Mithridates' VI. in Kolophon 113
Epikur, Philosoph 195, 197
Etrilius Rogus, Titus, Begleiter des Lucullus 106

Eumachos, General Mithridates' VI. 131
Eumenes II., König des Attalidenreichs 353
Eupolemos aus Kalakte, Klient des Lucullus 315
Eutrop, Historiker 329

F
Fabius, Quintus aus Sagunt, Dichter 315
Fabius Hadrianus, Marcus, Legat des Lucullus 136, 163
Fannius, Gaius, Volkstribun 248
Fannius, Gaius (Konsul 122 v.Chr.) 47
Fannius, Lucius, Überläufer zu Mithridates VI. 131
Fausta *siehe* Cornelia Fausta
Faustus Sulla *siehe* Cornelius Sulla, Faustus
Fimbria *siehe* Flavius Fimbria, Gaius
Flavius, Lucius, Volkstribun 243, 345
Flavius Fimbria, Gaius 110f., 115, 130, 164, 301, 324
Fonteius, Publius, Adoptivvater des Clodius 329
Fratantuono, Lee 301
Fufius Calenus, Quintus (Suffektkonsul 47 v.Chr.) 236, 239, 344
Fulvius Flaccus, Marcus (Konsul 125 v.Chr.) 48, 313
Fündling, Jens 356
Furius Antias, Aulus, Dichter 56

G
Gabinius, Aulus, Volkstribun 160, 162, 170, 176, 181, 329, 333, 343
Gaius Calpurnius Piso Frugi, Gaius, Schwiegersohn Ciceros 248

Gehlen, Leopold van 298
Gellius Publicola, Lucius (Konsul 72 v.Chr.) 227
Gelzer, Matthias 174, 299
Gigon, Olof 253
Gordios, von Mithridates VI. eingesetzter kappadokischer Herrscher 145
Gorgias, athenischer Münzmeister 320
Gouras, Bruder Tigranes' II. 159
Gracchus *siehe* Sempronius Gracchus
Grattius, Ankläger des Archias 228

H
Habicht, Christian 263, 321
Hannibal 159, 205
Harmodios, athenischer Tyrannenmörder 101
Hays, Hoffman Reynolds 354
Helvius Cinna, Gaius, Dichter 191
Herennius, Centurio, Mörder Ciceros 17
Herodes, König von Judäa 201
Histiaios von Amisos, Gelehrter 139
Hortensius Hortalus, Quintus, d. Ä., Redner (Konsul 69 v.Chr.) 73–75, 124, 162, 176, 192, 219, 222, 226, 229, 238f., 264, 267f., 274, 333, 342, 344, 350
Hortensius Hortalus, Quintus, d. J., Sohn des Redners 258

I
Iugurtha, König von Numidien 49–52, 66, 314
Iulius Caesar, Gaius 9, 11, 13, 17f., 20, 22, 24, 104, 119, 173, 202, 217, 227, 236f., 245, 247f., 254, 256–258, 260f., 269f., 273–275, 279f., 282, 284, 292, 298f., 301, 314f., 329, 347f., 351, 354
Iulius Caesar, Lucius (Konsul 90 v.Chr.) 227
Iunius Brutus, Lucius (Konsul 509 v.Chr.), Tyrannenmörder 24, 248
Iunius Brutus, Marcus, Cäsarmörder 16, 216f., 227, 316
Iunius Brutus, Quintus 125
Iunius Silanus, Decimus (Konsul 62 v.Chr.) 224, 227, 342
Iunius Silanus, Marcus (Konsul 109 v.Chr.) 53
Iuventius Laterensis, Marcus 248

J
Jehne, Martin 352

K
Kallimachos, pontischer Kommandant in Amisos 138, 142, 160
Kaphis, Vertrauter Sullas 97
Karneades, Vorsteher der Akademie 66
Keaveney, Arthur 299–301, 347
Kimon, athenischer Politiker des 5.Jh. 295
Kleochares, pontischer Kommandant in Sinope 141
Kleopatra, Tochter Mithridates' VI. und Ehefrau Tigranes' II. 128, 145f.
Kleopatra II. Selene, Seleukidenkönigin 305
Konnakorex, pontischer Kommandant in Herakleia Pontike 140, 326
Kratippos, Vater der Tyrannen von Tralleis 113
Kuttner, Ann 256

L

Laelius, Gaius, Volkstribun 43f., 311
Lamachos, Archon in Herakleia Pontike 326
Laodike, Ehefrau Mithridates' VI. 141
Le Bohec, Yann 301
Lepidus *siehe* Aemilius Lepidus, Marcus
Licinia, Tochter des Lucullus 72, 102, 322
Licinius Archias, Aulus *siehe* Archias
Licinius Crassus, Lucius (Konsul 95 v.Chr.), Redner 68, 74
Licinius Crassus, Marcus (Konsul 55 v.Chr.) 11, 17, 167, 221f., 226, 235, 237, 239, 243, 245, 248, 256, 303, 308, 339
Licinius Crassus, Publius (Konsul 131 v.Chr.) 314
Licinius Lucullus, Lucius (Konsul 151 v.Chr.), Großvater des Lucullus 61f.
Licinius Lucullus, Lucius (Prätor 104 v.Chr.), Vater des Lucullus 63
Licinius Lucullus, Lucius (Konsul 74 v.Chr.) *siehe passim*
Licinius Lucullus, Lucius, Sohn des Lucullus 72, 211f., 230, 256, 258, 261, 268, 348
Licinius Lucullus, Marcus *siehe* Terentius Varro Lucullus, Marcus
Licinius Macer, Gaius, Volkstribun 125f.
Licinius Murena, Lucius (Konsul 62 v.Chr.) 118f., 138f., 150f., 224–227, 272, 324, 342
Livius, Titus, Historiker 62, 158, 295f., 328, 353

Livius Drusus, Marcus, d.Ä. (Konsul 112 v.Chr.) 47
Livius Drusus, Marcus, d.J., Volkstribun 79
Lollius Palicanus, Marcus, Volkstribun 125
Lucretius Carus, Titus, Dichter (Lukrez) 191, 194f., 197, 199f., 334
Lucullus *siehe* Licinius Lucullus, Lucius
Lundgreen, Christopher 302
Lutatia, Tochter Catulus', d.Ä. und Ehefrau Hortensius', d.Ä. 74
Lutatius Catulus, Quintus, d.Ä. (Konsul 102 v.Chr.) 22, 55–60, 70, 74, 103f., 315
Lutatius Catulus, Quintus, d.J. (Konsul 78 v.Chr.) 22, 103, 122, 124f., 162, 167, 176, 222, 227, 229, 239, 247, 264, 267f., 274, 295, 313, 318, 333, 350

M

Machares, Sohn Mithridates' VI. 135, 141, 304
Machiavelli, Niccolò 353
Magadates, Statthalter Tigranes' II. 145
Mallius Maximus, Gnaeus (Konsul 105 v.Chr.) 54
Mamercus, Legat des Lucullus 131
Mancinus, Gaius Hostilius (Konsul 137 v.Chr.) 52, 66, 311
Manilius, Gaius, Volkstribun 173, 176
Mankaios, armenischer Adliger und Vertrauter Tigranes' II. 150
Manlius Mancinus, Titus, Volkstribun 52, 66, 311

Manlius Torquatus, Lucius
(Konsul 65 v.Chr.) 118, 227, 249
Manlius Vulso, Gnaeus (Konsul
189 v.Chr.) 39, 310, 353
Marcius Figulus, Gaius (Konsul
64 v.Chr.) 227
Marcius Philippus, Lucius
(Konsul 91 v.Chr.) 123
Marcius Rex, Quintus (Konsul
68 v.Chr.) 160, 162, 165, 303
Marius, Gaius 9, 18, 22, 51–55, 57–59,
66–68, 76, 80–83, 85, 89, 93, 103–105,
123, 180, 214, 274, 277, 284 f., 298,
312, 316, 322
Marius, Marcus, Gefolgsmann des
Sertorius 131, 326
Marius Gratidianus, Marcus, Neffe
des Marius 221
Medeios, athenischer Archon 92 f.,
100, 319, 321
Memmius, Gaius, Volkstribun 11,
190–195, 229, 241, 333
Memnon von Herakleia, Lokal-
historiker 296, 325, 329
Merula, Gesprächspartner in Varros
De re rustica 336
Metellus Celer *siehe* Caecilius
Metellus Celer, Quintus
Metrodoros von Skepsis, Dichter
146
Metrophanes, General Mithridates'
VI. 131
Micipsa, König von Numidien
49
Minucius Thermus, Marcus,
Statthalter in Asia 119, 324
Mithras, General Tigranes' II.
145
Mithridates III., Partherkönig
304

Mithridates VI., König von Pontos
10, 21, 77 f., 85, 87, 89–91, 93–95, 97 f.,
100, 105 f., 108, 110–116, 118 f., 122, 125,
127–131, 134–138, 141 f., 144, 146 f.,
149, 151, 153–157, 160 f., 163–171, 174,
177, 181, 183, 186, 190, 192, 209, 223,
228, 233 f., 236, 252–254, 259, 261,
265 f., 270, 280, 295 f., 302–304, 317,
321, 325 f., 343, 354
Mithrobarzanes, armenischer Adliger
und Vertrauter Tigranes' II. 150
Mommsen, Theodor 282, 284 f., 292,
298
Morse, Samuel 231 f.
Mucia Tertia, dritte Ehefrau des
Pompeius 241 f.
Mucius Scaevola, Publius (Konsul
133 v.Chr.), Volkstribun 43–45
Mucius Scaevola, Quintus (Konsul
95 v.Chr.), Rechtsgelehrter 22, 143,
180 f., 264, 324
Mummius Achaicus, Lucius
(Konsul 146 v.Chr.) 63, 138
Munatius Plancus, Lucius
(Konsul 42 v.Chr.) 207, 342
Münzer, Friedrich 333
Murena *siehe* Licinius Murena,
Lucius

N

Neri del Fantasia, Filippo 298
Nero, Kaiser 355
Nikolaos von Damaskos, Historiker
201, 279
Nikomedes III., König von
Bithynien 74, 128 f., 145
Nikomedes IV., König von
Bithynien 77, 145, 302, 304
Nyssa, Schwester Mithridates' VI.
326

O

Octavian, Großneffe und Adoptivsohn Caesars, der spätere Augustus 17f., 307, 341, 343 *siehe auch* Augustus
Octavius, Gnaeus (Konsul 88 v.Chr.) 86, 89f., 104f.
Octavius, Lucius (Konsul 75 v.Chr.) 129
Octavius, Marcus, Volkstribun 45
Odoaker 218
Opimius, Lucius (Konsul 121 v.Chr.) 48, 50
Opimius, Quintus, Volkstribun 124
Orodes I., Partherkönig 304

P

Panaitios, stoischer Philosoph 65, 349
Papirius Carbo, Gnaeus (Konsul 86 v.Chr.) 53, 175
Pausanias, Reiseschriftsteller 321
Perseus, König von Makedonien 43
Phädrus, Dichter 215
Pharnakes, König des Bosporanischen Reichs, Sohn Mithridates' VI. 304
Pharnakes I., König von Pontos 137, 140
Philipp II. Philorhomaios, Seleukidenkönig 305
Philipp V., König von Makedonien 43
Philippus *siehe* Marcius Philippus
Philologus, Freigelassener Ciceros 16
Phlegon von Tralleis, Schriftsteller 151
Phraates III., Partherkönig 154f., 305
Plinius Caecilius Secundus, Gaius (Plinius, d. J.) 218

Plinius Secundus, Gaius (Plinius, d.Ä.) 229, 231f., 352
Plutarch von Chaironeia, Gelehrter und Biograph 17, 57–59, 74f., 90f., 99, 117, 138, 152, 154f., 161, 166, 189f., 202, 208, 210, 218, 223f., 228, 234f., 240, 242, 252, 254f., 281f., 291f., 296–298, 300, 319, 323, 328f., 344f., 347, 353
Pollio Felix, römischer Ritter 339
Polybios, Historiker 29, 296
Pompeia, Ehefrau Caesars 237
Pompeius, Gnaeus, Statthalter in Makedonien 102
Pompeius Magnus, Gnaeus 9, 11, 13, 17f., 20, 22, 123–125, 127, 136, 161f., 166–178, 182–184, 190–193, 210, 218, 220–224, 226, 228, 233f., 236f., 239–245, 247–249, 251, 253–256, 261, 266f., 270, 273, 277, 280, 282, 290, 292, 295, 298f., 301, 303, 305, 313, 316, 325, 329–333, 339–342, 345, 347, 349, 351, 355
Pompeius, Sextus, Statthalter in Makedonien 102
Pompeius, Sextus, Sohn des Pompeius Magnus 307
Pompeius Rufus, Quintus (Konsul 88 v.Chr.) 78, 80, 82f., 86
Pompeius Strabo, Gnaeus (Konsul 89 v.Chr.), Vater des Pompeius Magnus 76, 86, 90, 318
Pompeius, Legat des Lucullus 137
Pomponius Atticus, Titus, Freund Ciceros 75, 166, 227, 236, 241, 243, 247, 250, 255, 264f., 273, 332, 346, 349, 352
Popilia, Mutter Catulus' d.Ä. 56
Poppaedius Silo, Quintus, marsischer Feldherr 316

Porcia, Tochter Catos, d. J. 216 f.
Porcius Cato, Gaius (Konsul
114 v. Chr.) 51
Porcius Cato, Marcus, d. Ä.
(Konsul 195 v. Chr.) 205
Porcius Cato, Marcus, Vater Catos,
d. J. 72
Porcius Cato, Marcus, d. J. 13, 18,
20, 22, 190, 192, 209, 211 f., 216, 222,
225–227, 229, 235, 238, 241–243, 246,
251, 256–258, 261, 264, 267–269,
273 f., 298, 301, 337, 345, 347 f., 350
Porcius Cato, Marcus, Sohn Catos,
d. J. 258
Poseidonios von Apameia,
Philosoph 296, 319
Postumius Albinus, Spurius
(Konsul 110 v. Chr.) 51
Praxiteles, Bildhauer 63
Ptolemaios IX. Soter II., König von
Ägypten 108, 305
Ptolemaios X. Alexander I., König
von Ägypten 107 f., 305
Ptolemaios XI. Alexander II., König
von Ägypten 108, 305
Ptolemaios XII. Neos Dionysos,
König von Ägypten 108, 305
Ptolemaios Apion, König von
Kyrene 106
Ptolemaios, König von Zypern 108,
305
Pupius Piso Frugi Calpurnianus,
Marcus (Konsul 61 v. Chr.) 236,
238 f., 265, 344

Q
Questenberg, Johann Adam von
298
Quinctius, Lucius, Volkstribun
125

R
Robert, Louis 331
Romulus Augustulus, Kaiser 218
Rutilius Rufus, Publius (Konsul
105 v. Chr.) 22, 54, 57 f., 60, 253 f.,
297, 312
Rutilius Rufus, Publius, Legat des
Mucius Scaevola 115

S
Sallust siehe Sallustius Crispus, Gaius
Sallustius Crispus, Gaius, Historiker
(Sallust) 13, 21, 155, 227, 261, 275–
278, 280, 282, 284 f., 290 f., 295 f.,
328 f., 352 f.
Salluvius Naso, Gaius, Offizier des
Lucullus 326
Scipio siehe Cornelius Scipio
Scribonius Curio, Gaius, d. Ä.
(Konsul 76 v. Chr.) 125, 127, 227,
239, 339
Scribonius Curio, Gaius, d. J., Sohn
Curios, d. Ä. 238, 247 f.
Seleukos VII. Asiatikos,
Seleukidenkönig 305
Selicius, Gaius, Begleiter des
Lucullus 106
Selicius, Publius, Begleiter des
Lucullus 106
Sempronius Asellio, Historiker 75
Sempronius Asellio (Prätor
88 v. Chr.) 79
Sempronius Gracchus, Gaius,
Volkstribun 42, 47 f., 50 f., 67, 125
Sempronius Gracchus, Tiberius
(Konsul 177 und 163 v. Chr.),
Vater von Gaius und Tiberius
Sempronius Gracchus 310
Sempronius Gracchus, Tiberius,
Volkstribun 42–46, 311

Seneca siehe Annaeus Seneca, Lucius
Sentius, Gaius, Statthalter in Makedonien 87
Septimius Sabinus, Titus, kurulischer Aedil 230, 258
Sergius Catilina, Lucius 193, 221f., 225–227, 247, 267, 277, 324
Sergius Orata, Gaius, Immobilienspekulant 272, 352
Sertorius, Quintus 124, 127, 129, 131, 167, 177, 315, 325
Servilia, Nichte Catos, d. J. und zweite Ehefrau des Lucullus 190, 241
Servilius Ahala, Lucius (*magister equitum* 439 v. Chr.), Tyrannenmörder 248
Servilius Caepio, Quintus, d. Ä. (Konsul 106 v. Chr.) 54, 212
Servilius Caepio, Quintus, d. J. 68, 248
Servilius Glaucia, Gaius, Prätor 67f.
Servilius Rullus, Publius, Volkstribun 222, 266
Servilius Vatia Isauricus, Publius (Konsul 79 v. Chr.) 67, 70, 122, 130, 227, 325
Sessions, Roger 354
Sextilius, Legat des Lucullus 150, 154
Shackleton Bailey, David 263
Shakespeare, William 343
Sinatrukes, Partherkönig 305
Sokrates Chrestos, von Mithridates VI. eingesetzter Herrscher über Bithynien 145
Sornatius Barba, Gaius, Legat des Lucullus 134, 136, 148, 155, 326
Spartacus 127, 167, 176
Statius, Dichter 216, 339

Strabon von Amaseia, Historiker und Geograph 113, 137, 168, 295, 327, 330, 336, 338
Strasburger, Hermann 268
Sulla siehe Cornelius Sulla Felix, Lucius
Sulpicius Galba, Gaius, Sohn des Servius Sulpicius Galba (Konsul 108 v. Chr.) 51
Sulpicius Rufus, Publius, Redner 74, 79–83, 85, 89
Sulpicius Rufus, Servius, Jurist 225
Syme, Ronald 263, 354

T
Tarquinius Superbus 24
Taxilos, General Mithridates' VI. 321
Terentius Varro, Marcus, Universalgelehrter und Schriftsteller 65, 203, 205, 218, 265, 320, 340
Terentius Varro Lucullus, Marcus (Konsul 73 v. Chr.), Bruder des Lucullus 63, 65, 98, 103, 125f., 190, 192, 219, 227, 229, 241, 249, 258, 322, 333, 346
Theophanes von Mytilene, Redner und Gelehrter, Freund des Pompeius 166, 183f., 245, 253, 331, 347
Theophrast, Philosoph 320
Tiberius, Kaiser 214f., 260, 280, 327, 330, 348
Tigranes II., König von Armenien 10, 21, 127–129, 136, 144–148, 150–161, 163–166, 170f., 186, 228, 233, 259, 261, 265, 280, 296, 302–305, 328
Tigranes VI., König von Armenien 355
Timagenes von Alexandria, Redner und Historiker 347

Tiridates I., König von Armenien
355
Tiro *siehe* Tullius Tiro, Marcus
Triarius *siehe* Valerius Triarius, Gaius
Tröster, Manuel 300f., 331
Tryphon, Sklavenkönig auf Sizilien
67
Tullia, Tochter Ciceros 267, 350
Tullius Cicero, Lucius, Cousin
Ciceros 265
Tullius Cicero, Marcus (Konsul
63 v.Chr.) 9, 12, 16–18, 20, 22f.,
65, 69f., 74, 84, 104, 126, 162, 166,
172–178, 180–182, 195, 209–213, 216,
221f., 224–227, 235–237, 239f., 242,
247–256, 258, 263–275, 281, 290f.,
293, 295, 297f., 302, 308, 317, 325,
334, 336f., 339f., 342, 344–346,
348–353
Tullius Cicero, Marcus, d. J.
(Suffektkonsul 30 v.Chr.), Sohn
Ciceros 316, 336
Tullius Cicero, Quintus, Bruder
Ciceros 16, 265
Tullius Cicero, Quintus, Neffe
Ciceros 336
Tullius Tiro, Marcus, Sekretär
Ciceros 255, 264, 346
Tyrannion von Amisos, griechischer
Gelehrter und Sekretär Ciceros
139, 210, 326, 336

V
Valentinian III., Kaiser 218
Valerius Catullus, Gaius (Catull) 191
Valerius Flaccus, Lucius (Konsul
86 v.Chr.) 105, 110f., 160
Valerius Flaccus, Lucius (Prätor 63
v.Chr.), Mandant Ciceros 248f.
Valerius Messalla Niger, Marcus
(Konsul 61 v.Chr.) 238, 344
Valerius Triarius, Gaius, Legat des
Lucullus 134f., 140, 163f., 181f., 303
Van Ooteghem, Jules 299
Varro *siehe* Terentius Varro, Marcus
Vatinius, Publius, Handlanger des
Pompeius 248, 347
Velleius Paterculus, Historiker 180,
280, 297, 330, 345, 354
Verres, Gaius, Statthalter in Sizilien
74, 175f.
Vettius, Lucius, Handlanger Caesars
247
Villoresi, Mario 299
Volcatius Tullus, Lucius (Konsul
66 v.Chr.) 227

X
Xenokles, Redner 113
Xerxes, Perserkönig 218, 340, 355

Z
Zarbienos, König der Gordyener 153

Gottheiten und Heroen

A
Aeneas 213, 338
Aeolus 338
Agamemnon 241,
352

Aphrodite 63
Apollo / Apollon 15, 91, 97, 99, 112,
324, 332
Asklepios 97, 115
Athena Polias 319

B
Bona Dea 11, 235

C
Ceres 121

D
Diana 202
Dionysos 234

F
Felicitas 62, 314, 343
Fortuna 56, 60

H
Hekate 97
Hektor 338
Herakles *siehe* Hercules
Hercules / Herakles 224, 229–234, 255–258, 260f., 269, 294, 341–343, 346, 348

I
Isis 98, 323
Iuventas 241

J
Jupiter 104, 121, 223

L
Lucullus, illyrischer König und Gründer der Paeligner 61

M
Menelaos 241, 352
Misenus 213, 338
Musen 63, 210

N
Neos Dionysos 320
Neptun 219

O
Odysseus 338
Ops opifera 65

P
Paris 241
Poseidon Erechtheus 319

R
Roma 319

S
Sarapis 323
Saturn 343

T
Tellus 83
Theseus 99
Triton 213, 338
Tyche 62

V
Venus Genetrix 314

Z
Zeus 97

www.klett-cotta.de

Tom Holland
Rubikon
Triumph und Tragödie
der Römischen Republik
Aus dem Englischen von Andreas Wittenburg
464 Seiten, broschiert, mit zahlreichen Karten
ISBN 978-3-608-94924-7

»Erzählte Geschichte vom Feinsten«
Ian McEwan

Aufstieg und Untergang der Römischen Republik: Mit stilistischer Brillanz und historischem Scharfsinn erzählt Tom Holland die römische Geschichte von ihren etruskischen Anfängen bis zur Ermordung Caesars.

www.klett-cotta.de

Michael Sommer
Volkstribun
Die Verführung der Massen und der Untergang der Römischen Republik
336 Seiten, gebunden mit Schutzumschlag, Karte
ISBN 978-3-608-98644-0

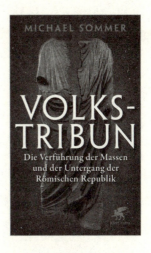

Michael Sommer erweckt eines der turbulentesten Kapitel der römischen Geschichte zum Leben: skupellose Politiker wie Caesar, Pompeius und Clodius, Bandenkriege und Tabubrüche. Er zeigt das alte Rom als aufregend-verstörendes Laboratorium, an dem sich paradigmatisch für alle Epochen zeigen lässt, wie »Populismus« politische Gewalt gebiert und wie Verführung genutzt wird, um eine bestehende Ordnung zu stürzen.

www.klett-cotta.de

Greg Woolf
Rom
Die Biographie eines Weltreichs
Aus dem Englischen von Andreas Wittenberg
496 Seiten, Taschenbuch
ISBN 978-3-608-96194-2

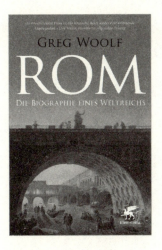

Rom hat die Welt unterworfen und sie zivilisatorisch und politisch geeint. Souverän und stilistisch bravourös schildert Greg Woolf, wie es gelang, diesen bis heute einzigen Weltstaat der Geschichte zu sichern und ihm Dauer zu verleihen: ein packender Parcours durch 1500 Jahre Weltgeschichte - das neue Standardwerk.